A OBRIGATORIEDADE CONSTITUCIONAL DAS PROCURADORIAS MUNICIPAIS

GUSTAVO MACHADO TAVARES
CARLOS FIGUEIREDO MOURÃO
RAPHAEL DIÓGENES SERAFIM VIEIRA

Coordenadores

Prefácio
Celso Antônio Bandeira de Mello

A OBRIGATORIEDADE CONSTITUCIONAL DAS PROCURADORIAS MUNICIPAIS

Belo Horizonte

FÓRUM
CONHECIMENTO JURÍDICO

2022

© 2022 Editora Fórum Ltda.

É proibida a reprodução total ou parcial desta obra, por qualquer meio eletrônico, inclusive por processos xerográficos, sem autorização expressa do Editor.

Conselho Editorial

Adilson Abreu Dallari
Alécia Paolucci Nogueira Bicalho
Alexandre Coutinho Pagliarini
André Ramos Tavares
Carlos Ayres Britto
Carlos Mário da Silva Velloso
Cármen Lúcia Antunes Rocha
Cesar Augusto Guimarães Pereira
Clovis Beznos
Cristiana Fortini
Dinorá Adelaide Musetti Grotti
Diogo de Figueiredo Moreira Neto (*in memoriam*)
Egon Bockmann Moreira
Emerson Gabardo
Fabrício Motta
Fernando Rossi
Flávio Henrique Unes Pereira
Floriano de Azevedo Marques Neto
Gustavo Justino de Oliveira
Inês Virgínia Prado Soares
Jorge Ulisses Jacoby Fernandes
Juarez Freitas
Luciano Ferraz
Lúcio Delfino
Marcia Carla Pereira Ribeiro
Márcio Cammarosano
Marcos Ehrhardt Jr.
Maria Sylvia Zanella Di Pietro
Ney José de Freitas
Oswaldo Othon de Pontes Saraiva Filho
Paulo Modesto
Romeu Felipe Bacellar Filho
Sérgio Guerra
Walber de Moura Agra

Luís Cláudio Rodrigues Ferreira
Presidente e Editor

Coordenação editorial: Leonardo Eustáquio Siqueira Araújo
Aline Sobreira de Oliveira

Av. Afonso Pena, 2770 – 15º andar – Savassi – CEP 30130-012
Belo Horizonte – Minas Gerais – Tel.: (31) 2121.4900 / 2121.4949
www.editoraforum.com.br – editoraforum@editoraforum.com.br

Técnica. Empenho. Zelo. Esses foram alguns dos cuidados aplicados na edição desta obra. No entanto, podem ocorrer erros de impressão, digitação ou mesmo restar alguma dúvida conceitual. Caso se constate algo assim, solicitamos a gentileza de nos comunicar através do *e-mail* editorial@editoraforum.com.br para que possamos esclarecer, no que couber. A sua contribuição é muito importante para mantermos a excelência editorial. A Editora Fórum agradece a sua contribuição.

Dados Internacionais de Catalogação na Publicação (CIP) de acordo com ISBD

O13	A obrigatoriedade constitucional das Procuradorias Municipais / coordenado por Gustavo Machado Tavares, Carlos Figueiredo Mourão, Raphael Diógenes Serafim Vieira. - Belo Horizonte : Fórum, 2022. 321 p. ; 14,5cm x 21,5cm. Inclui bibliografia. ISBN: 978-65-5518-300-9 1. Direito. 2. Direito Público. 3. Direito Constitucional. 4. Direito Administrativo. 5. Direito Municipal. I. Tavares, Gustavo Machado. II. Mourão, Carlos Figueiredo. III. Vieira, Raphael Diógenes Serafim. IV. Título.
2021-3956	CDD 341 CDU 342

Elaborado por Odilio Hilario Moreira Junior - CRB-8/9949

Informação bibliográfica deste livro, conforme a NBR 6023:2018 da Associação Brasileira de Normas Técnicas (ABNT):

TAVARES, Gustavo Machado; MOURÃO, Carlos Figueiredo; VIEIRA, Raphael Diógenes Serafim (Coords.). *A obrigatoriedade constitucional das Procuradorias Municipais*. Belo Horizonte: Fórum, 2022. 321 p. ISBN 978-65-5518-300-9.

COMISSÕES

**COMISSÃO ORGANIZADORA DO
PRÊMIO OSWALDO ARANHA BANDEIRA DE MELLO**

Presidente: Carlos Figueiredo Mourão
Vice-Presidente: Cristiano Reis Giuliani

**COORDENADORES CIENTÍFICOS DO
PRÊMIO OSWALDO ARANHA BANDEIRA DE MELLO**

Raphael Diógenes Serafim Vieira (RJ)
Eduardo de Souza Floriano (MG)

COMISSÃO JULGADORA/CONSELHO EDITORIAL

Presidente: Rodrigo Brandão (Rio de Janeiro)
Irene Patrícia Nohara (São Paulo)
Juarez Freitas (Rio Grande do Sul)
Cristiana Maria Fortini Pinto e Silva (Minas Gerais)
Geórgia Teixeira Jezler Campello (Bahia)
Cristiane da Costa Nery (Rio Grande do Sul)
Martônio Mont'Alverne Barreto Lima (Ceará)
Fredie Didier (Bahia)
Maurício Zockum (São Paulo)
Bruno Cunha (Pernambuco)
Ricardo Marcondes (São Paulo)
Francisco Bertino (Bahia)
Raphael Diógenes Serafim Vieira (Rio de Janeiro)
Cintia Estefânia Fernandes (Paraná)
Flávia Marckezine (Espírito Santo)
Igor Menezes (Rio de Janeiro)
Diego Ferreira (Rio Grande do Sul)
Silvia Costa Pinto Ribeiro de Araújo (Minas Gerais)
Paulo Roberto de Gouvêa Medina (Minas Gerais)
Gustavo Levate (Minas Gerais)
Grégore Moreira de Moura (Minas Gerais)

SUMÁRIO

PREFÁCIO
Celso Antônio Bandeira de Mello..13

APRESENTAÇÃO
**Gustavo Machado Tavares, Carlos Figueiredo Mourão,
Raphael Diógenes Serafim Vieira**..15

PARTE I
ARTIGOS PREMIADOS

A INSTITUIÇÃO DE PROCURADORIAS MUNICIPAIS COMO
IMPOSIÇÃO CONSTITUCIONAL..21
CLAUDIO PENEDO MADUREIRA..21

1	Introdução	21
2	Sobre a inexistência de omissão constitucional	23
3	O problema da atribuição de atividades típicas de Advocacia Pública a advogados contratados e servidores comissionados	26
3.1	Inviabilidade da atribuição das atividades ordinárias das procuradorias a advogados contratados	27
3.2	Inviabilidade da atribuição das atividades típicas de Advocacia Pública a servidores comissionados	34
4	A estruturação da Advocacia Pública municipal como pressuposto necessário à realização do controle interno da juridicidade do agir administrativo	42
4.1	Controle interno da juridicidade do agir administrativo	45
4.2	A instituição de procuradorias municipais como imposição constitucional	49
5	Conclusões	54
	Referências	55

PROCURADORIA MUNICIPAL: INTERESSE PÚBLICO A SERVIÇO DOS MUNICÍPIOS E DA SOCIEDADE

JOSÉ RODRIGUES CARVALHEIRO NETO 59

Introdução 59

1   O procurador municipal 60

2   Das atribuições da carreira 60

3   PEC nº 17/2012 61

Considerações finais 62

Referências 62

AS PROCURATURAS MUNICIPAIS NA CONSTITUIÇÃO DA REPÚBLICA E A NECESSIDADE DE APERFEIÇOAMENTO DO TEXTO CONSTITUCIONAL

RAPHAEL VASCONCELOS DUTRA 63

1   Introdução 63

2   A inserção da Advocacia Pública na Constituição da República 65

2.1   As procuraturas constitucionais como funções essenciais à Justiça ...65

2.2   A inserção das procuraturas municipais na Constituição da República – Exegese lógica constitucional 71

2.3   Da obrigatoriedade da criação do cargo de procurador municipal em razão da aplicação dos princípios da simetria, da similitude e da paridade das formas 77

3   O papel constitucional do advogado público – Função de provedoria da Justiça 82

4   Prerrogativas inerentes e mínimas do advogado público para o exercício do seu mister público 96

5   Conclusão 100

Referências 101

A SIMETRIA ORGÂNICA APLICÁVEL À ADVOCACIA PÚBLICA COMO MEIO DE EFETIVAÇÃO DE DIREITOS FUNDAMENTAIS

ROBSON SOARES DE SOUZA..105

Introdução 105

1   A aplicação constitucional do princípio federativo e do princípio da simetria em relação à estrutura orgânica estatal 111

1.1   Forma federativa e a autonomia político-administrativa da União, dos estados, do Distrito Federal e dos municípios 111

1.2	Competência legislativa e capacidade de organização: horizontalidade entre os entes federativos e a submissão ao regime jurídico-administrativo em idêntica dimensão	113
1.3	Simetria orgânico-estrutural entre os entes federativos e a aderência institucional pela natureza peculiar respectiva	118
2	O princípio da unicidade de representação como meio de defesa institucional das prerrogativas da Advocacia Pública	121
2.1	Da definição jurídica da Advocacia Pública e seu caráter permanente	121
2.2	Das atribuições representativas reservadas à Advocacia Pública	123
2.3	O princípio da unicidade de representação	125
3	Imprescindibilidade lógica da Advocacia Pública municipal como instituição orgânica constitucional	130
3.1	Extensão obrigatória e simétrica da Advocacia Pública aos municípios e a necessidade de criação de órgão correspondente	130
3.2	Implementação da Advocacia Pública por órgão específico como meio de garantia a direitos fundamentais	132
3.3	O advogado público municipal como agente integrante do órgão de Advocacia Pública com acesso mediante aprovação em concurso público	134
	Conclusão	136
	Referências	138

SURGIMENTO, INSTITUCIONALIZAÇÃO E PROSPECÇÕES PARA A ADVOCACIA PÚBLICA À LUZ DA CONSTITUIÇÃO BRASILEIRA DE 1988

ROCINIO OLIVEIRA FRAGOSO NETO 139

1	Introdução	139
2	Advocacia Pública enquanto atividade privativa e a jurisprudência do Supremo Tribunal *Federal*	141
2.1	Uma premissa histórica necessária: das funções constitucionalmente autônomas	145
2.2	Defesa: representação judicial e extrajudicial	149
2.3	Orientação: assessoria e consultoria jurídicas	154
2.4	Controle jurídico	157
3	A Advocacia Pública, sua institucionalização e a jurisprudência do Supremo Tribunal Federal	159
3.1	Autonomia funcional, administrativa e financeira	159
3.2	Nomeação do procurador-geral e advogado-geral	161

3.3	Exceção à unidade da Procuradoria-Geral: a Procuradoria Legislativa	162
3.4	Necessidade de inscrição na Ordem dos Advogados do Brasil	163
3.5	Teto remuneratório e expressão "procuradores" no art. 37 da CRFB/88	164
4	Prospecções para a Advocacia Pública diante da atual doutrina e jurisprudência para os próximos trinta anos	165
5	Conclusão	170
	Referências	171

A ADVOCACIA PÚBLICA MUNICIPAL COMO MECANISMO CONSTITUCIONAL DE ARTICULAÇÃO DE ESPAÇOS DE CONSENSO

STELA TANNURE LEAL		175
1	Considerações iniciais	175
2	Esclarecimentos metodológicos	179
3	A concretização das intenções legislativas sobre espaços de consenso na Advocacia Pública municipal	182
3.1	Uma *advocacia reativa* diante de necessidades criativas: observações de cultura e possibilidades de transformação	183
3.2	A compreensão dos entrevistados sobre interesse público – Ele impede ou contribui para a prática consensual?	187
3.3	Questões de autorização legislativa: possibilidades genéricas e detalhamentos possíveis	190
3.4	Um novo desenho institucional, novas práticas – A incorporação de câmaras de conciliação pelas procuradorias municipais	193
3.4.1	*Screening process* – Um setor diagnóstico	194
3.4.2	Modelo de Câmara – Um setor consultivo	195
4	A importância da estruturação constitucional adequada da carreira de Advocacia Pública municipal para a efetivação de uma cultura de consenso	196
5	Considerações finais	199
	Referências	201
	Anexo – Roteiro de entrevistas	203

ADVOCACIA PÚBLICA MUNICIPAL: INCONSTITUCIONALIDADE E EXCEPCIONALIDADE DA CONTRATAÇÃO POR LICITAÇÃO OU INEXIGIBILIDADE DE LICITAÇÃO

WELLINGTON BORGES THRONIECKE		205
	Introdução	205

1	As funções essenciais à Justiça no texto constitucional	206
2	Advocacia Pública municipal	210
3	Contratações ilegais de advogados pelos municípios	219
3.1	Licitação	219
3.2	Inexigibilidade de licitação	222
	Conclusão	231
	Referências	232

PARTE II

ARTIGOS DE CONVIDADOS

CONTRATAÇÃO DE ADVOGADOS POR PESSOAS JURÍDICAS DE DIREITO PÚBLICO 237

RICARDO MARCONDES MARTINS 237

1	Breve introdução	237
2	Atividade jurídica das entidades federativas	238
3	Advocacia municipal	240
4	Objeto da ADC nº 45: o que pretende a OAB?	243
5	Restrições constitucionais à contratação pública de advogados privados	244
6	"Singularidade" do serviço de advocacia	246
7	Serviço de advocacia e licitação	251
8	Conclusões	253
	Referências	254

O EXERCÍCIO DAS FUNÇÕES DA ADVOCACIA PÚBLICA COMO ATIVIDADE EXCLUSIVA DOS ADVOGADOS PÚBLICOS EFETIVOS – UMA RELEITURA DA PROPOSTA DE SÚMULA VINCULANTE Nº 18 DO STF À LUZ DOS DADOS PUBLICADOS NO *1º DIAGNÓSTICO DE ADVOCACIA PÚBLICA MUNICIPAL NO BRASIL* (2019)

RAPHAEL DIÓGENES SERAFIM VIEIRA 257

1	Introdução	257
2	O exercício das funções da Advocacia Pública como atividade exclusiva dos advogados públicos efetivos	261
2.1	Princípio da igualdade entre os entes da Federação	261
2.2	Princípio da simetria	264

2.3	Advocacia Pública: carreira típica de Estado	267
2.4	Da inviolabilidade, da efetividade e da estabilidade qualificada como condições necessárias ao exercício técnico e independente das funções de Advocacia Pública	271
2.5	Da divergência doutrinária e do tratamento jurisprudencial do tema	278
2.6	Do déficit institucional de procuradores efetivos nos municípios brasileiros – Levantamento do *1º Diagnóstico da Advocacia Pública Municipal no Brasil* (2017)	280
2.7	Dos argumentos metajurídicos invocados para resistir à obrigatoriedade da presença de um advogado público efetivo nos municípios brasileiros	284
3	Da proposta de Súmula Vinculante nº 18	289
3.1	A PSV nº 18 e a realidade da Advocacia Pública municipal	289
3.2	Da sugestão de modificação da PSV nº 18	292
4	Conclusões	292
	Referências	295

A CONSTITUCIONALIZAÇÃO DA CARREIRA DO PROCURADOR MUNICIPAL – FUNÇÃO ESSENCIAL E TÍPICA DE ESTADO

CRISTIANE DA COSTA NERY		299
1	O município no Estado brasileiro	299
2	O papel do advogado público	303
3	A carreira do procurador municipal: a necessária inserção no art. 132 da Constituição Federal	308
4	Conclusões	314
	Referências	317

SOBRE OS AUTORES	319

PREFÁCIO

O homem que planta uma árvore pode colher os seus frutos ou suas flores e desfrutar de sua sombra, além de enriquecer o bioma onde habita. O homem que deixa livros ou ensina o direito pode semear juristas e fazer com que a cultura humanista brote em solos áridos em tempos sombrios, promovendo a democracia ou não a deixando morrer.

Oswaldo Aranha Bandeira de Mello, ao fortalecer a biblioteca da Prefeitura do Município de São Paulo, nos idos de 1938, como homem despojado que era, não poderia imaginar que seria instituído um prêmio com o seu nome e que esse prêmio, suas aulas magistrais e os livros, não apenas os por ele escritos, mas os por ele comprados para enriquecer o acervo da então Biblioteca da Procuradoria-Geral do Município, como consta do *site* Acervo de Obras Raras Oswaldo Aranha Bandeira de Mello, teriam influenciado inúmeros juristas, entre eles os ilustres procuradores cujas obras compõem esse livro que ora vem a lume.

Com tema central sobre a obrigatoriedade constitucional das procuradorias municipais, os procuradores cobriram inúmeros aspectos dessa exigência constitucional, pouco compreendida por grande parte de políticos e administrados que encaram os servidores de carreira mais como detentores de benesses do que peças-chave para o correto funcionamento da Administração Pública, além de *pièce de résistance* ao desmonte das democracias pelo governante do dia.

A Comissão Científica do 1º Concurso de Monografias Jurídicas Oswaldo Aranha Bandeira escolheu oito monografias para compor esta obra, não as mencionaremos aqui pois já foram referidas na competente Apresentação deste livro, mas gostaria de fazer uma menção especial aos ganhadores do prêmio que leva o nome de meu pai, os procuradores Claudio Penedo Madureira e Raphael Vasconcelos Dutra, cujos artigos *A instituição de procuradorias municipais como imposição constitucional* e *As procuraturas municipais na Constituição da República e a necessidade de aperfeiçoamento do texto constitucional* obtiveram, respectivamente, a primeira e segunda colocação.

Hoje, ao terminar este prefácio, lembro do orgulho de meu pai em dedicar vários anos de seu ofício à Procuradoria do Município de São Paulo. Por certo, ele se sentiria extremamente feliz em saber que os que lhe sucederam estão nas trincheiras para defender o interesse público e um Município mais humano e igualitário, como deseja a Constituição Cidadã.

Celso Antônio Bandeira de Mello
7 de julho de 2021.

APRESENTAÇÃO

É com imensa satisfação que apresentamos a obra *A obrigatoriedade constitucional das Procuradorias Municipais*, que reúne os trabalhos científicos aprovados no 1º Concurso de Monografias Jurídicas Oswaldo Aranha Bandeira de Mello.

Inicialmente, a Associação Nacional dos Procuradores Municipais (ANPM) não poderia deixar de expressar a sua gratidão ao professor *Celso Antônio Bandeira de Mello*, que, além de prefaciar esta obra, nos legou o nome do seu pai para patrono do concurso de monografias.

A melhor forma de a nossa entidade demonstrar o seu eterno apreço pelo gesto de carinho e de altaneira confiança que nos foi fiduciado é se mantendo firme em seus propósitos, cujo norte sempre foi o de velar pelo aperfeiçoamento das procuradorias como instituições indispensáveis à edificação do Estado democrático de direito e, corporativamente, ao cultivo dos valores republicanos.

Além de renomado publicista e professor, o traço que marca e determina a conexão de Oswaldo Aranha Bandeira de Mello com a identidade da nossa Associação se revela no percurso de sua rica trajetória jurídica, em que desponta a experiência do administrativista como procurador municipal da capital paulista.

Com grande satisfação e entusiasmo, temos a honra de apresentar nesta obra os oito trabalhos científicos selecionados pela Comissão Científica do 1º Concurso de Monografias Jurídicas Oswaldo Aranha Bandeira de Mello, cujo tema foi a *Obrigatoriedade constitucional das procuradorias municipais*.

O tema escolhido possui extrema relevância e pertinência com uma das principais bandeiras institucionais de atuação da Associação Nacional de Procuradores Municipais: a institucionalização e profissionalização da carreira de procurador nos Municípios, visto que suas funções configuram atividades típicas de Estado.

Serviu de inspiração para estimular a produção científica sobre o tema o dado estatístico alarmante que veio à público em 2018, com a divulgação do *1º Diagnóstico Nacional da Advocacia Pública Municipal*, realizado pela consultoria Herkenhoff e Prates. Segundo o levantamento, apesar de a maioria da população brasileira viver em Municípios defendidos juridicamente por procuradores concursados (entre eles todas as capitais e muitos municípios de grande, médio e pequeno porte), ainda assim, dois terços dos Municípios brasileiros não possuem um procurador efetivo sequer.

Apesar de a Advocacia Pública constituir função essencial à Justiça, indispensável para o controle de juridicidade, o dado recentemente tornado público significa que as atribuições da procuradoria municipal estão precarizadas nestes entes, na medida em que conferidas exclusivamente a agentes extraquadros, formada por servidores ocupantes de cargo em comissão ou por escritórios de advocacia privada.

A controvérsia jurídica é agravada pelo triste recorte social, consubstanciado no déficit institucional de procuradorias municipais, que serviu de agente catalisador para estimular a produção bibliográfica sobre o assunto.

Por outro lado, o 1º Diagnóstico Nacional da Advocacia Pública Municipal revelou dados positivos e que servem de motivação para a defesa da institucionalização defendida. Segundo os dados obtidos, nos Municípios onde há procuradores efetivos, os Índices de Desenvolvimento Humano Municipal (IDHM) e os Indicadores de Qualidade da Gestão Pública (IGM-CFA) são melhores do que aqueles apresentados nos Municípios despidos de procuradores concursados.

Os artigos selecionados para compor esta primeira edição passam a constituir repertório de consulta indispensável para o aprofundamento teórico do estudioso do direito acerca do desenho institucional da Advocacia Pública, notadamente nos Municípios brasileiros, diante da controvérsia oriunda da ausência da sua previsão expressa no texto da Constituição de 1988.

Após rigoroso escrutínio realizado pelos membros do Conselho Editorial, em que foi empregado sistema *double blind review*, os artigos selecionados foram os seguintes: Claudio Penedo Madureira, *A instituição de procuradorias municipais como imposição constitucional*; José Rodrigues Carvalheiro Neto, *Procuradoria Municipal: interesse público a serviço dos municípios e da sociedade*; Raphael Vasconcelos Dutra, *As procuraturas municipais na Constituição da República e a necessidade de aperfeiçoamento do texto constitucional*; Robson Soares de Souza,

A simetria orgânica aplicável à Advocacia Pública como meio de efetivação de direitos fundamentais; Rocinio Oliveira Fragoso Neto, *Surgimento, institucionalização e prospecções para a Advocacia Pública à luz da Constituição brasileira de 1988*; Stela Tannure Leal, *A Advocacia Pública municipal como mecanismo constitucional de articulação de espaços de consenso*; e Wellington Borges Throniecke, *Advocacia Pública municipal: inconstitucionalidade e excepcionalidade da contratação por licitação ou inexigibilidade de licitação*.

Os autores Claudio Penedo Madureira e Raphael Vasconcelos Dutra foram agraciados com o Prêmio Jurista Oswaldo Aranha Bandeira de Mello, respectivamente, pela primeira e segunda colocações no concurso de monografias batizado com o nome do seu patrono.

Também foram incluídos mais três artigos de autores convidados, diante da pertinência do objeto de exploração com aquele escolhido para abordagem no concurso de monografias, com o intuito de que esta obra possa reunir acervo completo de trabalhos sobre a temática.

Adicionou-se, portanto, artigo do Professor Ricardo Marcondes Martins, que aborda a controvertida contratação de escritórios de advocacia privada por Municípios. O Professor Ricardo Marcondes Martins, além de rica produção bibliográfica sobre o tema, foi o responsável pela elaboração da peça de *amicus curiae* da ANPM na Ação Direta de Constitucionalidade nº 45, em que se discute essa mesma controvérsia. Acrescentou-se, ainda, artigo do Procurador Raphael Diógenes Serafim Vieira, que, após ter integrado a equipe responsável pelo 1º Diagnóstico Nacional da Advocacia Pública Municipal, produziu estudo teórico sobre a exclusividade das atribuições de Advocacia Pública como privativas de procurador efetivo à luz dos dados obtidos no referido Diagnóstico. E também artigo da Ex-Presidente da ANPM e Procuradora do Município de Porto Alegre Cristiane da Costa Nery, artigo esse que foi citado no voto do Ministro do Supremo Tribunal Federal Luiz Edson Fachin, no RE nº 663.696/MG, processado sob o regime de repercussão geral.

Também agradecemos, na pessoa do Professor e Procurador Rodrigo Brandão, que presidiu a Comissão do Conselho Editorial, aos membros que verteram precioso tempo e dedicação na avaliação e seleção das monografias que passam a compor este importante repertório bibliográfico sobre a Advocacia Pública municipal.

Igualmente, prestamos nossos agradecimentos aos membros da Comissão Organizadora.

A devoção de cada uma dessas pessoas à causa tornou possível a realização do 1º Concurso de Monografias Jurídicas Oswaldo Aranha Bandeira de Mello: a primeira edição de muitas que estão porvir.

Gustavo Machado Tavares[1]
Carlos Figueiredo Mourão[2]
Raphael Diógenes Serafim Vieira[3]

---

[1] Procurador do Município de Recife. Especialista em Direito Tributário pelo Instituto Brasileiro de Estudos Tributários (IBET). Especialista em Direitos Humanos pela Universidade Católica de Pernambuco (UNICAP). Especialista em Novas Questões do Direito Penal e Processo Penal pela Faculdade Damas da Instrução Cristã em convênio com a Escola Superior de Advocacia (ESA/OAB-PE). Presidente da Associação dos Procuradores do Município do Recife (2015-2017 e 2019-2021). Presidente da Associação Nacional dos Procuradores Municipais no biênio 2021-2023. Conselheiro Seccional da OAB/PE (2019-2021). Conselheiro do Instituto dos Advogados de Pernambuco (IAP) (2020-2022). *E-mail:* gustavomachadotavares@gmail.com; http://lattes.cnpq.br/3635464874902760.

[2] Procurador do Município de São Paulo. Mestre pela PUC-SP. Coordenador do Centro dos Estudos Jurídicos de 2003-2006. Corregedor-Geral do Município de São Paulo 2019-2020. Exerceu a Presidência da Associação dos Procuradores do Município de São Paulo de 2011-2015 e da Associação Nacional dos Procuradores Municipais de 2016-2018. *E-mail:* carlos.mourao@cfmourao.net.

[3] Procurador do Município de Niterói. Mestrando em Direito Administrativo pela Pontifícia Universidade Católica de São Paulo (PUC-SP). Pós-Graduado *lato sensu* em Direito: Estado e Regulação pela FGV-Rio (LL.M). Bacharel em Direito pela Universidade Federal de Viçosa. Vice-Presidente da ANPM no biênio 2016-2018. *E-mail:* raphaelserafim@yahoo.com.br; http://lattes.cnpq.br/4128260075685444.

PARTE I

ARTIGOS PREMIADOS

A INSTITUIÇÃO DE PROCURADORIAS MUNICIPAIS COMO IMPOSIÇÃO CONSTITUCIONAL

CLAUDIO PENEDO MADUREIRA[1]

1 Introdução

A Constituição de 1988 estruturou a Advocacia-Geral da União (art. 131)[2] e as procuradorias dos estados e do Distrito Federal (art. 132),[3] atribuindo a ambas as atividades de consultoria jurídica e de contencioso judicial. Porém, nada se dispôs em seu texto sobre a Advocacia Pública municipal.[4]

---

[1]   Pseudônimo: João das Regras.

[2]   CRFB. "Art. 131. A Advocacia-Geral da União é a instituição que, diretamente ou através de órgão vinculado, representa a União, judicial e extrajudicialmente, cabendo-lhe, nos termos da lei complementar que dispuser sobre sua organização e funcionamento, as atividades de consultoria e assessoramento jurídico do Poder Executivo"

[3]   CRFB. "Art. 132. Os Procuradores dos Estados e do Distrito Federal, organizados em carreira, na qual o ingresso dependerá de concurso público de provas e títulos, com a participação da Ordem dos Advogados do Brasil em todas as suas fases, exercerão a representação judicial e a consultoria jurídica das respectivas unidades federadas. (Redação dada pela Emenda Constitucional nº 19, de 1998)".

[4]   Nesse sentido se posicionam, entre outros, Cesar Antônio Alves Cordaro (CORDARO, Cesar Antônio Alves. A Advocacia Pública dos municípios: necessidade de tratamento constitucional. *In*: GUEDES, Jefferson Carús; SOUZA, Luciane Moessa de (Coord.). *Advocacia de Estado*: questões institucionais para a construção de um Estado de justiça. Belo Horizonte: Fórum, 2009. p. 234) e Cláudio Grande Júnior (GRANDE JÚNIOR, Cláudio. Advocacia Pública: estudo classificatório de direito comparado. *In*: GUEDES, Jefferson Carús; SOUZA, Luciane Moessa de (Coord.). *Advocacia de Estado*: questões institucionais para a construção de um Estado de justiça. Belo Horizonte: Fórum, 2009. p. 63).

De um modo geral, a doutrina jurídica atribui essa constatação à omissão do constituinte originário em disciplinar a instituição de procuradorias municipais.[5] A suposição é plausível. Afinal, como leciona Alexandre de Moraes, somente com a Constituição de 1988 é que o município se consagrou "como entidade federativa indispensável ao nosso sistema federativo, integrando-o na organização político-administrativa e garantindo-lhe plena autonomia".[6] Enfim, dado o caráter recente da elevação dos municípios à condição de entes integrantes da Federação, não é inusitado supor que o constituinte, quando da concepção do texto dos arts. 131 e 132 da Constituição, por reportar-se às estruturas orgânicas que, no regime constitucional pretérito, exerciam a consultoria jurídica e o contencioso judicial no âmbito da União e dos estados, houvesse se esquecido de disciplinar a necessidade da instituição também de procuradorias municipais.

Todavia, estou convencido de que não houve omissão constitucional. Mais do que isso, creio ser possível demonstrar que a instituição de procuradorias públicas no âmbito dos municípios resulta de uma imposição constitucional, precisamente porque a atribuição das atividades consultivas e contenciosas (textualmente conferidas pela Carta da República à Advocacia-Geral da União e às procuradorias dos estado e do Distrito Federal) a servidores comissionados e a advogados contratados (alternativas que se apresentam a esse modelo) torna ineficaz o controle interno do agir administrativo atribuído pela Carta da

---

[5] No ponto, Cesar Antônio Alves Cordaro considera grave omissão a ausência de inclusão dos Municípios, pelo constituinte originário, do rol dos entes federados que devem ter seus serviços jurídicos organizados em carreira (CORDARO, Cesar Antônio Alves. A Advocacia Pública dos municípios: necessidade de tratamento constitucional. *In*: GUEDES, Jefferson Carús; SOUZA, Luciane Moessa de (Coord.). *Advocacia de Estado*: questões institucionais para a construção de um Estado de justiça. Belo Horizonte: Fórum, 2009. p. 231). Também Ronny Charles Lopes de Torres atribui a hipotética omissão constitucional à diversidade de tratamento conferido pela Carta Política aos municípios, por um lado, e à União e aos estados, por ouro (TORRES, Ronny Charles Lopes de. A responsabilidade do Advogado de Estado em sua função consultiva. *In*: GUEDES, Jefferson Carús; SOUZA, Luciane Moessa de (Coord.). *Advocacia de Estado*: questões institucionais para a construção de um Estado de justiça. Belo Horizonte: Fórum, 2009. p. 144).

[6] MORAES, Alexandre de. *Direito constitucional*. 6. ed. São Paulo: Atlas, 1999. p. 255-256. Nesse mesmo sentido se manifesta Paulo Bonavides, na seguinte passagem doutrinária: "Faz-se mister assinalar desse modo o significado decisivo, inédito e inovador que assume o art. 18 da Constituição vigente. Esse artigo inseriu o município na organização político-administrativa da República Federativa do Brasil, fazendo com que ele, ao lado do Distrito Federal, viesse a formar aquela terceira esfera de autonomia, cuja presença, nos termos em que se situou, altera radicalmente a tradição dual do federalismo brasileiro, acrescido agora de nova dimensão básica" (BONAVIDES, Paulo. *Curso de direito constitucional*. 22. ed. São Paulo: Malheiros, 2008. p. 345).

República (CRFB, art. 70) às unidades federadas das três esferas e, posto isso, vai de encontro ao princípio administrativo da legalidade (CRFB, art. 37, *caput*) e aos princípios constitucionais implícitos da supremacia do interesse público sobre o privado e da indisponibilidade do interesse público.[7] Esse será o objeto de minhas considerações neste trabalho.

2 Sobre a inexistência de omissão constitucional

A suposição de que o constituinte originário teria se omitido em dispor sobre a instituição de procuradorias jurídicas no âmbito dos municípios perde força quando se analisam as discussões travadas sobre a matéria no contexto da Assembleia Nacional Constituinte, tal como registradas no *Diário da Assembleia Nacional Constituinte*.[8]

Com efeito, por ocasião dos debates, na Comissão de Redação, sobre qual seria a denominação mais adequada para ser atribuída ao Capítulo IV do Título IV da Constituição (que doravante ficou designado como "Das Funções Essenciais da Justiça"), o constituinte José Maria Eymael formulou o seguinte questionamento aos seus colegas no Parlamento:

> [...] Na parte pertinente à Advocacia-Geral da União, o art. 132, §4º, trata da representação judicial e consultoria jurídica dos Estados e do Distrito Federal. Minha pergunta, Sr. Relator, é a seguinte: aqui se estabelece que "a representação judicial e a consultoria jurídica dos Estados e do Distrito Federal serão exercidas pelos respectivos procuradores, organizados em carreira...". *Foi estudada a não extensão desse instituto aos Municípios, ou é omissão?*[9] (Grifos nossos)

A essa indagação o relator da Comissão, constituinte Bernardo Cabral, respondeu: "Não; só dos Estados mesmo".[10] Não satisfeito,

---

[7] Cf.: BANDEIRA DE MELLO, Celso Antônio. *Curso de direito administrativo*. 27. ed. São Paulo: Malheiros, 2010. p. 96.

[8] BRASIL. Diários da Câmara dos Deputados. *Câmara dos Deputados*, Brasília. Disponível em: http://imagem.camara.gov.br/constituinte_principal.asp. Acesso em: 29 maio 2013. Sobre a argumentação que se segue, cf. MADUREIRA, Claudio. *Advocacia Pública*. 2. ed. Belo Horizonte: Fórum, 2016. p. 200-202.

[9] BRASIL. Diários da Câmara dos Deputados. *Câmara dos Deputados*, Brasília. Disponível em: http://imagem.camara.gov.br/constituinte_principal.asp. Acesso em: 29 maio 2013.

[10] BRASIL. Diários da Câmara dos Deputados. *Câmara dos Deputados*, Brasília. Disponível em: http://imagem.camara.gov.br/constituinte_principal.asp. Acesso em: 29 maio 2013.

Eymael indagou, novamente: "Não se trata de omissão?".[11] E a isso, Cabral lhe respondeu: "Não".

Disso se verifica que, pelo menos para os integrantes da Comissão de Redação (uma das comissões mais importantes da Assembleia Nacional Constituinte, porque lhe coube conferir texto definitivo aos dispositivos constitucionais aprovados pelos constituintes), não havia dúvidas: não houve omissão constitucional em considerar a instituição de procuradorias também no âmbito dos municípios, a exemplo do que fez o constituinte quando tratou da Advocacia-Geral da União (art. 131) e das procuradorias dos estados e do Distrito Federal (art. 132).

Cláudio Grande Júnior aponta uma segunda justificativa para essa diversidade de tratamento constitucional, quando se refere à quantidade de municípios e à "diversidade de situações engessariam essas unidades estatais se tratadas todas igualmente, impondo um encargo excessivo a pequenas localidades".[12] Diante disso, poder-se-ia imaginar que o constituinte optou por não estipular, na Carta da República, fórmula geral para a instituição dos órgãos jurídicos nos municípios precisamente em razão da natural distinção entre eles, quando consideradas as suas respectivas dimensões territoriais e, bem assim, as naturais disparidades nas suas correspondentes capacidades financeiras.[13] Seguindo no raciocínio, Grande Júnior aduz que, apesar de ser "inegável que existem Municípios sem condições de instituírem e estruturarem autênticas Procuradorias", isso não

---

[11] BRASIL. Diários da Câmara dos Deputados. *Câmara dos Deputados*, Brasília. Disponível em: http://imagem.camara.gov.br/constituinte_principal.asp. Acesso em: 29 maio 2013.

[12] GRANDE JÚNIOR, Cláudio. Advocacia Pública: estudo classificatório de direito comparado. *In*: GUEDES, Jefferson Carús; SOUZA, Luciane Moessa de (Coord.). *Advocacia de Estado*: questões institucionais para a construção de um Estado de justiça. Belo Horizonte: Fórum, 2009. p. 63.

[13] Essa observação é pertinente. Porém, dela não resulta, pelo menos não necessariamente, que a modificação do texto da Carta da República é imprescindível à indução da instituição de procuradorias públicas no âmbito dos municípios. Com efeito, considero razoável supor que o constituinte originário tenha deixado a critério do poder constituinte derivado decorrente estabelecer, considerando as proporções territoriais de seus respectivos municípios, as suas disponibilidades financeiras, além de outras peculiaridades que lhe são próprias, a disciplina normativa para exercício das atividades típicas de advocacia pública em âmbito municipal. Assim, *talvez seja suficiente*, tão somente, *que se estabeleçam modificações pontuais nas Cartas estaduais, que poderiam prever*, na linha do que o constituinte originário estabeleceu no art. 132 da Constituição de 1988 para as procuradorias dos estados e do Distrito Federal, *que os procuradores dos municípios*, "organizados em carreira, na qual o ingresso dependerá de concurso público de provas e títulos, com a participação da Ordem dos Advogados do Brasil em todas as suas fases, exercerão a representação judicial e a consultoria jurídica das respectivas unidades federadas". Porém, isso é assunto para outro estudo.

impediria, isoladamente, a disciplina das procuradorias municipais na Constituição da República; bastando-se, para tanto, que se estabelecesse "critério de obrigatoriedade vinculado ao número de habitantes", de modo a que todas as municipalidades precisassem, ao menos, criar cargos de provimento efetivo de advogados públicos.[14] No entanto, a estruturação de texto normativo com esse nível de especificação acerca da realidade dos municípios brasileiros, cuja confecção também estaria a desafiar interesses locais e setoriais ainda não consolidados ao tempo das deliberações constituintes, poderia criar dificuldades para obtenção de consenso político sobre o tema, embaraçando, pelo impasse, a conclusão dos trabalhos da Assembleia Nacional Constituinte quanto a esse específico particular.

Porém, mesmo essa possibilidade não desqualifica a investigação, no plano da ciência, sobre se é possível extrair da Constituição de 1988 conclusão no sentido de que os municípios, guardadas as suas respectivas proporções territoriais e disponibilidades financeiras, devem, de fato, instituir órgãos de Advocacia Pública semelhantes àqueles descritos pelo constituinte para atuação em âmbito federal e estadual. Grande Júnior não parece considerá-la, na medida em que propõe, como solução ao problema, a modificação do texto constitucional;[15] como também o fez Cesar Cordaro, para quem "essa diferença de tratamento representa verdadeira aberração, que precisa, urgentemente, ser extirpada do texto constitucional".[16]

Não nego que esse tipo de solução deve ser considerado. De minha parte, tudo o que puder ser feito para induzir a instituição de procuradorias públicas no âmbito dos municípios, medida que considero imprescindível para que se assegure a necessária efetividade ao controle da juridicidade do agir administrativo, deve ser aventado e testado. Contudo, sua implementação transcende o campo da aplicação

---

[14] GRANDE JÚNIOR, Cláudio. Advocacia Pública: estudo classificatório de direito comparado. *In*: GUEDES, Jefferson Carús; SOUZA, Luciane Moessa de (Coord.). *Advocacia de Estado*: questões institucionais para a construção de um Estado de justiça. Belo Horizonte: Fórum, 2009. p. 63-64.

[15] GRANDE JÚNIOR, Cláudio. Advocacia Pública: estudo classificatório de direito comparado. *In*: GUEDES, Jefferson Carús; SOUZA, Luciane Moessa de (Coord.). *Advocacia de Estado*: questões institucionais para a construção de um Estado de justiça. Belo Horizonte: Fórum, 2009. p. 63-64.

[16] CORDARO, Cesar Antônio Alves. A Advocacia Pública dos municípios: necessidade de tratamento constitucional. *In*: GUEDES, Jefferson Carús; SOUZA, Luciane Moessa de (Coord.). *Advocacia de Estado*: questões institucionais para a construção de um Estado de justiça. Belo Horizonte: Fórum, 2009. p. 234.

do direito, para abarcar, em rigor, o plano das discussões políticas. Por esse motivo, proponho-me a enfrentar o problema mediante utilização do instrumental teórico próprio da atividade jurídica, que consiste em procurar identificar no ordenamento jurídico-positivo elementos normativos que imponham, ou dispensem, a instalação de procuradorias também em âmbito municipal; corte metodológico que justifico na lição de Clovis Beznos, quando afirma que, se o Estado de direito pressupõe a efetividade do direito e o respeito à Constituição, quando essa expectativa não se realizar, "é papel do jurista identificar os mecanismos de defesas do Estado de Direito, para que o Direito, em sua dinâmica, seja efetivo".[17]

3 O problema da atribuição de atividades típicas de Advocacia Pública a advogados contratados e servidores comissionados

A ausência de previsão, na Carta de 1988, da instituição de órgãos de Advocacia Pública no âmbito dos municípios (ainda que, segundo penso, não resulte de omissão do constituinte nem demande, necessariamente, como única alternativa capaz de induzir a instituição de procuradorias municipais, a modificação do texto constitucional), fez com que tais unidades federadas adotassem as mais diversas estratégias para servirem-se de atividades consultivas e contenciosas no âmbito da Administração Pública, desde a contratação de escritórios de advocacia[18] à criação de cargos comissionados de procuradores municipais (ou de advogados, consultores jurídicos, assistentes jurídicos etc.). Outros tantos municípios instituíram procuradorias com estruturas semelhantes às da Advocacia-Geral da União e/ou das procuradorias dos estados e do Distrito Federal, com procuradores efetivos, admitidos

---

[17] BEZNOS, Clovis. *Aspectos jurídicos da indenização na desapropriação*. Belo Horizonte: Fórum, 2010. p. 15.

[18] Referindo-se à circunstância de o constituinte não haver feito "expressa menção à Advocacia Pública dos entes municipais", Ronny Charles Lopes de Torres observa que "para alguns, essa disposição permite que o Chefe do Executivo Municipal esteja livre para outorgar poder por procuração, para um advogado particular realizar a representação judicial do Município, quando inexistir lei municipal criando o cargo de Procurador" (TORRES, Ronny Charles Lopes de. A responsabilidade do Advogado de Estado em sua função consultiva. *In*: GUEDES, Jefferson Carús; SOUZA, Luciane Moessa de (Coord.). *Advocacia de Estado*: questões institucionais para a construção de um Estado de justiça. Belo Horizonte: Fórum, 2009. p. 240).

mediante concurso público.[19] Ocorre que, muito embora seja viável, sob o ponto de vista pragmático, conferir a advogados contratados, ou a servidores comissionados, o exercício de atividades consultivas e contenciosas, estou convencido de que a sua atribuição a profissionais sem vínculo efetivo com a Administração Pública torna imprecisos os mecanismos de controle interno da juridicidade do agir administrativo.

3.1 Inviabilidade da atribuição das atividades ordinárias das procuradorias a advogados contratados

Por taxativa disposição legislativa, colhida do Estatuto da Advocacia, os advogados possuem plena liberdade para o exercício da profissão (arts. 7º, I,[20] e 31, §1º),[21] o que os habilita a agir com independência não importando quem sejam os seus clientes.[22] Demais disso, presume-se que esses profissionais possuem os conhecimentos técnicos necessários para o desempenho das atividades consultivas e contenciosas,[23] vez que o Estatuto condiciona a sua inscrição nos quadros da Ordem dos Advogados do Brasil à obtenção de diploma de graduação em Direito (art. 8º, II)[24] e à prévia aprovação no Exame de

---

[19] Como ocorre, por exemplo, com os municípios de São Paulo, do Rio de Janeiro e de Vitória.

[20] Lei nº 9.806. "Art. 7º São direitos do advogado: I - exercer, com liberdade, a profissão em todo o território nacional".

[21] Lei nº 8.906. "Art. 31. O advogado deve proceder de forma que o torne merecedor de respeito e que contribua para o prestígio da classe e da advocacia. §1º O advogado, no exercício da profissão, deve manter independência em qualquer circunstância".

[22] Cf. MADUREIRA, Claudio. *Advocacia Pública*. 2. ed. Belo Horizonte: Fórum, 2016. p. 270-276.

[23] Quanto a esse particular, Carlos Figueiredo Mourão lembra que o Estatuto estabelece como atividades privativas da advocacia "a postulação a qualquer órgão do Poder Judiciário e aos juizados especiais" (art. 1º, I) e "as atividades de consultoria, assessoria e direção jurídicas" (art. 1º, II), de modo que somente os advogados (ou seja, profissionais devidamente inscritos na Ordem dos Advogados do Brasil) têm habilitação para exercê-las (MOURÃO, Carlos Figueiredo. A advocacia pública como instituição de controle interno da administração. *In*: GUEDES, Jefferson Carús; SOUZA, Luciane Moessa de (Coord.). *Advocacia de Estado*: questões institucionais para a construção de um Estado de justiça. Belo Horizonte: Fórum, 2009. p. 133). Eis a dicção literal dos dispositivos citados: "Art. 1º São atividades privativas de advocacia: I - a postulação a qualquer órgão do Poder Judiciário e aos juizados especiais; II - as atividades de consultoria, assessoria e direção jurídicas".

[24] Lei nº 8.906. "Art. 8º Para inscrição como advogado é necessário: [...] II - diploma ou certidão de graduação em direito, obtido em instituição de ensino oficialmente autorizada e credenciada".

Ordem (art. 8º, IV).[25] Também se espera deles uma atuação conforme o direito, porque a Constituição (art. 133)[26] e o Estatuto (art. 2º e §1º)[27] os definem como profissionais indispensáveis à realização da justiça, que prestam, portanto, um serviço público e exercem função social, e porque o regime disciplinar instituído pelo Estatuto lhes veda manifestar-se contra literal disposição de lei (art. 34, VI),[28] prestar concurso a clientes ou a terceiros para realização de ato contrário à lei ou destinado a fraudá-la (art. 34, XVII),[29] deturpar o teor de dispositivo de lei (art. 34, XIV)[30] e, ainda, incidir em erros reiterados que evidenciem inépcia profissional (art. 34, XXIV).[31]

Essas credenciais em tese os habilitam a atender à Administração Pública, mediante exercício de atividades consultivas ou contencio-sas.[32] Todavia, a Constituição da República (arts. 131 e 132), quando disciplinou o exercício dessas atividades típicas no âmbito das unidades federadas, as conferiu, de forma taxativa, aos órgãos de Advocacia Pública. Além disso, o texto constitucional concebe extenso aparato de controle da atividade administrativa, composto por órgãos externos e internos (art. 70),[33] que induz a realização, no âmbito interno da Administração Pública, do controle da juridicidade das posturas

---

[25] Lei nº 8.906. "Art. 8º Para inscrição como advogado é necessário: [...] IV - aprovação em Exame de Ordem".

[26] CRFB. "Art. 133. O advogado é indispensável à administração da justiça, sendo inviolável por seus atos e manifestações no exercício da profissão, nos limites da lei".

[27] Lei nº 8.906. "Art. 2º O advogado é indispensável à administração da justiça. §1º No seu ministério privado, o advogado presta serviço público e exerce função social".

[28] Lei nº 8.906. "Art. 34. Constitui infração disciplinar: [...] VI - advogar contra literal disposição de lei, presumindo-se a boa-fé quando fundamentado na inconstitucionalidade, na injustiça da lei ou em pronunciamento judicial anterior".

[29] Lei nº 8.906. "Art. 34. Constitui infração disciplinar: [...] XVII - prestar concurso a clientes ou a terceiros para realização de ato contrário à lei ou destinado a fraudá-la".

[30] Lei nº 8.906. "Art. 34. Constitui infração disciplinar: [...] XIV - deturpar o teor de dispositivo de lei, de citação doutrinária ou de julgado, bem como de depoimentos, documentos e alegações da parte contrária, para confundir o adversário ou iludir o juiz da causa".

[31] Lei nº 8.906. "Art. 34. Constitui infração disciplinar: [...] XXIV - incidir em erros reiterados que evidenciem inépcia profissional".

[32] Que, aliás, são reconhecidas pelo Estatuto como atividades típicas de advocacia (Lei nº 8.906. "Art. 1º São atividades privativas de advocacia: I - a postulação a qualquer órgão do Poder Judiciário e aos juizados especiais; II - as atividades de consultoria, assessoria e direção jurídicas").

[33] CRFB. "Art. 70. A fiscalização contábil, financeira, orçamentária, operacional e patrimonial da União e das entidades da administração direta e indireta, quanto à legalidade, legitimidade, economicidade, aplicação das subvenções e renúncia de receitas, será exercida pelo Congresso Nacional, mediante controle externo, e pelo sistema de controle interno de cada Poder".

administrativas. O exercício das atividades de consultoria jurídica e contencioso judicial apresenta-se, nesse contexto, como o instrumento por meio do qual o controle interno de juridicidade é exercitado. Posto isso, o seu desempenho por advogados contratados, sobretudo se for realizado de forma reiterada, de modo a que esses profissionais assumam por completo a consultoria jurídica e o contencioso judicial dos entes públicos, além de contrariar a opção político-normativa assentada nos arts. 131 e 132 da Constituição, converterá essa atividade de *controle interno* em *controle realizado com auxílio externo*, em evidente subversão do regime jurídico concebido pelo constituinte.[34]

Acrescente-se, em reforço, o argumento exposto por Ronny Charles Lopes Torres, para quem "admitir tal ajuste para a defesa ordinária ou consultoria jurídica rotineira da entidade fere a determinação constitucional de que a investidura em cargo ou emprego público depende de aprovação prévia em concurso público de provas ou de provas e títulos".[35] No pormenor, Torres defende que "as atividades de consultoria jurídica e de patrocínio rotineiro das diversas causas judiciais propostas em favor ou em face dos entes e órgãos da Administração [...] caracterizam-se como atividades próprias de carreira funcional que recebeu *status* específico da Carta Política", e que "a concepção constitucional prevista no inciso II do art. 37 da Constituição Federal exige o provimento desses cargos mediante aprovação prévia em concurso, seja pela União, Estados, Distrito Federal ou Municípios", pelo que se reputa "impreterível a existência de quadro de carreira, para cumprir tais atribuições".[36]

Soma-se a isso a circunstância, manifestada por Marçal Justen Filho, de a atuação profissional da Advocacia Pública exigir "não apenas o domínio do conhecimento técnico-jurídico e uma espécie de sensibilidade acerca de eventos futuros", mas também "o conhecimento das praxes administrativas e o domínio acerca de fatos passados".[37]

---

[34] Ponto que será retomado na sequência, no tópico 3.2 deste capítulo.

[35] TORRES, Ronny Charles Lopes de. A responsabilidade do Advogado de Estado em sua função consultiva. *In*: GUEDES, Jefferson Carús; SOUZA, Luciane Moessa de (Coord.). *Advocacia de Estado*: questões institucionais para a construção de um Estado de justiça. Belo Horizonte: Fórum, 2009. p. 145.

[36] TORRES, Ronny Charles Lopes de. A responsabilidade do Advogado de Estado em sua função consultiva. *In*: GUEDES, Jefferson Carús; SOUZA, Luciane Moessa de (Coord.). *Advocacia de Estado*: questões institucionais para a construção de um Estado de justiça. Belo Horizonte: Fórum, 2009. p. 145.

[37] JUSTEN FILHO, Marçal. *Comentários à Lei de Licitações e Contratos Administrativos*. 11. ed. São Paulo: Dialética, 2005. p. 285.

Por isso é que, para Justen Filho, "é extremamente problemático obter atuação satisfatória de advogado que não conhece o passado da instituição e desconhece a origem dos problemas enfrentados".[38]

Por essas razões, não se admite, entre nós, a contratação de advogados privados para assumir os serviços jurídicos das unidades federadas, bem como de seus órgãos e entidades, inclusive das empresas públicas e sociedades de economia mista.[39]

Isso não impede, certamente, a contratação de serviços especializados de advocacia para solução de problemas pontuais da Administração Pública. Assim se manifesta, em doutrina, Roberto Luís Luchi Demo quando observa que, conquanto a Constituição tenha atribuído aos membros da Advocacia Pública o exercício das atividades consultiva e contenciosa, essa constatação não tolhe do Poder Público "a capacidade de conferir mandato *ad judicia* a outros advogados para causas especiais".[40] Nesse mesmo sentido vem se posicionando o Supremo Tribunal Federal; conforme manifestou, nos termos seguintes, a Ministra Cármen Lúcia, em voto proferido no curso do julgamento da Ação Direta de Inconstitucionalidade nº 484:

> Nesses termos, realço o que já assentado por este Supremo Tribunal, no sentido de que 'o art. 132 da Constituição veicula norma de organização administrativa', *não sendo vedado*, portanto, *em situações específicas* e a critério das entidades federadas, *o exercício, por outros advogados, sempre em caráter excepcional, das atribuições constitucionalmente atribuídas aos Procuradores de Estado* (PET n. 408-AgR, Redator para o acórdão Ministro Sepúlveda Pertence, DJ 26.6.1990).[41] (Grifos nossos)

---

[38] JUSTEN FILHO, Marçal. *Comentários à Lei de Licitações e Contratos Administrativos*. 11. ed. São Paulo: Dialética, 2005. p. 285.

[39] É que as empresas estatais só podem ser instituídas, entre nós, como forma de promover a segurança nacional ou realizar relevante interesse coletivo (CRFB, art. 173). A propósito, cf. MADUREIRA, Claudio. *Advocacia Pública*. 2. ed. Belo Horizonte: Fórum, 2016. p. 127-138.

[40] DEMO, Roberto Luís Luchi. Advocacia Pública. *Revista dos Tribunais*, São Paulo, ano 91, n. 801, jul. 2002. p. 727. Sobre o assunto, ler também: TORRES, Ronny Charles Lopes de. A responsabilidade do Advogado de Estado em sua função consultiva. *In*: GUEDES, Jefferson Carús; SOUZA, Luciane Moessa de (Coord.). *Advocacia de Estado*: questões institucionais para a construção de um Estado de justiça. Belo Horizonte: Fórum, 2009. p. 145.

[41] STF, ADI nº 484. Rel. Min. Eros Grau, Rel. p/ acórdão Ministro Ricardo Lewandowski, j. 10.11.2011, Tribunal Pleno. *DJe*-022 divulg. 31.1.2012, public. 1º.2.2012, ement. vol. 02642-01 PP-00001.

Deve estar claro, então, que a contratação cogitada somente pode ser feita em hipóteses excepcionais. Disso resulta a observação de Roberto Demo quanto a se inserir esse excepcional atendimento do Poder Público por advogados contratados "no campo da legitimação extraordinária", enquanto o exercício da consultoria e do contencioso "por qualquer Advogado Público está no campo da legitimação ordinária".[42]

Conforme Demo, essa situação de excepcionalidade exigida para a contratação de advogados para desempenhar as atividades jurídicas conferidas pela Carta da República aos advogados públicos está a exigir do poder contratante a demonstração, em concreto, da impossibilidade de a Advocacia Pública nelas vir a atuar.[43] Nessa perspectiva, a contratação apenas se justifica, como observa o autor na sequência de sua fala, (i) em *situações circunstanciais*, como se verificou, por exemplo, "quando o Banco Nacional de Crédito Cooperativo – BNCC foi extinto mediante liquidação", contexto em que "a União recebeu uma carteira de créditos, porque o liquidante havia omitido a transferência daquela carteira para outra instituição bancária", que "foi transferida ao Banco do Brasil", juntamente com "a representação da União para a execução desses créditos"; (ii) em *situações funcionais*, como ocorre, exemplificativamente, diante da necessidade da contratação de advogados estrangeiros para postular os interesses do ente público em outros países; e (iii) em *situações técnicas*, que se verificam "quando a questão é altamente complexa e exige conhecimentos especialíssimos, além do estado atual da arte".[44]

Os limites impostos pelo ordenamento à contração de advogados ficam ainda mais claros na casuística. Imagine-se, a título de exemplo, que determinado município não possua procuradoria nem procuradores concursados. Nessa hipótese, mesmo que sejam poucos os problemas jurídicos enfrentados pela municipalidade, a contratação de advogados para atender à integralidade de suas necessidades com a prestação de serviços de advocacia será inconstitucional, por ofensa aos arts. 131 e 132 da Constituição, na medida em que induz a completa subversão do regime por ela concebido para o exercício das atividades consultivas

---

[42] DEMO, Roberto Luís Luchi. Advocacia Pública. *Revista dos Tribunais*, São Paulo, ano 91, n. 801, jul. 2002. p. 727.

[43] DEMO, Roberto Luís Luchi. Advocacia Pública. *Revista dos Tribunais*, São Paulo, ano 91, n. 801, jul. 2002. p. 727.

[44] DEMO, Roberto Luís Luchi. Advocacia Pública. *Revista dos Tribunais*, São Paulo, ano 91, n. 801, jul. 2002. p. 727.

e contenciosas no âmbito administrativo. Situação completamente distinta se verifica quando determinado município, assim como um estado-membro, ou até mesmo a própria União Federal, mantendo procuradores concursados, verifica que esses profissionais não dispõem de conhecimentos técnicos suficientes para atuar, com as necessárias acuidade e segurança, na resolução de problema jurídico específico surgido na esfera administrativa. Nesse caso, será viável a contratação de advocacia especializada, porque ancorada a situação excepcional.

No entanto, mesmo quando se tem em vista semelhantes hipóteses excepcionais é preciso estabelecer parâmetros objetivos para que abusos não sejam cometidos. Se a atividade contratada se referir a problema pontual, que não irá se repetir com habitualidade no âmbito da unidade federada, a tão só contratação do serviço de advocacia especializada será suficiente à sua resolução. Porém, quando se tratar de uma atividade nova, e por isso ainda não assimilada pelo corpo de procuradores, mas que passará a ser exercida com habitualidade no âmbito administrativo, a contratação de serviços especializados de advocacia deverá ser conjugada à aplicação de capacitação técnica aos membros da Advocacia Pública. Nessa hipótese, decorrido interregno em que seria razoável supor que esses profissionais poderiam ser treinados para exercer essa atividade jurídica, tornar-se-á inconstitucional, pelos fundamentos dantes elencados, a contratação de advocacia especializada.

Excepcionam-se, todavia, os serviços cuja complexidade, ou especificidade, não permita o seu atendimento pelos profissionais vinculados ao Poder Público mesmo depois de treinados. Tal se verifica, por exemplo, quando a resolução do problema enfrentado pelo Poder Público estiver a exigir manifestação técnica específica, construída, ainda a título de exemplo, por profissional que se singularizou pela sua difusão em sede doutrinária. Quanto a isso, a contratação terá por fundamento a *singularidade da prestação*, que se funda, na hipótese, na *marca pessoal* do advogado contratado.

A contratação de serviços especializados de advocacia também poderá decorrer, na prática, de particularidades da formação jurídica na região em que se situa a unidade federada contratante, ou, ainda, das dificuldades (que devem ser reais e não meramente hipotéticas) de atração, para atuação na esfera administrativa, de profissionais que detenham os conhecimentos necessários ao desempenho da prestação jurídica necessária. Com efeito, há regiões do país em que são escassos (quando não inexistentes) advogados habilitados a atuar em processos relativos a atividades bastante corriqueiras no âmbito da Administração, como ocorre, por exemplo, na área de licitações e contratos, com relação à qual é crescente a preocupação (e a pressão) dos órgãos de controle externo (em especial do Ministério Público e dos Tribunais de Contas) por uma atuação administrativa rigorosamente vinculada ao direito. Essa escassez de profissionais, conjugada à incapacidade de algumas unidades federadas, sobretudo dos pequenos municípios, de estabelecer padrões remuneratórios capazes de atrair profissionais habilitados para suas respectivas procuradorias também poderá justificar, em concreto, a contratação de advocacia especializada.

Outra situação que deve ser destacada, nesse contexto, diz respeito à representação judicial das unidades federadas, sobretudo de municípios, na capital da República, na capital dos seus respectivos estados e em foros e tribunais situados em outros estados. Sabe-se que a Advocacia-Geral da União hoje está presente em todas as unidades federadas, a começar pelo Distrito Federal. Ademais, é relativamente comum as procuradorias-gerais dos estados instalarem escritórios de representação jurídica em Brasília, para atuação nos tribunais superiores e no Tribunal de Contas da União. Mas são poucos os municípios que têm condições financeiras e, sobretudo, volume processual para manter advogados na capital da República, bem como nas cidades onde têm sede os tribunais federais, que processam demandas havidas entre estados/municípios e órgãos federais.[45] Na verdade, em estados de maior extensão territorial há municípios que têm dificuldades inclusive para manter advogados nas suas respectivas capitais, onde têm sede os tribunais de justiça. Assim, desde que a demanda detectada não possa ser suprida adequadamente mediante simples contratação de serviços de apoio (para extrair cópias, fazer carga de processos etc.), que não realizam, por exemplo, "despachos" com juízes, desembargadores e ministros, tampouco estão habilitados a fazer sustentação oral das teses veiculadas pela unidade federada, também para o atendimento dessas necessidades seria viável a contratação de advogados privados para representação do Poder Público; que se justifica, na espécie, inclusive por razões de economicidade.

---

[45] Talvez por esse motivo, alguns estados autorizem o atendimento de municípios por suas respectivas procuradorias-gerais; como se depreende das legislações dos estados do Mato Grosso (CEMT, art. 112, V), do Mato Grosso do Sul (LCE 95, art. 3º, IV), do Paraná (CEPR, art. 124, V), do Rio de Janeiro (LCE 15, art. 2º, §2º), de Santa Catarina (LCE 317, art. 4º, XXI), de São Paulo (CESP, art. 99, VIII), de Tocantins (LCE 7, art. 1º, III) e do Rio Grande do Sul (CERS, art. 115, V).

Por derradeiro, observo, agora tendo em vista as *situações circunstanciais* e *funcionais* destacadas por Roberto Demo, ser possível a contratação de advogados para representação da unidade federada em causas em que forem interessados todos os procuradores. Para a hipótese, a contratação teria por fundamento hipotética suspeição do corpo de procuradores, preordenada pelo interesse pessoal da integralidade de seus membros no deslinde da contenda.

Essas considerações revelam que, a despeito de a Constituição haver conferido à Advocacia Pública (e somente a ela) o exercício da consultoria jurídica e do contencioso judicial, *é possível*, juridicamente, *a contratação de advogados privados para desempenho dessas atividades típicas. Porém, essa contratação deve ter objeto específico, não podendo, assim, abarcar a completa assunção do serviço jurídico por esses profissionais contratados, e deve ser feita*, ainda, *em regime de excepcionalidade*, cumprindo ao poder contratante demonstrar, a cada contratação, a impossibilidade de a atuação contratada ser executada a contento pelos órgãos ordinários de Advocacia Pública.

3.2 Inviabilidade da atribuição das atividades típicas de Advocacia Pública a servidores comissionados

Afirmei que os advogados privados, além de presumidamente ostentarem os conhecimentos técnicos necessários ao desempenho da consultoria jurídica e do contencioso judicial,[46] atuam com liberdade no exercício da profissão,[47] e que por isso possuem a independência técnica necessária a atender à Administração Pública nessas atividades jurídicas; o que induz a compreensão, expressada pela doutrina e pela

---

[46] Porque o Estatuto da Advocacia condiciona a sua inscrição nos quadros da Ordem dos Advogados do Brasil à obtenção de diploma de graduação em Direito (art. 8º, II) e à prévia aprovação no Exame de Ordem (art. 8º, IV); porque deles se espera uma atuação conforme o direito, vez que a Constituição (art. 133) e o Estatuto (art. 2º e §1º) os definem como profissionais indispensáveis à realização da justiça, que prestam, portanto, um serviço público e exercem função social; e porque o regime disciplinar instituído pelo Estatuto lhes veda manifestar-se contra literal disposição de lei (art. 34, VI), prestar concurso a clientes ou a terceiros para realização de ato contrário à lei ou destinado a fraudá-la (art. 34, XVII), deturpar o teor de dispositivo de lei (art. 34, XIV) e, ainda, incidir em erros reiterados que evidenciem inépcia profissional (art. 34, XXIV).

[47] Que lhes é conferida pelo inc. I do art. 7º da Lei nº 8.906/1994 ("Art. 7º São direitos do advogado: I - exercer, com liberdade, a profissão em todo o território nacional"), e pelo §1º de seu art. 31 ("Art. 31. O advogado deve proceder de forma que o torne merecedor de respeito e que contribua para o prestígio da classe e da advocacia. §1º O advogado, no exercício da profissão, deve manter independência em qualquer circunstância").

jurisprudência do Supremo Tribunal Federal, de que esses profissionais podem ser contratados, embora tão somente em hipóteses excepcionais, para o desempenho de funções típicas de Advocacia Pública. Porém, semelhante independência técnica não pode ser reconhecida a servidores que ocupam cargos em comissão, ainda que se trate de profissionais inscritos na Ordem dos Advogados do Brasil, vez que esses cargos comissionados se singularizam, por taxativa disposição constitucional,[48] por comportarem livre nomeação e exoneração.

Os agentes públicos em geral e os procuradores em particular não podem se furtar a uma correta aplicação do direito.[49] Em primeiro lugar porque estão submetidos ao princípio da legalidade administrativa (compreendida em um sentido mais amplo, como juridicidade, de modo a também abarcar o cumprimento das regras e princípios que integram a Constituição),[50] segundo o qual a Administração Pública e seus agentes somente podem fazer o que o ordenamento jurídico-positivo autoriza. A propósito, recobro que por força desse princípio é que, na preciosa observação de Hely Lopes Meirelles, "enquanto na administração particular é lícito fazer tudo o que a lei não proíbe, na Administração Pública só é permitido fazer o que a lei autoriza";[51] ou, como expressa Celso Antônio Bandeira de Mello, "ao contrário dos particulares, os quais podem fazer tudo que não lhes seja proibido, a Administração pode fazer apenas o que lhe seja de antemão permitido por lei";[52] ou, ainda, como sintetiza Maria Sylvia Zanella Di Pietro, "a Administração Pública só pode fazer o que a lei permite".[53] Em segundo lugar porque

---

[48] CRFB. "Art. 37. [...] II - a investidura em cargo ou emprego público depende de aprovação prévia em concurso público de provas ou de provas e títulos, de acordo com a natureza e a complexidade do cargo ou emprego, na forma prevista em lei, *ressalvadas as nomeações para cargo em comissão declarado em lei de livre nomeação e exoneração*" (grifos nossos).

[49] Muito embora exista distinção entre os âmbitos da sua atividade jurídica na esfera administrativa, conforme sintetiza Carlos Figueiredo Mourão na seguinte passagem doutrinária: "É claro que todos, e, principalmente, os servidores públicos, têm como obrigação o conhecimento da lei, mas somente o advogado poderá expedir pronunciamentos sobre a legalidade de atos" (MOURÃO, Carlos Figueiredo. A advocacia pública como instituição de controle interno da administração. In: GUEDES, Jefferson Carús; SOUZA, Luciane Moessa de (Coord.). *Advocacia de Estado*: questões institucionais para a construção de um Estado de justiça. Belo Horizonte: Fórum, 2009. 133).

[50] MADUREIRA, Claudio. *Advocacia Pública*. 2. ed. Belo Horizonte: Fórum, 2016. p. 36-40.

[51] MEIRELLES, Hely Lopes. *Direito administrativo brasileiro*. 16. ed. São Paulo: Revista dos Tribunais, 1991. p. 78.

[52] BANDEIRA DE MELLO, Celso Antônio. Legalidade, discricionariedade: seus limites e controle. *In*: BANDEIRA DE MELLO, Celso Antônio. *Grandes temas de direito administrativo*. São Paulo: Malheiros, 2010. p. 57.

[53] DI PIETRO, Maria Sylvia Zanella. *Direito administrativo*. 13. ed. São Paulo: Atlas, 2001. p. 68.

devem realizar o interesse público (compreendido como interesse do Estado e da sociedade à observância da ordem jurídica estabelecida),[54] e por isso devem promover, em concreto, a sua prevalência (ou supremacia) sobre os interesses privados, inclusive sobre os interesses particulares do Estado.[55] Ao ensejo, atento à observação de Bandeira de Mello no sentido de que o Estado, "independentemente do fato de ser, por definição, encarregado de interesses públicos", também pode sustentar "tanto quanto às demais pessoas, interesses que lhe são particulares, individuais, e que, tal como os interesses delas, concebidas em suas meras individualidades, se encarnam no Estado enquanto pessoa".[56] Esses interesses não são, conforme Bandeira de Mello, "interesses públicos", mas se qualificam, em verdade, como interesses individuais (ou particulares) do Estado, que só podem ser perseguidos pelo Poder Público quando instrumentais à realização do interesse público,[57] isto é, quando coincidentes com a correta aplicação do direito.

O problema é que muitas vezes é tênue a linha divisória entre o que governantes e gestores pretendem realizar e o que o ordenamento jurídico-positivo os autoriza a fazer. Com efeito, a implementação de suas opções político-administrativas pode se revelar conforme o interesse público, quando se mantiver dentro dos limites impostos pelo direito à intervenção do Estado na esfera das disponibilidades jurídicas do cidadão, ou atentar contra o interesse público, quando olvidar, ou ultrapassar, esses mesmos limites. Assim, nem sempre as escolhas políticas ditadas por governantes e gestores podem ser implantadas pela Administração.

Como a Administração Pública e seus agentes encontram-se vinculados à legalidade (ou juridicidade) e à realização do interesse público, que também lhes impõem uma correta aplicação do direito, é dever da Advocacia Pública manifestar-se contrariamente

---

[54] BANDEIRA DE MELLO, Celso Antônio. *Curso de direito administrativo.* 27. ed. São Paulo: Malheiros, 2010. p. 72.

[55] Cf. MADUREIRA, Claudio. *Advocacia Pública.* 2. ed. Belo Horizonte: Fórum, 2016. p. 90-92.

[56] BANDEIRA DE MELLO, Celso Antônio. A noção jurídica de "interesse público". *In*: BANDEIRA DE MELLO, Celso Antônio. *Grandes temas de direito administrativo.* São Paulo: Malheiros, 2010. p. 188.

[57] BANDEIRA DE MELLO, Celso Antônio. A noção jurídica de "interesse público". *In*: BANDEIRA DE MELLO, Celso Antônio. *Grandes temas de direito administrativo.* São Paulo: Malheiros, 2010. p. 188. Sobre a distinção teórica entre o interesse público e o interesse do poder público, cf., ainda: FORTINI, Cristiana; PEREIRA, Maria Fernanda Pires de Carvalho; CAMARÃO, Tatiana Martins da Costa. *Processo administrativo*: comentários à Lei nº 9.784/1999. Belo Horizonte: Fórum, 2008. p. 48.

às formulações de governantes e gestores quando suas propostas de atuação não se conformarem aos enunciados prescritivos que compõem o ordenamento jurídico-positivo. Não lhes toca adotar (ou formular) escolhas político-administrativas, que isso fique bastante claro; mas tão somente verificar se as escolhas feitas por governantes e gestores estão de acordo com o direito (por exemplo, a decisão pela contratação de escritório de advocacia para realizar serviço excepcional, para cujo exercício os membros da Advocacia Pública em princípio não se encontram habilitados)[58] e, ainda, se são adequados os meios indicados para a sua execução (por exemplo, a decisão pela contratação direta desse escritório de advocacia, por inexigibilidade de licitação, nos termos do inc. II do art. 25 da Lei nº 8.666/1993,[59] fundada na circunstância de o profissional que se pretende contratar deter notória especialização jurídica). Porém, é fato que, mesmo quando guardados esses limites de atuação, os advogados públicos muitas vezes se veem obrigados, por dever de ofício, a contrariar posições defendidas por governantes e gestores, num processo de tensão dialética que, se bem executado, otimiza o funcionamento da Administração Pública, além de trazer maior segurança aos administrados (em especial às minorias que não estão representadas pelo projeto político vencedor no último pleito), porque tem a potencialidade de impedir que eles sofram interferências na esfera das suas disponibilidades jurídicas fora dos limites admitidos pelo ordenamento.

Contudo, para que essa expectativa se realize, é indispensável que os profissionais incumbidos pelo ordenamento jurídico-positivo de "dizer o direito" em âmbito administrativo, confirmando ou contrariando as opções administrativas manifestadas por governantes e gestores, não tenham seus posicionamentos técnicos condicionados pelo temor de desagradá-los.[60] Ocorre que, quando se tem em vista a

---

[58] A propósito, observem-se as minhas considerações no tópico precedente.

[59] Lei nº 8.666. "Art. 25. É inexigível a licitação quando houver inviabilidade de competição, em especial: [...] II - para a contratação de serviços técnicos enumerados no art. 13 desta Lei, de natureza singular, com profissionais ou empresas de notória especialização, vedada a inexigibilidade para serviços de publicidade e divulgação".

[60] Recobro, ao ensejo, a observação de Ricardo Marcondes Martins quando indaga, em trabalho doutrinário, sobre se há "como impedir ou ao menos minimizar a influência do poder político sobre o exercício da função administrativa" (MARTINS, Ricardo Marcondes. Regime estatutário e Estado de direito. *Revista Trimestral de Direito Público*, São Paulo, n. 55, 2011. p. 142). O publicista expressa, a propósito, que "de nada adianta impor a alguém o dever de apenas aplicar o direito posto, cumprir o Direito, globalmente considerado, e deixá-lo livre para obstar esse cumprimento" (MARTINS, Ricardo

atuação de servidores comissionados, essa preocupação será sempre fundada, em vista da própria natureza da sua investidura, que pode ser revertida por decisão imotivada das autoridades administrativas, dada a circunstância de eles ocuparem cargos de livre nomeação e exoneração. Disso resulta a imposição jurídico-normativa de que as atividades típicas de Advocacia Pública sejam exercidas, sempre, por servidores efetivos.

Nesse sentido é o posicionamento consolidado na doutrina jurídica. A propósito, Maria Sylvia Zanella Di Pietro observa que "o Advogado Público da área consultiva é sempre visto como um profissional que 'atrapalha', porque é a ele que incumbe dizer à autoridade aquilo que a lei permite e o que a lei não permite fazer"; o que torna "indispensável a garantia da estabilidade para os profissionais da área"; num contexto em que "os cargos em comissão, comuns nas funções de assessoria, constituem, muitas vezes, um convite às falsas interpretações".[61] Em mesma direção se posiciona Marcos Juruena Villela Souto, para quem "não é desejável que tal papel seja desempenhado por cargos de provimento fiduciário ou por terceiros, dos quais não se exige nem o concurso nem o conhecimento de histórico de problemas e de questões típicas de cada órgão ou entidade".[62] Por isso é que, na lição do saudoso professor fluminense, "é indispensável a profissionalização dessas carreiras, que são típicas do Estado e não de governo, com cargos providos por aprovados em concursos públicos".[63] Preocupação semelhante é manifestada por César do Vale Kirch, quando acentua que o exercício de funções típicas de Advocacia Pública por ocupantes de cargos comissionados "retira a estabilidade e a isenção de atuação, na medida em que o ocupante do cargo não ingressou por concurso público e não tem a isenção e a firmeza de atuação que somente a investidura por certame público confere ao

---

Marcondes. Regime estatutário e Estado de direito. *Revista Trimestral de Direito Público*, São Paulo, n. 55, 2011. p. 142). Com efeito, "se todo corpo de agentes administrativos estivesse à mercê dos governantes, toda a concepção de Estado ruiria, a diretriz de que a atuação estatal deve ser sempre o cumprimento de uma função pública tornar-se-ia mera teoria vazia, retórica inútil" (MARTINS, Ricardo Marcondes. Regime estatutário e Estado de direito. *Revista Trimestral de Direito Público*, São Paulo, n. 55, 2011. p. 142).

[61] DI PIETRO, Maria Sylvia Zanella. Advocacia Pública. *Revista Jurídica da Procuradoria-Geral do Município de São Paulo*, São Paulo, n. 3, p. 11-30, dez. 1996. p. 20.

[62] SOUTO, Marcos Juruena Villela. *Direito administrativo das concessões*. 5. ed. Rio de Janeiro: Lumen Juris, 2004. p. 386-387.

[63] SOUTO, Marcos Juruena Villela. *Direito administrativo das concessões*. 5. ed. Rio de Janeiro: Lumen Juris, 2004. p. 387.

seu ocupante".[64] Para a hipótese, Kirch adverte que "a atuação jurídica desses ocupantes de cargos comissionados [...] fica comprometida muito mais com a satisfação dos interesses da pessoa que o nomeou para o cargo comissionado do que com o interesse publico", de modo que poderá ocorrer, em vista de potencial conflito entre os interesses do administrador e o direito, de o ocupante do cargo comissionado preferir buscar "a maléfica satisfação da necessidade execrável do gestor mal intencionado em vez de pugnar pela salutar proteção e preservação do interesse público", temendo que, "se não o fizer, poderá ser exonerado no dia seguinte, para que outro sem vínculo venha substituí-lo e, quiçá, realizar o desejo inconfessável do mau administrador".[65]

Situações desse tipo são recorrentes na prática administrativa. A propósito, Ricardo Marcondes Martins aduz que "se alguém precisa se corromper para manter seu ganha-pão, como regra geral, se corrompe", porque "ninguém é santo ou herói".[66] Ao contrário, "raros são os que abrem mão do seu ganha-pão por idealismo".[67] Até porque não se pode presumir "um comportamento sobre-humano de quem exerce função pública";[68] ou seja, não se deve trabalhar "com sonho ou utopia, mas com a realidade".[69] Exemplificando, Martins se refere à atuação dos "servidores encarregados de numerar as folhas dos processos administrativos e rubricá-las" que, por não possuírem estabilidade, veem-se obrigados por superior hierárquico a reordená-las, "com vistas a acobertar a ilegalidade ou, pior, ato de corrupção".[70]

---

[64] KIRCH, César do Vale. A alavancagem da AGU para a consolidação e o sucesso da advocacia pública de Estado no Brasil. *In*: GUEDES, Jefferson Carús; SOUZA, Luciane Moessa de (Coord.). *Advocacia de Estado*: questões institucionais para a construção de um Estado de justiça. Belo Horizonte: Fórum, 2009. p. 417.

[65] KIRCH, César do Vale. A alavancagem da AGU para a consolidação e o sucesso da advocacia pública de Estado no Brasil. *In*: GUEDES, Jefferson Carús; SOUZA, Luciane Moessa de (Coord.). *Advocacia de Estado*: questões institucionais para a construção de um Estado de justiça. Belo Horizonte: Fórum, 2009. p. 418.

[66] MARTINS, Ricardo Marcondes. Regime estatutário e Estado de direito. *Revista Trimestral de Direito Público*, São Paulo, n. 55, 2011. p. 144.

[67] MARTINS, Ricardo Marcondes. Regime estatutário e Estado de direito. *Revista Trimestral de Direito Público*, São Paulo, n. 55, 2011. p. 144.

[68] MARTINS, Ricardo Marcondes. Regime estatutário e Estado de direito. *Revista Trimestral de Direito Público*, São Paulo, n. 55, 2011. p. 144.

[69] MARTINS, Ricardo Marcondes. Regime estatutário e Estado de direito. *Revista Trimestral de Direito Público*, São Paulo, n. 55, 2011. p. 144.

[70] MARTINS, Ricardo Marcondes. Regime estatutário e Estado de direito. *Revista Trimestral de Direito Público*, São Paulo, n. 55, 2011. p. 148.

Nessa hipótese, ao servidor se impõe um dilema: "ou se recusa a obedecer e perde seu ganha-pão ou obedece e mantém-se no cargo".[71]

Disso resulta que, onde não há estabilidade, o servidor fica nas mãos dos superiores hierárquicos, bastando-lhe "se recusar a cometer uma ilegalidade, se recusar a praticar um ato de corrupção", que "estaria 'na rua', seria exonerado".[72] Não sobeja lembrar, a propósito, que, para o caso, "nem do Judiciário o servidor poderia se socorrer, pois, inexistindo estabilidade, a dispensa seria *ad nutum* a critério do superior hierárquico".[73]

Observo, em complemento a esse argumento, que a possibilidade de interferência do gestor na condução jurídica dos negócios do Estado não se manifesta apenas no âmbito consultivo. É que a revisão das posturas administrativas desconformes ao direito também pode ter lugar quando da atuação contenciosa dos advogados públicos, contexto em que, sempre que depreenderem que o ato impugnado foi praticado em desrespeito ao direito pátrio, cumpre-lhes promover a realização de autocomposição no processo e/ou abster-se da apresentação de defesas e recursos.[74] Reporto-me, a propósito, ao magistério de Clovis Beznos, quando expressa que a circunstância de "as administrações, diante dos interesses políticos sempre inerentes ao exercício das funções de comando da coisa pública", raramente assumirem seus erros, e recomenda "que o juízo sobre a conveniência do ataque ou defesa do ato impugnado não seja conferido aos ocupantes temporários do poder".[75]

Por tais razões, é inconstitucional a atribuição de atividades de consultoria jurídica e de contencioso judicial a servidores comissionados, por violação ao regime jurídico instituído pelos arts. 131 e 132 da Constituição para o exercício dessas atividades típicas, que por eles foram conferidas exclusivamente aos advogados públicos, portanto, a profissionais admitidos mediante a realização de concurso público.

---

[71] MARTINS, Ricardo Marcondes. Regime estatutário e Estado de direito. *Revista Trimestral de Direito Público*, São Paulo, n. 55, 2011. p. 148.

[72] MARTINS, Ricardo Marcondes. Regime estatutário e Estado de direito. *Revista Trimestral de Direito Público*, São Paulo, n. 55, 2011. p. 148.

[73] MARTINS, Ricardo Marcondes. Regime estatutário e Estado de direito. *Revista Trimestral de Direito Público*, São Paulo, n. 55, 2011. p. 148.

[74] Cf. MADUREIRA, Claudio. *Advocacia Pública*. 2. ed. Belo Horizonte: Fórum, 2016. p. 107-108.

[75] BEZNOS, Clovis. Procuradoria-Geral do Estado e defesa dos interesses públicos. *Revista de Direito Público*, São Paulo, ano 23, n. 93, jan./mar. 1990. p. 139.

Assim se manifestou o Supremo Tribunal Federal quando da apreciação do pedido de Medida Cautelar na Ação Direta de Inconstitucionalidade nº 881, relatada pelo Ministro Celso de Mello. Na ocasião, o Tribunal Constitucional assentou que "a Constituição da República [...] operou uma inderrogável imputação de específica e exclusiva atividade funcional aos membros integrantes da Advocacia Pública do Estado", frisando, a propósito, que o processo de investidura em seus respectivos cargos "depende, sempre, de prévia aprovação em concurso público de provas e título".[76] Nesse mesmo sentido se posicionou o Excelso Pretório quando do julgamento da Ação Direta de Inconstitucionalidade nº 4.261, relatada pelo Ministro Ayres Britto.[77] Na oportunidade, o Tribunal fixou que "a atividade de assessoramento jurídico do Poder Executivo dos Estados é de ser exercida por Procuradores organizados em carreira, cujo ingresso depende de concurso público de provas e títulos, com a participação da Ordem dos Advogados do Brasil em

---

[76] Veja-se a ementa do julgado: "AÇÃO DIRETA DE INCONSTITUCIONALIDADE - LEI COMPLEMENTAR 11/91, DO ESTADO DO ESPÍRITO SANTO (ART. 12, CAPUT, E §§1º E 2º; ART. 13 E INCISOS I A V) - *ASSESSOR JURÍDICO - CARGO DE PROVIMENTO EM COMISSÃO - FUNÇÕES INERENTES AO CARGO DE PROCURADOR DO ESTADO - USURPAÇÃO DE ATRIBUIÇÕES PRIVATIVAS* - PLAUSIBILIDADE JURÍDICA DO PEDIDO - MEDIDA LIMINAR DEFERIDA. - *O desempenho das atividades de assessoramento jurídico no âmbito do Poder Executivo estadual traduz prerrogativa de índole constitucional outorgada aos Procuradores do Estado pela Carta Federal. A Constituição da República, em seu art. 132, operou uma inderrogável imputação de específica e exclusiva atividade funcional aos membros integrantes da Advocacia Pública do Estado, cujo processo de investidura no cargo que exercem depende, sempre, de prévia aprovação em concurso público de provas e título*" (STF. ADI nº 881-MC/ES. Rel. Min. Celso de Mello, j. 2.8.1993, Tribunal Pleno. *DJ*, 25 abr. 1997 PP-15197 ement. vol. 01866-02 PP-00238) (grifos nossos).

[77] Cf. a ementa do julgado: "CONSTITUCIONAL. AÇÃO DIRETA DE INCONSTITUCIONALIDADE. ANEXO II DA LEI COMPLEMENTAR 500, DE 10 DE MARÇO DE 2009, DO ESTADO DE RONDÔNIA. ERRO MATERIAL NA FORMULAÇÃO DO PEDIDO. PRELIMINAR DE NÃO-CONHECIMENTO PARCIAL REJEITADA. MÉRITO. CRIAÇÃO DE CARGOS DE PROVIMENTO EM COMISSÃO DE ASSESSORAMENTO JURÍDICO NO ÂMBITO DA ADMINISTRAÇÃO DIRETA INCONSTITUCIONALIDADE. 1. Conhece-se integralmente da ação direta de inconstitucionalidade se, da leitura do inteiro teor da petição inicial, se infere que o pedido contém manifesto erro material quanto à indicação da norma impugnada. 2. *A atividade de assessoramento jurídico do Poder Executivo dos Estados é de ser exercida por procuradores organizados em carreira, cujo ingresso depende de concurso público de provas e títulos, com a participação da Ordem dos Advogados do Brasil em todas as suas fases, nos termos do art. 132 da Constituição Federal. Preceito que se destina à configuração da necessária qualificação técnica e independência funcional desses especiais agentes públicos. 3. É inconstitucional norma estadual que autoriza a ocupante de cargo em comissão o desempenho das atribuições de assessoramento jurídico, no âmbito do Poder Executivo*. Precedentes. 4. Ação que se julga procedente" (STF. ADI nº 4.261/RO. Rel. Min. Ayres Britto, Tribunal Pleno, j. 2.8.2010. *DJe*-154 divulg. 19.8.2010 public. 20.8.2010 ement. vol. 02411-02 PP-00321; *RT*, v. 99, n. 901, p. 132-135, 2010; *LEXSTF*, v. 32, n. 381, p. 88-93, 2010) (grifos nossos).

todas as suas fases", dada a necessidade de verificação de "qualificação técnica e independência funcional desses especiais agentes públicos"; e por isso considerou inconstitucional dispositivo legal que autorizava "a ocupante de cargo em comissão o desempenho das atribuições de assessoramento jurídico no âmbito do Poder Executivo". Essas premissas teóricas induziram a Comissão Nacional da Advocacia Pública instituída no âmbito do Conselho Federal da Ordem dos Advogados do Brasil a editar verbete de súmula no qual se expressa que o exercício de atividades típicas de Advocacia Pública nas unidades federadas deve ser feito exclusivamente por procuradores efetivos, porque assim o determinam os arts. 131 e 132 da Constituição.[78]

Mas há uma última razão a embasar semelhante conclusão: apenas integrantes da Advocacia Pública (portanto, profissionais devidamente investidos em cargos efetivos, mediante prévia aprovação em concurso público) podem exercer, na esfera administrativa, atividades consultivas e contenciosas precisamente porque, do contrário, não se exercerá, em concreto, a terceira atividade típica conferida pelo ordenamento jurídico-positivo aos procuradores, consistente no controle interno da juridicidade do agir administrativo.[79] Sob essa ótica, a atribuição de atividades típicas de Advocacia Pública a servidores comissionados também ofenderia o modelo constitucional de controle da atividade administrativa, concebido, no texto da Carta, a partir de seu art. 70.

4 A estruturação da Advocacia Pública municipal como pressuposto necessário à realização do controle interno da juridicidade do agir administrativo

Expus que o constituinte conferiu aos advogados públicos as atividades de consultoria jurídica e de contencioso judicial; como sobressai da leitura dos arts. 131 e 132 da Constituição de 1988: o primeiro desses dispositivos atribui à Advocacia-Geral da União a

---

[78] OAB/Conselho Federal/Comissão Nacional da Advocacia Pública. "Súmula 1 - O exercício das funções da Advocacia Pública, na União, nos Estados, nos Municípios e no Distrito Federal, constitui atividade exclusiva dos advogados públicos efetivos a teor dos artigos 131 e 132 da Constituição Federal de 1988" (Disponível em: http://www.oab.org.br/noticia/24762/conselho-federal-traca-diretriz-em-defesa-da-advocacia-publica. Acesso em: 22 maio 2014).

[79] Cf. MADUREIRA, Claudio. *Advocacia Pública*. 2. ed. Belo Horizonte: Fórum, 2016. p. 109-113.

representação jurídica da União (atividade contenciosa) e a consultoria e o assessoramento do Poder Executivo; o outro, confere essas mesmas atribuições aos procuradores dos estados e do Distrito Federal.[80]

Na esfera administrativa, a atividade de consultoria jurídica destina-se à orientação dos agentes estatais sobre como deve se dar a aplicação do direito. Afinal, como leciona Ricardo Marcondes Martins, "o Estado de Direito [...] veda o arbítrio dos agentes públicos", vinculando a atuação estatal à aplicação de normas jurídicas, o que faz com que, em concreto, o exercício da função pública pressuponha a concretização do ordenamento posto por esses agentes estatais.[81] Nessa sua atividade consultiva, os advogados públicos são chamados a se manifestar em processos administrativos instaurados para a prática de atos cuja confecção dependa de prévia análise jurídica, como ocorre, por exemplo, nos processos que demandem a análise de minutas de editais de licitação, contratos, acordos, convênios ou ajustes, de que trata o parágrafo único do art. 38 da Lei nº 8.666/1993.[82] Cumpre-lhes, ainda, responder a consultas jurídicas que lhes são formuladas pela Administração Pública, como se verifica, ainda exemplificativamente, quando deles se demanda o esclarecimento de dúvida relativa a direitos subjetivos manifestados por servidores públicos; ou à concessão de aposentadorias e pensões; ou, ainda, à correta incidência de tributos, entre outras situações concretas. Também lhes é remetida, com frequência, a análise da constitucionalidade de minutas de projetos de lei e de outros atos normativos (decretos, resoluções, portarias etc.).[83]

No contencioso judicial, por sua vez, os advogados públicos atuam como partícipes da atividade cognitiva desenvolvida pela

---

[80] Muito embora esse dispositivo não se refira textualmente à representação extrajudicial e ao assessoramento nem restrinja esta última atividade e a consultoria jurídica ao âmbito do Poder Executivo, de um modo geral, as Constituições estaduais assim o fizeram, mantendo simetria com o modelo concebido pela Carta da República para a Advocacia Pública Federal. Com efeito, das vinte e sete unidades federadas apenas seis (Bahia, Ceará, Mato Grosso, Pará, Piauí e Rio Grande do Sul) não restringem, em suas respectivas Constituições, a atividade consultiva de suas procuradorias ao âmbito do Poder Executivo (MARTINS, Ricardo Marcondes. Regime estatutário e Estado de direito. *Revista Trimestral de Direito Público*, São Paulo, n. 55, 2011. p. 141-142).

[81] MARTINS, Ricardo Marcondes. Regime estatutário e Estado de direito. *Revista Trimestral de Direito Público*, São Paulo, n. 55, 2011. p. 141-142.

[82] Lei nº 8.666. "Art. 38 [...] Parágrafo único. As minutas de editais de licitação, bem como as dos contratos, acordos, convênios ou ajustes devem ser previamente examinadas e aprovadas por assessoria jurídica da Administração. (Redação dada pela Lei nº 8.883, de 1994)".

[83] Cf. MADUREIRA, Claudio. *Advocacia Pública*. 2. ed. Belo Horizonte: Fórum, 2016. p. 100-107.

comunidade de intérpretes no campo da aplicação do direito.[84] Sua missão nesse âmbito é procurar convencer o Poder Judiciário de que as posturas defendidas pela Administração Pública encontram amparo no ordenamento jurídico-positivo.[85] Em regra, essas posturas são lícitas, ou dotadas de juridicidade, precisamente porque, por concepção, a sua produção pressupõe a observância da ordem jurídica estabelecida.[86] Disso resulta o que em doutrina se convencionou chamar presunção de legitimidade dos atos administrativos.[87] Essa presunção, todavia, é relativa, admitindo prova em contrário; em especial quando questionada em juízo.[88] Com efeito, podem ocorrer, na prática, equívocos na aplicação do direito pela Administração Pública, preordenados, sobretudo, pela circunstância de nem todos os agentes estatais haverem sido formados para aplicar as regras e princípios que compõem o ordenamento jurídico-positivo. Esses equívocos devem ser corrigidos pela Advocacia Pública quando do exercício da sua atividade consultiva, sob a invocação do instituto da autotutela.[89] Porém, ressalvada a hipótese de decadência do direito de rever o ato praticado,[90]

---

[84] A propósito, cf. MADUREIRA, Claudio Penedo. *Direito, processo e justiça*: o processo como mediador adequado entre o direito e a justiça. Salvador: JusPodivm, 2014. p. 117-268, *passim*.

[85] Cf. MADUREIRA, Claudio. *Advocacia Pública*. 2. ed. Belo Horizonte: Fórum, 2016. p. 107-109.

[86] É que a Administração Pública e seus agentes têm sua atuação vinculada aos ditames da legalidade (compreendida em um sentido mais amplo, como juridicidade, de modo a também abranger o cumprimento das regras e princípios que compõem o regime constitucional), e por isso devem se preordenar, na esfera administrativa, a uma correta aplicação do direito (cf. MADUREIRA, Claudio. *Advocacia Pública*. 2. ed. Belo Horizonte: Fórum, 2016. p. 36-40). Além disso, esses profissionais devem promover, em suas atividades cotidianas, a realização do interesse público, compreendido como interesse do Estado e da sociedade na observância da ordem jurídica estabelecida (cf. BANDEIRA DE MELLO, Celso Antônio. *Curso de direito administrativo*. 27. ed. São Paulo: Malheiros, 2010. p. 72), o que pressupõe, conforme se demonstrou anteriormente, uma correta aplicação do direito (cf. MADUREIRA, Claudio. *Advocacia Pública*. 2. ed. Belo Horizonte: Fórum, 2016. p. 54-61).

[87] A propósito, reporto-me, ainda, à seguinte passagem da obra de Hely Lopes Meireles: "Os atos administrativos, qualquer que seja a sua categoria ou espécie, nascem com a presunção de legitimidade, independentemente de norma legal que a estabeleça. Essa presunção decorre do princípio da legalidade da Administração, que, nos Estados de Direito, informa a atuação governamental (MEIRELLES, Hely Lopes. *Direito administrativo brasileiro*. 16. ed. São Paulo: Revista dos Tribunais, 1991. p. 135).

[88] Cf. BANDEIRA DE MELLO, Celso Antônio. *Curso de direito administrativo*. 27. ed. São Paulo: Malheiros, 2010. p. 419.

[89] Ao ensejo, cf., por todos: BANDEIRA DE MELLO, Celso Antônio. *Curso de direito administrativo*. 27. ed. São Paulo: Malheiros, 2010. p. 71.

[90] Que se opera após 5 (cinco) anos da sua realização, conforme se depreende do texto do art. 54 da Lei Federal nº 9.784/1999 ("Art. 54. O direito da Administração de anular os atos administrativos de que decorram efeitos favoráveis para os destinatários decai em

eles não se convalidam, em concreto, se essa atividade corretiva não for exercida ao tempo oportuno. Daí que quando os advogados públicos depreenderem, no exercício de sua atividade contenciosa, que o ato impugnado foi praticado em desrespeito ao direito pátrio, cumpre-lhes promover a realização de autocomposição no processo e/ou abster-se da apresentação de defesas e recursos.[91]

4.1 Controle interno da juridicidade do agir administrativo

Destarte, os advogados públicos, quando exercem a consultoria jurídica e o contencioso judicial, realizam, ainda, uma terceira atividade típica, que consiste no controle da aplicação do direito pela Administração Pública.[92] Essa particularidade da atuação dos procuradores não escapou à arguta observação de Maria Sylvia Di Pietro, quando anotou, em trabalho publicado no ano de 1996, que "o Advogado Público participa, de forma intensa e ativa, do *controle da Administração Pública*", dispondo, a propósito, que, "além do controle externo, exercido pelo Poder Judiciário e pelo Legislativo, este último com o auxílio do Tribunal de Contas, a Administração Pública sujeita-se a um controle interno, administrativo", a ser "exercido no interesse da Administração, por autoridades e órgãos da própria Administração", entre os quais se inserem "os que exercem Advocacia Pública".[93]

Trata-se, em rigor, de atividade de controle interno. A Constituição da República dispõe sobre a fiscalização contábil, financeira,

---

cinco anos, contados da data em que foram praticados, salvo comprovada má-fé"). Esse dispositivo disciplina a decadência do direito de a Administração Pública Federal rever os seus atos, mas também pode ser aplicável aos estados e municípios, na falta de lei estadual/local, como já decidiu o Superior Tribunal de Justiça (STJ, AGA nº 506.167. Rel. Min. Maria Thereza de Assis Moura, Sexta Turma. *DJ*, 26 mar. 2007).

[91] Cf. MADUREIRA, Claudio. *Advocacia Pública*. 2. ed. Belo Horizonte: Fórum, 2016. p 339-351.

[92] Para Cláudio Grande Júnior, essa atividade de controle decorre naturalmente das atividades consultiva e contenciosa, "por ser desempenhada no exercício daquelas" (GRANDE JÚNIOR, Cláudio. Advocacia Pública: estudo classificatório de direito comparado. *In*: GUEDES, Jefferson Carús; SOUZA, Luciane Moessa de (Coord.). *Advocacia de Estado*: questões institucionais para a construção de um Estado de justiça. Belo Horizonte: Fórum, 2009. p. 64).

[93] DI PIETRO, Maria Sylvia Zanella. Advocacia Pública. *Revista Jurídica da Procuradoria-Geral do Município de São Paulo*, São Paulo, n. 3, p. 11-30, dez. 1996. p. 17. Sobre o assunto, ler também: MADUREIRA, Claudio. *Advocacia Pública*. 2. ed. Belo Horizonte: Fórum, 2016. p. 109-113.

orçamentária, operacional e patrimonial do Poder Público a partir do seu art. 70. Esses dispositivos constitucionais são dirigidos *prima facie* à União Federal, mas devem ser aplicados, por simetria, também aos estados e municípios, ainda que assim não o disponham textualmente as suas respectivas Constituições estaduais e leis orgânicas.[94] Essa atividade fiscalizatória é desempenhada por dois modos distintos: o controle externo, exercido pelo Poder Legislativo, com o auxílio dos tribunais de contas, e o controle interno, realizado pelas unidades de controle instituídas nos três poderes e em seus órgãos (desconcentração administrativa) e entidades (descentralização administrativa).[95] Em uma e outra modalidade de controle, a fiscalização deve abranger critérios de legalidade (ter o ato assento em lei), legitimidade (se o dinheiro público

---

[94] Nesse sentido se manifestou o Supremo Tribunal Federal por ocasião da apreciação do pedido de medida cautelar formulado na Ação Direta de Inconstitucionalidade nº 4.416/PA, como se depreende da ementa desse julgamento: "AÇÃO DIRETA DE INCONS-TITUCIONALIDADE. ARTIGO 307, §3º, DA CONSTITUIÇÃO DO ESTADO DO PARÁ, ACRESCIDO PELA EMENDA CONSTITUCIONAL 40, DE 19/12/2007. INDICAÇÃO DE CONSELHEIROS DO TRIBUNAL DE CONTAS DO ESTADO E DOS MUNICÍPIOS. DISPOSITIVO QUE AUTORIZA A LIVRE ESCOLHA PELO GOVERNADOR NA HIPÓTESE DE INEXISTÊNCIA DE AUDITORES OU MEMBROS DO MINISTÉRIO PÚBLICO ESPECIAL APTOS À NOMEAÇÃO. OFENSA AOS ARTIGOS 73, §2º, E 75, CAPUT, DA CONSTITUIÇÃO FEDERAL. LIMINAR DEFERIDA. I - *O modelo federal de organização, composição e fiscalização dos Tribunais de Contas, fixado pela Constituição, é de observância compulsória pelos Estados, nos termos do caput art. 75 da Carta da República.* Precedentes. II - Estabelecido no artigo 73, §2º, da Carta Maior o modelo federal de proporção na escolha dos indicados às vagas para o Tribunal de Contas da União, ao Governador do Estado, em harmonia com o disposto no artigo 75, compete indicar três Conselheiros e à Assembléia Legislativa os outros quatro, uma vez que o parágrafo único do mencionado artigo fixa em sete o número de Conselheiros das Cortes de Contas estaduais. III - *Em observância à simetria prescrita no caput do art. 75 da Carta Maior, entre os três indicados pelo Chefe do Poder Executivo estadual, dois, necessariamente e de forma alternada, devem integrar a carreira de Auditor do Tribunal de Contas ou ser membro do Ministério Público junto ao Tribunal. Súmula 653 do Supremo Tribunal Federal.* IV - Medida cautelar deferida" (STF. ADI nº 4.416-MC/PA. Rel. Min. Ricardo Lewandowski, Tribunal Pleno, j. 6.10.2010. *DJe*-207, divulg. 27.10.2010, public. 28.10.2010; *LEXSTF*, v. 32, n. 383, p. 84-96, 2010; *RT*, v. 100, n. 905, p. 178-184, 2011) (grifos nossos).

[95] A propósito, Oswaldo Aranha Bandeira de Mello leciona que a distribuição de atribuições do Estado gera dois institutos distintos: o da concentração (ou desconcentração) e o da centralização (ou descentralização): a desconcentração refere-se à "distribuição de competências entre os órgãos de dada entidade", de maneira que "os órgãos com poderes desconcentrados, quanto ao exercício das suas competência, se sujeitam ao poder hierárquico dos órgãos superiores, a fim de ser mantida a unidade no aparelho governamental"; a descentralização, por sua vez, comporta a distribuição de competências entre distintas pessoas jurídicas, "em virtude do qual se faz a distribuição de poderes entre diversas entidades", sendo que, nela, os entes descentralizados sujeitam-se, nos termos da lei, "ao poder de controle do ente maior, do qual se desdobrou, a fim de manter a unidade do todo, formado pelos diversos aparelhos governamentais" (BANDEIRA DE MELLO, Oswaldo Aranha. *Princípios gerais de direito administrativo*. Rio de Janeiro: Forense, 1969. v. II. p. 145-146).

foi ou não bem aplicado) e economicidade (controle da eficiência na gestão financeira).[96]

Nesse campo, a incidência da legalidade administrativa (compreendida, pelas razões dantes expostas, em sentido amplo, como juridicidade, de modo a também abarcar o cumprimento das regras e princípios insculpidos no texto constitucional),[97] somada à imposição do regime jurídico-administrativo a que a Administração Pública e seus agentes preordenem-se à realização do interesse público (cuja configuração pressupõe, consoante se demonstrou anteriormente, uma correta aplicação do direito),[98] confere aos advogados públicos o controle interno da juridicidade do agir administrativo. Conforme Seabra Fagundes, esse controle administrativo (ou autocontrole) "tem por objetivos corrigir os defeitos de funcionamento interno do organismo administrativo, aperfeiçoando-o no interesse geral", bem como "ensejar reparação a direitos ou interesses individuais que possam ter sido denegados ou preteridos em consequência do erro ou omissão na aplicação da lei".[99] Seu exercício decorre, então, da circunstância de o Poder Público dever "agir, em todas as suas instâncias, com o objetivo de manter a ordem constitucional", como expressa Fabiano André de Souza Mendonça em comentários aos arts. 131 e 132 da Constituição.[100]

Mendonça também observa, a propósito do controle de juridicidade exercitado pela Advocacia Pública, que a Carta de 1988 inovou na concepção tradicional segundo a qual "um direito só tem proteção na medida em que há um procedimento adequado a ele no Judiciário", porque promoveu "um acréscimo nos mecanismos estatais que têm esse objetivo controlador".[101] E destaca, nesse campo, ao lado da atuação dos tribunais de contas (que passaram a assumir "composição mais democrática e novas atribuições"), da "criação

---

[96] Cf.: ROSA JR., Luiz Emídgio Franco da. *Direito tributário e financeiro*. Rio de Janeiro: Renovar, 2001. p. 109.

[97] Cf. MADUREIRA, Claudio. *Advocacia Pública*. 2. ed. Belo Horizonte: Fórum, 2016. p. 36-40.

[98] Cf. MADUREIRA, Claudio. *Advocacia Pública*. 2. ed. Belo Horizonte: Fórum, 2016. p. 54-61.

[99] FAGUNDES, Miguel Seabra. *O contrôle dos atos administrativos pelo Poder Judiciário*. 4. ed. Rio de Janeiro: Forense, 1967. p. 108.

[100] MENDONÇA, Fabiano André de Souza. Comentários aos arts. 131 e 132. *In*: BONAVIDES, Paulo; MIRANDA, Jorge; AGRA, Walber de Moura. *Comentários à Constituição Federal de 1988*. Rio de Janeiro: Forense, 2009. p. 1.657-1.658.

[101] MENDONÇA, Fabiano André de Souza. Comentários aos arts. 131 e 132. *In*: BONAVIDES, Paulo; MIRANDA, Jorge; AGRA, Walber de Moura. *Comentários à Constituição Federal de 1988*. Rio de Janeiro: Forense, 2009. p. 1.658.

de um Ministério Público voltado à atividade fiscalizatória"[102] e da incorporação da defensoria pública, assim como da advocacia privada, ao texto constitucional, o "estabelecimento de um caráter mais interno à Advocacia Pública".[103]

Nessa nova ordem constitucional, cabe aos advogados públicos desempenhar, com exclusividade, e inclusive com precedência sobre o controle externo ulteriormente realizado pelos tribunais de contas e pelo Ministério Público, o controle jurídico das posturas administrativas.[104] Posto isso, além da consultoria jurídica e do contencioso judicial, também se qualifica como atividade típica de Advocacia Pública o controle interno da juridicidade do agir administrativo, que é realizado, em concreto, quando do exercício, pelos procuradores, dessas duas primeiras funções típicas (a consultoria e o contencioso).[105]

Essas considerações põem em evidência que o controle interno da legalidade (ou juridicidade)[106] do agir administrativo é conferido à Advocacia Pública por uma interpretação conjugada dos arts. 70, 131 e 132 da Carta da República. Precisamente por esse motivo o constituinte originário, quando discorreu, na Carta da República, sobre a estruturação da Advocacia-Geral da União e das procuradorias dos estados e do Distrito Federal, previu, taxativamente, que seus membros devem ser investidos mediante aprovação em concurso público, e que por isso ocupam cargos efetivos na estrutura administrativa.[107]

---

[102] Consoante recobra Carlos Figueiredo Mourão, "o advogado público e o promotor de justiça têm uma origem comum, posto que nasceram de uma mesma célula e, assim, têm em sua razão de existir a mesma vertente, ou seja, observar e garantir o respeito à lei" (MOURÃO, Carlos Figueiredo. A advocacia pública como instituição de controle interno da administração. *In*: GUEDES, Jefferson Carús; SOUZA, Luciane Moessa de (Coord.). *Advocacia de Estado*: questões institucionais para a construção de um Estado de justiça. Belo Horizonte: Fórum, 2009. p. 131). Sobre o assunto, ler também: MADUREIRA, Claudio. *Advocacia Pública*. 2. ed. Belo Horizonte: Fórum, 2016.

[103] MENDONÇA, Fabiano André de Souza. Comentários aos arts. 131 e 132. *In*: BONAVIDES, Paulo; MIRANDA, Jorge; AGRA, Walber de Moura. *Comentários à Constituição Federal de 1988*. Rio de Janeiro: Forense, 2009. p. 1.658-1.659.

[104] MENDONÇA, Fabiano André de Souza. Comentários aos arts. 131 e 132. *In*: BONAVIDES, Paulo; MIRANDA, Jorge; AGRA, Walber de Moura. *Comentários à Constituição Federal de 1988*. Rio de Janeiro: Forense, 2009. p. 1.659.

[105] Cf. MADUREIRA, Claudio. *Advocacia Pública*. 2. ed. Belo Horizonte: Fórum, 2016. p. 112-113.

[106] Acepção ampla de legalidade, impositiva em regimes jurídicos que, como o regime brasileiro, adotam o controle difuso de constitucionalidade das leis, e que por isso abarca a necessidade do cumprimento pela Administração e por seus agentes não apenas das leis administrativas, mas também das regras e princípios que compõem o texto constitucional (cf. MADUREIRA, Claudio. *Advocacia Pública*. 2. ed. Belo Horizonte: Fórum, 2016. p. 36-40).

[107] CRFB. "Art. 131. [...] §2º O ingresso nas classes iniciais das carreiras da instituição de que trata este artigo far-se-á *mediante concurso público de provas e títulos*. [...] Art. 132.

4.2 A instituição de procuradorias municipais como imposição constitucional

Essas disposições constitucionais são também aplicáveis à Advocacia Pública municipal, ainda que o constituinte não a tenha disciplinado no texto da Carta de 1988. Em julgamento paradigmático, proferido em 21.6.2012, no corpo da Ação Direta de Inconstitucionalidade nº 0000159-27.2012.8.08.0000, o Tribunal de Justiça do Estado do Espírito Santo entendeu que os municípios devem instituir órgãos jurídicos com modelagem semelhante àquela conferida pela Constituição da República à Advocacia-Geral da União e às procuradorias dos estados e do Distrito Federal.[108] Esse julgamento foi proferido em apreciação de ação de inconstitucionalidade proposta pelo procurador-geral de Justiça contra lei do município de Jaguaré, que instituiu cargos comissionados de "procurador jurídico municipal", de "subprocurador jurídico" e de "assessor jurídico assistencial". Na oportunidade, a Corte estadual considerou essa opção político-legislativa inconstitucional, por ofensa aos arts. 131 e 132 da Constituição. Esse julgamento foi proferido pelo Plenário do Tribunal de Justiça do Estado do Espírito Santo, que aderiu, à unanimidade, à proposta de decisão formulada pelo Desembargador Sérgio Bizzotto Pessoa de Mendonça, relator do processo. Nesse

---

Os Procuradores dos Estados e do Distrito Federal, *organizados em carreira, na qual o ingresso dependerá de concurso público de provas e títulos, com a participação da Ordem dos Advogados do Brasil em todas as suas fases, exercerão a representação judicial e a consultoria jurídica das respectivas unidades federadas*" (grifos nossos).

[108] Eis o que consta da ementa do julgado, no que toca ao objeto da discussão: "[...] 1. *A Constituição Federal e a Estadual reservam aos advogados públicos o desempenho das atividades de representação, assessoria e consultoria jurídica e que, tais cargos serão ocupados por servidores previamente aprovados em concurso público.* 2. *Tal conclusão*, calcada na literalidade dos textos constitucionais, *é reforçada pela própria natureza dos cargos da advocacia pública, afinal, mais do que servidores públicos, os ocupantes de tais cargos são advogados e, para o pleno exercício de seu mister, é fundamental a preservação da isenção técnica e independência funcional, inerentes à advocacia*, seja ela pública ou privada, 3. *Por força do Princípio da Simetria os Municípios, ao organizarem suas funções administrativas e os Poderes Executivo e Legislativo, devem seguir os desenho previamente estabelecido pela Constituição Federal e Estadual, o que leva à óbvia conclusão de que a advocacia pública municipal deve seguir os moldes estabelecidos para a União e para o Estado.* 4. Desta forma, *vinculados à forma adotada em âmbito federal e estadual, os municípios do Estado do Espírito Santo, sob pena de inconstitucionalidade, devem atribuir as funções de representação judicial, consultoria e assessoria jurídica a servidores aprovados em concurso público de provas e títulos, de forma a organizar suas Procuradorias Municipais, que serão chefiadas por servidor escolhido dentre os ativos de sua carreira.* Por conseguinte, *são inconstitucionais quaisquer normas que atribuam a cargos comissionados tais funções. Da mesma forma, será inconstitucional a norma que conferir a chefia do órgão de representação a servidor estranho a seus quadros.* [...]" (TJES. Direta de Inconstitucionalidade nº 0000159-27.2012.8.08.0000 [100.12.000159-7]. Rel. Des. Sérgio Bizzotto Pessoa de Mendonça, Tribunal Pleno, j. 21.6.2012, public. 28.6.2012) (grifos nossos).

mesmo sentido se posicionou a Corte capixaba quando da discussão de Incidente de Inconstitucionalidade no corpo do Mandado de Segurança nº 0801007-96.2008.8.08.0007,[109] na Ação Direta de Inconstitucionalidade nº 0000165-34.2012.8.08.0000[110] e no Agravo de Instrumento nº 0021687-75.2012.8.08.0014,[111] em julgamentos igualmente unânimes, relatados,

---

[109] Assim se dispôs, a propósito, na ementa do julgado: "[...] 1) *Incide em manifesta inconstitucionalidade, por incompatibilidade vertical com os artigos 131 e 132 da Constituição Federal, a Seção III do Capítulo I da Lei nº 1.578/93 do Município de Baixo Guandu, que atribuiu a servidores comissionados a responsabilidade pelo desempenho da atividade jurídica consultiva e contenciosa exercida na defesa dos interesses da referida unidade federativa. 2) A Magna Carta de 1988, ao conferir o monopólio da defesa jurídica das pessoas políticas aos detentores de cargos, organizados em carreira, de Procurador ou de Advogado da União, na verdade, objetivou institucionalizar a Advocacia Pública, delineando o seu perfil e discriminando as atividades inerentes aos órgãos e agentes que a compõem. 3) E isso porque, ao exigir concurso público, a Constituição quis que seus membros tivessem a necessária independência funcional para realizarem o bom controle da legalidade dos atos da Administração,* de forma a assegurar que esses - atos administrativos - não sejam praticados somente de acordo a vontade do administrador, mas também em conformidade com o sistema normativo. 4) De tal maneira, *somente um servidor que tem asseguradas certas garantias funcionais, como ocorre com os concursados, pode afirmar, sem nenhum temor de ser exonerado, que um ato do Presidente da República, do Governador, do Prefeito, de Secretário não está condizente com a lei. 5) Por tais razões, a norma constitucional que institucionaliza a Advocacia Pública está revestida de eficácia vinculante para todas as unidades federadas* [...]" (TJES. Incidente de Inconstitucionalidade em Apelação Cível nº 0801007-96.2008.8.08.0007 [007.08.801007-4]. Rel. Des. José Paulo Calmon Nogueira da Gama, Tribunal Pleno, j. 28.6.2012, public. 10.7.2012) (grifos nossos).

[110] Veja-se o que expressa a ementa do julgado quanto a esse particular: "[...] *Apesar do município ter sua autonomia política administrativa preservada dentro do nosso sistema jurídico essa não poderá se distanciar dos princípios estabelecidos nas constituições federal e estadual,* conforme se denota do artigo 29 da Constituição Republicana e do artigo 20 da Lei Máxima do Estado do Espírito Santo. 2 - Apesar da exigência constitucional do concurso público, *a ausência de uma abordagem específica da Constituição Federal acerca da carreira jurídica municipal fez surgir uma comum e reiterada presença de cargos comissionados nesses setores,* contudo, *por meio de uma análise principiológica e constitucional, percebe-se que a estruturação das carreiras jurídicas municipais deve efetivar-se de forma simétrica às carreiras jurídicas da união e dos estados federados,* sob pena, ao se adotar caminho diverso, de vir a incorrer em uma flagrante ofensa a diversos princípios constitucionais regentes da atividade administrativa e da Constituição Federal. [...] 4 - *Pela análise do artigo 132 da Carta Magna, e artigo 122 da Constituição do Estado do Espírito Santo, não pode o Município criar sua Advocacia Pública essencialmente com servidores comissionados,* pois *estaria se afastando do modelo constitucionalmente desejado pelo legislador constituinte, eis que o desejo da norma máxima é aquele que impõe o ingresso na carreira da Advocacia Pública por meio de concurso público de provas e títulos, e que deve ser reprisado nas Leis Orgânicas Municipais, em atenção ao princípio da simetria e aos pensamentos principiológicos da administração pública.* [...]" (TJES. Ação Direta de Inconstitucionalidade nº 0000165-34.2012.8.08.0000 [100120001654]. Rel. Des. José Luiz Barreto Vivas, Tribunal Pleno, j. 13.12.2012, public. 30.1.2013) (grifos nossos).

[111] Cf. o que se assentou na ementa do julgado quanto ao pormenor da estruturação das procuradorias municipais: "[...] 2. *Embora não haja no texto constitucional qualquer menção à estrutura das Procuradorias Jurídicas no âmbito municipal, o princípio da simetria torna imperiosa a observância das regras de organização administrativas traçadas para os demais entes federativos.* 3. Tanto o Supremo Tribunal Federal (ADI n.º 4261) quanto o pleno do Tribunal de Justiça do Espírito Santo (Representação de Inconstitucionalidade n.º 100120001654) já se

respectivamente, pelos desembargadores José Paulo Calmon Nogueira da Gama, José Luiz Barreto Vivas e Telêmaco Antunes de Abreu Filho. Nesses julgados, o Tribunal de Justiça do Estado do Espírito Santo, a exemplo do que assentou quando da apreciação da Ação Direta de Inconstitucionalidade nº 0000159-27.2012.8.08.0000, entendeu que a Constituição confere o monopólio da defesa jurídica dos municípios a advogados públicos organizados em carreira, e condicionou o acesso a esses cargos à aprovação em concurso público, para que tivessem a necessária independência profissional, sem a qual não lhes seria possível realizar o controle da juridicidade dos atos da Administração.[112]

Ora, se os dispositivos constitucionais que tratam da fiscalização contábil, financeira, orçamentária, operacional e patrimonial do Poder Público, conquanto tenham sido dirigidos primariamente à União Federal, também incidem, por simetria, sobre as demais unidades federadas,[113] e se os municípios também devem realizar controle interno sobre as atividades administrativas (que pressupõe, inclusive, o controle da aplicação do direito pela Administração Pública), cumpre-lhes, então,

---

manifestaram no sentido de ser *inconstitucional o preenchimento de cargos de assessoramento jurídico do Poder Executivo por servidores comissionados.* [...]" (TJES. AI nº 0021687-75.2012.8.08.0014. Rel. Des. Telêmaco Antunes de Abreu Filho, Quarta Câmara Cível, j. 2.7.2013, public. 10.7.2013) (grifos nossos).

[112] Cf. MADUREIRA, Claudio. *Advocacia Pública.* 2. ed. Belo Horizonte: Fórum, 2016. p. 204-206.

[113] Nesse sentido se manifestou o Supremo Tribunal Federal por ocasião da apreciação do pedido de medida cautelar formulado na Ação Direta de Inconstitucionalidade nº 4.416, como se depreende da ementa do julgamento: "AÇÃO DIRETA DE IN-CONSTITUCIONALIDADE. ARTIGO 307, §3º, DA CONSTITUIÇÃO DO ESTADO DO PARÁ, ACRESCIDO PELA EMENDA CONSTITUCIONAL 40, DE 19/12/2007. INDICAÇÃO DE CONSELHEIROS DO TRIBUNAL DE CONTAS DO ESTADO E DOS MUNICÍPIOS. DISPOSITIVO QUE AUTORIZA A LIVRE ESCOLHA PELO GOVERNADOR NA HIPÓTESE DE INEXISTÊNCIA DE AUDITORES OU MEMBROS DO MINISTÉRIO PÚBLICO ESPECIAL APTOS À NOMEAÇÃO. OFENSA AOS ARTIGOS 73, §2º, E 75, CAPUT, DA CONSTITUIÇÃO FEDERAL. LIMINAR DEFERIDA. I - *O modelo federal de organização, composição e fiscalização dos Tribunais de Contas, fixado pela Constituição, é de observância compulsória pelos Estados, nos termos do caput art. 75 da Carta da República.* Precedentes. II - Estabelecido no artigo 73, §2º, da Carta Maior o modelo federal de proporção na escolha dos indicados às vagas para o Tribunal de Contas da União, ao Governador do Estado, em harmonia com o disposto no artigo 75, compete indicar três Conselheiros e à Assembleia Legislativa os outros quatro, uma vez que o parágrafo único do mencionado artigo fixa em sete o número de Conselheiros das Cortes de Contas estaduais. III - *Em observância à simetria prescrita no caput do art. 75 da Carta Maior, entre os três indicados pelo Chefe do Poder Executivo estadual, dois, necessariamente e de forma alternada, devem integrar a carreira de Auditor do Tribunal de Contas ou ser membro do Ministério Público junto ao Tribunal. Súmula 653 do Supremo Tribunal Federal.* IV - Medida cautelar deferida" (STF. ADI nº 4.416-MC/PA. Rel. Min. Ricardo Lewandowski, Tribunal Pleno, j. 6.10.2010. *DJe*-207, divulg. 27.10.2010, public. 28.10.2010; *LEXSTF*, v. 32, n. 383, p. 84-96, 2010; *RT*, v. 100, n. 905, p. 178-184, 2011) (grifos nossos).

cuidar para que os profissionais que desempenham essa atividade de controle estejam imunes às represálias que lhes podem ser impostas caso contrariem interesses dos governantes e demais gestores públicos. Disso deflui que a circunstância de a Constituição haver imposto aos municípios, assim como à União, aos estados e ao Distrito Federal, controle interno (inclusive sob os aspectos jurídicos) da sua atividade administrativa está a impor a estruturação de procuradorias jurídicas com modelagem semelhante àquela estabelecida para a Advocacia-Geral da União e para as procuradorias dos estados e do Distrito Federal.

O que procuro fazer, mediante exercício teórico de sistematização do ordenamento jurídico-positivo brasileiro, é simplesmente procurar condicionar a autonomia legislativa do município à incidência de disposições da Carta da República aplicáveis a todas as unidades federadas, em especial à necessidade do estabelecimento, também em âmbito municipal, do controle interno sobre a juridicidade do agir administrativo. Atento, então, à observação de Nelson Nery Costa no sentido de que "a atuação do legislador municipal é limitada, tendo em vista os princípios gerais a serem seguidos, que se originam da Constituição Federal e dos princípios especiais da Constituição Estadual".[114]

Em vista das naturais limitações impostas pelo regime constitucional à competência legislativa dos municípios, considero que o legislador municipal, e mesmo o constituinte derivado decorrente quando da elaboração das respectivas leis orgânicas, não estão autorizados a conferir, sobretudo em regime de exclusividade, atividades típicas de Advocacia Pública a advogados contratados e servidores comissionados. Se o fizerem, comprometerão o controle interno da juridicidade das posturas administrativas, cujo exercício pressupõe independência profissional incompatível com o caráter precário dessas contratações.

No ponto, reporto-me ao magistério de Rony Charles Lopes Torres, quando aduz que, dada a "importância a que foi alçado o Município na Constituição de 1988, não parece admissível deixar de conceber a necessidade de que o ente detenha órgão jurídico formado

---

[114] COSTA, Nelson Nery. Comentários aos arts. 29 ao 31. *In*: BONAVIDES, Paulo; MIRANDA, Jorge; AGRA, Walber de Moura. *Comentários à Constituição Federal de 1988*. Rio de Janeiro: Forense, 2009. p. 621. Sobre o assunto, ler também: MADUREIRA, Claudio. *Advocacia Pública*. 2. ed. Belo Horizonte: Fórum, 2016. p. 206-208.

por membros selecionados através de concurso público",[115] para depois acrescentar que o exercício dessa "função de controle por um órgão jurídico autônomo, é uma forte arma contra a corrupção e os abusos políticos".[116] Disso resulta, em suas palavras, "a necessidade de que a advocacia de Estado, em regra, seja exercida por membros de carreira".[117] Também recobro a lição de Fabiano André de Souza Mendonça, para quem o exercício dessas atividades advocatícias por procuradorias públicas se qualifica como "verdadeiro princípio constitucional extensível, dito hoje na jurisprudência do Supremo Tribunal Federal de motivo de simetria das normas de organização do Estado", e que por isso pode "ser considerado [...] princípio constitucional estabelecido como limitação expressa mandatária ao Constituinte Estadual face às prescrições relativas às Procuradorias, Consultorias e Advocacias-Gerais dos Estados e do Distrito Federal".[118]

Essas observações de Mendonça, muito embora se dirijam, prioritariamente, a induzir a instalação de procuradorias-gerais (ou advocacias-gerais) no âmbito dos estados, também se mostram aplicáveis, guardadas as devidas proporções, aos municípios, que integram, de igual modo, o modelo de Estado brasileiro, cuja permanência deve ser assegurada. Trata-se, conforme Mendonça, de "garantia de que os atos do governante serão passíveis de averiguação do seu compromisso para com o Direito e de que o administrado não terá alguém que o persiga ou permita privilégios a alguns".[119] Por esse motivo, e porque também em âmbito municipal deve ser assegurado à sociedade que

---

[115] TORRES, Ronny Charles Lopes de. A responsabilidade do Advogado de Estado em sua função consultiva. *In*: GUEDES, Jefferson Carús; SOUZA, Luciane Moessa de (Coord.). *Advocacia de Estado*: questões institucionais para a construção de um Estado de justiça. Belo Horizonte: Fórum, 2009. p. 145.

[116] TORRES, Ronny Charles Lopes de. A responsabilidade do Advogado de Estado em sua função consultiva. *In*: GUEDES, Jefferson Carús; SOUZA, Luciane Moessa de (Coord.). *Advocacia de Estado*: questões institucionais para a construção de um Estado de justiça. Belo Horizonte: Fórum, 2009. p. 145.

[117] TORRES, Ronny Charles Lopes de. A responsabilidade do Advogado de Estado em sua função consultiva. *In*: GUEDES, Jefferson Carús; SOUZA, Luciane Moessa de (Coord.). *Advocacia de Estado*: questões institucionais para a construção de um Estado de justiça. Belo Horizonte: Fórum, 2009. p. 146.

[118] MENDONÇA, Fabiano André de Souza. Comentários aos arts. 131 e 132. *In*: BONAVIDES, Paulo; MIRANDA, Jorge; AGRA, Walber de Moura. *Comentários à Constituição Federal de 1988*. Rio de Janeiro: Forense, 2009. p. 1.659.

[119] MENDONÇA, Fabiano André de Souza. Comentários aos arts. 131 e 132. *In*: BONAVIDES, Paulo; MIRANDA, Jorge; AGRA, Walber de Moura. *Comentários à Constituição Federal de 1988*. Rio de Janeiro: Forense, 2009. p. 1.659.

os governos apenas interfiram nas disponibilidades jurídicas do cidadão nas hipóteses taxativamente estabelecidas no ordenamento jurídico-positivo, Mendonça considera inconstitucional a extinção das procuradorias, bem como a sua não instituição, quer pelos estados, quer pelos municípios.[120]

5 Conclusões

Com essas considerações, espero haver induzido à compreensão de que, dada a necessidade da instituição do controle interno da juridicidade do agir administrativo também em âmbito municipal, a própria Constituição da República (que o demanda da Administração Pública, dada a incidência conjugada dos seus arts. 70, 131 e 132) impõe aos municípios a estruturação de procuradorias jurídicas com modelagem semelhante àquela estabelecida para a Advocacia-Geral da União e para as procuradorias dos estados e do Distrito Federal. Posto isso, a conclusão a que chego é de que, ainda que não se concretize a desejada modificação do texto da Carta Federal para também abarcar a figura das procuradorias municipais (solução comumente apontada pela doutrina para a resolução do problema), ou que as Cartas estaduais se ocupem de prever modelagem geral para a sua instituição no âmbito dos municípios (a exemplo do que fez o art. 131 da Lei Maior com relação às procuradorias dos estados e do Distrito Federal), é inadmissível a utilização de advogados contratados e servidores comissionados para atuar em substituição aos procuradores municipais, cuja investidura e atuação decorrem, pelas razões dantes expostas, de uma imposição constitucional.

Estou convicto de que a abordagem proposta merece a atenção da comunidade jurídica, porque procura relacionar a necessidade de instituição de procuradorias municipais a um imperativo constitucional, consistente na realização do controle interno da juridicidade do agir administrativo, contribuindo, assim, para o aperfeiçoamento dos mecanismos de controle exercidos no âmbito interno dos municípios. Todavia, não almejo construir única via interpretativa capaz de solucionar o problema de que me ocupo. Em verdade, dou-me por

---

[120] MENDONÇA, Fabiano André de Souza. Comentários aos arts. 131 e 132. *In*: BONAVIDES, Paulo; MIRANDA, Jorge; AGRA, Walber de Moura. *Comentários à Constituição Federal de 1988*. Rio de Janeiro: Forense, 2009. p. 1.659.

satisfeito se essas minhas observações sobre o tema puderem suscitar, no futuro, questionamentos e debates tendentes à sua consolidação no plano da ciência.

Referências

BANDEIRA DE MELLO, Celso Antônio. A noção jurídica de "interesse público". *In*: BANDEIRA DE MELLO, Celso Antônio. *Grandes temas de direito administrativo*. São Paulo: Malheiros, 2010.

BANDEIRA DE MELLO, Celso Antônio. *Curso de direito administrativo*. 27. ed. São Paulo: Malheiros, 2010.

BANDEIRA DE MELLO, Celso Antônio. *Grandes temas de direito administrativo*. São Paulo: Malheiros, 2010.

BANDEIRA DE MELLO, Celso Antônio. Legalidade, discricionariedade: seus limites e controle. *In*: BANDEIRA DE MELLO, Celso Antônio. *Grandes temas de direito administrativo*. São Paulo: Malheiros, 2010.

BANDEIRA DE MELLO, Oswaldo Aranha. *Princípios gerais de direito administrativo*. Rio de Janeiro: Forense, 1969. v. II.

BEZNOS, Clovis. *Aspectos jurídicos da indenização na desapropriação*. Belo Horizonte: Fórum, 2010.

BEZNOS, Clovis. Procuradoria-Geral do Estado e defesa dos interesses públicos. *Revista de Direito Público*, São Paulo, ano 23, n. 93, jan./mar. 1990.

BONAVIDES, Paulo. *Curso de direito constitucional*. 22. ed. São Paulo: Malheiros, 2008.

BONAVIDES, Paulo; MIRANDA, Jorge; AGRA, Walber de Moura. *Comentários à Constituição Federal de 1988*. Rio de Janeiro: Forense, 2009.

BRASIL. Diários da Câmara dos Deputados. *Câmara dos Deputados*, Brasília. Disponível em: http://imagem.camara.gov.br/constituinte_principal.asp. Acesso em: 29 maio 2013.

CORDARO, Cesar Antônio Alves. A Advocacia Pública dos municípios: necessidade de tratamento constitucional. *In*: GUEDES, Jefferson Carús; SOUZA, Luciane Moessa de (Coord.). *Advocacia de Estado*: questões institucionais para a construção de um Estado de justiça. Belo Horizonte: Fórum, 2009.

COSTA, Nelson Nery. Comentários aos arts. 29 ao 31. *In*: BONAVIDES, Paulo; MIRANDA, Jorge; AGRA, Walber de Moura. *Comentários à Constituição Federal de 1988*. Rio de Janeiro: Forense, 2009.

DEMO, Roberto Luís Luchi. Advocacia Pública. *Revista dos Tribunais*, São Paulo, ano 91, n. 801, jul. 2002.

DI PIETRO, Maria Sylvia Zanella. Advocacia Pública. *Revista Jurídica da Procuradoria-Geral do Município de São Paulo*, São Paulo, n. 3, p. 11-30, dez. 1996.

DI PIETRO, Maria Sylvia Zanella. *Direito administrativo*. 13. ed. São Paulo: Atlas, 2001.

FAGUNDES, Miguel Seabra. *O contrôle dos atos administrativos pelo Poder Judiciário*. 4. ed. Rio de Janeiro: Forense, 1967.

FORTINI, Cristiana; PEREIRA, Maria Fernanda Pires de Carvalho; CAMARÃO, Tatiana Martins da Costa. *Processo administrativo*: comentários à Lei nº 9.784/1999. Belo Horizonte: Fórum, 2008.

GRANDE JÚNIOR, Cláudio. Advocacia Pública: estudo classificatório de direito comparado. *In*: GUEDES, Jefferson Carús; SOUZA, Luciane Moessa de (Coord.). *Advocacia de Estado*: questões institucionais para a construção de um Estado de justiça. Belo Horizonte: Fórum, 2009.

GUEDES, Jefferson Carús; SOUZA, Luciane Moessa de (Coord.). *Advocacia de Estado*: questões institucionais para a construção de um Estado de justiça. Belo Horizonte: Fórum, 2009.

JUSTEN FILHO, Marçal. *Comentários à Lei de Licitações e Contratos Administrativos*. 11. ed. São Paulo: Dialética, 2005.

KIRCH, César do Vale. A alavancagem da AGU para a consolidação e o sucesso da advocacia pública de Estado no Brasil. *In*: GUEDES, Jefferson Carús; SOUZA, Luciane Moessa de (Coord.). *Advocacia de Estado*: questões institucionais para a construção de um Estado de justiça. Belo Horizonte: Fórum, 2009.

MADUREIRA, Claudio Penedo. *Direito, processo e justiça*: o processo como mediador adequado entre o direito e a justiça. Salvador: JusPodivm, 2014.

MADUREIRA, Claudio. *Advocacia Pública*. 2. ed. Belo Horizonte: Fórum, 2016.

MARTINS, Ricardo Marcondes. Regime estatutário e Estado de direito. *Revista Trimestral de Direito Público*, São Paulo, n. 55, 2011.

MEIRELLES, Hely Lopes. *Direito administrativo brasileiro*. 16. ed. São Paulo: Revista dos Tribunais, 1991.

MENDONÇA, Fabiano André de Souza. Comentários aos arts. 131 e 132. *In*: BONAVIDES, Paulo; MIRANDA, Jorge; AGRA, Walber de Moura. *Comentários à Constituição Federal de 1988*. Rio de Janeiro: Forense, 2009.

MORAES, Alexandre de. *Direito constitucional*. 6. ed. São Paulo: Atlas, 1999.

MOURÃO, Carlos Figueiredo. A advocacia pública como instituição de controle interno da administração. *In*: GUEDES, Jefferson Carús; SOUZA, Luciane Moessa de (Coord.). *Advocacia de Estado*: questões institucionais para a construção de um Estado de justiça. Belo Horizonte: Fórum, 2009.

ROSA JR., Luiz Emidgio Franco da. *Direito tributário e financeiro*. Rio de Janeiro: Renovar, 2001.

SOUTO, Marcos Juruena Villela. *Direito administrativo das concessões*. 5. ed. Rio de Janeiro: Lumen Juris, 2004.

TORRES, Ronny Charles Lopes de. A responsabilidade do Advogado de Estado em sua função consultiva. *In*: GUEDES, Jefferson Carús; SOUZA, Luciane Moessa de (Coord.). *Advocacia de Estado*: questões institucionais para a construção de um Estado de justiça. Belo Horizonte: Fórum, 2009.

Informação bibliográfica deste texto, conforme a NBR 6023:2018 da Associação Brasileira de Normas Técnicas (ABNT):

MADUREIRA, Claudio Penedo. A instituição de procuradorias municipais como imposição constitucional. *In*: TAVARES, Gustavo Machado; MOURÃO, Carlos Figueiredo; VIEIRA, Raphael Diógenes Serafim (Coords.). *A obrigatoriedade constitucional das Procuradorias Municipais*. Belo Horizonte: Fórum, 2022. p. 21-57. ISBN 978-65-5518-300-9.

PROCURADORIA MUNICIPAL: INTERESSE PÚBLICO A SERVIÇO DOS MUNICÍPIOS E DA SOCIEDADE

JOSÉ RODRIGUES CARVALHEIRO NETO

Introdução

Os procuradores exercem um papel importante para a Administração Pública, bem como para a sociedade de modo geral. Eles representam a União, os estados, o Distrito Federal e os municípios, trabalhando para o cumprimento das leis, na defesa do bem público.

O Projeto de Emenda Constitucional nº 17/2012 teve como objetivo garantir que cada município tenha um procurador concursado, preservando a memória jurídico-institucional e evitando a perda de informações sobre processos judiciais. Quando mantém um quadro transitório, graves prejuízos ao erário e ao gestor público podem ser gerados.

O dispositivo aprovado ganhou a seguinte redação:

> Artigo 132. Os procuradores dos estados, municípios e Distrito Federal, organizados em carreira, na qual o ingresso dependerá de concurso público de provas e títulos, com a participação da Ordem dos Advogados do Brasil em todas as suas fases, exercerão a representação judicial e a consultoria jurídica das respectivas unidades federadas. Parágrafo único. Aos procuradores referidos neste artigo é assegurada estabilidade após 3 (três) anos de efetivo exercício, mediante avaliação de desempenho perante os órgãos próprios, após relatório circunstanciado das corregedorias.

O papel da procuradoria municipal é fundamentalmente preventivo, pois também é dela a missão constitucional de controle de legalidade mediante a atividade consultivo-preventiva, como órgão de balizamento e orientação jurídica para todos os órgãos da Administração Pública, constitucionalmente vinculada aos princípios da legalidade, moralidade, impessoalidade, publicidade e eficiência.

Por esta razão, necessário que seja criado em todos os municípios um quadro composto por procuradores municipais efetivos, organizados em carreira, especializados para as funções a que prestaram concurso, tendo asseguradas as garantias institucionais e pessoais de independência técnica e autonomia, fazendo toda a diferença para uma eficiente defesa do erário, para o combate à corrupção e aos equívocos na gestão pública.

O grande desafio será obter o aval dos gestores públicos para assumir seus compromissos públicos e criar condições para a abertura de concurso público para o cargo de procurador.

1   O procurador municipal

As funções exercidas pelo advogado público são de estado, e não de governo, razão pela qual os entes políticos devem contar com procurador efetivo, cuja atuação deve ser técnica, independente e livre de ingerências políticas, para o bom desempenho da função pública.

Para tanto, a própria Constituição Federal e o Estatuto da OAB (Lei nº 8.906/1994) asseguram ao advogado público a independência técnico-profissional, para a implementação do Estado democrático de direito.

2   Das atribuições da carreira

A carreira de procurador municipal é fundamental para a concretização da Justiça e para uma cidade que se propõe a proporcionar políticas públicas amparadas na legalidade e nos ditames constitucionais do Estado democrático de direito.

O Poder Público pode ser alheio ao direito, cabendo ao procurador municipal orientar e promover a defesa do interesse público, de forma compromissada com as normas previstas na lei e na Constituição, sem receio de agradar ou não aquele que detém o poder.

Daí a importância da constitucionalização da carreira de procurador do município.

É importante destacar que os dados levantados e os resultados do 1º *Diagnóstico de Advocacia Pública Municipal no Brasil*, realizado pela Associação Nacional dos Procuradores Municipais em parceria com a Herkenhoff & Prates, permitiu fazer um levantamento científico mostrando o quadro preocupante dos municípios. Esse estudo buscou dar visibilidade às evidências que incentivam o progresso e o bom andamento da Advocacia Pública municipal, constatando que:

- 57% das cidades sem procurador contratam bancas sem licitação;
- 66% das cidades brasileiras não têm procurador concursado.

3   PEC nº 17/2012

A PEC nº 17/2012, pronta para deliberação do Plenário do Senado Federal, pretende corrigir a omissão da Constituição de 1988 e melhor estruturar o município como ente federativo e autônomo que é, a fim de fazer frente às demandas que se apresentam, garantindo especialidade e segurança jurídica na prática dos atos.

Apesar de sua relevância, a advocacia pública, principalmente a municipal, sofre dificuldades de toda ordem, como a constante violação de prerrogativas de seus integrantes, a usurpação de competências, a fixação de remuneração incompatível com as atribuições do cargo, a falta de estruturação adequada da carreira e não instrumentalização, a apropriação indevida dos honorários, entre outras, trazendo entendimento dos tribunais de justiça estaduais da imprescindibilidade de concurso público para exercício da advocacia pública municipal.

Reconhecendo todos estes pontos contraditórios, a PEC será de extrema relevância para que se possa exigir o cumprimento da necessidade inadiável de organizar a representação, consultoria e assessoria jurídica dos municípios brasileiros, bem como a valorização da carreira que a integra.

Podemos esperar que com a aprovação da PEC nº 17/2012 em emenda constitucional não haverá mais nenhum motivo que justifique a permanência da situação absurda que outrora foi consolidada na Advocacia Pública municipal, e, diante da imperiosa necessidade de cumprir o novo art. 132 da Constituição, não existirão mais desculpas para o município se furtar de obedecer à ordem oriunda da Lei Maior.

Considerações finais

Conclui-se que o procurador municipal exerce função essencial à justiça, merecendo tratamento constitucional adequado, para que não haja concorrência com as carreiras do Poder Judiciário e as outras funções essenciais.

A Advocacia Pública constitui uma função essencial à justiça, merecendo um tratamento isonômico já amparado pela Constituição Federal.

Por este motivo, a aprovação da PEC nº 17/2012 garantirá a constitucionalidade da carreira do procurador municipal, assegurando a observância ao princípio da simetria e aos princípios constitucionais voltados para a Administração Pública.

A lacuna hoje estabelecida reclama a implantação de uma Advocacia Pública de Estado, desvinculada da conveniência e do apadrinhamento político e efetivamente capaz de contribuir para a construção de uma sociedade mais responsável.

Referências

BRASIL. Câmara dos Deputados. *Proposta de Emenda à Constituição n. 17/2012*. Disponível em: https://www25.senado.leg.br/web/atividade/materias/-/materia/105021. Acesso em: 7 set. 2018.

BRASIL. *Constituição da República Federativa do Brasil*. Disponível em: https://www.planalto.gov.br. Acesso em: 8 set. 2018.

MENDONÇA, Clarice Correa de; VIEIRA, Raphael Diógenes Serafim; PORTO, Nathalia França Figueiredo. *1º Diagnóstico da Advocacia Pública Municipal no Brasil*. Belo Horizonte: Fórum, 2017.

Informação bibliográfica deste texto, conforme a NBR 6023:2018 da Associação Brasileira de Normas Técnicas (ABNT):

CARVALHEIRO NETO, José Rodrigues. Procuradoria municipal: interesse público a serviço dos municípios e da sociedade. *In*: TAVARES, Gustavo Machado; MOURÃO, Carlos Figueiredo; VIEIRA, Raphael Diógenes Serafim (Coords.). *A obrigatoriedade constitucional das Procuradorias Municipais*. Belo Horizonte: Fórum, 2022. p. 59-62. ISBN 978-65-5518-300-9.

AS PROCURATURAS MUNICIPAIS NA CONSTITUIÇÃO DA REPÚBLICA E A NECESSIDADE DE APERFEIÇOAMENTO DO TEXTO CONSTITUCIONAL

RAPHAEL VASCONCELOS DUTRA[1]

1 Introdução

A Constituição da República brasileira de 1988, além de dispor sobre as clássicas funções estatais – legislativa, executiva e judicial –, estabeleceu uma quarta função, em um capítulo apartado, fora daqueles que tratam da estrutura das três funções clássicas. São as denominadas "funções essenciais à Justiça", que são formadas por três instituições estatais – Ministério Público, Advocacia Pública e Defensoria Pública –, bem como pela advocacia privada. Aludidas funções são instrumentos que têm por finalidade os valores institucionais dos diversos segmentos da sociedade e do Estado, atuando de forma permanente e de maneira contramajoritária, extrajudicialmente ou por meio de provocação do Judiciário, contribuindo, desta forma, para a manutenção do equilíbrio entre as diferentes forças partidárias e sociais, bem como para o reequilíbrio de forças entre as funções clássicas, sendo essenciais ao funcionamento do Estado democrático de direito.

---

[1] Pseudônimo: Lois Dureint.

No caso específico da Advocacia Pública, objeto do presente estudo, foi outorgada a missão constitucional de presentar em juízo o ente federativo a que se encontra vinculada, bem como a de lhe prestar assessoria e consultoria jurídicas. À Advocacia Pública e aos seus membros cabe a indispensável missão de orientar o gestor quanto à regularidade das políticas públicas que pretende adotar em relação ao ordenamento jurídico, apontar eventual ilicitude praticada pelo administrador, bem como prestar a devida orientação para se evitar o cometimento de outras, buscando sempre resguardar o interesse público, por meio da assessoria e da consultoria jurídica. Para que seja possível o exercício desse múnus público, não podem os membros ou a instituição sofrer represálias da autoridade contrariada ou ingerências indevidas de natureza política no exercício de sua competência institucional, deliberativa ou decisória. A sua atividade deve, portanto, ser guiada pela Constituição da República e pela legislação de regência, com a observância dos princípios da legalidade, da moralidade e da impessoalidade e não pelas vicissitudes de humor de qualquer autoridade.

Contudo, não obstante haja este objetivo constitucional, a Advocacia Pública não está imune e tampouco resguardada de ordens, instruções ou avisos de autoridades do primeiro escalão, estranhas ao seu quadro funcional, sofrendo, por conseguinte, influência e, por vezes, ingerência na realização de suas funções institucionais.

Situação ainda mais complicada se mostra em relação aos municípios, vez que no texto constitucional não há alusão expressa às procuradorias municipais, restando aparentemente silente quanto à sua representação judicial e à sua consultoria jurídica, diferentemente do que ocorre com os seus congêneres (União, estados e Distrito Federal). Há, portanto, uma aparente omissão constitucional.

Diante disso, supõe-se que é possível aplicar o princípio da simetria, similitude e paridade das formas constitucionais para se exigir a criação de pelo menos um cargo de procurador em cada município, dada a essencialidade da função. Por meio de referidos princípios, supõe-se ainda que é possível definir o estatuto constitucional dos procuradores e das procuradorias municipais, uma vez que a Advocacia Pública municipal exerce função idêntica à de seus congêneres da esfera estadual e da federal e que não há hierarquia entre os entes integrantes da Federação. Supõe-se ainda que é necessário o aprimoramento do desenho constitucional da Advocacia Pública como um todo, nas três esferas, vez que há tratamento díspar entre as funções essenciais à justiça, mesmo sem haver funções mais ou menos essenciais à Justiça.

Para o desenvolvimento do presente estudo foi utilizado como marco teórico o conjunto de ideias, teorias e pesquisas realizadas por Diogo de Figueiredo Moreira Neto, no que tange ao desenvolvimento da Advocacia Pública como instituição essencial à Justiça, à democracia e no que diz respeito ao papel do advogado público na sociedade contemporânea. Quanto à natureza dos dados, foram utilizadas tanto fontes primárias (legislação em geral e a legislação extravagante, bem como a jurisprudência dos tribunais superiores), como secundárias (doutrinas sobre os conhecimentos científicos supracitados e, paralelamente, o estudo de legislações interpretadas, nacionais e estrangeiras, bem como artigos jurídicos).

2 A inserção da Advocacia Pública na Constituição da República

2.1 As procuraturas constitucionais como funções essenciais à Justiça

O constituinte de 1988 abandonou o modelo unitário de organização da Advocacia Pública até então adotado no Brasil (no qual uma única instituição monopoliza as funções de advocacia estatal e de advocacia da sociedade – papel até então desempenhado pelo Ministério Público) e dedicou um capítulo especial para as chamadas "funções essenciais à Justiça", entre as quais se incluem o Ministério Público, a Advocacia Pública, a Defensoria Pública e a advocacia privada (arts. 127 a 135 da CR/88).

Esta nova perspectiva está mais relacionada a uma escolha política do constituinte originário do que necessariamente a uma evolução normativa. Afinal, no direito alienígena contemporâneo, há ainda em vigor tanto o modelo unitário, quanto o modelo dualista. Em relação ao modelo unitário, vale trazer a experiência portuguesa, nas lições de José Joaquim Gomes Canotilho:

> O arquétipo de magistrado do Ministério Público prefigurado na Constituição está longe da caricatura usual e <<funcionário promotor do crime>>. A sua relevantíssima acção, num contexto constitucional democrático, vai desde o exercício da acção penal até à defesa e representação de pessoas carecidas de proteção (órgãos, menores trabalhadores), passando pela defesa de interesses difusos (ambiente, patrimônio)

e pela defesa da constitucionalidade e legalidade (cfr. L 60/98, art. 3.º). A quarta revisão constitucional (LC 1/97) acrescentou uma outra competência de relevante significado político e jurídico-constitucional – a da participação do Ministério Público na *execução da política criminal* definida pelos órgãos de soberania (art. 219.º/1). Às funções assinaladas deve ainda acrescentar-se a importante função consultiva, traduzida na emissão de pareceres por parte da Procuradoria-Geral da República. Globalmente consideradas, as funções do Ministério Público têm, em geral, como denominador comum, o serem exercidas no interesse do "Estado-comunidade" e não no "Estado-pessoa" (Pizzorusso). Isso em termos tendenciais, porque em Portugal o Ministério Público continua a ser o "advogado do Estado", tarefa que noutros países é desempenhada por operadores jurídicos diferentes ("advogados do Estado" ou "advogados contratados"). De salientar que a já referida participação do Ministério Público (crf. L 60/98, de 27-8, Estatuto do Ministério Público, art. 1.º) na execução da política criminal definida pelos órgãos de soberania, embora se possa considerar um "corolário lógico" das competências constitucionais do Ministério Público, não deixa de criar algumas zonas de incertezas nas relações entre o executivo e o judiciário.[2]

Em relação ao modelo dualista, Cláudio Grande Junior lembra a sua adoção na Espanha e na Itália:

> Já na Espanha, o Ministério Público não representa judicialmente o Estado nem é seu consultor jurídico.[3] Para essas funções existe a *Abogacía del Estado*, cujo órgão central é a *Abogacía General del Estado*, que integra o Ministério da Justiça. O mesmo ocorre na Itália, onde tais misteres ficam a cargo da *Avvocatura dello Stato*, tendo cada Região e Província sua própria *Avvocatura*, cujos cargos são acessíveis mediante concurso público.[4]

No Brasil, Diogo de Moreira Neto leciona que a Advocacia Pública, em verdade, deve ser entendida como gênero, subdividindo-se em três espécies: a advocacia dos interesses difusos e indisponíveis da sociedade (atribuída à instituição do Ministério Público), a advocacia

---

[2] CANOTILHO, José Joaquim Gomes. *Direito constitucional e teoria da Constituição*. 7. ed. 8. reimpr. Coimbra: Almedina, 2003. p. 684-685.

[3] VERGOTTINI, Giuseppe de. *Derecho constitucional comparado*. México: Universidad Nacional Autónoma de México, 2002.

[4] GRANDE JUNIOR, Cláudio. Advocacia pública: estudo classificatório de direito comparado. *In*: GUEDES, Jefferson Carús Guedes; SOUZA, Luciane Moessa de (Coord.). *Advocacia de Estado*. Questões institucionais para a construção de um Estado de Justiça. Belo Horizonte: Fórum, 2009. p. 84.

dos hipossuficientes (atribuída à Defensoria Pública) e a advocacia dos interesses públicos constitucionalmente cometidos à administração do Estado (atribuída à Advocacia Pública *stricto sensu*):

> Nunca é demais lembrar que a Constituição de 1988 teve o inegável mérito de definir com clareza o imprescindível elo jurídico operativo que deve existir entre sociedade e Estado, ao desmembrar a Procuratura Pública do Estado, historicamente una, para distribuir entre três órgãos distintos o exercício do que, apropriadamente, designou como funções essenciais à Justiça, inconfundíveis com todas as demais funções cometidas aos órgãos dos tradicionais Poderes do Estado, bem como aquelas outras exercidas pelos demais órgãos constitucionalmente autônomos. [...] na Advocacia Pública – aqui tomada ainda em seus pleno e lato sentido de cura e de representação de interesses de terceiros – uma divisão em três ramos: o Ministério Público, a Advocacia de Estado e a Defensoria Pública. Foram, em razão disso, criadas três Procuraturas constitucionais independentes, para que exercitassem, cada uma delas, em seus respectivos âmbitos funcionais e federativos, os poderes tipicamente estatais de fiscalização, zeladoria, promoção, defesa e controle, pois que referentes à estruturação e funcionamento do próprio Estado [...] a advocacia dos interesses difusos e indisponíveis da sociedade (atribuída à instituição do Ministério Público) como a advocacia dos hipossuficientes (atribuída à Defensoria Pública) e a advocacia dos interesses públicos constitucionalmente cometidos à administração do Estado, daí, logicamente, decorrendo o tratamento tópico unitário de todos esses ramos no mesmo Capítulo da Carta Magna. O importante, porém, é que, na Constituição, o art. 131 (que ficou intacto) e o art. 132 (com sua redação emendada), mantiveram, ambos, explicitada a dupla missão fundamental desse sub-ramo estatal da advocacia pública, que é a Advocacia de Estado, ou seja: fundamentalmente, a representação judicial e a consultoria jurídica da União, dos Estados, do Distrito Federal e, por compreensão, no que couber, a dos Municípios, entes políticos que também são, em nossa federação de três graus [...].[5]

Portanto, no Brasil, adotou-se a tripartição da Advocacia Pública, sendo que cada procuratura[6] constitucional passou a exercer, dentro

---

[5]   MOREIRA NETO, Diogo de Figueiredo. A Advocacia de Estado revisitada: essencialidade ao Estado Democrático de Direito. *In*: GUEDES, Jefferson Carús Guedes; SOUZA, Luciane Moessa de (Coord.). *Advocacia de Estado*. Questões institucionais para a construção de um Estado de Justiça. Belo Horizonte: Fórum, 2009. p.24-26.

[6]   PROCURADORIA (verbete). *In*: DE PLÁCIDO E SILVA, O. J. *Vocabulário jurídico*. 1. ed. Rio de Janeiro: Forense, 1987. v. III. p. 464. A expressão "procuradoria" pode ser reservada para o gênero, de vez que abrangerá outros órgãos públicos ou privados, de prestação de serviços jurídicos. A espécie aqui tratada da Advocacia Pública de radical constitucional

de seus respectivos âmbitos funcionais e federativos, atribuições tipicamente estatais de fiscalização, zeladoria, promoção, defesa e controle, referentes à estruturação e funcionamento do próprio Estado democrático de direito. Na concepção atual, cada uma das funções essenciais à Justiça funciona como uma espécie de "freios e contrapesos" das funções clássicas, sendo que, por meio do exercício de suas atribuições, contribuem para a manutenção do equilíbrio entre as diversas forças partidárias e sociais, bem como para o reequilíbrio de forças entre as funções clássicas, garantindo a tutela dos valores institucionais.

Sobre esse atual modelo constitucional, valem as lições de Maria Sylvia Di Pietro:

> [...] embora a Constituição adote, no artigo 2º, o princípio da separação de Poderes, ela prevê, no Título IV, denominado de "Organização dos Poderes", quatro e não três capítulos; os três primeiros pertinentes a cada um dos Poderes do Estado e, o quarto, imediatamente seguinte ao que cuida do Poder Judiciário, referente às *Funções Essenciais à Justiça*, nele inserindo o Ministério Público, a Advocacia-Geral da União, as Procuradorias Estaduais, a Defensoria Pública e a Advocacia. Isto não significa que são *atividades típicas do Estado*, merecendo, por isso mesmo, tratamento constitucional diferenciado.
>
> O que a Constituição quis realçar, com a inclusão dessas carreiras no capítulo das *"funções essenciais à Justiça"*, foi a importância de todas na busca da Justiça, entendida no duplo sentido: a) *Justiça como instituição*, como sinônimo de Poder Judiciário, já que este não tem legitimidade para dar início às ações judiciais, decidindo os conflitos que são postos e nos limites postos pelo advogado, pelo promotor de Justiça, pelo advogado público, pelo defensor público; sem esses profissionais, a Justiça não é acionada; ela não existe; b) *Justiça como valor*, incluída no preâmbulo da Constituição entre os valores supremos de uma sociedade fraterna pluralista e sem preconceitos, e que consiste na "vontade constante de dar a cada um o que é seu" (*justitia est constans et perpetua voluntas jus suum cuique tribuendi*").[7]

---

fica, portanto, mais bem identificada com designação própria, assinalando, ainda, com a parcial paronímia da palavra "procuratura" com "magistratura", uma aproximação e uma assemelhação que o próprio legislador constitucional quis destacar, como se exporá adiante.

[7] DI PIETRO, Maria Sylvia Zanella. A Advocacia Pública como função essencial à Justiça. *Conjur*, 18 ago. 2016. Disponível em: http://www.conjur.com.br/2016-ago-18/interesse-publico-advocacia- publica-funcao-essencial-justic. Acesso em: 20 maio 2018.

Sérgio de Andréa Ferreira vai além, defendendo que referidas instituições consolidam, na verdade, uma "quarta função política", ao lado das funções legislativa, executiva e judicial, sendo "a função de provedoria de justiça, cuja finalidade é contribuir para a realização humana, democrática, equânime, do direito, seja pelo Poder Público, seja no relacionamento dos governados".[8]

Há quem defenda que esta "quarta função política" estaria fora da estrutura dos demais poderes. Segundo o Ministro Dias Toffoli, "[...] tanto o Ministério Público, quanto a Advocacia Pública, quanto a Defensoria Pública são instituições que não integram nenhum dos Três Poderes. Eles estão separados tanto do Legislativo, quanto do Executivo, quanto do Judiciário".[9]

Para o ministro do Supremo Tribunal Federal, quem integra o Poder Executivo é tão somente o chefe máximo da instituição – o Advogado-Geral da União –, em decorrência de expressa determinação constitucional. Tal constatação se deu no bojo do julgamento do RE nº 558.258/SP, em que se discutia a abrangência do termo "procuradores", previsto no art. 37, XI, da CR/88, em relação aos procuradores autárquicos.

A princípio, é esta mesma conclusão a que se chega a partir de uma leitura atenta da Constituição de 1988, que colocou as funções essenciais à Justiça em um capítulo apartado, fora da estrutura dos demais poderes da República. Entretanto, *data maxima venia*, isso não significa que todas as funções ali elencadas estão fora da estrutura dos três poderes. Em uma análise minuciosa, verifica-se que estão fora da estrutura dos três poderes o Ministério Público e a Defensoria Pública, vez que, para os quais, a Constituição da República outorgou autonomia funcional, administrativa e financeira.

Já em relação à Advocacia Pública, a Constituição da República assegurou apenas a estabilidade e a inviolabilidade profissional aos seus membros (advogados), não sendo consagrada à Advocacia Pública, como instituição, nenhuma das outras garantias estendidas às demais funções essenciais à Justiça. Deste modo, ao contrário do que ocorre com as demais procuraturas constitucionais, observa-se que a Advocacia Pública não está fora da estrutura dos demais poderes da República, mas sim vinculada ao Poder Executivo.

---

[8]   FERREIRA, Sérgio de Andréa. *Comentários à Constituição*. Rio de Janeiro: Freitas Bastos, 1991. v. 3. p. 12-13.

[9]   BRASIL. Supremo Tribunal Federal. 1ª Turma. Recurso Extraordinário nº 558.258/SP (2010).

O ponto que merece reflexão é se apenas a conferência destas prerrogativas funcionais (estabilidade e inviolabilidade profissional) são suficientes para assegurar a necessária independência ao advogado público para que exerça o seu múnus público sem represálias da autoridade contrariada ou ingerências indevidas de natureza política no exercício de sua competência institucional deliberativa ou decisória.

Observa-se que, no âmbito federal, o chefe máximo da instituição é tido como pessoa de confiança do presidente da República, podendo ser, inclusive, estranho à carreira, uma vez que a própria Constituição (art. 131, §1º) autoriza esta escolha, dispondo que o Advogado-Geral da União é de livre nomeação e exoneração pelo presidente da República entre cidadãos maiores de trinta e cinco anos, de notável saber jurídico e de reputação ilibada. Referida previsão constitucional merece reflexão, vez que tem potencial para gerar distorções em toda a instituição, com sucessivas indicações políticas (e não técnicas), em graus hierárquicos inferiores, para controlar (e não coordenar) os diversos órgãos da Advocacia Pública. Um caminho para se evitar esse tipo de ingerência talvez seja o de aprimoramento do texto constitucional para que a escolha do chefe máximo da instituição fique restrita aos membros da respectiva carreira, a partir da apresentação de uma lista prévia eleita, tal como a praxe estabelecida no Ministério Público.

Se no plano federal a situação já não é a ideal, verifica-se que, no plano municipal, a situação é ainda mais delicada, vez que no atual texto constitucional não há alusão expressa às procuradorias municipais, restando a Constituição silente quanto à representação judicial e consultoria jurídica dos municípios. Não há para o município a mesma previsão de seus congêneres (União, estados e Distrito Federal).

Assim, na hipótese de não exigir carreira de procurador do município, o prefeito municipal poderá, em tese, exercitar tal mister público por meio de nomeação de cargos comissionados, de contratação de terceirizados, de contratação de advogados ou de escritórios de advocacia, o que não se revela adequado e potencializa ainda mais distorções, sobretudo porque pessoas estranhas à carreira não têm vínculo e tampouco possuem compromisso real com o ente federativo, mas tão somente com o seu contratante (que pode a qualquer momento romper o vínculo ao seu arbítrio – se contrariado), ficando, portanto, sujeitas aos interesses do agente que podem não ser os mesmos do ente federativo.

Visando amenizar a aludida discrepância do regramento constitucional dado às diferentes procuraturas constitucionais, tramitam atualmente na Câmara e no Senado importantes propostas de emenda à Constituição – PEC nº 82/2007, PEC nº 452/2009 e PEC nº 17/2012 –, que atribuem autonomia funcional, administrativa e financeira, bem como prerrogativas aos membros da Advocacia Pública, além de constitucionalizar expressamente a carreira dos procuradores municipais.

De qualquer forma, independentemente de qualquer aprimoramento constitucional, entende-se que o regime jurídico das procuradorias municipais pode sim ser extraído de uma interpretação sistemática da Constituição da República, conforme se demonstrará a seguir.

2.2 A inserção das procuraturas municipais na Constituição da República – Exegese lógica constitucional

Apesar da ausência de previsão expressa do termo "procuradoria municipal", verifica-se que o regime jurídico dos procuradores municipais pode ser dessumido de maneira simétrica aos regimes expressamente previstos no texto constitucional, em decorrência de uma interpretação da Constituição da República, a partir de uma combinação dos critérios usuais de interpretação jurídica (critério gramatical, teleológico e lógico-sistemático).

Por meio do critério gramatical, também intitulado de literal, aparentemente, os procuradores municipais não teriam sido levados em consideração, em 1988, no momento da elaboração do texto constitucional, já que na seção pertinente à Advocacia Pública (arts. 131 e 132) houve menção expressa apenas à Advocacia Pública da União e aos procuradores dos estados e do Distrito Federal. Havia, inclusive, certa atecnia na redação original do texto de 1988, vez que a seção era nomeada como "Da Advocacia Geral da União" e havia, dentro de dita seção, previsão de patrocínio jurídico dos estados e do Distrito Federal pelos seus respectivos procuradores, organizados em carreira. Referida atecnia foi corrigida com a Emenda Constitucional nº 19, de 1998, que promoveu a alteração da nomenclatura do título da seção pertinente à advocacia estatal, passando a constar "Da Advocacia Pública", ajustando-se, portanto, a imperfeição original.

Pois bem. Como a seção passou a ser intitulada "Da Advocacia Pública", é necessária a investigação dos conceitos e possibilidades semânticas da expressão para se extrair o seu real sentido e abrangência normativa, conforme ensina Luís Roberto Barroso:

> [...] a interpretação gramatical não poderá trabalhar com sentidos únicos a serem extraídos dos relatos normativos. Assentadas essas premissas, deve-se enfatizar sua contrapartida: os conceitos e possibilidades semânticas do texto figuram como ponto de partida e como limite máximo da interpretação. O intérprete não pode ignorar ou torcer o sentido das palavras, sob pena de sobrepor a retórica à legitimidade democrática, à lógica e à segurança jurídica. A cor cinza pode compreender uma variedade de tonalidades entre preto e branco, mas não é vermelha nem amarela.[10]

Desse modo, analisando detidamente a semântica da expressão "Da Advocacia Pública", não há como se chegar a outra conclusão a não ser a de que tal expressão também engloba os procuradores municipais, sobretudo aqueles organizados em carreira. Com efeito, para prestar assessoria e consultoria jurídica, bem como para a realização da defesa dos interesses públicos constitucionalmente cometidos à administração do ente federativo a que se encontram vinculados (municípios), os procuradores municipais, assim como os seus congêneres (procuradores da União, dos estados e do Distrito Federal), prestam concurso público para ingressar na carreira e recebem a outorga legal para o exercício de seu *múnus* público. Os procuradores municipais, assim como os seus congêneres, dos planos federal e estadual, têm sua atividade guiada pela Constituição da República e pela legislação, e não pelos gestores. São advogados de Estado e não de governo. Portanto, é evidente que exercem advocacia pública e não privada. E, se é advocacia pública, estão alcançados pelo texto constitucional, a partir da expressão literal "Da Advocacia Pública", embora não haja menção expressa desta função nos municípios.

A omissão constitucional, em verdade, traz, em tese,[11] uma consequência talvez não tão adequada ao ordenamento constitucional vigente, possibilitando que a função essencial (que só pode ser essencial – já que é a mesma função essencial prevista nos estados, no DF e na União), no âmbito municipal, nas localidades em que não foi criada a carreira, possa ser delegada a particulares (advogados e/ou escritórios de advocacia) ou a servidores comissionados/terceirizados, já que, pela

---

[10] BARROSO, Luís Roberto. *Curso de direito constitucional contemporâneo*. São Paulo: Saraiva, 2009. p. 291.

[11] Diz-se, em tese, porque a partir de uma interpretação sistemática da Constituição da República, conjugada com os princípios da simetria, da similitude e da paridade das formas, entende-se que há obrigação dos municípios em instituir a carreira de procurador municipal, não podendo tal função ser cometida a particulares ou a comissionados.

literalidade do texto constitucional não há a exigência de criação de tal cargo nos municípios. Isso não significa, entretanto, que, nos locais em que foi instituída a carreira, a Advocacia Pública municipal não se enquadre na seção "Da Advocacia Pública" do texto constitucional.

Carlos Maximiliano nos remete a um importante cânone hermenêutico tradicional segundo o qual não se deve presumir distinções onde o legislador não tenha instituído: "Quando o texto menciona gênero, presumem-se incluídas as espécies respectivas [...] quando regula todo, compreende também as partes [...] *Ubix lex non distinguit nec nos distinguere debemus*: 'Onde a lei não distingue, não pode o intérprete distinguir'".[12] E a procuradoria municipal e os respectivos procuradores municipais são de fato "espécies" do "gênero" advocacia pública. Portanto, uma vez instituída a procuradoria municipal e o cargo de procurador municipal, não é possível negar a sua existência no plano constitucional, mesmo não tendo o texto constitucional reservado um artigo específico, sobretudo ante o seu enquadramento no domínio da Advocacia Pública e por consequência do âmbito das "funções essenciais à Justiça".

Desta forma, não há dúvidas de que há previsão constitucional das procuraturas municipais a partir de uma interpretação gramatical do texto constitucional, notadamente quando o constituinte derivado denominou a seção como "Da Advocacia Pública", que engloba de forma evidente o patrocínio dos interesses públicos constitucionalmente cometidos à Administração, nos âmbitos municipal, estadual e federal. A dúvida que pairava no texto original da Constituição da República (talvez, mais pela atecnia do texto primitivo, do que pela semântica do texto) foi sepultada pelo constituinte derivado com o ajuste da redação da seção. A partir de uma interpretação teleológica do texto constitucional, ou seja, pela busca da finalidade da norma constitucional estudada, é necessário se buscar a razão pela qual o constituinte criou uma seção específica à Advocacia Pública. Da leitura dos dispositivos constitucionais que tratam da matéria (arts. 131 e 132, da CR), verifica-se que o constituinte entendeu por bem conferir a defesa dos interesses públicos constitucionalmente cometidos à administração do Estado à Advocacia Pública, a procuradores, concursados, organizados em carreira. A norma não é inócua, mas inerente ao próprio exercício do múnus público em questão, vez que não é possível que tal atividade

---

[12] MAXIMILIANO, Carlos. *Hermenêutica e aplicação do direito*. 20. ed. Rio de Janeiro: Forense, 2011. p. 201.

seja exercida por servidores terceirizados ou comissionados, que não detêm a independência necessária para o fiel cumprimento de tal função, e, tampouco, por particulares, que não têm compromisso real com o ente federativo que patrocina, mas sim com quem lhe contrata. Assim, leciona Maria Sylvia di Pietro:

> Não é por outra razão que o artigo 131 da Constituição, exigiu, no § 2º, a organização em carreira na qual o ingresso dependerá de concurso público de provas e títulos. Vale dizer que o próprio legislador constituinte considerou essencial a independência dos integrantes da advocacia pública no exercício de suas funções, razão pela qual impôs normas precisas de ingresso, com a consequente garantia da estabilidade. Por isso mesmo, não podem pessoas estranhas ao quadro da instituição ocupar cargos em comissão para exercer atribuições privativas dos advogados públicos.[13]

Desta forma, também por uma interpretação teleológica, não há qualquer razão que justifique a exclusão dos procuradores municipais, investidos no cargo por concurso público e organizados em carreira, das funções essenciais à Justiça. Afinal, tais funções foram instituídas para fiscalização, zeladoria, promoção, defesa e controle de valores institucionais de igual natureza que não possuem hierarquia, independentemente do plano federativo em que se encontram.

Por meio de uma interpretação lógico-sistemática do texto constitucional, fica ainda mais evidente que os procuradores municipais estão contemplados no texto constitucional. Com efeito, a exegese sistemática parte da premissa de que se deve buscar a harmonia e a coerência entre os diferentes dispositivos normativos que integram o mesmo ordenamento jurídico e não interpretar as normas jurídicas de forma isolada. Nesse particular, importantes as lições de Konrad Hesse: "[...] a conexão e a interdependência dos elementos individuais da Constituição fundamentam a necessidade de olhar nunca somente a norma individual, senão sempre também a conexão total na qual ela deve ser colocada".[14]

---

[13] DI PIETRO, Maria Sylvia Zanella. A Advocacia Pública como função essencial à Justiça. *Conjur*, 18 ago. 2016. Disponível em: http://www.conjur.com.br/2016-ago-18/interesse-publico-advocacia- publica-funcao-essencial-justic. Acesso em: 20 maio 2018.

[14] HESSE, Konrad. *Elementos de direito constitucional da República Federal da Alemanha.* Tradução de Luis Afonso Heck. Porto Alegre: Sergio Antonio Fabris, 1998. p. 65.

Assim, não se revela adequado interpretar isoladamente os artigos da Constituição da República, se apegando tão somente às expressões "Advocacia-Geral da União" ou "Procuradores dos Estados e do Distrito Federal". Deve-se interpretar o instituto da Advocacia Pública à luz do sistema constitucional estabelecido, de forma a se complementar e de se esclarecer reciprocamente com o ordenamento jurídico vigente. E, no atual ordenamento, a Advocacia Pública passou a ter papel essencial ao funcionamento da Justiça. Se é essencial nos estados, no Distrito Federal e na União, por óbvio, é também essencial nos municípios, que também por serem entes federativos não podem se ver descobertos de tal função, devendo, assim como os seus congêneres, ter o seu órgão próprio de consultoria e assessoria jurídicas e de representação judicial, vez que possuem, da mesma forma, interesses públicos constitucionalmente cometidos à sua administração, que demandam defesa técnica e jurídica permanente, para a sua exata concretização.

No atual texto constitucional, os municípios passaram a gozar de um extenso rol de competências, detendo atribuições em áreas de incontestável importância social, tais como saúde, educação, transporte e proteção do patrimônio histórico-cultural local, além de deterem a competência para legislar sobre assuntos de interesse local, estabelecendo contornos que regulam e influenciam a vida de toda a sociedade.

Os municípios foram inseridos na estrutura federativa, e como não há hierarquia entre os entes, tampouco em relação às diferentes competências constitucionais, os interesses municipais devem ser patrocinados de forma adequada, por meio de servidores concursados e organizados em carreira, tal como ocorre com seus congêneres (estado, DF, União), não havendo nenhum motivo lógico que justifique a ausência desta essencial função no âmbito municipal.

César Antônio Alves Cordaro defende que a ausência de procuradores municipais gera consequências graves na realização do próprio sistema federativo e do Estado democrático de direito, sobretudo porque põe em risco a submissão da ação administrativa aos princípios que norteiam a Constituição da República, *verbis*:

> Assim, na sua configuração atual, o Município está inserido na estrutura federativa, embora não seja referido como unidade federativa, revelando uma incoerência que se expressa na organização desse ente político, podendo ser destacada, naquilo que diz respeito ao nosso tema de previsão constitucional expressa para a organização de seus serviços jurídicos.

A aludida anomalia gera consequências graves na realização do Estado Democrático de Direito, que tem como pressuposto básico a total submissão das unidades federadas aos princípios da legalidade, da moralidade e do respeito à dignidade da pessoa humana (Constituição, arts. 1º, 5º e 37).

Afinal, sem a possibilidade de ter os seus serviços de orientação e aconselhamento e de representação judicial revestidos de certas garantias, ficando sob influência de interesses partidários e/ou pessoais, não estará assegurada a submissão da ação administrativa aos princípios do Estado Democrático de Direito [...].[15]

Não se desconhece que esta exigência constitucional pode, em tese, gerar dificuldades econômico-financeiras aos municípios de pequeno porte. Entretanto, recentemente, foi feito um estudo – *1º Diagnóstico da Advocacia Pública Municipal no Brasil* – que revelou que nesses municípios, em verdade, prevalece o dispêndio de recursos com a prática de alocação de profissionais não concursados (majoritariamente, a contratação de escritórios de advocacia) para a realização de atribuições típicas da Advocacia Pública municipal, de forma sistemática e constante, *verbis*:

Os dados coletados pelo Diagnóstico indicam, também, que a pratica de alocar profissionais não concursados para realizar as atribuições da Advocacia Pública municipal tem relação com as características associadas ao tamanho dos municípios [...] quanto menor o porte municipal, maiores as chances de profissionais não concursados realizando atribuições da Advocacia Pública municipal [...] nos contextos em que não há concursados e também não há comissionados, a advocacia municipal é exercida majoritariamente por escritórios de advocacia, contratados com ou sem licitação.[...] Há ainda uma alta proporção de municípios que contratam escritórios de advocacia para a representação sistemática ou constante (cotidiana) da Administração Pública [...].Entre os municípios *sem procurador concursado* que declaram contratar escritórios de advocacia, por sua vez, mais da metade, 54,4%, o fazem para a representação jurídica sistemática ou constante.[16]

---

[15] CORDARO, Cesar Antônio Alves; GUEDES, Jefferson Carús Guedes; SOUZA, Luciane Moessa de. *Advocacia de Estado*. Questões institucionais para a construção de um Estado de Justiça. Belo Horizonte: Fórum, 2009. p. 232-233.

[16] MENDONÇA, Clarisse Corrêa de; VIEIRA, Raphael Diógenes Serafim; PORTO, Nathália França Figuerêdo. *1º Diagnóstico da Advocacia Pública Municipal no Brasil*. Belo Horizonte: Fórum. 2018. p. 45-49.

Observe que a contratação sistemática de escritórios de advocacia revela que, no plano municipal, a função é de fato essencial e que mesmo os municípios de pequeno porte têm condições econômico-financeiras de criação de pelo menos um cargo de procurador municipal, já que dispendem de recursos para a contratação de terceiros. Registre-se que a remuneração do procurador municipal não representa ônus elevado ao município, devendo ser fixada por lei de acordo com a capacidade financeira própria, peculiaridades e conveniência locais. Assim, eventualmente, pode não se ter condições de arcar com a estrutura de uma procuratura municipal, mas, certamente, se terá condições de arcar com pelo menos um cargo de procurador municipal. É o que revelam os dados do *1º Diagnóstico da Advocacia Pública Municipal no Brasil*. Portanto, sendo função essencial, não pode o município ficar órfão de um órgão permanente de orientação, aconselhamento e representação judicial (ainda que seja um único procurador), sob pena de ter esvaziada a estrutura do ente federativo, retirando a sua memória jurídica e relegando-o a um estado turvo, sujeito a interesses diversos de autoridades que podem se aproximar ou não dos interesses do ente federativo.

2.3 Da obrigatoriedade da criação do cargo de procurador municipal em razão da aplicação dos princípios da simetria, da similitude e da paridade das formas

A exigência constitucional da criação de pelo menos um cargo de procurador municipal em cada município decorre também da aplicação dos princípios da simetria, da similitude e da paridade das formas, vez que é possível entender que, na verdade, há uma lacuna constitucional em relação às procuraturas municipais, já que o texto constitucional deixou de contemplar expressamente matéria importante, desarmonizando o sistema jurídico concebido às pessoas políticas, sobretudo quanto à função essencial que atua na defesa de cada um dos planos federativos. Gilmar Mendes assim leciona sobre as lacunas constitucionais:

> A dificuldade para o intérprete da Constituição pode estar na circunstancia de deparar com uma situação não regulamentada pela Carta, mas que seria de se esperar que o constituinte sobre ela dispusesse.

Mais inquietante, pode acontecer de um fato real se encaixar perfeitamente no que impõe uma norma, cuja incidência, contudo, produz resultados inaceitáveis. Nesses casos, fala-se em lacuna da Constituição. A lacuna pode ser definida, na fórmula precisa e concisa de Jorge Miranda, como "situação constitucionalmente relevante não prevista."

Quando ocorre a primeira das situações acima descritas, será necessário discernir se o constituinte não deixou de disciplinar a matéria, justamente para permitir que o legislador o fizesse, conforme peculiaridades do momento, sem a rigidez que marcam as decisões fixadas no Texto Magno. [...]

Outros casos há, porém, em que o problema sob análise do intérprete não encontra subsunção em uma disposição específica do Texto Constitucional, mas não se flagra um proposito do constituinte de relegar o tema ao jogo político ordinário da legislação infraconstitucional, porque, a matéria, à parte o tópico em ocorre a omissão, é objeto de um tratamento direto e minucioso do constituinte. [...]

No entanto, o exame apurado das circunstancias normativas, a partir de uma compreensão sistemática, pode revelar que houve, na omissão, apenas um lapso do constituinte, que não pretendera excluir da incidência da norma a categoria de fatos em apreciação. Aqui haverá uma "lacuna de formulação". [...]

A lacuna às vezes ocorre porque o constituinte não chegou a atinar com a necessidade de dispor sobre o período de adaptação necessário, no plano da realidade, para que a norma que estatuiu possa produzir efeito. [...]

Esse último caso aproxima-se de um outro modelo de lacuna, trabalhado na aplicação da Constituição, que ganho nome de lacuna axiológica. Aqui, como é típico das lacunas constitucionais, uma circunstância constitucionalmente relevante não foi prevista. O intérprete sustenta, a partir de uma pauta valorativa por ele pressuposta, que faltou ao constituinte esclarecer que a situação semanticamente englobada na hipótese de fato de uma norma deve ser considerada como por ela não disciplinada, para, desse modo, não se dar efeito a uma solução injusta ou inadequada ao sistema.[17]

Nesta mesma linha, os ensinamentos de Daniel Sarmento:

[...] resultam não só da ausência de disciplina de assunto relevante, como também da percepção de que a regulação prima facie incidente sobre determinada situação deixou de contemplar aspecto importante, cuja

---

[17] MENDES, Gilmar Ferreira. *Curso de direito constitucional*. 9. ed. São Paulo: Saraiva, 2014. p. 227-232.

consideração levaria a resultado diferente. Há, nesta última hipótese, uma dissonância entre a aparente incidência normativa e o sistema jurídico como um todo, que não pode ser imputada à intenção legal.[18]

Cláudio Grande Júnior trata especificamente sobre o "lapso" do constituinte originário em relação à Advocacia Pública, no plano municipal:

> Por fim, a Constituição de 1988 nada dispõe, especificamente, sobre a advocacia pública no âmbito municipal. Talvez um lapso decorrente da então recente inclusão dos Municípios no pacto federativo brasileiro. Em parte verdade, pois Cesar Antonio Alves Cordaro esclarece que a quantidade de Municípios e a diversidade de situações engessariam essas unidades estatais se tratadas todas igualmente, impondo um encargo excessivo a pequenas localidades, "jejunas de recursos e, muitas vezes, sem a real necessidade de serviço jurídico estruturado nas proporções de uma Procuradoria Geral." Mas é fato incontroverso que os Municípios, como entidades estatais, estão investidos de autonomia político-administrativa e, consequentemente, possuem personalidade jurídica de direito público interno. Destarte, necessitam de representação judicial e extrajudicial. E como os seus agentes políticos devem rigorosa observância à Constituição e aos princípios da administração pública, torna-se imperioso reconhecer a consultoria jurídica e o "necessário assessoramento técnico, através de um órgão especializado, estruturado através de cargos acessíveis mediante concurso público de provas e títulos, cujos ocupantes tenham a garantia da estabilidade." Por outro lado, é inegável que existem Municípios sem condições de instituírem e estruturarem autênticas Procuradorias. Logo, inteligente a solução de se promulgar Emenda Constitucional, estabelecendo critério de obrigatoriedade vinculado ao número de habitantes. Ainda assim, todas as municipalidades precisam, ao menos, criar cargos de provimento efetivo de advogados públicos.[19]

Pois bem. Para o preenchimento da lacuna deve ser feita a integração do texto constitucional por meio dos princípios da simetria, da paridade das formas, da similitude, que buscam, justamente, preservar

---

[18] SARMENTO, Daniel. As lacunas constitucionais e a sua integração. *Revista de Direitos e Garantias Fundamentais*, Vitória, n. 12, jul./dez. 2012. Disponível em: https://pt.scribd.com/doc/313223737/As-Lacunas-Constitucionais-e-Sua-Integracao-pdf. Acesso em: 15 jun. 2018. p. 30.

[19] GRANDE JUNIOR, Cláudio. Advocacia pública: estudo classificatório de direito comparado. *In*: GUEDES, Jefferson Carús Guedes; SOUZA, Luciane Moessa de (Coord.). *Advocacia de Estado*. Questões institucionais para a construção de um Estado de Justiça. Belo Horizonte: Fórum, 2009. p. 63.

o esquema jurídico-constitucional concebido pelo poder constituinte originário, evitando-se contradições teóricas incompatíveis com a coerência sistemática do ordenamento jurídico. Aludidos princípios têm suas raízes nos chamados *princípios extensíveis*, que José Afonso da Silva, em sua clássica obra *Direito constitucional positivo*,[20] classifica como "aqueles que consubstanciavam regras de organização da União, cuja aplicação, nos termos da Constituição revogada, se estendia aos Estados".

No atual texto constitucional, os princípios da simetria, da paridade das formas e da similitude podem ser extraídos do *caput* do art. 25, segundo o qual "os Estados organizam- se e regem-se pelas Constituições e leis que adotarem, observados os princípios desta Constituição"; do §1º do citado artigo, que prescreve que "são reservadas aos Estados as competências que não lhes sejam vedadas por esta Constituição"; do *caput* do art. 11 do Ato das Disposições Constitucionais Transitórias – ADCT, que dispõe que "cada Assembléia Legislativa, com poderes constituintes, elaborará a Constituição do Estado, no prazo de um ano, contado da promulgação da Constituição Federal, obedecidos os princípios desta"; e do parágrafo único do art. 11 do ADCT, que prescreve que "promulgada a Constituição do Estado, caberá à Câmara Municipal, no prazo de seis meses, votar a Lei Orgânica respectiva, em dois turnos de discussão e votação, respeitado o disposto na Constituição Federal e na Constituição Estadual".

Entretanto, há quem critique a própria existência do princípio da simetria. Nesse sentido, os fundamentos da tese de doutorado defendida por Léo Ferreira Leoncy:

> Independentemente da crença de alguns da existência de um "princípio da simetria" – seja de caráter normativo, seja de caráter hermenêutico –, o fato é que tal "princípio" não tem a sua existência confirmada tão logo seja pronunciado em decisões judiciais sobre a constitucionalidade de leis ou atos normativos locais.
>
> Viu-se que na verdade a expressão está associada a uma prática argumentativa que vai muito além de uma postura "monoprincipiológica". Por detrás da muitivisão da "simetria", há um todo universo jurídico permeado por constelações de argumentos, e no campo de atração deles, um conjunto de regras e princípios constitucionais invocados em auxílio

---

[20] SILVA, José Afonso da. *Curso de direito constitucional positivo.* 37. ed. São Paulo: Malheiros, 2014. p.618.

da construção das máximas de decisão de que se vale o órgão julgador para resolver um caso lacunoso ou indeterminado.

Desse modo, "simetria" não é um "princípio" constitucional formal, nem mesmo de caráter implícito, e também não é um princípio hermenêutico, antes representando um lugar-comum arbitrário que substancialmente oculta um processo de construção muito mais sofisticado, embora aparentemente desconhecido seja pelos seus usuais aplicadores, seja por seus críticos habituais.[21]

O Ministro Cezar Peluso, por sua vez, confirmando que se trata de uma exegese advinda dos tribunais, explica a necessidade de sua utilização, conceituando o princípio da simetria como "uma construção pretoriana tendente a garantir, quanto aos aspectos reputados substanciais, homogeneidade na disciplina normativa da separação, independência e harmonia dos poderes, nos três planos federativos".[22]

Assim, não obstante haja críticas em relação à sua aplicação, o princípio da simetria, aliado aos princípios da similitude e da paridade das formas, deixa claro que todos os planos federativos (União, estados, Distrito Federal e municípios) devem observar os princípios que norteiam a Constituição da República no exercício dos seus poderes de autolegislação e auto-organização.

E um dos princípios que norteiam o texto constitucional é que a representação, a orientação e a consultoria jurídicas dos entes federativos devem ser feitas por instituição estatal composta por advogados públicos, organizados em carreira, o que revela a necessidade e obrigação dos municípios de instituir a carreira de procurador público.

Em recente julgado em que se discutia a exegese do art. 37, XI e do art. 132 da CR/88 em relação aos procuradores municipais, o Supremo Tribunal Federal consignou que a ausência da expressão "procuradores municipais" no texto constitucional não significa a impossibilidade de serem alçados pela norma constitucional, não havendo fundamento para *discrímen* entre procuradores municipais que desempenham idênticas atribuições dos procuradores congêneres no âmbito da União,

---

[21] LEONCY, Léo Ferreira. *Princípio da simetria e argumento analógico*: o uso da analogia na resolução de questões federativas sem solução constitucional evidente. 2011. Tese (Doutorado em Direito do Estado) – Faculdade de Direito, Universidade de São Paulo, São Paulo, 2011.

[22] BRASIL. Supremo Tribunal Federal. Plenário. Medida Cautelar em Ação Direta de Inconstitucionalidade nº 4.298 (2009).

dos estados e do Distrito Federal, restando, portanto, indubitável que os advogados públicos municipais integrariam a categoria da Advocacia Pública a que a Constituição denomina de "função essencial à Justiça", *verbis*:

> Segundo o relator, os advogados públicos municipais desempenhariam idênticas atribuições dos procuradores congêneres no âmbito da União, dos Estados e do Distrito Federal. Vários municípios exigiriam de seus procuradores o preenchimento dos mesmos requisitos para provimento dos cargos da procuradoria estadual, com concursos públicos de mesmo grau de dificuldade para essa carreira organizada. Do que se infere que não haveria fundamento para referido "discrímen" entre os procuradores, o que resultaria em uma advocacia pública municipal cujo subteto fosse o subsídio do prefeito. [...] Indubitável, portanto, que os procuradores municipais integrariam a categoria da Advocacia Pública a que a Constituição denomina de "funções essenciais à Justiça" [...]. Destacou que, embora a expressão "procuradores municipais" não estivesse expressa na Constituição, não significaria a impossibilidade de serem alçados pela norma constitucional. Lembrou que a Corte já assentara a inconstitucionalidade de qualquer interpretação que excluísse os defensores das autarquias da categoria "procuradores".[23]

Desta forma, resta evidente que o dever dos municípios de instituir pelo menos um cargo de procurador municipal é obrigação dessumida do próprio texto constitucional, em razão também da aplicação dos princípios da simetria, da similitude e da paridade das formas, haja vista a essencialidade da função.

3 O papel constitucional do advogado público – Função de provedoria da Justiça

O advogado público possui a função de provedoria da Justiça, uma vez que no exercício da representação, da consultoria e do seu assessoramento jurídicos dos entes públicos acaba por realizar o controle da juridicidade da atuação estatal, com o fim de dar efetividade às políticas públicas definidas pelas instâncias políticas competentes, por meio da difícil e complexa missão de conciliar as escolhas efetuadas pelos representantes eleitos pelo povo com os limites impostos pelo ordenamento jurídico.

---

[23] BRASIL. Supremo Tribunal Federal. *Informativo*, n. 821.

Gustavo Binenbojm leciona:

[...] à Advocacia Pública é reservada a elevada missão de estabelecer a comunicação entre os subsistemas sociais da política e do direito, e a tarefa institucional de compatibilizar as políticas públicas legítimas, definidas por agentes públicos eleitos, ao quadro de possibilidades e limites oferecidos pelo ordenamento jurídico.[24]

Sobre a relevância da Advocacia Pública, na ponderação e no controle da atividade do Estado, seguem os ensinamentos de José Afonso da Silva:

1. A advocacia é uma profissão, mas não é apenas uma profissão, é também um *munus* e "uma árdua fatiga posta a serviço da justiça", como disse Couture. É, especialmente, um dos elementos da administração democrática da Justiça. É a única habilitação profissional que constitui pressuposto essencial à formação de um dos Poderes do Estado: o Poder Judiciário.

2. Pois bem, a *Advocacia Pública* é tudo isso e mais alguma coisa, porque, na medida mesma que se ampliam as atividades estatais, mais ela se torna um elemento essencial ao funcionamento do Estado Democrático de Direito. Toda atividade do Estado se desenvolve nos quadros do direito. Assim é mesmo "quando os preceitos positivos não vinculam a Administração e essa exercita faculdades discricionárias, tende a atuação do justo. suprema e constante aspiração desse organismo essencialmente jurídico que é o Estado". Pois, o "arbítrio é inconcebível na atividade do Estado, regida sempre por um escopo ético e por valoração de interesse público". Esse sentido ético-jurídico da atividade estatal requer avaliação especializada que pondere e controle o seu exercício, ao mesmo tempo em que defende a posição jurídica do Estado em face dos particulares. Despontam, aí, como lembra Tomas Pará Filho, "o exercício dos chamados direitos subjetivos da Administração". Então, pode- se dizer, conclui ele, "anotando o relevo do problema, que os Procuradores estão para os interesses, direitos e obrigações do Estado assim como para a defesa dos interesses e direitos dos particulares estão os advogados em geral. Uns e outros, aliás, têm dignidade profissional própria, expressa por normas de ética profissional. Excrcem, efetivamente, os advogados do Estado, ministério próprio e peculiar, indispensável serviço público, que, dada a proeminência da atividade estatal, se constitui em elemento indispensável à administração da Justiça ... Ligados ao Estado, por

---

[24] BINENBOJM, Gustavo. A Advocacia Pública e o Estado democrático de direito. *Revista da Procuradoria-Geral do Município de Juiz de Fora – RPGMJF*, Belo Horizonte, ano 1, p. 219-227, jan./dez. 2011. p. 219.

vínculos jurídico-funcional, por isso mesmo, os seus deveres ainda se acrescem, avultadamente, em virtude da disciplina específica estabelecida na legislação administrativa.[25]

Ricardo Antônio Lucas Camargo destaca a importância do papel da Advocacia Pública no esclarecimento das questões postas em juízo:

> Não raro a própria verificação do nexo de causalidade entre as medidas de política econômica pública e uma situação favorável ao particular termina por desembocar no Judiciário, com o que emerge, mais uma vez a importância da Advocacia Pública enquanto advocacia de Estado, no oferecimento de elementos para a identificação dos pressupostos para a atuação estatal no domínio econômico, seja na modalidade direta, seja na modalidade indireta, bem como a própria razoabilidade do sacrifício imposto a determinados interesses. [...]
>
> Por outra parte, a própria tributação, sem perder o seu caráter de fonte principal dos recursos públicos, mediante compulsória subtração de uma parcela do patrimônio dos contribuintes veio a assumir o papel de instrumento de políticas públicas, recrudescendo a necessidade de atuação da advocacia pública em face do questionamento que vão desde a tradicional discussão em torno do caráter confiscatório do tributo, passando pelo problema da discriminação entre contribuintes e indo até a possibilidade do comprometimento da própria integridade do território nacional, em função do fenômeno que nos EUA é conhecido como "efeito Delaware". [...]
>
> O conhecimento específico do advogado público se mostra de particular relevância na precisão dos delicados limites entre a opção lícita, por parte do agente econômico privado, pela operação que se mostre menos onerosa sob o ponto de vista tributário e a tentativa de subtrair ao Fisco o seu crédito.[26]

É importante deixar claro que não cabe à Advocacia Pública o papel de formuladora de políticas públicas, mas tão somente de viabilização delas. A autoridade política eleita é quem detém a capacidade de formular as políticas públicas e, por mais nobre que seja a sua intenção, não pode deixar de observar o ordenamento jurídico vigente a pretexto de uma suposta eficiência no atendimento de demandas

---

[25] SILVA, José Afonso da. A Advocacia Pública e Estado democrático de direito. *Revista de Direito Administrativo*, v. 230, p. 281-282, out./dez. 2002. p. 281-282.

[26] CAMARGO, Ricardo Antônio Lucas. *Advocacia Pública* – Mito e realidade. São Paulo: Memória Jurídica, 2005. p.68-70.

sociais, econômicas e políticas. Discricionariedade não se confunde com arbitrariedade. José dos Santos Carvalho Filho traz esta distinção:

> A liberdade da escolha dos critérios de conveniência e oportunidade não se coaduna com a atuação fora dos limites da lei.
>
> Enquanto atua nos limites da lei, que admite a escolha segundo aqueles critérios, o agente exerce a sua função com *discricionariedade*, e sua conduta se caracteriza como inteiramente legítima.
>
> Ocorre que algumas vezes o agente, a pretexto de agir discricionariamente, se conduz fora dos limites da lei ou em direta ofensa a esta. Aqui comete *arbitrariedade*, conduta ilegítima e suscetível de controle de legalidade. Nesse ponto se situa a linha diferencial entre ambas: não há discricionariedade *contra legem*.[27]

No exercício de suas funções constitucionalmente cometidas, a Advocacia Pública tem, portanto, o papel de viabilizar a política pública eleita.

Na fase de elaboração de determinada política pública, havendo assessoria e/ou consultoria jurídicas da instituição jurídica responsável pelo controle interno *stricto sensu* da administração (Advocacia Pública), há um controle prévio dos atos administrativos, que não deve ser enxergado como um entrave à execução das políticas públicas, mas sim como um importante instrumento para viabilizar as políticas eleitas, impedindo que na fase posterior de implementação sejam questionadas, judicial e extrajudicialmente, pelos órgãos de controle externo (Ministério Público, Tribunal de Contas) ou pela própria sociedade, por serem consideradas contrárias ao ordenamento jurídico.

Não à toa o constituinte originário outorgou a uma mesma instituição as funções de assessoria e consultoria jurídicas e de representação judicial. Afinal, é extremamente producente uma atuação sistêmica da Advocacia Pública, com a comunicação permanente entre as duas pontas das políticas públicas — formulação e implementação (com possíveis questionamentos).

Quando a instituição jurídica participa previamente e efetivamente da conformação de determinada política pública, amoldando a vontade do gestor ao ordenamento jurídico, compreende a exata dimensão e os motivos fáticos, políticos e jurídicos que levaram à sua

---

[27] CARVALHO FILHO, José dos Santos. *Manual de direito administrativo*. 27. ed. São Paulo: Atlas, 2014. p. 53.

adoção, possuindo fundamentos robustos para realizar a defesa da escolha política posteriormente implementada para os diversos setores da sociedade. De igual modo, quando determinada política pública for questionada judicialmente ou extrajudicialmente, a instituição jurídica tem um *feedback* de sua atuação preventiva, podendo eventualmente amoldar manifestação futura para torná-la mais vigorosa. Ou seja, a efetiva participação da sociedade por intermédio de agentes jurídicos externos enriquece e potencializa o debate, contribuindo, por conseguinte, para o aperfeiçoamento da prestação da assessoria e da consultoria jurídicas. Eventuais ajustes não são necessários porque a manifestação anterior não encontrava guarida no ordenamento jurídico, mas sim porque o direito não é uma ciência exata e admite compreensões distintas sobre o mesmo fato jurídico ou sobre o verdadeiro alcance e sentido da norma, sem que a aceitação de um dos entendimentos resulte na invalidação dos demais.

Desse modo, quanto maior esta atuação sistêmica entre a atividade preventiva e contenciosa da Advocacia Pública, maior a chance de êxito das políticas públicas e de se alcançar, por conseguinte, os objetivos constitucionais imputados às pessoas políticas.

Gustavo Binenbojm explica esta atuação sistêmica do advogado público:

> Quanto à *atuação sistêmica*, observa-se que a atuação do Advogado Público, como nenhum outro profissional do Direito, tem a possibilidade da visão sistêmica. Atuando na elaboração prévia de políticas públicas o Juiz não tem essa possibilidade. O Ministério Público não tem essa possibilidade. E o Advogado Público tem a possibilidade de conhecer os limites sistêmicos em relação ao orçamento, em relação ao quadro de pessoal, ao quadro de estrutura material, em relação aos possíveis efeitos colaterais de uma política pública, colaborando para a correção dos rumos, contribuindo para a elaboração de políticas mais efetivas e mais eficientes. A atuação singular do Juiz do quadro concreto, assim como dos membros do Ministério Público e dos Advogados particulares coloca-os na condição de alguém que vê a árvore sem ver a floresta. E a Advocacia Pública, através dos seus órgãos de cúpula, através de seus órgãos de atuação institucional, deve ter essa possibilidade de ter a perspectiva geral dos órgãos de governo, para que possa melhor cumprir o seu papel.[28]

---

[28] BINENBOJM, Gustavo. A Advocacia Pública e o Estado democrático de direito. *Revista da Procuradoria-Geral do Município de Juiz de Fora – RPGMJF*, Belo Horizonte, ano 1, p. 219-227, jan./dez. 2011. p.219-227.

Noutro giro, cumpre esclarecer que os interesses defendidos pelos advogados públicos estão relacionados à harmonização da defesa do interesse direto do ente público a que se encontra vinculado e de seu erário com o interesse da coletividade, que é a razão de ser do Estado. Nesse sentido, as lições de Maria Sylvia Di Pietro:

> O advogado público, porém, ao agir como intermediário entre a parte e o juiz, não defende o interesse privado, mas o interesse público que ao Estado cabe proteger. E aqui surge uma primeira dificuldade que frequentemente o advogado público enfrenta: *o interesse público nem sempre coincide com o interesse da autoridade pública.*
>
> Não se pode dizer que o interesse público (entendido como interesse da coletividade) seja sempre coincidente com o interesse do aparelhamento administrativo do Estado. Embora o vocábulo "público" seja equívoco, pode-se dizer que, quando utilizado na expressão "interesse público", ele se refere aos beneficiários da atividade administrativa e não aos entes que a exercem. A Administração Pública não é a titular do interesse público, mas apenas a sua guardiã; ela tem que zelar pela sua proteção. Daí o *princípio da indisponibilidade do interesse público.*
>
> Se a Administração não é titular dos interesses que administra, ela não pode deles dispor. Daí a distinção entre interesses públicos *primários* e *secundários,* feita por Renato Alessi: *"Estes interesses públicos, coletivos, cuja satisfação está a cargo da Administração, não são simplesmente o interesse da Administração entendida como 'aparato organizativo', mas o que se chamou de interesse coletivo* primário, *formado pelo conjunto de interesses individuais preponderantes em uma determinada organização da coletividade, enquanto o interesse do aparelhamento (se é que se pode conceber um interesse do aparelhamento unitariamente considerado) seria simplesmente um dos interesses secundários que se fazem sentir na coletividade, e que podem ser realizados somente em caso de coincidência com o interesse coletivo primário e dentro dos limites de dita coincidência. A peculiaridade da posição da Administração Pública reside precisamente nisto, em que sua função consiste na realização do interesse coletivo público, primário."*
>
> Em consequência, havendo conflito, o interesse público primário deve prevalecer sobre o interesse público secundário, que diz respeito ao aparelhamento administrativo do Estado. Por isso mesmo, é possível afirmar, sem medo de errar, que a advocacia pública, no exercício de suas atribuições constitucionais, não atua em defesa do aparelhamento estatal ou dos órgãos governamentais, mas em defesa do Estado, pois este é que titulariza o interesse público primário.[29]

---

[29] DI PIETRO, Maria Sylvia Zanella. A Advocacia Pública como função essencial à Justiça. *Conjur,* 18 ago. 2016. Disponível em: http://www.conjur.com.br/2016-ago-18/interesse-publico-advocacia- publica-funcao-essencial-justic. Acesso em: 20 maio 2018.

Para Luciane Moessa,[30] não se sustenta o argumento de que a missão da Advocacia Pública se restringiria à defesa do interesse público secundário (apenas do Estado), enquanto que ao Ministério Público caberia, com exclusividade, a defesa do interesse primário (da sociedade), rememorando as palavras de Marcus Carpes, que defende que "não há monopólio da defesa do interesse público".[31] Sendo certo que Estado e sociedade são conceitos diferentes, não é menos correto afirmar que sempre deverá haver compatibilidade dos interesses daquele (interesses públicos secundários) com os da sociedade (interesses primários).

Para Celso Antônio Bandeira de Mello, a tutela do interesse público secundário só é legítima quando "a norma donde defluem os qualifique como *instrumentais* ao interesse público e na medida em que o sejam, caso em que sua defesa *ipso facto*, simultaneamente a defesa dos interesses públicos, por concorrerem indissociavelmente para a satisfação deles".[32]

Segundo Juarez Freitas, em caso de colisão dos interesses primários e secundários, "deve preponderar a vontade geral legítima sobre a vontade egoisticamente articulada", concluindo:

> [...] o sistema administrativista não se coaduna com o domínio despótico do todo sobre o particular, porque exige o primado (não supremacia) da vontade geral legítima em relação àquela que se revelar claramente conspiratória contra o interesse comum. Desse modo, não consulta, o interesse público, por exemplo, que persista o modelo iníquo de desobediências às ordens judiciais pela Administração Pública, incorrendo no abuso de recursos judiciais meramente protelatórios. Com efeito, a invocação do interesse público, maculado por supostas razões subalternas do Estado, não pode servir de biombo ou argumento para o desacato ou crônico descumprimento de decisões judiciais, nem para o acintoso menosprezo dos direitos fundamentais e, não raro, para manobras protelatórias ofensivas à dignidade da prestação da tutela jurisdicional.[33]

---

[30] SOUZA, Luciane Moessa de. Autonomia institucional da advocacia pública e funcional de seus membros: instrumentos necessários para a concretização do Estado Democrático de Direito. *In*: GUEDES, Jefferson Carús Guedes; SOUZA, Luciane Moessa de (Coord.). *Advocacia de Estado*. Questões institucionais para a construção de um Estado de Justiça. Belo Horizonte: Fórum, 2009.

[31] CARPES, Marcus. Advocacia da União e Estado de Justiça. Debates em direito público. *Revista de Direito dos Advogados da União*, Brasília, ano 6, n. 6, p. 29-30, out. 2007.

[32] BANDEIRA DE MELLO, Celso Antônio. *Curso de direito administrativo*. 31. ed. São Paulo: Malheiros, 2014. p. 66.

[33] FREITAS, Juarez de. *O controle dos atos administrativos e os princípios fundamentais*. 3. ed. São Paulo: Malheiros, 2004. p. 34-35.

Assim, não se revela adequado se valer do processo como meio de litigiosidade voltado exclusivamente para a protelação de cumprimento das obrigações impostas ao Poder Público, "com o objetivo de atender à mera conveniência da Administração de postergar o pagamento de seus débitos",[34] sobretudo porque a legitimação de atuação dos procuradores de Estado deve ser guiada pela realização do bem comum e da satisfação geral.

Nesta linha de raciocínio, recentemente, foi editado o Novo Código de Processo Civil (CPC) – Lei nº 13.105/2015, em que foram instituídos mecanismos importantes de estímulo ao reconhecimento do pedido e à autocomposição, desestimulando pecuniariamente conduta diversa (litigiosidade meramente protelatória). O novo digesto processual positivou no Brasil uma política pública de solução de conflitos que fomenta a autocomposição, prescrevendo que o "Estado promoverá, sempre que possível, a solução consensual dos conflitos" e que "[...] a conciliação, a mediação e outros métodos de solução consensual de conflitos deverão ser estimulados por juízes, advogados, defensores públicos e membros do Ministério Público, inclusive no curso do processo judicial" (§§2º e 3º, do art. 3º).

Trata-se de mais uma tentativa de se romper a cultura jurídica nacional de resolução de conflitos por meio do *poder de império* do Estado. Fredie Didier Jr. esclarece essa nova política pública de tratamento de conflitos:

> Instituiu-se no Brasil, a política pública de tratamento adequado dos conflitos, com claro estímulo à autocomposição (Resolução n. 125/2010 do Conselho Nacional de Justiça).
>
> Compreende-se que a solução negocial não é apenas um modelo eficaz e econômico de resolução de litígios: trata-se de importante instrumento de desenvolvimento da cidadania, em que os interessados passam a ser protagonistas da construção da decisão jurídica que regula as suas relações. Neste sentido, o estímulo à autocomposição pode ser entendido como um reforço da participação popular no exercício do poder – no caso, o poder de solução dos litígios. Tem, também por isso, forte caráter democrático. [...]

---

[34] CARDOSO, Germano Bezerra. Autonomia institucional da advocacia pública e funcional de seus membros: instrumentos necessários para a concretização do Estado democrático de direito. *In*: GUEDES, Jefferson Carús Guedes; SOUZA, Luciane Moessa de (Coord.). *Advocacia de Estado*. Questões institucionais para a construção de um Estado de Justiça. Belo Horizonte: Fórum, 2009. p. 301.

O sistema processual civil brasileiro é, enfim, estruturado no sentido de estimular a autocomposição. [...]

Até mesmo no âmbito do Poder Executivo, a solução negocial é estimulada. A criação de regras que permitem a autocomposição administrativa (por exemplo, a possibilidade de acordos de parcelamento envolvendo dívidas fiscais) e a instalação de câmaras administrativas de conciliação revelam bem esta tendência [...]

Pode-se, inclusive, defender atualmente a existência de um *princípio do estímulo da solução por autocomposição* – obviamente para os casos em que ela é recomendável. Trata-se de princípio que orienta toda a atividade estatal na solução de conflitos jurídicos.[35]

Marcelo Veiga Franco lembra que "[...] é preciso superar a cultura da sentença adjudicatória jurisdicional – advinda do processo judicial – mediante a sua substituição por uma mentalidade de solução negociata das controvérsias – decorrente da mediação e da conciliação".[36]

E como forma de aperfeiçoamento do sistema, transcreve o conceito de *multiportas*, definido por Elena Highton:

Está concebido com um centro de resolução de disputas e desvantagens para um caso específico em que se fazem aconselháveis diferentes formas de resolução de disputas. Então, ao invés de instalar apenas uma porta para obter um serviço de justiça, deve dar-se a opção de que os usuários possam acessar a porta que seja mais apropriada, para natureza do caso ou das partes. Em certo sentido, esse modelo de tribunal para o futuro inclui entre os serviços não somente a jurisdição como também uma variedade de programas e métodos alternativos de solução de disputas nas possíveis derivações.[37]

Autorizada doutrina explica o modelo de multiportas no Novo CPC:

Nos termos propostos, vislumbra-se que, para além de pensar na jurisdição como última via para dimensionar um conflito, hoje é possível pensar que as chamadas técnicas *integradas* podem ser utilizadas como

---

[35] DIDIER JR., Fredie. *Curso de processo civil*. 18. ed. Salvador: Juspodivm, 2016. v. 1. p.271-272.

[36] FRANCO, Marcelo Veiga. *Processo justo*: entre efetividade e legitimidade da jurisdição. Belo Horizonte: Del Rey, 2016. p. 132-133.

[37] HIGHTON, Elena I. *Justicia em cambio*: sociedad civil, abogados y jueces – Un nuevo proyecto para la administración de Justicia. Santa Fé: Rubinzal-Culzoni, 2003. p. 79-80. Tradução livre.

vias plúrimas e adequadas para a solução mais apropriada, quando bem estruturadas e levadas a cabo de modo profissional, independentemente do nível de complexidade do conflito que se apresente. [...]

Nesses termos, no Novo CPC, verifica-se que a mediação e a conciliação, de técnicas alternativas, passam a compor um quadro de soluções integradas, de modo que uma vez proposta a demanda, haveria a possibilidade de escolha da técnica mais adequada para o dimensionamento de cada conflito. [...]

Assim, apesar das duras criticas que se podem fazer à tendência de absorção dessas técnicas no bojo do processo jurisdicional, o Novo CPC, buscando reduzir os déficits de sua eficiência, diante até da ausência de profissionalismo do uso das técnicas, tenta promover um peculiar modelo multiportas no qual o processo judicial encampa a solução adjudicada (jurisdicional), além da possibilidade endoprocessual de uma conciliação e/ou mediação profissionalizada (art. 167).

Apesar da obviedade de tal constatação, o CPC/2015 tenta se afeiçoar e aprimorar às perspectivas delineadas peal Resolução 125, de 29.11.2010, com as alterações de 31.03.2013, de aperfeiçoamento dos mecanismos consensuais de solução de litígios, de modo que se promova uma efetiva profissionalização e adequação desses meios ainda tão negligenciados no direito brasileiro.[38]

Segundo Luiz Guilherme Marinoni, o sistema de *Justiça multiportas* brasileiro engloba a heterocomposição judicial, a heterocomposição arbitral e a autocomposição por meio da conciliação e mediação:

No Estado Constitucional, os conflitos podem ser resolvidos de forma *heterocompositiva* ou *autocompositiva*. Há heterocomposição quando um *terceiro resolve* a ameaça ou a crise de colaboração na realização do direito material entre as partes. Há autocomposição quando as *próprias partes* resolvem seus conflitos.

Nessa linha, note-se que também por essa razão é impróprio pensar a jurisdição como meio de resolução de uma lide por sentença. Na verdade, o conflito deve ser tratado como técnica processual mais apropriada às suas peculiaridades – que inclusive podem determinar o recurso à jurisdição como *ultima ratio*. Não é por outra razão que o novo Código explicitamente coloca a jurisdição como uma das possíveis formas de resolução de litígios e de forma expressa incentiva os meios alternativos de resolução de controvérsia (art.3º do CPC). Ao fazê-lo, nosso Código concebe a Justiça Civil dispondo não apenas de

---

[38] THEODORO JÚNIOR, Humberto; NUNES, Dierle; BAHIA, Alexandre Melo Franco; PEDRON, Flávio Quinaud. *Novo CPC* – Fundamentos e sistematização. Rio de Janeiro: Forense, 2015. p. 247-257.

um único meio para a resolução do conflito, uma única "porta" que deve necessariamente ser aberta pela parte interessada. Pelo contrário, nosso Código adota um sistema de "Justiça Multiportas" que viabiliza diferentes técnicas para a solução de conflitos – com especial ênfase na conciliação e na mediação.[39]

Entretanto, toda esta política nacional de estímulo à autocomposição somente alcançará o êxito almejado se houver o auxílio dos chamados litigantes habituais (bancos, telefonia e setor público),[40] cuja colaboração é imprescindível para se dar efetividade às *multiportas* desenhadas no Novo CPC. Sobre as principais características dos litigantes habituais, leciona Leonardo Carneiro da Cunha:

> Considerando as diferenças existentes na dimensão e nos recursos financeiros e, ainda, no direito aplicável, há os que se socorrem, repetidas vezes, da Justiça, envolvendo-se, ao longo do tempo, em litígios similares, enquanto há os que recorrem aos órgãos jurisdicionais, ocasional ou esporadicamente, Aqueles são chamados de *litigantes habituais* ou *litigantes frequentes*, ao passo que estes últimos são os *litigantes eventuais* ou *litigantes esporádicos*.
>
> Conforme demonstram Boaventura de Sousa Santos, Maria Manuel Leitão, João Pedroso e Pedro Lopes Ferreira, o que faz com que um litigante seja *frequente* ou *habitual* não é apenas o tipo de litígio que o envolve, mas também sua dimensão e os recursos disponíveis que tornam menos custosa e mais próxima sua relação com os órgãos judiciais. O *litigante habitual* é o que tem tido e prevê que vai ter litígios frequentes, que corre poucos riscos relativamente ao resultado de cada um dos casos e que tem recursos suficientes para prosseguir os seus interesses de longo prazo.
>
> Segundo esclarecem Mauro Cappelletti e Bryant Garth, os *litigantes habituais* tem inúmeras vantagens, tais como (a) maior experiência com o Direito, o que lhe possibilita melhor planejamento do litígio; (b) economia de escala, porque têm mais casos; (c) oportunidades de desenvolver relações informais com os membros das instâncias decisórias;

---

[39] MARINONI, Luiz Guilherme; ARENHART, Sérgio Cruz; MITIDIERO, Daniel. *Curso de processo civil*. Teoria do processo civil. 2. ed. São Paulo: Revista dos Tribunais, 2016. v. 1. p. 173-174.

[40] Segundo dados do Conselho Nacional de Justiça, o setor público (federal, estadual e municipal), os bancos e a telefonia representam juntos aproximadamente 35,5% do total de processos ingressados entre 1º de janeiro e 31 de outubro de 2011 do consolidado das justiças estadual, federal e do trabalho (CONSELHO NACIONAL DE JUSTIÇA. *100 maiores litigantes*. 2011. Disponível em: http://www.cnj.jus.br/images/pesquisas-judiciarias/Publicacoes/100_maiores_litigantes.pdf. Acesso em: 22 mar. 2018).

(d) possibilidade de diluir os riscos da demanda por maior número de casos; (e) possibilidade de testar estratégias com determinados casos, de modo a garantir expectativa mais favorável em relação a casos futuros.[41]

Observe que o Poder Público (Fazenda Pública) é um dos principais litigantes habituais, não apenas em razão das "vantagens" decorrentes desta praxe, mas também em razão da cultura política e do "engessamento" dos Advogados Públicos em relação à possibilidade de firmar acordos e/ou de reconhecer pedidos.

Ocorre que esse "engessamento" acabou sofrendo certa mitigação com a entrada em vigor do novo digesto processual que, por via oblíqua, acabou estimulando a busca da efetivação do interesse público primário, vez que a litigiosidade não mais atende nem mesmo ao interesse público secundário mediático. Com o Novo CPC, inaugurou-se a sucumbência recursal na Justiça comum (§11 do art. 85 do CPC),[42] antes reduzida à lei dos Juizados Especiais (art. 55 da Lei nº 9.099/95),[43] desmotivando a utilização desarrazoada de recursos, com a majoração do ônus financeiro a ser suportado pela parte que restar sucumbente. Instituiu-se também outro mecanismo pecuniário de combate à litigiosidade, assegurando-se ao réu que reconhecer a procedência do pedido e, simultaneamente, cumprir integralmente a prestação reconhecida a redução dos honorários pela metade (§4º do art. 90 do CPC).[44]

Assim, se por uma interpretação lógico-sistemática do sistema jurídico já cabia à Fazenda Pública perseguir o interesse público primário, cumprindo deveres, reconhecendo e respeitando os direitos

---

[41] CUNHA, Leonardo Carneiro da. *A Fazenda Pública em juízo*. 13. ed. Rio Janeiro: Forense, 2016. p. 796-797.

[42] "Art. 85. A sentença condenará o vencido a pagar honorários ao advogado do vencedor. [...] §11. O tribunal, ao julgar recurso, majorará os honorários fixados anteriormente levando em conta o trabalho adicional realizado em grau recursal, observando, conforme o caso, o disposto nos §§2º a 6º, sendo vedado ao tribunal, no cômputo geral da fixação de honorários devidos ao advogado do vencedor, ultrapassar os respectivos limites estabelecidos nos §§2º e 3º para a fase de conhecimento" (BRASIL. Lei Federal 13.105, 16 mar. 2015).

[43] "Art. 55. A sentença de primeiro grau não condenará o vencido em custas e honorários de advogado, ressalvados os casos de litigância de má-fé. Em segundo grau, o recorrente, vencido, pagará as custas e honorários de advogado, que serão fixados entre dez por cento e vinte por cento do valor de condenação ou, não havendo condenação, do valor corrigido da causa" (BRASIL. Lei nº 9.099, 26 set. 1995).

[44] "Art. 90. Proferida sentença com fundamento em desistência, em renúncia ou em reconhecimento do pedido, as despesas e os honorários serão pagos pela parte que desistiu, renunciou ou reconheceu. [...] §4º Se o réu reconhecer a procedência do pedido e, simultaneamente, cumprir integralmente a prestação reconhecida, os honorários serão reduzidos pela metade" (BRASIL. Lei Federal 13.105, 16 mar. 2015).

do administrado, em homenagem aos princípios constitucionais da moralidade, da impessoalidade, da legalidade e da eficiência, agora também deve fazê-lo em razão da busca pelo interesse secundário, ante a inovação na legislação infraconstitucional.

E esta mudança comportamental necessariamente deve passar pelo advogado público. Afinal, é o procurador o órgão de Estado que detém a outorga legal para presentar em juízo o ente federativo, que detém a competência exclusiva de emitir o entendimento jurídico da Fazenda Pública no caso concreto, que detém o conhecimento técnico-jurídico necessário para se avaliar os riscos da demanda (tanto em virtude de sua atuação preventiva – consultoria e assessoria jurídicas –, quanto em função de sua atuação nos processos judiciais), de modo que somente pode ser o advogado público, única e exclusivamente, o agente com competência para verificar se, no caso concreto, deve se apresentar defesa, reconhecer o pedido ou se firmar acordo.

Observe que, uma vez ajuizada uma ação e designado procurador para acompanhar o feito, se revela desnecessária prévia autorização da autoridade administrativa competente para o cumprimento da obrigação exigida pelo particular, para que seja realizado acordo ou reconhecimento do pedido. Inicialmente, por uma questão de lógica: se o procurador público possui outorga legal, prescindindo de mandato para presentar o ente federativo em juízo, obviamente não lhe pode ser exigida qualquer autorização para se manifestar nos autos judiciais de sua responsabilidade. O segundo motivo está relacionado à própria atividade, vez que cabe ao procurador público, a seu juízo, analisar os riscos da demanda e decidir qual é a melhor estratégia jurídica a ser adotada no caso concreto para se atingir o interesse público, se é a de buscar a autocomposição ou a de perseguir uma decisão judicial favorável à Fazenda, dada a sua experiência, inclusive, como litigante habitual.

Veja que não se trata aqui de usurpação de competências, vez que o papel da autoridade responsável pela conduta é o de esclarecer a matéria fática que a levou a praticar determinada decisão política de sua competência, fornecendo informações, documentos e demais subsídios para que o órgão responsável pela presentação do ente em juízo se manifeste nos autos. Com a resposta, cabe ao procurador verificar se se trata de hipótese que se enquadra naquele tipo de ação em que assiste razão ao particular ou não. Em caso positivo, esta autoridade administrativa será obrigada, de uma forma ou de outra, mais cedo ou mais tarde, a cumprir a incumbência, seja em função do reconhecimento do direito alheio pela instituição jurídica a que se encontra vinculada, seja por determinação judicial. Nesse contexto, melhor que sua atuação seja pautada pela instituição jurídica a que se encontra vinculada, uma vez que, nesse caso, é possível uma composição e negociação, avaliando-se os interesses públicos primários e secundários envolvidos, de forma a tentar reduzir os ônus decorrentes da conduta ilícita praticada. É diferente do que ocorre quando se trata de uma decisão judicial, que é fundada no poder de império do Estado e muitas vezes tomada sem necessariamente sopesar os interesses da pessoa política envolvida. Não se trata de conceder uma "carta branca" ao advogado, mas sim de se otimizar o serviço jurídico para que não haja a defesa protelatória de ilícitos praticados pela Administração contra os seus administrados e para se abrir a possibilidade de reduzir, por meio da negociação/composição, prejuízos certos que seriam suportados de uma forma ou de outra, mais cedo ou mais tarde.

Todavia, para que o advogado público tenha maior segurança jurídica para o exercício de seu *múnus* público, é preciso aprimorar a legislação. É preciso mais. É preciso aprimorar a Constituição, vez que é ela a norma diretiva fundamental, conforme leciona Lênio Streck:

> A renovada supremacia da Constituição vai além do controle de constitucionalidade e da tutela mais eficaz da esfera individual de liberdade. Com as Constituições democráticas do século XX assume um lugar de destaque outro aspecto, qual seja, o da Constituição como norma diretiva fundamental, que dirige aos poderes públicos e condiciona os particulares de tal maneira que assegura a realização dos valores constitucionais (direitos sociais, direito à educação, à subsistência, ao trabalho). A nova concepção de constitucionalismo une precisamente a ideia de Constituição como norma fundamental de garantia, como noção de Constituição enquanto norma diretiva fundamental.[45]

Desta forma, é necessário o aprimoramento da Constituição da República, com a conferência de prerrogativas mínimas tanto aos membros quanto à instituição da Advocacia Pública.

---

[45] STRECK, Lenio Luiz. *Jurisdição constitucional e hermenêutica*. Uma nova crítica do direito. Porto Alegre: Livraria do Advogado, 2002. p. 95-99.

4 Prerrogativas inerentes e mínimas do advogado público para o exercício do seu mister público

O exercício do múnus público, livre de perseguições e de temores que inibam a realização funcional e consequente função pública somente é possível, de forma plena, mediante a conferência de certas garantias às instituições e de certas prerrogativas aos respectivos membros das "funções essenciais à Justiça". Ricardo Antônio Lucas Camargo leciona sobre o caso específico da Advocacia Pública:

> E, de outra parte, aqui se tem, inclusive, a ligação entre os fins da instituição e as prerrogativas que se asseguram a seus integrantes.
>
> No caso da advocacia, é intuitiva tal ligação.
>
> Prerrogativas como a de poder exerce o seu mister sem que se tenha o temor de cair em impopularidade ou no desagrado das autoridades, a de ter vista dos autos para a produção da defesa do seu constituinte, a de despachar com os magistrados, a inviolabilidade por manifestações no exercício de seu mister, todas elas indispensáveis ao bom exercício do trabalho advocatício, embora, claro, isto não traduza um *bill* de indenidade em relação aos deveres inerentes à lealdade processual.[46]

E essas garantias e prerrogativas podem ser dessumidas do próprio ordenamento constitucional vigente, em que, segundo Diogo de Figueiredo,[47] se podem extrair os princípios da essencialidade, da institucionalidade, da igualdade, da unidade, da organicidade unipessoal, da independência funcional, da inviolabilidade, da autonomia administrativa e da autonomia de impulso.

O princípio da essencialidade é extraído do modelo constitucional adotado, que previu funções essenciais à manutenção do Estado democrático de direito, e que, portanto, não podem simplesmente deixar de existir ou serem esquecidas por determinado ente federativo (municípios).

O princípio da institucionalidade decorre também do arquétipo constitucional adotado, que outorgou às instituições essenciais à Justiça o patrocínio dos interesses públicos, bem como individuais, coletivos e difusos que a ordem jurídica lhes acometer.

---

[46] CAMARGO, Ricardo Antônio Lucas. *Advocacia Pública* – Mito e realidade. São Paulo: Memória Jurídica, 2005. p. 48-50.

[47] MOREIRA NETO, Diogo de Figueiredo. As funções essenciais à Justiça e as procuraturas constitucionais. *Revista de Informação Legislativa*, Brasília, ano 29, n. 116, p. 79-102, out./dez. 1992. p. 79-102.

O princípio da igualdade está relacionado ao fato de não existirem funções mais ou menos essenciais à Justiça. Não há hierarquias entre os interesses envolvidos. É no caso concreto que se verificará o que deve preponderar. Por isso mesmo, a relação entre as funções estatais deve ser reticular e horizontal, e não hierarquizada e piramidal, com a prevalência deste ou daquele.

O princípio da unidade impede a criação ou a existência de instituições concorrentes para o exercício das funções cometidas a cada uma das funções essenciais à Justiça. Isso se dá para se evitar o seu esvaziamento e a consequente dispersão na defesa dos direitos. Nesse particular, chama atenção a usurpação de competências de advogados públicos, principalmente em relação à consultoria e à assessoria jurídicas. Isso ocorre com tanta frequência que está em estudo uma proposta de súmula vinculante para coibir esta praxe inconstitucional (PSV nº 18). Em relação aos municípios, a situação é ainda pior, vez que é relativamente comum a designação ou contratação de terceiros (servidores comissionados, terceirizados ou escritórios de advocacia) para o exercício da advocacia pública, principalmente em locais em que não há procuradorias instaladas ou que a estrutura é deficitária ou que sequer há cargo de procurador.

O princípio da organicidade unipessoal decorre da própria investidura no cargo, vez que os titulares passam a presentar[48] o ente federativo, tornando-se órgãos individuais, com natureza institucional ligada ao cargo.

O princípio da independência funcional impõe que para o exercício regular das funções da procuratura deve lhe ser assegurada liberdade de consciência e de orientação científica. Aludido princípio decorre justamente da necessidade de se evitar represálias provenientes de autoridades contrariadas, ou mesmo de se impedir infiltrações ou ingerências indevidas de natureza política no exercício de sua competência institucional deliberativa ou decisória. Muito embora a Advocacia Pública esteja vinculada ao Poder Executivo, a quem deve prestar consultoria e assessoramento jurídicos, não o deve integrar e muito menos a ele estar subordinada, sob pena de mutilação de sua

---

[48] "[...] o órgão torna presente, portanto presenta a respectiva pessoa jurídica de cujo organismo faz parte. Esta é a razão peta qual não se haverá de exigir a outorga de mandato pela União e demais entidades de direito público a seus respectivos procuradores" (SILVA, Ovídio. A. Baptista da. *Comentários ao Código de Processo Civil*. São Paulo: RT, 2000. v. 1. p. 96).

função constitucional. Em alguns estados[49] e municípios[50] já houve avanço nesse ponto específico em suas Constituições estaduais ou legislações infraconstitucionais, restringindo, por exemplo, a escolha do chefe-máximo aos membros pertencentes à carreira.

O princípio da inviolabilidade concede proteção aos titulares dos membros das procuraturas constitucionais para que não sejam constrangidos por nenhum dos outros poderes. Este princípio é consectário lógico do princípio da independência funcional. Novamente, chama atenção a situação dos municípios, em que não raras vezes esses dois princípios (princípio da independência funcional e da inviolabilidade) acabam seriamente comprometidos, sobretudo quando a advocacia é exercida por terceiros que não possuem vínculo com o ente federativo, mas sim com a autoridade contratante, estando, portanto, sujeitos a eventuais desmandos.

O princípio da autonomia administrativa e financeira é o que permite a atuação independente das funções essenciais à Justiça, notadamente quanto à gestão dos meios administrativos necessários e inerentes à tutela de sua livre atuação, mesmo contra o interesse de qualquer dos poderes. Não é possível praticar qualquer ato administrativo que dependa de realização de despesas, sem lhe ser assegurada a fonte de custeio correspondente, o que leva à conclusão de que para haver autonomia administrativa deve haver autonomia financeira. Em relação à Advocacia Pública, este princípio é ainda mais raro de ser observado, notadamente porque na maioria dos entes federativos há a subordinação financeira e administrativa da Advocacia Pública ao Poder Executivo, que, muitas vezes, escolhe livremente o seu chefe máximo, fato que revela a necessidade de aprimoramento do atual desenho constitucional.[51]

O princípio da autonomia de impulso revela o poder-dever dos membros das procuraturas constitucionais de agir de ofício na tutela

---

[49] "Art. 6º O Procurador Geral do Estado, responsável pela orientação jurídica e administrativa da instituição, será nomeado pelo Governador, em comissão, entre os Procuradores em atividade confirmados na carreira, e terá tratamento, prerrogativas e representação de Secretário de Estado, devendo apresentar declaração pública de bens, no ato da posse e da exoneração" (SÃO PAULO. Lei Complementar nº 1.270/2015).

[50] "Art. 7º Ao Procurador-Geral, nomeado em comissão pelo Prefeito dentre Procuradores estáveis no cargo, com prerrogativas e representação de Secretário Municipal, compete: [...]" (RIO DE JANEIRO. Lei Complementar n.º 132/2013).

[51] Entretanto, já existe avanço sobre essa matéria. O município do Rio de Janeiro deu passo importante nessa seara, vez que, ao instituir a Lei Orgânica da Procuradoria-Geral do Município (RIO DE JANEIRO. Lei Complementar n.º 132/2013), assegurou-se à PGM autonomia técnica, administrativa e financeira.

da defesa dos interesses que lhes foram confiados pelas Constituições (da República e estadual), ou pelas leis orgânicas municipais, ou pelas demais normas infraconstitucionais, no âmbito de suas competências funcional e territorial própria, independentemente de provocação de qualquer outra autoridade. Todavia, em relação à Advocacia Pública, muitas vezes se nota que a aplicação deste princípio acaba sendo restrita aos casos de perseguição de patrimônio, reduzidas praticamente às execuções fiscais. Ou às hipóteses em que há provocação, por meio de solicitações, requerimentos ou recomendações do chefe do Poder Executivo ou de órgãos integrantes do Poder Executivo. Isso se dá muito em razão da subordinação da Advocacia Pública ao Poder Executivo, que acaba deixando, por vezes, em razão de ingerências políticas, de exercer sua função fundamental para a realização da Justiça.

Desse modo, revela-se necessário o aperfeiçoamento do atual desenho constitucional da Advocacia Pública, para que os princípios que a norteiam e fundamentam a sua existência passem a ser observados. Esse aprimoramento deve também atingir os membros que as presentam, conferindo-lhes certas prerrogativas, com o fim de garantir a liberdade e a imparcialidade no exercício da função.

Não se pode mais admitir um desequilíbrio de forças, de garantias, por meio de tratamento desigual dado àqueles que exercem funções essenciais e que muitas vezes estão patrocinando interesses públicos adversos, em que a prevalência deste ou daquele somente será aferida no caso concreto. A diferença de tratamento pode promover o desencorajamento daquele que se encontra mais vulnerável e que está sujeito a represálias mais duras do que o seu *ex adverso*, resultando em um desequilíbrio da relação jurídica, com a consequência indesejável de prevalência de interesse em razão da relação hierarquizada e piramidal, e não em razão da perseguição do interesse público aferido no caso concreto.

Assim, o aprimoramento constitucional da estrutura orgânica da Advocacia Pública deve seguir a linha apontada pelos princípios dessumidos do próprio ordenamento constitucional vigente (princípios da essencialidade, da institucionalidade, da igualdade, da unidade, da organicidade unipessoal, da independência técnico-funcional), conferindo-se garantias à instituição (autonomias funcional, administrativa e financeira) e prerrogativas aos seus membros (inamovibilidade, inviolabilidade, vitaliciedade, independência funcional e autonomia de impulso), para o pleno e independente exercício desse múnus público.

5 Conclusão

Pelo exposto, conclui-se que, apesar da ausência de menção expressa no texto constitucional, é essencial aos municípios que se institua a carreira de procurador municipal (pelo menos um cargo). Referida exigência decorre da própria exegese constitucional, do princípio da simetria, da similitude e da paridade das formas, tratando-se de obrigação dessumida do próprio texto constitucional. Ademais, deve ser aplicado às procuraturas e aos procuradores municipais o regime conferido pela Constituição de 1988 à Advocacia Pública Federal e aos procuradores dos Estados e do Distrito Federal, notadamente em relação às atribuições do órgão jurídico (representação judicial, consultoria e assessoria jurídica).

Verificou-se ainda que o atual regime constitucional da Advocacia Pública não cumpre a sua finalidade, vez que, apesar de terem sido outorgadas competências relevantes, não foram conferidas garantias mínimas à instituição ou prerrogativas suficientes para seus membros realizarem plenamente os seus desígnios constitucionais, sem represálias da autoridade contrariada, perseguições e temores que inibam o exercício de sua competência institucional deliberativa ou decisória.

Desta forma, o silêncio eloquente não é somente em relação às procuraturas municipais e aos seus membros, mas para com toda a Advocacia Pública, que se vê à mercê da boa vontade do legislador local ou de governantes de plantão para proceder à tutela dos direitos públicos a ela cometidos, impondo-se, portanto, um aperfeiçoamento constitucional do desenho institucional da Advocacia Pública. E esse aprimoramento deve ser feito a partir da Constituição da República que, como norma diretiva fundamental, norteia as funções públicas. Deve ser feito por meio dos próprios princípios dessumidos do próprio texto constitucional (princípios da essencialidade, da institucionalidade, da igualdade, da unidade, da organicidade unipessoal, da independência técnico-funcional e da autonomia institucional), que orientam as atividades das procuraturas públicas.

Quem ganha com esse aprimoramento é a própria sociedade, com a consolidação de um importante instrumento de controle prévio de regularidade dos atos administrativos e de conformação de políticas públicas ao ordenamento jurídico. O aperfeiçoamento da Advocacia Pública reveste a gestão pública de segurança jurídica, prevenindo e combatendo a corrupção, além de representar um importante passo para se concretizar de forma mais eficaz o interesse público primário.

A solução consensual de conflitos e combate à proliferação de processos judiciais e à litigiosidade dispendiosa, exacerbada e sem sentido, passa necessariamente por esta reestruturação. Por todo o exposto, conclui-se que se faz necessário o aperfeiçoamento do atual modelo constitucional da Advocacia Pública, conferindo-se, em geral, garantias à instituição (autonomias funcional, administrativa e financeira) e prerrogativas aos seus membros (inamovibilidade, inviolabilidade, vitaliciedade, independência funcional e autonomia de impulso), para que haja o exercício pleno e independente de sua missão constitucional de viabilização de políticas públicas, de representação e de tutela do interesse público.

Referências

BANDEIRA DE MELLO, Celso Antônio. *Curso de direito administrativo*. 31. ed. São Paulo: Malheiros, 2014.

BARROSO, Luís Roberto. *Curso de direito constitucional contemporâneo*. São Paulo: Saraiva, 2009.

BINENBOJM, Gustavo. A Advocacia Pública e o Estado democrático de direito. *Revista da Procuradoria-Geral do Município de Juiz de Fora – RPGMJF*, Belo Horizonte, ano 1, p. 219-227, jan./dez. 2011.

BRASIL. *Lei nº 9.099, 26 set. 1995*. Dispõe sobre os Juizados Especiais Cíveis e Criminais e dá outras providências. Disponível em: http://www.planalto.gov.br/ccivil_03/leis/L9099. htm. Acesso em: 13 abr. 2018.

BRASIL. Supremo Tribunal Federal. *Recurso Extraordinário nº 558.258/SP*. Relator: Min. Ricardo Lewandowaski. 1ª Turma. Julgado em: 09 nov. 2010. Publicado em: 18 mar. 2011. Disponível em: http://redir.stf.jus.br/paginadorpub/paginador.jsp?docTP= AC&docID=620689. Acesso em: 15 maio 2018.

CAMARGO, Ricardo Antônio Lucas. *Advocacia Pública* – Mito e realidade. São Paulo: Memória Jurídica, 2005.

CANOTILHO, José Joaquim Gomes. *Direito constitucional e teoria da Constituição*. 7. ed. 8. reimpr. Coimbra: Almedina, 2003.

CARDOSO, Germano Bezerra. Autonomia institucional da advocacia pública e funcional de seus membros: instrumentos necessários para a concretização do Estado democrático de direito. *In*: GUEDES, Jefferson Carús Guedes; SOUZA, Luciane Moessa de (Coord.). *Advocacia de Estado*. Questões institucionais para a construção de um Estado de Justiça. Belo Horizonte: Fórum, 2009.

CARPES, Marcus. Advocacia da União e Estado de Justiça. Debates em direito público. *Revista de Direito dos Advogados da União*, Brasília, ano 6, n. 6, p. 29-30, out. 2007.

CARVALHO FILHO, José dos Santos. *Manual de direito administrativo*. 27. ed. São Paulo: Atlas, 2014.

CONSELHO NACIONAL DE JUSTIÇA. *100 maiores litigantes*. 2011. Disponível em: http://www.cnj.jus.br/images/pesquisas-judiciarias/Publicacoes/100_maiores_litigantes. pdf. Acesso em: 22 mar. 2018.

CORDARO, Cesar Antônio Alves; GUEDES, Jefferson Carús Guedes; SOUZA, Luciane Moessa de. *Advocacia de Estado*. Questões institucionais para a construção de um Estado de Justiça. Belo Horizonte: Fórum, 2009.

CUNHA, Leonardo Carneiro da. *A Fazenda Pública em juízo*. 13. ed. Rio Janeiro: Forense, 2016.

DI PIETRO, Maria Sylvia Zanella. A Advocacia Pública como função essencial à Justiça. *Conjur*, 18 ago. 2016. Disponível em: http://www.conjur.com.br/2016-ago-18/interesse-publico-advocacia- publica-funcao-essencial-justic. Acesso em: 20 maio 2018.

DI PIETRO, Maria Sylvia Zanella. *Direito administrativo*. 27. ed. São Paulo: Atlas, 2014.

DIDIER JR., Fredie. *Curso de processo civil*. 18. ed. Salvador: Juspodivm, 2016. v. 1.

FERREIRA, Sérgio de Andréa. *Comentários à Constituição*. Rio de Janeiro: Freitas Bastos, 1991. v. 3.

FRANCO, Marcelo Veiga. *Processo justo*: entre efetividade e legitimidade da jurisdição. Belo Horizonte: Del Rey, 2016.

FREITAS, Juarez de. *O controle dos atos administrativos e os princípios fundamentais*. 3. ed. São Paulo: Malheiros, 2004.

GRANDE JUNIOR, Cláudio. Advocacia pública: estudo classificatório de direito comparado. *In*: GUEDES, Jefferson Carús Guedes; SOUZA, Luciane Moessa de (Coord.). *Advocacia de Estado*. Questões institucionais para a construção de um Estado de Justiça. Belo Horizonte: Fórum, 2009.

HESSE, Konrad. *Elementos de direito constitucional da República Federal da Alemanha*. Tradução de Luis Afonso Heck. Porto Alegre: Sergio Antonio Fabris, 1998.

HIGHTON, Elena I. *Justicia em cambio*: sociedad civil, abogados y jueces – Un nuevo proyecto para la administración de Justicia. Santa Fé: Rubinzal-Culzoni, 2003.

LEONCY, Léo Ferreira. *Princípio da simetria e argumento analógico*: o uso da analogia na resolução de questões federativas sem solução constitucional evidente. 2011. Tese (Doutorado em Direito do Estado) – Faculdade de Direito, Universidade de São Paulo, São Paulo, 2011.

MARINONI, Luiz Guilherme; ARENHART, Sérgio Cruz; MITIDIERO, Daniel. *Curso de processo civil*. Teoria do processo civil. 2. ed. São Paulo: Revista dos Tribunais, 2016. v. 1.

MAXIMILIANO, Carlos. *Hermenêutica e aplicação do direito*. 20. ed. Rio de Janeiro: Forense, 2011.

MENDES, Gilmar Ferreira. *Curso de direito constitucional*. 9. ed. São Paulo: Saraiva, 2014.

MENDONÇA, Clarisse Corrêa de; VIEIRA, Raphael Diógenes Serafim; PORTO, Nathália França Figuerêdo. *1º Diagnóstico da Advocacia Pública Municipal no Brasil*. Belo Horizonte: Fórum. 2018.

MOREIRA NETO, Diogo de Figueiredo. A Advocacia de Estado revisitada: essencialidade ao Estado Democrático de Direito. *In*: GUEDES, Jefferson Carús Guedes; SOUZA, Luciane Moessa de (Coord.). *Advocacia de Estado*. Questões institucionais para a construção de um Estado de Justiça. Belo Horizonte: Fórum, 2009.

MOREIRA NETO, Diogo de Figueiredo. As funções essenciais à Justiça e as procuraturas constitucionais. *Revista de Informação Legislativa*, Brasília, ano 29, n. 116, p. 79-102, out./dez. 1992.

PROCURADORIA (verbete). *In*: DE PLÁCIDO E SILVA, O. J. *Vocabulário jurídico*. 1. ed. Rio de Janeiro: Forense, 1987. v. III.

RIO DE JANEIRO. *Lei Complementar nº 132*, 20 dez. 2013. Disciplina a organização e o funcionamento da PGM-RJ. Disponível em: http://mail.camara.rj.gov.br/APL/Legislativos/contlei.nsf/a99e317a9cfec383032568620071f 5d2/2c453db565684d6f03257c4 70055d421?OpenDocument. Acesso em: 10 abr. 2018.

SARMENTO, Daniel. As lacunas constitucionais e a sua integração. *Revista de Direitos e Garantias Fundamentais*, Vitória, n. 12, jul./dez. 2012. Disponível em: https://pt.scribd.com/doc/313223737/As-Lacunas-Constitucionais-e-Sua-Integracao-pdf. Acesso em: 15 jun. 2018.

SILVA, José Afonso da. A Advocacia Pública e Estado democrático de direito. *Revista de Direito Administrativo*, v. 230, p. 281-282, out./dez. 2002.

SILVA, José Afonso da. *Curso de direito constitucional positivo*. 37. ed. São Paulo: Malheiros, 2014.

SILVA, Ovídio. A. Baptista da. *Comentários ao Código de Processo Civil*. São Paulo: RT, 2000. v. 1.

SOUZA, Luciane Moessa de. Autonomia institucional da advocacia pública e funcional de seus membros: instrumentos necessários para a concretização do Estado Democrático de Direito. *In*: GUEDES, Jefferson Carús Guedes; SOUZA, Luciane Moessa de (Coord.). *Advocacia de Estado*. Questões institucionais para a construção de um Estado de Justiça. Belo Horizonte: Fórum, 2009.

STRECK, Lenio Luiz. *Jurisdição constitucional e hermenêutica*. Uma nova crítica do direito. Porto Alegre: Livraria do Advogado, 2002.

THEODORO JÚNIOR, Humberto; NUNES, Dierle; BAHIA, Alexandre Melo Franco; PEDRON, Flávio Quinaud. *Novo CPC – Fundamentos e sistematização*. Rio de Janeiro: Forense, 2015.

VERGOTTINI, Giuseppe de. *Derecho constitucional comparado*. México: Universidad Nacional Autónoma de México, 2002.

Informação bibliográfica deste texto, conforme a NBR 6023:2018 da Associação Brasileira de Normas Técnicas (ABNT):

DUTRA, Raphael Vasconcelos. As procuraturas municipais na Constituição da República e a necessidade de aperfeiçoamento do texto constitucional. *In*: TAVARES, Gustavo Machado; MOURÃO, Carlos Figueiredo; VIEIRA, Raphael Diógenes Serafim (Coords.). *A obrigatoriedade constitucional das Procuradorias Municipais*. Belo Horizonte: Fórum, 2022. p. 63-104. ISBN 978-65-5518-300-9.

A SIMETRIA ORGÂNICA APLICÁVEL À ADVOCACIA PÚBLICA COMO MEIO DE EFETIVAÇÃO DE DIREITOS FUNDAMENTAIS

ROBSON SOARES DE SOUZA

Introdução

Procedendo-se à análise estrutural da Constituição da República de 1988, percebe-se a preocupação em organizá-la de forma coesa ao se apontar primeiramente os princípios fundamentais, após os direitos e garantias fundamentais, passando a dispor sobre a organização do Estado e em seguida sobre a organização dos poderes.

Observa-se que o constituinte eleva o povo ao patamar principal do exercício de poder, ao se prescrever que "todo poder emana do povo" no parágrafo único do art. 1º da Constituição da República, logo após se firmar, no *caput* do art. 1º, que a República Federativa do Brasil é formada pela união indissolúvel dos estados e municípios e do Distrito Federal e se constitui em Estado democrático de direito.

Considerando a formação do Estado brasileiro com tais propósitos, impõem-se como objetivos a construção de uma sociedade livre, justa e solidária, a garantia do desenvolvimento nacional, a erradicação da pobreza e da marginalização e redução das desigualdades sociais e regionais e a promoção do bem de todos, sem preconceitos de quaisquer formas de discriminação.

Toda a Constituição da República de 1988, a partir dos preceitos que se assumem em seu início, deve ser interpretada de forma a corresponder aos anseios descritos como objetivos, sendo que qualquer formatação ou atividade estatal deve visar, em primeiro lugar, a efetiva consecução das propostas constitucionais.

Assim, o Estado democrático de direito que garante o exercício do poder pelo povo e previne direitos fundamentais, sociais, de identidade nacional e políticos, instituído através da organização político-administrativa adotada pelo constituinte, compreendendo União, estados, Distrito Federal e municípios, é efetivamente impulsionado pelos poderes da República previstos no Título IV (Da organização dos Poderes) da Constituição da República, no qual se encontram definidos órgãos e competências do Poder Legislativo, do Poder Executivo, do Poder Judiciário, assim como se definem as funções essenciais à Justiça, tratando-se do Ministério Público, da Advocacia Pública, da Advocacia e da Defensoria Pública.

Afere-se que a Constituição da República de 1988 se apresenta inicialmente apontando os princípios fundamentais do Estado brasileiro, direitos e garantias individuais e coletivas, configurando-se em sua parte dogmática e que serve para a orientação da atuação dos seus poderes, instituídos em sua parte orgânica.

Dessa forma, a integralidade dos princípios, objetivos, direitos e garantias explicitados na parte dogmática da Constituição da República deve ser constantemente buscada, porquanto se refere à razão da existência do Estado e, consequentemente, deve ser tomada como norteamento de atuação dos poderes, preceituados na parte orgânica, cada um com seu papel definido e visando à sua melhor formatação para a efetiva consecução.[1]

O enquadramento funcional previsto na Constituição da República de 1988 para cada um dos poderes, incluindo-se as funções essenciais à Justiça, visa efetivar o Estado de direito e proporcionar cenário materialmente viável para a realização dos preceitos instituídos em sua parte dogmática.

---

[1] "En segundo lugar, la adopción de más y más derechos constitucional estiene un obvio impacto (también) sobre el área de la Constitución no referida a los derechos, es decir, en relación con la amplia parte que la Constitución destina a la organización del poder (su parte 'orgánica'). En este sentido, podría decirse que la introducción de mayores derechos tende a expandir el poder de los órganos judiciales, que aparecen como los principales encargados de custodiar los derechos incorporados en la Constitución" (GARGARELLA, 2011, p. 97).

Assim, cada função específica do poder estatal, considerado este poder em sua unidade, afinal, o poder único emana do povo, é exercida para as mesmas finalidades constitucionais, não havendo que se considerar preponderância de um sobre outro, destacando-se que, em mesmo grau, deve-se considerar as instituições previstas como funções essenciais à Justiça, já que se incluem na parte orgânica da Constituição da República, fazendo parte inseparável da engrenagem responsável pela efetivação de seus preceitos.

Atendo-se à organização político-administrativa dos entes federativos, nota-se que à União, aos estados, ao Distrito Federal e aos municípios foram definidas matérias sobre as quais competem legislarem, conforme previsto no texto constitucional, sendo que, para tanto, necessário se apresenta haver a instituição do Poder Executivo e Poder Legislativo no âmbito de cada unidade federativa, incluindo-se, por óbvio, os municípios.

A definição de competência legislativa aos municípios, portanto, determina a necessidade da instituição de Poder Legislativo em tal esfera. Considerando a previsão expressa na Constituição da República que "compete aos municípios legislarem sobre assuntos de interesse local" (art. 30, I), necessária a representação política do povo, concretizada pelo Poder Legislativo que assume também, como função típica, a incumbência de fiscalizar a Administração municipal através de controle externo.[2]

E, dotando-se de autonomia político-administrativa e de competência legislativa,[3] determina-se, igualmente, a necessidade de se instituir o Poder Executivo com o fim de promover a administração municipal.[4] O modelo federativo adotado na Constituição da República

---

[2] O Poder Legislativo, a rigor, é o único ao qual a Constituição atribui duas funções típicas, de igual relevância: a função de elaborar atos normativos primários (função legislativa) e a função de fiscalizar o Poder Executivo, sobretudo o exercício da atividade administrativa desse poder (*vide*, por exemplo, os arts. 49, X, 70, 58, §3º, todos da Carta da República) (ALEXANDRINO; PAULO, 2013, p. 15).

[3] A autonomia dos entes federados se expressa, basicamente, em três níveis ou graus: a) autonomia política: capacidade normativa (poder de autolegislação) e capacidade para eleger seus próprios governantes (Executivo e Legislativo); b) autonomia administrativa: autoadministração (gerência própria e governo e de seus serviços públicos); c) autonomia tributário-financeira: aptidão para instituir e arrecadar seus próprios tributos e aplicar os seus recursos (MACHADO, 2005, p. 117).

[4] O município auto-organiza-se por meio de sua lei orgânica municipal e, posteriormente, por meio de edição de leis municipais; autogoverna-se mediante a eleição direta de seu prefeito, vice-prefeito e vereadores, sem qualquer ingerência dos governos federal e estadual; e, finalmente, auto-administra-se, no exercício de suas competências administrativas, tributárias e legislativas, diretamente conferidas pela Constituição Federal (MORAES, 2006, p. 743).

reserva à União, aos estados e ao Distrito Federal instituir Poder Judiciário, Ministério Público e Defensoria Pública, instituições que não apresentam aderência ao fim precípuo da organização político-administrativa dos municípios.

Desse modo, pertinente ressaltar que os municípios detêm autonomia plena para se organizar, estando, todavia, vinculados simetricamente ao modelo orgânico estabelecido à União e aos estados quanto à organização dos poderes, com exceção à existência do Poder Judiciário, Ministério Público e Defensoria Pública, devendo-se observar a estrutura político-administrativa no que tange às características próprias do Poder Legislativo, do Poder Executivo e das funções essenciais à Justiça, na qual se inclui a Advocacia Pública municipal.

Pelo cenário proposto, os municípios, na condição de entes políticos autônomos, devem observar o princípio da simetria em relação à estrutura orgânica instituída pela Constituição da República à União e aos estados em todos os aspectos que seu teor alcança e autoriza, sendo reflexo do princípio federativo de indissolubilidade dos estados, Distrito Federal e municípios.[5]

Portanto, nos moldes constitucionais, detendo o município autonomia político-administrativa e competência para legislar, há de existir órgão de representação judicial e extrajudicial, consultoria e assessoramento jurídico do Poder Executivo tendo em vista a complexidade da atuação estatal e suas relações jurídicas que o tornam imprescindível.

Assim, no que concerne à organização dos poderes em âmbito municipal, a Constituição da República impõe que os municípios, em observância ao princípio federativo e ao princípio da simetria, tenham Poder Legislativo, já que aos municípios cabe legislar, Poder Executivo, uma vez que aos municípios é garantida autonomia político-administrativa, e Advocacia Pública, sendo instituição de representação e consultoria jurídica do Poder Executivo, presente no título referente às funções essenciais à Justiça.[6]

---

[5] A Constituição Federal consagrou o município como entidade federativa indispensável a nosso sistema federativo, integrando-o na organização político-administrativa e garantindo-lhe plena autonomia, como se nota na análise dos arts. 1º, 18, 29, 30 e 34, VII, "c", todos da Constituição Federal (MORAES, 2006, p. 743).

[6] Diferentemente da advocacia privada, que é exercida em benefício do particular, a Advocacia Pública tem como fim a proteção e a defesa do interesse público. Cabe a ela, portanto, três funções: (i) a representação da União judicialmente e extrajudicialmente, dos estados, do Distrito Federal e dos municípios; (ii) a consultoria jurídica do Poder Executivo; e (iii) o assessoramento do Poder Executivo (WANBIER, 2015. p. 334).

Embora se verifique a (equivocada) ausência de previsão expressa da Advocacia Pública municipal na Constituição da República, a posição jurídica e institucional da Advocacia Pública como função essencial à Justiça torna inquestionável que os municípios estejam vinculados ao modelo orgânico instituído à União, aos estados e ao Distrito Federal no que se refere à representação judicial e extrajudicial e à consultoria e assessoramento do Poder Executivo, já que este deve ser gerido administrativamente de forma simétrica.

Contrariamente ao Ministério Público e à Defensoria Pública, também constantes na Constituição da República como funções essenciais à Justiça, a Advocacia Pública apresenta aderência ao caráter de autonomia político-administrativa dos municípios, porquanto absolutamente necessária à legitimação da atuação dos gestores públicos do Poder Executivo, seguindo o modelo da União, dos estados e do Distrito Federal.

A simetria a ser observada é lógica, uma vez que o Poder Executivo Federal é representado pela Advocacia-Geral da União, órgão instituído no art. 131 da Constituição da República, prescrevendo que a ela cabe representar judicial e extrajudicialmente a União, assim como as atividades de consultoria e assessoramento jurídico do Poder Executivo, reservando-se, por sua vez, no art. 132, aos procuradores dos estados e Distrito Federal o exercício da representação judicial e a consultoria jurídica das respectivas unidades federadas.

É óbvio se afirmar, portanto, que, em respeito ao princípio da simetria e ao princípio federativo, é obrigatória a efetivação e organização da Advocacia Pública em todos os municípios brasileiros, independentemente de previsão expressa na Constituição Federal, já que detém índole constitucional por se apresentar como função essencial à Justiça e com caráter legitimador da atuação do Poder Executivo, em virtude de seu papel de representação, consultoria e assessoramento jurídico, sendo imprescindível para o pleno reconhecimento da República Federativa do Brasil como Estado democrático de direito.

Tomando-se por parâmetro os estados e o Distrito Federal, devem os municípios contar com procuradores providos por meio de concurso público para sua representação judicial e extrajudicial, assessoramento e consultoria jurídica, independentemente de sua extensão territorial, economia, desenvolvimento humano, número de habitantes ou densidade demográfica.

E sendo os procuradores representantes jurídicos do Poder Executivo, suas atribuições alcançam a Administração direta e indireta.

Nesse ponto, torna pertinente se esclarecer a forma pela qual a Constituição da República dispõe sobre a Advocacia Pública da União e como se direciona a forma de organização em âmbito estadual, devendo-se adotar tais preceitos simetricamente na esfera municipal, observando-se o princípio da unicidade de representação, o qual veda o fracionamento das funções cabíveis à Advocacia Pública em órgãos da Administração direta e indireta, uma vez que, conforme preconizado no art. 132 da Constituição da República, os procuradores detêm as funções de representação, consultoria e assessoramento do Poder Executivo, inviabilizando criação de órgãos com mesmo fim e definição.[7]

Nessa perspectiva, pretende-se demonstrar, através de pesquisa doutrinária e por meio de bases jurisprudenciais, no item 1 do presente trabalho, que a Constituição da República, embora não traga previsão específica sobre a organização da Advocacia Pública nos municípios brasileiros, não a descarta.

Ao contrário, interpretando-se de forma sistemática o texto constitucional, a conclusão da obrigatoriedade da criação de órgão de representação, consultoria e assessoramento do Poder Executivo municipal decorre da inafastável aplicação do princípio federativo, do princípio da simetria entre os entes federativos (União, estados, Distrito Federal e municípios) e da garantia de autonomia de organização político-administrativa dos municípios, apresentando-se como fator essencial na estrutura orgânica constitucionalmente criada e imprescindível para que se identifiquem de forma efetiva os preceitos republicanos e democráticos pretendidos pela Constituição.

E, considerando seu caráter vinculado, já que constitucionalmente impositivo, ao modelo estabelecido ao Poder Executivo federal e ao Poder Executivo estadual, entende-se pertinente o debate em relação à defesa das prerrogativas de função dos advogados públicos, com o fim de evitar qualquer forma de usurpação funcional, garantindo-se

---

[7] Unidade na Advocacia Pública estadual: STF – "Julgando o mérito de ação direta ajuizada pela Associação Nacional dos Procuradores de Estado – ANAPE – o Tribunal declarou a inconstitucionalidade da EC estadual 17/1997 que, introduzindo dispositivos na Constituição do Estado de Goiás, criava a Procuradoria da Fazenda estadual para representar o mencionado Estado na execução de dívida ativa de natureza tributária. Considerou caracterizada a contrariedade ao art. 132 da CF, salientando-se, ainda, o não enquadramento da espécie na exceção prevista no art. 69 do ADCT – que permitiu aos Estados-membros manter consultorias jurídicas separadas de suas Procuradorias-Gerais ou Advocacias-Gerais, desde que, na data da promulgação da Constituição, já existissem tais órgãos distintos para as respectivas funções" (STF, Pleno. ADI nº 1.670/GO. Rel. Min. Gilmar Mendes. *Informativo STF*, n. 324, p. 1) (MORAES, 2006, p. 1766).

a aplicação do princípio da unicidade de representação do ente federativo, tema a ser abordado no item 2.

O item 3 será dedicado às evidências jurídicas acerca da necessária institucionalização da Advocacia Pública em todos os municípios brasileiros e às movimentações políticas referentes a propostas de emendas constitucionais sobre o tema, demonstrando-se sua relevância e a real necessidade de constitucionalizar a matéria tendo em vista sua atribuição de defesa do erário público, seu fator de controle preventivo de juridicidade dos atos administrativos, defendendo-se sua isenção técnica como meio de combate à corrupção, tema de urgente providência, haja vista a dificuldade de se inibir e punir tal prática.

Na conclusão serão expostos os principais pontos de raciocínio que justificam o entendimento alcançado da matéria, apresentando-se, a seguir, as referências bibliográficas.

1 A aplicação constitucional do princípio federativo e do princípio da simetria em relação à estrutura orgânica estatal

1.1 Forma federativa e a autonomia político-administrativa da União, dos estados, do Distrito Federal e dos municípios

A previsão constitucional de entes com autonomia político-administrativa no território nacional determina a forma federativa adotada no Estado brasileiro. Pode-se afirmar que o principal destaque de tal forma de Estado é a descentralização política, o que difere do Estado unitário na medida em que, nesta forma, "um só poder político central irradia sua competência, de modo exclusivo, por todo o território nacional e toda a população, e controla todas as coletividades regionais e locais" (ALEXANDRINO; PAULO, 2013, p. 12-13).

Conforme se nota dos próprios termos adotados para nomear a República, consubstanciado na definição do *caput* do art. 1º da Constituição da República, assume-se a forma de Estado federado[8] ao

---

[8] Entre as formas de Estado composto, temos a Federação, forma de maior descentralização política, repartição de competência e aproximação da concretização dos anseios específicos de cada região. Aqui, no estado sob a forma de Federação, encontra-se a repartição administrativa, financeira e política entre os entes integrantes da Federação, oportunizando a pluralidade e/ou diversidade de manifestações jurídicas sob o território (ARAÚJO, 2016, p. 147).

se prescrever que a República Federativa do Brasil é formada pela união indissolúvel dos estados e municípios e do Distrito Federal. Portanto, inserem-se no contexto federativo estados, municípios e Distrito Federal[9] justamente por contarem cada qual com centros de poder próprios e autônomos em relação à União, assim como entre eles, o que marca a característica de descentralização política.[10] A garantia de autonomia está prevista na Constituição da República de 1988, em seu art. 18, *caput*, ao prescrever que a organização político-administrativa da República Federativa do Brasil compreende a União, os estados, o Distrito Federal e os municípios,[11] o que, ao proceder à leitura do dispositivo constitucional conjuntamente com o seu art. 1º, *caput*, torna induvidosa a inserção dos municípios à forma federativa como entidade dotada de capacidade de auto-organização[12]

---

[9] A Constituição da República arrola o Município como componente da Federação (arts. 1º e 18), reconhecendo-lhe, agora expressamente, a *natureza* de entidade estatal de terceiro grau, pela outorga de personalidade jurídica, governo próprio e competência normativa, com isso, já não se pode dizer, contrastando-o com o estado-membro, que o município tem apenas poderes administrativos e atribuições delegadas. Absolutamente, não. Tanto um como o outro atuam com igual poder político no exercício das competências que lhes são conferidas pela Constituição, com tal independência entre si e para com a União, visando todos à promoção do bem-estar da coletividade, local (município), regional (estado) e nacional (União). É exatamente essa condição que a Constituição confere aos municípios, colocando-os em pé de igualdade com os estados-membros (MEIRELLES, 1994, p. 118).

[10] O Estado federado tem como característica a "descentralização política", marcada pela convivência, em um mesmo território, de diferentes entidades políticas autônomas, distribuídas regionalmente (no Brasil, por exemplo, temos a coexistência, no mesmo território de esferas políticas distintas e autônomas – a União, os estados, o Distrito Federal e os municípios) (ALEXANDRINO; PAULO, 2013, p. 14).

[11] "Dessa forma, não há como negar a participação do município como integrante da República Federativa do Brasil e dotado de autonomia, pois elege livremente seus vereadores, prefeito e vice-prefeito; administra os serviços públicos e executa as ações de interesse local sem dependência ou autorização do governo federal ou estadual. [...] Assegura-se dessa forma, a inclusão do município na organização político-administrativa da República Federativa do Brasil, ratificando e complementando o disposto no art. 1º da CF/88, afastando por completo eventual entendimento sobre a não participação do município na estrutura da Federação brasileira".

[12] Em dois artigos da Carta Magna, mais do que em quaisquer outros, é possível encontrar-se o compromisso com a forma federativa de Estado. Inicialmente, o próprio art. 1º, de abertura da Constituição: "A República Federativa do Brasil, formada pela união indissolúvel dos Estados e Municípios e do Distrito Federal [...]". De forma expressa, o legislador constituinte manifestou a sua opção e, de imediato, indicou as unidades que, de forma fictícia, deveriam integrar o pacto: União, estados, municípios e Distrito Federal. É uma federação *sui generis*, pois, diferentemente do que ocorre nos demais países (na Argentina as unidades são províncias; nos EUA, estados-membros e na Suíça, cantões) que adotam tal forma de Estado, outras unidades se apresentam no Brasil (municípios e Distrito Federal) (MACHADO, 2005, p. 115).

e normatização própria, autogoverno e autoadministração,[13] sendo a garantia de autonomia elevada à cláusula pétrea,[14] verificando-se super-rígida tal matéria constitucional, nos termos do art. 60, §4º, I.

Por consequência, pode-se admitir que a autonomia de organização político-administrativa garantida aos estados, Distrito Federal e municípios, enquanto modo de efetivação do princípio federativo, também é alcançada, de certa forma, pela intangibilidade instituída ao constituinte derivado.[15]

1.2 Competência legislativa e capacidade de organização: horizontalidade entre os entes federativos e a submissão ao regime jurídico-administrativo em idêntica dimensão

O aspecto de autonomia dos entes federativos se consubstancia na horizontalidade e na ausência de hierarquia ou subordinação entre eles,[16] sendo determinante o entendimento que detêm igual validade jurídica os atos normativos emanados por cada entidade política, não se admitindo interferência entre um e outro,[17] tendo como

---

[13] A autonomia municipal, da mesma forma que a dos estados-membros, configura-se pela tríplice capacidade de auto-organização e normatização própria, autogoverno e autoadministração (MORAES, 2006, p. 743).

[14] A Constituição Federal de 1988 adotou como forma de Estado o federado, integrado por diferentes centros de poder político central (União), poderes políticos regionais (estados) e poderes políticos locais (municípios), além do Distrito Federal, que, em virtude da vedação constitucional à sua divisão em municípios, acumula os poderes regionais e locais (CF, art. 32, §1º). No Brasil, a forma federativa de Estado constitui cláusula pétrea, insuscetível de abolição por meio de reforma constitucional (CF, art. 60, §4º, I) (ALEXANDRINO; PAULO, p. 14).

[15] Somando-se a isso, ratificando ainda mais a proteção que reveste a autonomia municipal, temos o disposto no art. 60, §4º, I, da vigente Constituição Federal, que define a forma federativa do Estado como cláusula pétrea, ou seja, impossível de sofrer modificação pelo poder constituinte derivado reformador. Nesse sentido, podemos delinear que a autonomia municipal é tida como garantia em prol do ente federado, garantia esta com o fim de assegurar a forma federativa do Estado e, principalmente, o exercício das competências constitucionais e de auto-organização, autogoverno, autolegislação e autoadministração atribuídas ao município (ARAÚJO, 2016, p. 152-153).

[16] Percebe-se que, no plano interno, a relação que existe entre os componentes da Federação é de horizontalidade, pois cada um e todos eles foram dotados do mesmo atributo. Em uma palavra: autonomia. Não há o que se falar, em nenhuma hipótese, em hierarquia entre os componentes da Federação. A União, assim, não dispõe de superioridade hierárquica em relação ao Estado, nem o Estado, da mesma forma, em relação ao município. Todos se encontram no mesmo nível hierárquico (MACHADO, 2005, p. 117).

[17] Na Federação, haverá a convivência pacífica do poder central com os poderes periféricos (unidades federadas), todos dotados de autonomia legislativa (capacidade normativa),

referência o respeito à competência legislativa conferida e os preceitos da Constituição da República,[18] dotando-se de plena capacidade de organização, observado o regime jurídico-administrativo aplicável ao aparato estatal.[19]

Destarte, regime jurídico-administrativo é o contexto pelo qual se submetem agentes, entidades e órgãos, de alguma forma ligados à estrutura estatal, que impõe a observância de preceitos norteadores de sua atuação, com base na consecução de suas finalidades. Nesse ponto, cabe salientar que o regime jurídico-administrativo referido, aplicável em igual densidade e proporção em esfera federal, estadual e municipal, em relação a qualquer de suas funções (poderes), é consubstanciado, notadamente, nos princípios da supremacia do interesse público e da indisponibilidade do interesse público.

Vislumbra-se pertinente a abordagem dos princípios destacados contextualizados ao papel das funções assumidas pelo Estado, em seu sentido amplo, uma vez que deve pautar sua postura no que tange ao exercício de poder e em suas relações jurídicas.

A partir de tal cenário, cabe descrever que o princípio da supremacia do interesse público torna aceitável a instituição de prerrogativas à Administração Pública e de autoridade e imperatividade em suas ações de modo a estabelecer viabilidade para a imposição de obrigações em nome do interesse que ultrapassa o do particular, caracterizando-se pela verticalidade submetida aos administrados em função do objetivo de se garantir a produção de ambiente propício ao convívio social, porquanto ser atribuído ao Estado tal patamar de organização e fruição de direitos.

---

com competências definidas na Constituição, sem possibilidade alguma de o poder central interferir na definição das competências das unidades regionais ou locais.

[18] Não existe subordinação, isto é, não há hierarquia entre os diversos entes federados no Brasil. A relação entre eles é caracterizada pela coordenação, tendo, cada um, autonomia política, financeira e administrativa. Em decorrência dessa forma de organização, verificamos a existência de administrações públicas autônomas em cada uma das esferas da Federação. Temos, portanto, uma Administração Pública federal, uma administração distrital, administrações estaduais e administrações municipais (ALEXANDRINO; PAULO, 2013, p. 14).

[19] O denominado "regime jurídico-administrativo" é um regime de direito público, aplicável aos órgãos e entidades que compõem a Administração Pública e à atuação dos agentes administrativos em geral. Baseia-se na ideia de existência de poderes especiais passíveis de serem exercidos pela Administração Pública, contrabalançados pela imposição de restrições especiais à atuação dessa mesma administração, não existentes – nem os poderes nem as restrições – nas relações de direito privado (ALEXANDRINO; PAULO, 2013, p. 10).

Entende-se, portanto, que o princípio da supremacia do interesse público é legitimado na medida em que tal preceito privilegia a coletividade, autorizando-se a instituição de normas que colocam o Estado em patamar superior, situação oposta à horizontalidade típica das relações privadas.

Tal princípio se formaliza na constitucionalidade de normas que preveem atos de imposição da vontade estatal em sobreposição do particular, como exemplo, a previsão constitucional de intervenção da propriedade privada, como é o caso dos dispositivos constantes nos incs. XXIII e XXIV do art. 5º da Constituição da República que, estabelecendo que a propriedade atenderá à sua função social, autoriza a desapropriação por necessidade ou utilidade pública, ou por interesse social.[20]

A aplicação do princípio da supremacia do interesse público não deve, por sua vez, interferir em direitos e garantias fundamentais, sendo acatado no sentido de se promover o interesse geral em detrimento do particular em eventual conflito entre eles. É a indicação da viabilidade do Estado alcançar seus objetivos, sempre com o amparo do ordenamento jurídico, devendo-se observar, irrestritamente, direitos e garantias fundamentais.

Portanto, tal princípio não autoriza o Estado a praticar atos que alcancem direitos de particulares sem que se atenha ao efetivo contrabalanceamento aos seus direitos e garantias fundamentais e aos limites impostos pelo sistema jurídico, devendo, em qualquer hipótese, observar o equilíbrio das relações jurídicas, afigurando-se desconforme a atuação administrativa que não considere o direito em sua integridade.[21]

Já no que tange ao princípio da indisponibilidade do interesse público, salienta-se que, em contraposição ao princípio da supremacia

---

[20] Trata-se, de fato, do primado do interesse público. O indivíduo tem que ser visto como integrante da sociedade, não podendo os seus direitos, em regra, ser equiparados aos direitos sociais. Vemos a aplicação do princípio da supremacia do interesse público, por exemplo, na desapropriação, em que o interesse público suplanta o do proprietário; ou no poder de polícia do Estado, por força do qual se estabelecem algumas restrições às atividades individuais (CARVALHO FILHO, 2014, p. 34).

[21] A integridade exige que as normas públicas da comunidade sejam criadas e vistas, na medida do possível, de modo a expressar um sistema único e coerente de justiça e equidade na correta proporção. Uma instituição que aceite esse ideal às vezes irá, por esta razão, afastar-se da estreita linha das decisões anteriores, em busca de fidelidade aos princípios concebidos como mais fundamentais a esse sistema como um todo (DWORKIN, 2014, p. 264).

do interesse público, a atuação estatal, tendo por finalidade a administração da coisa pública, não é submetida à vontade autônoma, como ocorre na esfera privada de relações jurídicas.

No âmbito público, considerando o regime jurídico-administrativo instituído, impõe o princípio da indisponibilidade do interesse público a sujeição da Administração Pública, concebida em sentido amplo, às limitações legais no que concerne ao trato com a coisa pública tendo em vista se posicionar como seu titular o povo, não se admitindo que o administrador pratique atos sem que observe os ditames legais.

Assim, ao contrário do particular que pode dispor de seus interesses e direitos, à Administração Pública não é propiciada tal possibilidade pelo fato de se constituir para o desenvolvimento coletivo, não sendo regular a atuação que extrapole permissão legal, uma vez que a inobservância a tal princípio desvirtua a submissão geral às normas pela qual decorre o preceito republicano de controle dos atos públicos.[22]

Oportuno discorrer que a Administração Pública, sob a ótica do regime jurídico-administrativo ao qual se submete e considerando o aspecto constitucional que o permeia, deve se orientar por princípios que se apresentam de forma explícita e implícita no ordenamento legal.

Os princípios tratados acima, da supremacia do interesse público e da indisponibilidade do interesse público, encontram-se implicitamente no arcabouço jurídico pátrio e são indissociáveis de toda forma de manifestação da Administração Pública, compreendida em sentido amplo, abarcando-se os poderes Legislativo, Executivo e Judiciário, em esfera federal, estadual, distrital e municipal, assim como as funções essenciais à Justiça.

Firma-se tal conceito ainda quando se trata da classificação do interesse público primário e secundário. Entende-se que o interesse público primário se refere ao interesse imediato da coletividade e secundário àquele que se remete a determinado interesse da Administração relativo à sua condição de pessoa jurídica de direito público e sua gestão como organismo.[23]

---

[22] Além disso, toda a atuação da Administração deve ter possibilidade de ser controlada pelo povo, seja diretamente, seja por meio de órgãos com essa função de controle (ALEXANDRINO; PAULO, 2013, p. 11).

[23] Os interesses públicos primários são os interesses diretos do povo, os interesses gerais imediatos. Já os interesses públicos secundários são os interesses imediatos do Estado na qualidade de pessoa jurídica, titular de direitos e obrigações. Esses interesses secundários são identificados pela doutrina, em regra, como interesses meramente patrimoniais, em que o Estado busca aumentar sua riqueza, ampliando receitas ou evitando gastos. Também são mencionados como manifestação de interesses secundários os atos internos

Aludidos princípios indicam a forma de agir legítima do Estado, pois visam garantir que serão a coletividade e seus anseios os objetivos a serem buscados pela Administração Pública, sendo forçoso descrever que qualquer ato que se desvirtue de tais princípios é acometido de inconstitucionalidade, ainda que se apresentem implicitamente no ordenamento pátrio, já que decorrem da lógica estrutural orgânica do Estado.

Por sua vez, explicitam-se princípios direcionados ao modo de agir do Estado, notadamente, no art. 37, *caput*, da Constituição da República de 1988. Decorrentes e interligados ao princípio da supremacia do interesse público e ao princípio da indisponibilidade do interesse público, constam expressamente no texto constitucional, no dispositivo mencionado, os princípios da legalidade, impessoalidade, moralidade, publicidade e eficiência.

Os princípios explicitados, constantes do art. 37, *caput*, da Constituição da República, são de observância obrigatória na atuação administrativa de cada órgão público em seus aspectos formais e materiais, o que justifica a abrangência de seus preceitos, alcançando a atividade típica administrativa, presente de forma proeminente na atuação do Poder Executivo, mas também presente no Legislativo, no Judiciário e nas funções essenciais à Justiça, já que igualmente praticam atos administrativos visando à sua gestão.[24]

O conceito proposto é confirmado pela própria colocação topográfica em que se encontra o art. 37 na Constituição da República. Presente no Título III (Da Organização do Estado), o Capítulo VII (Da Administração Pública), último capítulo do Título III, é inaugurado com a explicitação dos princípios norteadores do sistema político, jurídico e administrativo, sendo que, logo em seguida, inicia-se o Título IV (Da Organização dos Poderes), no qual se trata, em seus quatro capítulos, do Poder Legislativo (Capítulo I), do Poder Executivo (Capítulo II),

---

de gestão administrativa, ou seja, as atividades-meio da administração, que existem para fortalecê-lo como organismo, mas que só se justificam se forem instrumentos para que esse organismo atue em prol dos interesses primários. Em qualquer hipótese, o interesse público secundário só é legítimo quando não é contrário ao interesse público primário. Caso algum interesse público secundário seja contrário aos interesses públicos primários, nem mesmo poderá ser considerado interesse público, mas apenas um interesse administrativo ou governamental ilegítimo (ALEXANDRINO; PAULO, 2013, p. 185-186).

[24] Firmadas tais premissas, podemos, então, conceituar o ato administrativo como "a exteriorização da vontade de agentes da Administração Pública ou de seus delegatários, nessa condição, que, sob regime de direito público, vise à produção de efeitos jurídicos, com o fim de atender ao interesse público" (CARVALHO FILHO, 2014, p. 101).

do Poder Judiciário (Capítulo III) e das funções essenciais à Justiça (Capítulo IV).

Ou seja, o Título III, que trata da organização do Estado, posiciona-se de forma a lançar luz às instituições insertas no Título IV, o qual estabelece a organização dos poderes, de modo a refletir a necessária e irrestrita observância aos seus preceitos pelo Poder Legislativo, Executivo, Judiciário e pelas funções essenciais à Justiça, compreendidas pelo Ministério Público, Defensoria Pública e Advocacia Pública, em escala federal, estadual, distrital e municipal.

1.3 Simetria orgânico-estrutural entre os entes federativos e a aderência institucional pela natureza peculiar respectiva

Não sendo a finalidade do presente trabalho o aprofundamento no tema concernente aos princípios, tem-se a intenção de destacar que estes são fundamentais para a dinâmica do funcionamento e organização da máquina estatal em todas suas funções, não limitando sua aplicabilidade ao Poder Executivo, atingindo-se Legislativo, Judiciário e funções essenciais à Justiça, e em todas as esferas federativas (União, estados, Distrito Federal e municípios).

Desse modo, tomando-se por base o princípio federativo, não há na organização política, jurídica e administrativa da União, estados, Distrito Federal e municípios espaço para desconsiderar o aspecto de descentralização que justifica a inserção de tais entidades a afastar o caráter de simetria no ponto de vista estrutural, tendo como referência a Constituição da República de 1988, já que a todas as entidades se impõe o regime jurídico-administrativo consubstanciado nos princípios constitucionais implícitos e explícitos, abrangendo-se todas as funções do Estado (Executivo, Legislativo, Judiciário e as essenciais à Justiça).

Logo, é imperativa a conclusão de que pelo princípio federativo se deve obediência aos dispositivos constitucionais em relação à formatação estatal e à divisão de suas funções, devendo-se estados, Distrito Federal e municípios seguir a mesma estrutura orgânica da União, cabendo discernir sobre as instituições de aderência ao modelo de cada entidade federativa. Ou seja, conforme formatação dos poderes e funções prevista na Constituição da República, devem estados, Distrito Federal e municípios, simetricamente, organizar-se politicamente e administrativamente para a consecução de suas finalidades.

Assim, das funções estatais instituídas constitucionalmente, seguindo o modelo federal, devem estados e Distrito Federal organizar seus poderes Legislativo, Executivo e Judiciário, Ministério Público, Defensoria Pública e Advocacia Pública. Cabe esclarecer que, embora a Advocacia se encontre entre as funções essenciais à Justiça, tal função não se atrela ao Estado, inobstante se considerar que o advogado presta serviço público e exerce função social.[25]

Por sua vez, reserva-se aos municípios, na condição de entes autônomos político-administrativamente, organizarem-se conforme autorização constitucional e se utilizando, simetricamente, das instituições que guardam aderência à sua natureza, observando-se o modelo republicano e federativo e considerando sua plena, equivalente e irrestrita submissão ao regime jurídico-administrativo e aos princípios que regem as relações jurídicas.

Adotando-se a sistemática sequencial constante no texto constitucional, ao município é concedida competência legislativa, logo, em sua estrutura orgânica deve estar presente o Poder Legislativo. A autonomia político-administrativa garantida na Constituição da República pelo art. 18 e a previsão inserta em seu art. 1º dotam os municípios de competência administrativa, e, como consectários da instituição do Poder Legislativo, composto de representantes do povo, necessária a existência do Poder Executivo.

Não há na Constituição da República autorização para que os municípios detenham em sua estrutura orgânica Poder Judiciário, Ministério Público e Defensoria Pública. Entende-se que, tais instituições, não guardam aderência às finalidades da descentralização política do modelo federativo constitucionalmente assumido, já que cabe somente à União, aos Estados e ao Distrito Federal as organizarem em seus respectivos territórios.

Isso porque a autonomia político-administrativa dos municípios apresenta sentido republicano e democrático de prover interesses locais, uma vez que se reconhece como núcleo de poder político que deve ser impulsionado pelo povo daquele local, afigurando-se o Poder Legislativo e o Poder Executivo com as características necessárias para tal configuração.

Desse modo, não há espaço para que os municípios instituam determinadas funções em seu âmbito, não sendo alcançados pela

---

[25] Lei Federal nº 8.906/94: "Art. 2º O advogado é indispensável à administração da justiça. §1º No seu ministério privado, o advogado presta serviço público e exerce função social. §2º No processo judicial, o advogado contribui, na postulação de decisão favorável ao seu constituinte, ao convencimento do julgador, e seus atos constituem múnus público".

autonomia de organização prevista constitucionalmente, enfatizando-se que tal autonomia se interliga ao preceito republicano e democrático de administração da coisa pública por representantes eleitos pelo povo, daí a instituição dos poderes Legislativo e Executivo na esfera municipal com o fim de prover interesses locais.

Por sua vez, a Advocacia Pública, constante no capítulo que trata das "funções essenciais à Justiça", com a atribuição de representação judicial e consultoria jurídica dos entes federativos, como instituição municipal, guarda plena aderência ao modelo orgânico da União, dos estados e do Distrito Federal.

O art. 131 da Constituição da República prevê que a Advocacia-Geral da União é a instituição que representa a União, judicial e extrajudicialmente, cabendo-lhe as *atividades de consultoria e assessoramento jurídico do Poder Executivo.*

Já o art. 132 define que os procuradores dos estados e do Distrito Federal, aprovados por meio de concurso público, "exercerão a representação judicial e a consultoria jurídica das respectivas unidades federadas".

Nota-se que a redação constitucional, no que concerne à União, institui seu órgão de representação judicial e extrajudicial, ao qual cabe as atividades de consultoria e assessoramento jurídico ao Poder Executivo federal. No que tange aos estados e Distrito Federal, não institui órgão, uma vez que cabe à unidade federativa tal prerrogativa, mas define a carreira de procuradores do Estado, atribuindo-lhes a função de representação judicial e consultoria jurídica ao ente federativo respectivo.

Silencia-se a Constituição da República no que se refere à Advocacia Pública municipal. No entanto, a apontada omissão constitucional, em nenhuma hipótese, deve ser interpretada como a impossibilidade de a Advocacia Pública ser instituída nos municípios brasileiros. Tal afirmação se sustenta na simetria do modelo orgânico adotado em âmbito federal, estadual e distrital uma vez que, considerando os inafastáveis aspectos republicanos, democráticos e federativos atingidos nas esferas federal, estadual, distrital e municipal, sendo estes dotados de Poder Legislativo e Poder Executivo, conclui-se que, se a Advocacia Pública é obrigatória para a União, para os estados e para o Distrito Federal, também será, em igual medida, aos municípios, porquanto o contexto de relações jurídicas em nada se diferem.

Enfatiza-se que a diferença se apresenta tão somente no aspecto material de competência, definindo-se à União matérias de interesse geral, aos estados matérias de interesse regional e aos municípios as matérias de interesse local.

Ou seja, quanto à forma, não há qualquer ponto de diferenciação entre União, estados, Distrito Federal e municípios no que se refere à (des)necessidade de instituição da Advocacia Pública na esfera municipal, sendo indubitável que o Poder Executivo municipal, para que promova suas atividades a contento, com observância aos princípios explícitos e implícitos e demais preceitos legais do ordenamento jurídico e com segurança na atuação voltada para concretização de políticas públicas, deva ser representado juridicamente e assessorado por órgão permanente composto por procuradores de carreira, instituindo-se, assim, a Advocacia Pública municipal, afigurando-se, inclusive, como órgão de controle dos atos administrativos.

Portanto, os municípios, regidos por lei orgânica, devem, obrigatoriamente, instituir Poder Legislativo (competência para legislar), Poder Executivo (competência para administrar) e Advocacia Pública (atribuição constitucional de representação, consultoria e assessoramento jurídico do Poder Executivo), guardadas as peculiaridades próprias, respeitando-se a diretriz constitucional do princípio federativo e da simetria.

2 O princípio da unicidade de representação como meio de defesa institucional das prerrogativas da Advocacia Pública

2.1 Da definição jurídica da Advocacia Pública e seu caráter permanente

Conforme aferido nas linhas dedicadas à necessidade orgânica da Advocacia Pública municipal, considerando seu caráter eminentemente constitucional e imprescindível para a adequada prestação administrativa estatal, surge-se tal instituição como parte integrante do sistema político, jurídico e administrativo tendo em vista a forma federativa que garante a autonomia aos municípios, afigurando-se como ente público com relações jurídicas que devem ser permanentemente subsidiadas com base nos princípios e demais elementos normativos do ordenamento pátrio.[26]

---

[26] A Advocacia Pública está prevista nos arts. 131 e 132 da Constituição Federal de 1988, no capítulo dedicado às funções essenciais à Justiça. Trata-se de instituição que, diretamente ou por meio de órgãos a ela vinculados, representa a União, no âmbito judicial e extrajudicial, os estados, o Distrito Federal e os municípios (WAMBIER, 2015, p. 333).

Desse cenário é possível se inferir que não haveria lógica estrutural nem coerência no aspecto da autonomia, considerando os aspectos democráticos, republicanos e de simetria, a ideia de dispensabilidade da Advocacia Pública municipal, uma vez que sua posição constitucional a eleva a caráter permanente.

A determinação de garantia referente à autonomia política-administrativa, conjuntamente com a disposição de que a República Federativa do Brasil é formada pela união indissolúvel dos estados e municípios e do Distrito Federal, é justamente a condição jurídica que impõe tal tratamento institucional à Advocacia Pública municipal.

Portanto, a indispensabilidade institucional da Advocacia Pública municipal e seu caráter permanente decorrem da estrutura orgânica sistematizada pela autonomia conferida, devendo-se instituir, para a consecução de sua tarefa de prover os interesses locais, o Poder Legislativo, o Poder Executivo e a Advocacia Pública, todos com previsão na lei orgânica municipal.

Do contexto proposto, pode-se descrever que a Advocacia Pública detém feição essencial à Justiça, indispensável à sua administração, vinculada ao Poder Executivo, ao qual presta consultoria e assessoramento jurídico, representando judicial e extrajudicialmente o ente federativo através de procuradores, com registro na Ordem dos Advogados do Brasil,[27] submetidos a concurso público para o ingresso, devendo ser instituído órgão respectivo por lei complementar específica que disponha sobre sua organização e funcionamento, devendo ser dotada de caráter permanente, ou seja, vedando-se a possibilidade de sua supressão.

Vislumbrando-se a Advocacia Pública como pertencente ao quadro orgânico do contexto constitucional, percebe-se claramente sua indispensabilidade como instituição responsável em proporcionar efetividade à materialização de direitos por meio do suporte jurídico aos atos do Poder Executivo e para representar o ente federativo em juízo,[28] com adequado profissionalismo, já que obrigatório o acesso

---

[27] Lei Federal nº 8.906/94: "Art. 3º O exercício da atividade de advocacia no território brasileiro e a denominação de advogado são privativos dos inscritos na Ordem dos Advogados do Brasil (OAB). §1º Exercem atividade de advocacia, sujeitando-se ao regime desta lei, além do regime próprio a que se subordinem, os integrantes da Advocacia-Geral da União, da Procuradoria da Fazenda Nacional, da Defensoria Pública e das Procuradorias e Consultorias Jurídicas dos Estados, do Distrito Federal, dos Municípios e das respectivas entidades de administração indireta e fundacional".

[28] Código de Processo Civil de 2015: "Art. 182. Incumbe à Advocacia Pública, na forma da lei, defender e promover os interesses públicos da União, dos Estados, do Distrito Federal e

por meio de concurso, com intuito de se garantir eficiência e regular defesa do erário público.

2.2 Das atribuições representativas reservadas à Advocacia Pública

Em sua função administrativa, o Estado se utiliza de prerrogativas típicas que proporcionam a defesa do interesse público, primário e secundário, consubstanciado nos princípios da supremacia e da indisponibilidade do interesse público, seguindo o regime jurídico-administrativo.

O impulso necessário para que as funções estatais atuem de forma a perseguir suas finalidades se encontra no ordenamento legal, assumindo-se as diretrizes constitucionais, utilizando-se de seus permissivos e, ao mesmo tempo, submetendo-se aos limites nele previstos, resguardando-se direitos e garantias fundamentais.

Verifica-se que a atuação estatal está intrinsicamente ligada à aplicação do direito, considerando que os atos administrativos detêm teor normativo de efeitos e graus diversos, estabelecendo-se relações jurídicas de variadas espécies, obrigando-se a organizar estrutura adequada para se propiciar a correta postura administrativa na observância aos preceitos legais, tendo em vista a imperatividade em se pautar pelos princípios da legalidade, impessoalidade, moralidade, publicidade e eficiência, nos moldes explicitados na Constituição da República.

A formatação do Estado democrático de direito, cujo respeito às leis pelos entes estatais é característica inafastável e irrestrita, impõe a adoção de mecanismos orgânicos que garantam a sintonia entre a atuação estatal e o ordenamento jurídico, em sua integridade[29] e com toda sua complexidade de regras e princípios, e que viabilizem segurança, na forma de proteção à confiança,[30] para os administrados

---

dos Municípios, por meio da representação judicial, em todos os âmbitos federativos, das pessoas jurídicas de direito público que integram a administração direta e indireta".

[29] O direito como integridade exige que as decisões jurídicas admitam que "o direito é estruturado por um conjunto coerente de princípios sobre a justiça, a equidade e o devido processo legal. E exige que esses princípios sejam sempre aplicados nos novos casos. Não se trata de coerência com objetivos políticos – com as *policies* – que hoje podem ser diferentes do que vão ser as prioridades políticas de amanhã, mas sim uma coerência com princípios de moralidade política: coerência e integridade a despeito das diversidades de convicções morais da comunidade" (SIMIONI, 2014, p. 386).

[30] Na realidade, o princípio da proteção à confiança leva em conta a boa-fé do cidadão, que acredita e espera que os atos praticados pelo Poder Público sejam lícitos e, nessa

sob o aspecto de inviolabilidade de direitos e garantias fundamentais e da promoção efetiva de políticas públicas.

Ou seja, ao Estado não é permitida atuação que extrapole os limites impostos na Constituição da República e nos demais diplomas normativos que garantem o exercício regular de direitos e garantias fundamentais, detendo caráter nitidamente jurídico sua atividade de administração da coisa pública porquanto se trata de entidade personalizada com competência de auto-organização e autogoverno, cuja atividade promove relações jurídicas.

Analisando-se tal conceito no que tange aos entes federativos (União, estados, Distrito Federal e municípios) enquanto competentes para se auto-organizarem e se autogovernarem, observa-se que a Constituição da República, ao tratar da Advocacia Pública, define sua atuação institucional ao lhe impor as funções de representação, consultoria e assessoramento jurídico.

O art. 131, *caput* da Constituição da República institui a Advocacia-Geral da União como órgão que representa a União, judicial e extrajudicialmente, cabendo-lhe as atividades de consultoria e assessoramento jurídico ao Poder Executivo. Impõe-se, em seu §2º, que o ingresso nas classes iniciais das carreiras da instituição far-se-á mediante concurso público. Por sua vez, destaca-se que o §3º do art. 131 atribui à Procuradoria-Geral da Fazenda Nacional a execução da dívida ativa de natureza tributária, consubstanciando-se em órgão específico para a tarefa apontada e que integra a Advocacia-Geral da União.[31]

Já o art. 132 da Constituição da República prevê a representatividade dos estados e do Distrito Federal por procuradores, atribuindo-lhes a função de representação judicial e consultoria jurídica das respectivas unidades federadas.

Nota-se que há a instituição do órgão da Advocacia Pública em âmbito federal, cuja organização e funcionamento serão dispostos em lei complementar, e a determinação de que o ingresso na carreira da instituição se dá por meio de concurso público. Nota-se, por sua vez, que há a fixação de atribuição de representação dos estados e do Distrito Federal à carreira específica, qual seja, dos procuradores dos estados e do Distrito Federal.

---

qualidade, serão mantidos e respeitados pela própria Administração e por terceiros (DI PIETRO, 2014, p. 88).

[31] "Art. 2º A Advocacia-Geral da União compreende: I - órgãos de direção superior: [...] b) a Procuradoria-Geral da União e a da Fazenda Nacional; [...]".

Ou seja, em relação à União, a Constituição da República institui órgão da Advocacia Pública em âmbito federal, prevendo-se que sua organização e funcionamento serão dispostos por lei complementar e que as carreiras da instituição serão providas por concurso público.

Em relação aos estados e Distrito Federal, a Constituição da República disciplina somente que serão representados por seus respectivos procuradores, o que denota a restrição de tal atribuição a eles. Assim, a instituição de órgão da Advocacia Pública dos estados e Distrito Federal deve ser matéria de lei complementar em decorrência da autonomia de organização conferida.

Dessa forma, a Constituição da República, ao prever a carreira de procurador dos estados e do Distrito Federal, impõe a estes que instituam órgão de representação judicial e de consultoria e assessoramento jurídico, tal qual existente no âmbito da União, ao passo que, ao se estabelecer que somente procuradores detêm atribuição de representação e de consultoria às unidades federadas, impõe que nas carreiras da Advocacia Pública da União, igualmente, observe-se a mesma condição em relação aos seus integrantes.

Portando, seguindo-se a simetria reciprocamente, os estados e o Distrito Federal, como entes autônomos, devem instituir órgão específico integrante da sua estrutura orgânica, através de lei complementar, dispondo sobre sua organização e funcionamento, propiciando a atuação de seus procuradores conforme os preceitos constitucionais aplicáveis à Advocacia Pública.

Por seu turno, a Constituição da República institui seu órgão de representação da União, mas não fixa as atribuições da carreira, devendo-se, de tal modo, seguir as mesmas diretrizes de atuação dos procuradores dos estados e Distrito Federal, ressalvando-se que, no caso da Advocacia-Geral da União, reserva-se a representação da União na execução de dívida ativa de natureza tributária à Procuradoria-Geral da Fazenda Nacional.

2.3 O princípio da unicidade de representação

A partir das definições de órgão e carreiras que compõem a Advocacia Pública, as prospecções que se apresentam fundamentam o princípio da unicidade de representação, o qual se interliga a preceito basilar que a origina e que a torna indispensável tendo em vista que, institucionalmente, à Advocacia Pública são reservadas atribuições de representação, consultoria e assessoramento jurídico do ente federativo, conforme expressamente definido na Constituição da República.

Desse modo, somente um único órgão será competente para exercer as atividades de representação, consultoria e assessoramento jurídico em cada ente federativo, cuja composição será organizada em carreira,[32] legitimando a atuação administrativa e proporcionando o robustecimento da Advocacia Pública,[33] conforme anseio constitucional, como instituição permanente e essencial à Justiça, indispensável à sua administração.[34]

---

[32] A institucionalização das procuradorias municipais acontece com sua previsão e organização em lei municipal, mas não se resume a isso. Além desse ponto, ela envolve também outras questões pertinentes à estruturação e ao fortalecimento da Advocacia Pública no âmbito dos municípios, como a existência de procuradores efetivados por meio de concurso público específico para a carreira, entre outras (MENDONÇA, 2018, p. 33).

[33] "[...] Reconheceu, também, a inconstitucionalidade do art. 152, parágrafo único, da Constituição cearense, que impõe ao Governador o dever de encaminhar à Assembleia Legislativa projeto de lei sobre a organização e o funcionamento da Procuradoria-Geral do Estado e das procuradorias autárquicas, além de admitir, de forma geral e para o futuro, a existência de órgãos jurídicos, no âmbito das autarquias e fundações, distintos da Procuradoria-Geral. Tal regramento afronta o modelo constitucional do art. 132 da Carta Federal. A CF estabeleceu um modelo de exercício exclusivo, pelos Procuradores de Estado e do Distrito Federal, de toda a atividade jurídica, consultiva e contenciosa, das unidades federadas estaduais e distritais, nele incluídas as autarquias e as fundações. Assim, tal previsão constitucional, também conhecida como princípio da unicidade da representação judicial e da consultoria jurídica dos Estados e do Distrito Federal, estabelece competência funcional exclusiva da Procuradoria-Geral do Estado" (ADI nº 145/CE. Rel. Min. Dias Toffoli, j. 20.6.2018. *Informativo*, n. 907).

[34] A exceção à regra descrita se refere ao teor do art. 69 do ADCT, o qual dispõe: "Art. 69. Será permitido aos Estados manter consultorias jurídicas separadas de suas Procuradorias-Gerais ou Advocacias-Gerais, desde que, na data da promulgação da Constituição, tenham órgãos distintos para as respectivas funções". Nesse sentido se apresenta a jurisprudência do Supremo Tribunal Federal: "O Plenário desta Corte, no julgamento definitivo da ADI 175/PR, rel. min. Octavio Gallotti, declarou a constitucionalidade do art. 56 e parágrafos do ADCT do Estado do Paraná, de 5-10-1989, que autorizou a permanência, em carreiras especiais criadas por lei, dos que já ocupavam com estabilidade, naquele momento, cargos e empregos públicos de advogados, assessores e assistentes jurídicos, para o exercício do assessoramento jurídico nos Poderes Executivo, Legislativo e Judiciário e da representação judicial das autarquias e fundações públicas. Os diplomas legais ora impugnados, ao reunirem numa única carreira os então ocupantes de empregos e cargos públicos preexistentes que já exerciam as mesmas funções de assessoramento jurídico ao Poder Executivo e de representação judicial das autarquias, nada mais fizeram do que atender ao comando expresso no mencionado art. 56 do ADCT paranaense, tratando-se, por certo, de hipótese de subsistência excepcional e transitória autorizada pelo art. 69 do ADCT da CF. A previsão de concurso público de provas e títulos para ingresso na nova carreira, contida no art. 5º da Lei estadual 9.422/1990, destinou-se, exclusivamente, àqueles que já eram, no momento de edição da norma constitucional transitória, ocupantes estáveis de cargos e empregos públicos de advogados, assessores e assistentes jurídicos e que viriam a preencher, mediante aproveitamento, os 295 cargos criados pelo art. 2º do mesmo diploma. Impossibilidade, na vacância, de provimento dos cargos da carreira especial de advogado do Estado do Paraná por outros servidores e, por conseguinte, de

Para fins de elucidação da ótica proposta, pode-se traçar um paralelo em relação ao delineamento constitucional dado ao Ministério Público, instituição que, do mesmo modo que a Advocacia Pública, apresenta-se como função essencial à Justiça.

O art. 127 da Constituição da República descreve que "o Ministério Público é instituição permanente, essencial à função jurisdicional do Estado, incumbindo-lhe a defesa da ordem jurídica, do regime democrático e dos interesses sociais e individuais indisponíveis". Após trazer a definição como instituição, no texto constitucional, em seu art. 128, consigna-se que o Ministério Público abrange o Ministério Público da União e os ministérios públicos dos estados.

O Ministério Público é uno e indivisível, conforme preceitua o §1º do art. 127 da Constituição da República. No mencionado dispositivo, expressamente se impõem como princípios institucionais do Ministério Público a unidade e a indivisibilidade. Tais princípios visam garantir o caráter institucional permanente e de imprescindibilidade do Ministério Público à função jurisdicional do Estado, sendo reflexo do princípio federativo, decorrente da autonomia política conferida aos estados, a previsão do Ministério Público da União e do Ministério Público dos estados.

Volvendo às características peculiares da Advocacia Pública, considerando o princípio da unicidade de representação que lhe é próprio, tem-se que deve ser concebida em igual plano jurídico, sendo una e indivisível tal qual o Ministério Público, já que também é essencial à Justiça e à sua administração e presente no contexto federativo.

Ou seja, o princípio federativo que garante autonomia à União, estados e municípios, ensejando a responsabilidade pela organização político-administrativa de cada um, deve ser elevado como norteador da matéria, revelando-se o fundamento de a Advocacia Pública ser dotada de caráter de unidade, a qual abrange a Advocacia Púbica da União, a Advocacia Pública dos estados e a Advocacia Pública dos municípios.

Diante de tal premissa, a Constituição da República institui seu órgão da Advocacia Pública; os estados devem instituir seus respectivos órgãos da Advocacia Pública; e, simetricamente, devem os municípios instituir seus órgãos de Advocacia Pública, uma vez que dotados de autonomia de organização e estruturação orgânica.

---

realização de novos concursos públicos para esse fim. Necessidade de obediência ao art. 132 da CF" (ADI nº 484. Rel. p/ ac. Min. Ricardo Lewandowski, j. 10.11.2011, P. *DJe*, 1º fev. 2012).

Aprofundando-se na análise do princípio da unicidade representativa, cada ente federativo, instituindo seu órgão de Advocacia Pública, cabe a este o exercício privativo da representação, consultoria e assessoramento jurídicos, sendo vedado se atribuir a outro órgão suas funções típicas, previstas nos moldes constitucionais. O preceito se aplica de forma amplificada, abrangendo-se a Administração direta e indireta dos entes federativos, alcançando-se os atos do Poder Legislativo,[35] [36] do Poder Judiciário,[37] do Ministério Público e Defensoria

---

[35] " EMENTA: APELAÇÃO CÍVEL 1. A despeito da capacidade judicial para atuar em juízo em defesa de suas prerrogativas, a Câmara Municipal não detém personalidade jurídica nem legitimidade passiva para responder por ação de indenização movida por servidora do poder legislativo municipal, cabendo ao Município fazê-lo. 2. Para configuração do assédio moral, é necessária a comprovação da sistematicidade da conduta ilícita no ambiente de trabalho, de forma a atentar contra a dignidade ou integridade psíquica ou física da vítima. 3. Não comprovados os fatos constitutivos do direito da parte autora ao recebimento de indenização por danos morais, impõe-se o reconhecimento da improcedência do pedido inicial" (TJMG. Apelação Cível nº 1.0699.13.003238-5/001. Rel. Des. Edgard Penna Amorim, 1ª Câmara Cível, j. 20.2.2018, publicação da súmula em 1º.3.2018).

[36] Súmula nº 525 do Superior Tribunal de Justiça: "A Câmara de Vereadores não possui personalidade jurídica, apenas personalidade judiciária, somente podendo demandar em juízo para defender os seus direitos institucionais".

[37] "EMENTA: CONSELHO NACIONAL DE JUSTIÇA (CNJ) – CAUSAS DE NATUREZA CIVIL CONTRA ELE INSTAURADAS – A QUESTÃO DAS ATRIBUIÇÕES JURIS-DICIONAIS ORIGINÁRIAS DO SUPREMO TRIBUNAL FEDERAL (CF, ART. 102, I, "r") – CARÁTER ESTRITO E TAXATIVO DO ROL FUNDADO NO ART. 102 DA CONSTITUIÇÃO DA REPÚBLICA – REGRA DE COMPETÊNCIA QUE NÃO COMPREENDE QUAISQUER LITÍGIOS QUE ENVOLVAM IMPUGNAÇÃO A DELIBERAÇÕES DO CNJ – RECONHECIMENTO DA COMPETÊNCIA ORIGINÁRIA DO SUPREMO TRIBUNAL FEDERAL APENAS QUANDO SE CUIDAR DE IMPE-TRAÇÃO de mandado de segurança, de 'habeas data', de 'habeas corpus' (se for o caso) ou de mandado de injunção NAS SITUAÇÕES EM QUE O CNJ (órgão não personificado definido como simples 'parte formal', investido de mera 'personalidade judiciária' ou de capacidade de ser parte) FOR APONTADO como órgão coator – LEGITIMAÇÃO PASSIVA 'AD CAUSAM' DA UNIÃO FEDERAL NAS DEMAIS HIPÓTESES, PELO FATO DE AS DELIBERAÇÕES DO CNJ SEREM JURIDICAMENTE IMPUTÁVEIS À PRÓPRIA UNIÃO FEDERAL, QUE É O ENTE DE DIREITO PÚBLICO EM CUJA ESTRUTURA INSTITUCIONAL SE ACHA INTEGRADO MENCIONADO CONSELHO – COMPREENSÃO E INTELIGÊNCIA DA REGRA DE COMPETÊNCIA ORIGINÁRIA INSCRITA NO ART. 102, I, 'r', DA CONSTITUIÇÃO – DOUTRINA – PRECEDENTES – AÇÃO ORIGINÁRIA NÃO CONHECIDA – RECURSO DE AGRAVO IMPROVIDO. –[...] Tratando-se, porém, de demanda diversa (uma ação ordinária, p. ex.), não se configura a competência originária da Suprema Corte, considerado o entendimento prevalecente na jurisprudência do Supremo Tribunal Federal, manifestado, inclusive, em julgamentos colegiados, eis que, nas hipóteses não compreendidas no art. 102, I, alíneas 'd' e 'q', da Constituição, a legitimação passiva 'ad causam' referir-se-á, exclusivamente, à União Federal, pelo fato de as deliberações do Conselho Nacional de Justiça serem juridicamente imputáveis à própria União Federal, que é o ente de direito público em cuja estrutura institucional se acha integrado o CNJ. Doutrina. Precedentes" (AO nº 1.706 AgR. Rel. Min. Celso de Mello, Tribunal Pleno, j. 18.12.2013. DJe-033, divulg. 17.2.2014, public. 18.2.2014).

Pública no exercício de suas funções administrativas, reconhecidas como atípicas.[38]

Ou seja, a Advocacia Pública exerce plenamente a representação jurídica do Estado, entendido este em sentido amplo, inclusive no que tange a suas funções organizadas correspondentes ao Poder Legislativo, Poder Executivo e Poder Judiciário, inserindo-se, igualmente, Ministério Público e Defensoria Pública, considerando que o poder é uno e indivisível.[39]

Assim, o órgão de Advocacia Pública, geralmente denominado procuradoria-geral ou advocacia-geral, pertencente à estrutura do Poder Executivo, em respeito ao princípio da unidade representativa, a qual se encontra no contexto orgânico da Constituição da República, detém a prerrogativa de atribuição privativa de representação de todo o aparato estatal a que se vincula, observando-se tal condição em âmbito federal, estadual e municipal, não se admitindo criação de órgãos de atribuições conflitantes pelos demais poderes assim como por entidades de Administração indireta.[40]

---

[38] Como se vê, a função administrativa é predominantemente exercida pelo Poder Executivo; mas, como nossa Constituição não adota um modelo de rígida separação, os demais poderes do Estado também exercem, além de suas atribuições típicas (legislativa e jurisdicional), algumas funções materialmente administrativas (ALEXANDRINO; PAULO, 2013, p. 15-16).

[39] Na verdade, a tripartição dos poderes não gera absoluta divisão de poderes e de funções, mas sim distribuição de três funções estatais precípuas, mesmo porque o poder estatal é uno e indivisível (MARINELA, 2014, p. 15).

[40] "Direito Constitucional e Administrativo. Ação direta de inconstitucionalidade. Emenda à Constituição do Estado de Goiás que cria o cargo de Procurador Autárquico, em estrutura paralela à Procuradoria do Estado. 1. O art. 132 da Constituição Federal confere às Procuradorias dos Estados e do Distrito Federal a atribuição exclusiva das funções de representação judicial, consultoria e assessoramento jurídico das unidades federativas. 2. O exercício da atividade de representação judicial e de consultoria jurídica no âmbito dos Estados e do Distrito Federal é de competência exclusiva dos Procuradores do Estado (art. 132, CF/88), organizados em carreira única, sendo vedada a criação de Procuradoria Autárquica para a consultoria e o assessoramento jurídico das autarquias e fundações estaduais. O modelo constitucional da atividade de representação judicial e consultoria jurídica dos Estados exige a unicidade orgânica da advocacia pública estadual, incompatível com a criação de órgãos jurídicos paralelos para o desempenho das mesmas atribuições no âmbito da Administração Pública Direta ou Indireta. 3. A transformação de cargos e a concessão de equiparação remuneratória entre cargos distintos constituem violações à regra do concurso público (art. 37, II, c/c art. 132, CF/88), à vedação de equiparação ou vinculação remuneratória entre cargos públicos diversos (art. 37, XIII, CF/88) e aos critérios de fixação remuneratória dos servidores públicos (art. 39, §1º, CF/88). 4. Medida cautelar deferida para o fim de suspender a eficácia dos arts. 1º e 3º da Emenda Constitucional nº 50/2014 à Constituição do Estado de Goiás, bem como a tramitação de todo e qualquer projeto de lei que vise a dar cumprimento ao art. 94-A da Constituição do Estado de Goiás, acrescido pela mesma emenda" (ADI nº 5.215/GO. Rel. Min. Roberto Barroso, 14.12.2017); "Ação direta de inconstitucionalidade. 2. Emenda Constitucional

3 Imprescindibilidade lógica da Advocacia Pública municipal como instituição orgânica constitucional

3.1 Extensão obrigatória e simétrica da Advocacia Pública aos municípios e a necessidade de criação de órgão correspondente

A teoria do órgão concebe órgão público como "unidade que congrega atribuições exercidas pelos agentes públicos que o integram com o objetivo de expressar a vontade do Estado" (DI PIETRO, 2014. p. 590), sendo adotada para se buscar o esclarecimento da relação entre Estado e seus agentes, considerando-se que "a pessoa jurídica manifesta a sua vontade por meio de órgãos, de tal modo que quando os agentes que os compõem manifestam sua vontade, é como se o próprio Estado o fizesse" (DI PIETRO, 2014. p. 589).

As pessoas jurídicas de direito público interno,[41] as quais se afiguram pertinentes para o presente estudo, são dotadas de órgãos que, por sua vez, são compostos por agentes que promovem e executam as atribuições do órgão por meio de atos que devem ser considerados a própria manifestação do ente público personalizado,[42] sendo parte integrante deste.[43]

Nessa perspectiva, importa acentuar que, nos moldes constitucionais expostos nos capítulos anteriores, a Advocacia Pública,

---

n° 17, de 30 de junho de 1997, promulgada pela Assembléia Legislativa do Estado de Goiás, que acrescentou os§§2º e 3º e incisos, ao artigo 118 da Constituição estadual. 3. Criação de Procuradoria da Fazenda Estadual, subordinada à Secretaria da Fazenda do Estado e desvinculada à Procuradoria-Geral. 4. Alegação de ofensa aos artigos 132 da Constituição e 32, do ADCT. 5. Descentralização. Usurpação da competência funcional exclusiva da Procuradoria-Geral do Estado. 6. Ausência de previsão constitucional expressa para a descentralização funcional da Procuradoria-Geral do Estado. 7. Inaplicabilidade da hipótese prevista no artigo 69 do ADCT. Inexistência de órgãos distintos da Procuradoria estadual à data da promulgação da Constituição. 8. Ação julgada procedente" (ADI nº 1.679. Rel. Min. Gilmar Mendes. *DJ*, 22 nov. 2003).

[41] Dispõe o art. 40 do Código Civil: "Art. 40. As pessoas jurídicas são de direito público, interno ou externo, e de direito privado. Art. 41. São pessoas jurídicas de direito público interno: I - a União; II - os Estados, o Distrito Federal e os Territórios; III - os Municípios; IV - as autarquias, inclusive as associações públicas; V - as demais entidades de caráter público criadas por lei".

[42] Na realidade, o órgão não se confunde com a pessoa jurídica, embora seja uma de suas partes integrantes; a pessoa jurídica é o todo, enquanto os órgãos são parcelas integrantes do todo. O órgão também não se confunde com a pessoa física, o agente público, porque congrega funções que este vai exercer (DI PIETRO, 2014, p. 590).

[43] Enquanto a teoria da representação considera a existência da pessoa jurídica e do representante como dois entes autônomos, a teoria do órgão funde os dois elementos, para concluir que o órgão é parte integrante do Estado (DI PIETRO, 2014, p. 590).

concebida entre as funções estatais essenciais à Justiça, é instituição obrigatória, vinculada ao Poder Executivo, o qual representa juridicamente e detém atribuição de consultoria e assessoramento, devendo lei complementar específica de cada ente federativo (União, estados, Distrito Federal e municípios) criar órgão respectivo dispondo sobre organização e funcionamento, devendo ser dotado de caráter permanente, sedo vedada a supressão.

Vale destacar que o Código de Processo Civil de 2015 se apresenta como diploma normativo de relevância para o reconhecimento institucional da Advocacia Pública municipal com caráter de obrigatoriedade dentro do sistema jurídico. Trouxe o legislador título específico sobre a Advocacia Pública, consignando-se no art. 182 do Código de Processo Civil que incumbe à Advocacia Pública defender e promover os interesses públicos da União, dos estados, do Distrito Federal e dos municípios, por meio da representação judicial, em todos os âmbitos federativos, das pessoas jurídicas de direito público que integram a Administração direta e indireta.

Importante determinação se expressa na norma apontada, já que atribui expressamente à Advocacia Pública a defesa e a promoção dos interesses públicos dos entes federativos, incluindo-se os municípios. Ou seja, a lei infraconstitucional entende que a representação judicial, "em todos os âmbitos federativos, das pessoas que integram a administração direta e indireta", é institucionalmente reservada à Advocacia Pública, devendo os municípios estarem providos de órgão correspondente,[44] impondo-se tal diretriz no plano da vedação do retrocesso.[45]

Entende-se absolutamente coerente a previsão legal em análise, uma vez que o município, na condição de pessoa jurídica de direito público, constantemente figura como parte em processos judiciais,

---

[44] Assim, conforme a norma processual, a Advocacia Pública atuará na defesa dos interesses públicos da União, dos estados, do Distrito Federal e dos municípios, por meio de representação judicial, em todos os âmbitos federativos, das pessoas jurídicas de direito público que integram a Administração direta e indireta (WAMBIER, 2015, p. 334).

[45] "O princípio da proibição do retrocesso social pode formular-se assim: o núcleo essencial dos direitos sociais já realizado e efetivado através de medidas legislativas [...] deve considerar-se constitucionalmente garantido, sendo inconstitucionais quaisquer medidas estaduais que, sem a criação de outros esquemas alternativos ou compensatórios, se traduzam na prática numa 'anulação', 'revogação' ou 'aniquilação' pura e simples desse núcleo essencial. A liberdade de conformação do legislador e inerente auto-reversibilidade têm como limite o núcleo essencial já realizado, sobretudo quando o núcleo essencial se reconduz à garantia do mínimo de existência condigna inerente ao respeito pela dignidade da pessoa humana" (CANOTILHO, 2002, p. 339-340).

tornando a instituição da Advocacia Pública indispensável diante da dinâmica introduzida pelo Código de Processo Civil.

Logicamente, sendo impositiva a conclusão pela imprescindibilidade de se instituir a Advocacia Pública em âmbito municipal, deve-se criar órgão específico dentro da estrutura orgânica do município, seguindo-se o modelo constitucional no que tange ao órgão que se vincula ao Poder Executivo e aos agentes que o compõem.

3.2 Implementação da Advocacia Pública por órgão específico como meio de garantia a direitos fundamentais

A Advocacia Pública, ao ser idealizada, surge não só como meio de promoção dos interesses da Administração (interesse público secundário) mas, sobretudo, como de garantia de que a coletividade seja politicamente representada de forma adequada e conforme os preceitos do Estado de direito, devendo-se resguardar, proeminentemente, o interesse público primário, voltado ao viés de efetivação de direitos fundamentais e de obrigação do Estado.[46]

Portanto, ultrapassando-se todos os aspectos orgânicos que levam à conclusão pela obrigatoriedade da efetiva implementação da Advocacia Pública nos municípios através de criação de órgão específico, a autonomia da pessoa jurídica de direito público, enquanto ente de direitos e obrigações, e o interesse dos administrados, para os quais se governa e se promovem "interesses locais", fazem emergir como direito fundamental a criação de órgão que possa efetivar os direitos e garantias constitucionais como consectário da autonomia de detêm.

Ou seja, para o fim de efetivação de direitos fundamentais dos munícipes (interesse público primário), deve-se propiciar estrutura de

---

[46] Considera-se interesse público primário o resultado da soma dos interesses individuais enquanto partícipes de uma sociedade, também denominados interesses públicos propriamente ditos. De outro lado, tem-se o interesse público secundário, que consiste nos anseios do Estado, considerado como pessoa jurídica, um simples sujeito de direitos; são os interesses privados desse sujeito. Ressalta-se que o Estado, da forma como foi concebido no ordenamento jurídico brasileiro, só poderá defender seus próprios interesses privados (interesses secundários) quando não existir conflito com os interesses primários. Nesse sentido, brilhantes são as palavras de Renato Alessi, esclarecendo que os interesses secundários do Estado "só podem ser por ele buscados quando coincidentes com os interesses primários" (MARINELA, 2014, p. 29).

defesa capaz de garantir o equilíbrio às relações políticas e jurídicas entre os entes federativos e entre estes e os demais fatores que possam interferir na consecução de competências atribuídas aos municípios, revelando-se a Advocacia Pública como instituição a zelar por tal ambiente de nivelação.

Interessante pontuar que, em casos em que há interferência de um ente federativo em outro, como exemplo, em situação de descumprimento pelo Estado com determinada obrigação com municípios, atingindo-se arrecadação e receita,[47] devem-se promover medidas jurídicas que garantam sua autonomia patrimonial.

Esse exemplo se apresenta adequado para se afirmar que, sem a efetiva proteção e defesa do município por meio de órgão contra ato ilegal do Estado, as prestações básicas de serviços sociais, indubitavelmente, são atingidas de forma maléfica e diretamente prejudicam os munícipes na área da saúde, educação, segurança pública etc., afetando, portanto, direitos fundamentais.

A simetria a ser garantida na estrutura orgânica dos entes federativos também se justifica nesse aspecto, pois lides envolvendo um contra os outros devem ser estabelecidas e discutidas em ambiente de paridade. Se à União, aos estados e ao Distrito Federal se garante a instituição de órgão de Advocacia Pública, em igual medida deve-se garanti-la aos municípios.

Assim, já que é prevista autonomia político-administrativa aos municípios e atribuída competência material para promoção de interesses locais, deve-se, por igual e logicamente, prover-se de estrutura de representação e consultoria jurídica adequada que garanta o equilíbrio jurídico das entidades federativas.

---

[47] "EMENTA: MANDADO DE SEGURANÇA - IPVA - REPASSES AO MUNICÍPIO - LEI COMPLEMENTAR 063/90 - ARTIGO 158 DA CR88 - DIREITO LÍQUIDO E CERTO VERIFICADO. O Mandado de Segurança, seja ele na forma repressiva ou preventiva, é cabível para a proteção de direito líquido e certo, não protegido por habeas corpus nem por habeas data, em sendo o responsável pelo abuso de poder ou ilegalidade autoridade pública, ou agente de pessoa jurídica, no exercício de atribuições do poder público, nos termos do art. 5º, LXIX da CF/88. É dever do Estado de Minas Gerais, repassar o percentual do IPVA arrecadado aos Municípios, devendo ser respeitado o disposto na legislação de regência, no que tange ao valor e à data do repasse" (TJMG. Mandado de Segurança nº 1.0000.18.005710-1/000. Rel. Des. Dárcio Lopardi Mendes, 4ª Câmara Cível, j. 21.6.0018, publicação da súmula em 22.6.2018).

3.3 O advogado público municipal como agente integrante do órgão de Advocacia Pública com acesso mediante aprovação em concurso público

Traduzindo-se a Advocacia Pública como fator essencial à Justiça e inserido na concepção orgânica constitucional que visa à construção de um Estado democrático de direito e à promoção de efetividade a direitos fundamentais, tal instituição no contexto federativo da autonomia municipal se mostra indispensável, o que impõe a obrigatória implementação de órgão específico em cada município brasileiro, provido por integrantes com inscrição na Ordem dos Advogados do Brasil.

Embora não haja expressamente a previsão da carreira em âmbito municipal na Constituição da República, resta superada a discussão acerca da forma de acesso ao cargo de procurador,[48] inclusive municipal,[49] cujo ingresso se dá por concurso público, vedando-se o provimento por comissão, sendo o tema objeto presente em emendas constitucionais em trâmite no Congresso Nacional nas quais se pretende incluir, expressamente, a carreira de procurador do município.[50]

---

[48] "A atividade de assessoramento jurídico do Poder Executivo dos Estados é de ser exercida por procuradores organizados em carreira, cujo ingresso depende de concurso público de provas e títulos, com a participação da OAB em todas as suas fases, nos termos do art. 132 da CF. Preceito que se destina à configuração da necessária qualificação técnica e independência funcional desses especiais agentes públicos. É inconstitucional norma estadual que autoriza a ocupante de cargo em comissão o desempenho das atribuições de assessoramento jurídico, no âmbito do Poder Executivo. Precedentes" (ADI nº 4.261. Rel. Min. Ayres Britto, j. 2.8.2010, P. DJe, 20 ago. 2010).

[49] "AGRAVO REGIMENTAL. AÇÃO DIRETA DE INCONSTITUCIONALIDADE. LIMINAR. CRIAÇÃO DE CARGOS EM COMISSÃO. PROCURADOR DO MUNICÍPIO. CARGO QUE, EM PRINCÍPIO, DADAS SUA NATUREZA E CARACTERÍSTICAS, NÃO SE AMOLDA AO PROVIMENTO ATRAVÉS DOS CHAMADOS CARGOS EM COMISSÃO. RECURSO AO QUAL SE DÁ PROVIMENTO PARA AMPLIAR A ABRANGÊNCIA DA LIMINAR DEFERIDA NA ADIN Nº 70011374410, PARA ABARCAR, TAMBÉM, O CARGO DE PROCURADOR DO MUNICÍPIO. AGRAVO REGIMENTAL PROVIDO" (TJRS. Agravo Regimental nº 70011550241. Rel. Alfredo Guilherme Englert, Tribunal Pleno, j. 9.5.2005).

[50] Proposta de Emenda à Constituição nº 17, de 2012. "Ementa: Altera o art. 132 da Constituição Federal. Explicação da Ementa: Altera a redação do art. 132 da Constituição Federal para estender aos Municípios a obrigatoriedade de organizar carreira de procurador (para fins de representação judicial e assessoria jurídica), com ingresso por concurso público com a participação da OAB em todas as suas fases, garantida a estabilidade dos procuradores após 3 anos de efetivo exercício, mediante avaliação de desempenho; PEC 82/2007 Inteiro teor Proposta de Emenda à Constituição. Ementa Acresce os arts. 132-A e 135-A e altera o art. 168 da Constituição Federal. Explicação da Ementa. Atribui autonomia funcional e prerrogativas aos membros da Defensoria Pública, Advocacia da União, Procuradoria da Fazenda Nacional, Procuradoria-Geral Federal, Procuradoria das autarquias e às Procuradorias dos Estados, do Distrito Federal e dos Municípios".

Constantes atuações de órgãos de controle, notadamente do Ministério Público e tribunais de contas, vêm promovendo a sedimentação do entendimento da necessidade de estruturação da Advocacia Pública em âmbito municipal, defendendo-se o provimento de seus respectivos cargos através de concurso, podendo-se destacar a Instrução Normativa nº 3/2016 do Tribunal de Contas do Estado de Alagoas[51] e o acórdão proferido pelo plenário do Tribunal de Contas do Estado do Rio de Janeiro no Processo nº 225.221-8/17.[52]

---

[51] "INSTRUÇÃO NORMATIVA Nº 003/2016 DISPÕE SOBRE A REALIZAÇÃO DOS SERVIÇOS CONTÁBEIS E JURÍDICOS NO ÂMBITO DA ADMINISTRAÇÃO MUNICIPAL ALAGOANA. [...] Art. 2º A partir de janeiro de 2018, o Tribunal adotará como critério de fiscalização, para todos os seus jurisdicionados, a exigência de que os serviços contábeis e jurídicos do Município, de natureza administrativa permanente e contínua, deverão ser executados por servidores efetivos constantes do Quadro Permanente de Pessoal, devidamente habilitados e em situação de regularidade perante o Conselho Regional de Contabilidade e Ordem dos Advogados do Brasil, respectivamente. §1º A partir de janeiro de 2018, os contratos e processos licitatórios realizados pela Administração Pública Municipal e submetidos a este Tribunal de Contas deverão ser analisados previamente mediante parecer, na forma da Lei nº 8.666/93, por Procurador Jurídico Municipal ocupante de cargo público efetivo e em situação de regularidade perante a Ordem dos Advogados do Brasil, sob pena de serem julgados irregulares, com a aplicação de multa ao gestor responsável. §2º A partir de janeiro de 2018, os demonstrativos contábeis da Administração Pública Municipal deverão ser elaborados por Contador ocupante de cargo público efetivo e em situação de regularidade perante o Conselho Regional de Contabilidade, sob pena de irregularidade na prestação de contas, com a aplicação de multa correspondente ao gestor responsável. Art. 3º Para execução dos serviços jurídicos e contábeis de natureza ordinária do Município, é necessária a criação, composição e organização, mediante lei municipal, de unidades em sua estrutura administrativa organizacional, a exemplo de Procuradoria do Município e Departamento de Contabilidade ou outras denominações equivalentes. Parágrafo único – A lei municipal referida no caput deverá ser elaborada pelo Poder Executivo municipal e encaminhada à Câmara Municipal até o dia 31 de agosto de 2016. [...]" (Disponível em https://apromal. org.br/wp-content/uploads/2016/07/DiarioEletronico08072016-TCE-AL.ass_.pdf. Acesso em: 1º out. 2018).

[52] "[...] 2 – Pela EXPEDIÇÃO DE OFÍCIOS a todos os prefeitos municipais jurisdicionados, cientificando-lhes que: 2.1 - Devem organizar, em até 180 dias após a ciência desta decisao, suas Procuradorias Jurídicas e atribuir as funções de representação judicial e extrajudicial do Município e consultoria jurídica a Procuradores ocupantes de cargos efetivos previamente aprovados em concurso publico específico para o cargo; 2.2 - Caso a legislação municipal expressamente o permita e dentro de um juízo de conveniência e oportunidade, poderão designar como Procurador-Geral e seu substituto eventual servidores extraquadro; 2.3 - Os procuradores municipais, titulares de cargo efetivo, que exerçam funções de direção, chefia e assessoramento, poderão ser nomeados em comissão ou designados para ocuparem funções gratificadas devidamente criados por lei; 2.4 - As Procuradorias Municipais devem contar com estrutura e pessoal condizentes ao pleno funcionamento de suas atividades, sob pena de frustrar os objetivos que lhe são dirigidos e, em última análise, prejudicar a consultoria jurídica e a representação judicial e extrajudicial do ente federativo; [...]" (Processo TCE/RJ 225.221-8/2017. Sessão do Plenário de 28.8.2018. Rel. Cons. Subst. Marcelo Verdini Maia. Disponível em: https://www.tce. rj.gov.br/consulta-processo/Processo/List. Acesso em: 1º out. 2018).

Impende salientar que a ausência de previsão expressa na Constituição da República não inibe, em qualquer hipótese, a obrigação de os municípios instituírem a Advocacia Pública em seu âmbito, criando o respectivo órgão e provendo-se os cargos de procurador, uma vez que tal imposição decorre da aplicação do princípio da simetria em consonância ao princípio federativo que garante autonomia de organização estrutural aos municípios, instituindo-se Poder Legislativo, Poder Executivo e Advocacia Pública.

Conclusão

O Estado democrático de direito corresponde à idealização histórica da atuação estatal como meio de efetivação de direitos fundamentais, observando-se princípios inerentes à promoção da dignidade da pessoa humana, amparado em suportes republicanos de liberdade e igualdade e conforme sua feição prestacional.

A organização do Estado brasileiro na forma federativa, prevendo-se a união indissolúvel dos estados e municípios e do Distrito Federal, adotando-se a descentralização política, pretende tornar os anseios constitucionais concretos ao se garantir autonomia aos entes federativos, dotando-se de competência de auto-organização e autogoverno de modo que, para que exerçam plenamente tal garantia, devem se estruturar organicamente de maneira adequada para a real consecução das suas finalidades.

Tal estrutura, seguindo-se o modelo previsto na Constituição da República, considerando que dela se extrai a vontade máxima do povo, deve ser adotada pelos estados e municípios nos exatos pontos em que a própria Constituição da República lhes confere competência, configurando-se o respeito ao princípio da simetria e à garantia de autonomia político-administrativa.

Assim, os estados deverão instituir Poder Legislativo, Poder Executivo, Poder Judiciário e instituições relativas às funções essenciais à Justiça, quais sejam, Ministério Público, Advocacia Pública e Defensoria Pública, organizando-se sua estrutura e funcionamento por meio de lei complementar específica.

Por sua vez, os municípios também deverão instituir o Poder Legislativo, Poder Executivo, não detendo competência para instituir Poder Judiciário, Ministério Público e Defensoria Pública, sendo obrigatória, no entanto, a implementação da Advocacia Pública, tendo em vista sua aderência à natureza autônoma dos municípios considerando sua finalidade precípua de representação e consultoria jurídica do Poder Executivo, seguindo o modelo da União e dos estados, criando-se órgão e organizando sua estrutura e funcionamento através de lei complementar específica.

O panorama proposto revela, de forma inequívoca, que não se apresenta como mera faculdade do administrador municipal a concretização institucional da Advocacia Pública, criando-se órgão específico em sua estrutura orgânica. Considerando a parcela de competência atribuída constitucionalmente aos municípios como meio de promover os interesses locais, vislumbra-se que sua estrutura deve ser plenamente composta, nos moldes dos demais entes federativos, visando à paridade em relação à defesa de suas finalidades e à adequada corporificação institucional para a efetividade de direitos fundamentais dos munícipes.

Portanto, a injustificável ausência de sua previsão no texto constitucional não legitima o argumento da prescindibilidade da Advocacia Pública municipal, tampouco serve para se burlar a necessidade de criação de órgão correspondente e de cargos de advogados públicos municipais a serem providos mediante aprovação em concurso público.

Delineando os aspectos enfatizados no presente trabalho, conclui-se que os preceitos compatíveis da Advocacia Pública, prevista no Capítulo IV, que trata das funções essenciais à Justiça, do Título IV da Constituição da República, que trata da organização dos poderes, aplicam-se aos municípios, apresentando-se com as seguintes características: (i) é instituição indispensável em âmbito federal, estadual e municipal; (ii) é instituição permanente, sendo inviável sua supressão; (iii) é obrigatória a criação de órgão específico que corresponda a ela; (iv) os cargos de advogados públicos devem ser providos mediante aprovação em concurso público.

Colhe-se da sistematização apresentada a viabilização de uma proficiente atuação estatal, notadamente em relação aos municípios, formalmente adequada e que imponha aos agentes responsáveis pela materialização da atividade administrativa conduta pautada nos princípios e normas e de acordo com os preceitos constitucionais.

Referências

ALEXANDRINO, Marcelo; PAULO, Vicente. *Direito administrativo descomplicado*. 21. ed. rev. e atual. Rio de Janeiro: Forense; São Paulo: Método, 2013.

ARAÚJO, Rodrigo Henrique de. Autonomia municipal, orçamento público e ativismo judicial. *Revista Brasileira de Direito Municipal – RBDM*, Belo Horizonte, ano 17, n. 62, out./dez. 2016.

CANOTILHO, José Joaquim Gomes. *Direito constitucional e teoria da Constituição*. 5. ed. Coimbra: Almedina, 2002.

CARVALHO FILHO, José dos Santos. *Manual de direito administrativo*. 27. ed. rev. ampl. atual. até 31.12.2013. São Paulo: Atlas, 2014.

DI PIETRO, Maria Sylvia Zanella. *Direito administrativo*. 27. ed. São Paulo: Atlas, 2014.

DWORKIN, Ronald. *O império do direito*. Tradução de Jefferson Luiz Camargo. Revisão técnica de Gildo Sá Leitão Rios. 3. ed. São Paulo: Martins Fontes, 2014.

GARGARELLA, Roberto. A inserção de direitos sociais em constituições hostis a eles (1917 – 1980). *In*: TOLEDO, Cláudia (Org.). *Direitos sociais em debate*. Rio de Janeiro: Elsevier, 2013.

MACHADO, Carlos Augusto Alcântara. *Direito constitucional*. São Paulo: Revista dos Tribunais; IELF, 2005.

MARINELA, Fernanda. *Direito administrativo*. 8. ed. Niterói: Impetus, 2014.

MEIRELLES, Hely Lopes. *Direito municipal brasileiro*. 7. ed. São Paulo: Malheiros, 1994.

MENDONÇA, Clarisse Corrêa *et al*. *1º Diagnóstico da Advocacia Pública Municipal no Brasil*. Belo Horizonte: Fórum; Herkenhoff& Prates, 2018.

MORAES, Alexandre de. *Constituição do Brasil interpretada e legislação constitucional*. 6. ed. atualizada até a EC nº 52/06. São Paulo: Atlas, 2006.

SIMIONI, Rafael Lazzarotto. *Curso de hermenêutica jurídica contemporânea*: do positivismo clássico ao pós-positivismo jurídico. Curitiba: Juruá, 2014.

WAMBIER, Teresa Arruda Alvim *et al*. *Primeiros comentários ao Novo Código de Processo Civil*: artigo por artigo. 1. ed. São Paulo: Revista dos Tribunais, 2015.

Informação bibliográfica deste texto, conforme a NBR 6023:2018 da Associação Brasileira de Normas Técnicas (ABNT):

SOUZA, Robson Soares de. A simetria orgânica aplicável à Advocacia Pública como meio de efetivação de direitos fundamentais. *In*: TAVARES, Gustavo Machado; MOURÃO, Carlos Figueiredo; VIEIRA, Raphael Diógenes Serafim (Coords.). *A obrigatoriedade constitucional das Procuradorias Municipais*. Belo Horizonte: Fórum, 2022. p. 105-138. ISBN 978-65-5518-300-9.

SURGIMENTO, INSTITUCIONALIZAÇÃO E PROSPECÇÕES PARA A ADVOCACIA PÚBLICA À LUZ DA CONSTITUIÇÃO BRASILEIRA DE 1988

ROCINIO OLIVEIRA FRAGOSO NETO

1 Introdução

A Constituição Federal de 1988 concebeu uma estrutura de Estado de direito calcado na prevalência da democracia e na mitigação das arbitrariedades pelo fortalecimento das instituições. Por isso, além da clássica divisão de poderes entre Executivo, Legislativo e Judiciário, surgiram e foram consolidadas instituições que não são meros órgãos administrativos nem estão submetidas na integralidade a um destes poderes na medida em que detêm certa autonomia, tal como ocorre nos tribunais de contas, Ministério Público, Defensoria Pública e Advocacia Pública.

Estes órgãos não são políticos por excelência no sentido de serem agentes promovedores de políticas públicas, mas, mesmo assim, lhes é reservado alto grau de autonomia funcional, técnica, financeira; ou pelo menos deveria ser assim.

Analisando sumariamente o texto constitucional, chama atenção a diferença de disposições constitucionais concedidas aos tribunais de contas, ao Ministério Público e à Defensoria Pública em comparação à Advocacia Pública.

Aos membros dos tribunais de contas e do Ministério Público são garantidas vitaliciedade, inamovibilidade e demais prerrogativas ínsitas à Magistratura. Já aos defensores públicos, sobretudo após a Emenda Constitucional nº 80/2014, foram consolidadas a inamovibilidade e a autonomia funcional, administrativa e financeira.

Já quanto aos advogados públicos, a Carta Magna lhes atribuiu a representação judicial e a consultoria jurídica dos entes federados sem abordar – pelo menos expressamente – o escopo institucional para pleno exercício da função. Assim, poderíamos concluir que se a Constituição não dedicou maiores estruturas à Advocacia Pública é porque talvez realmente não era para ser de tal forma autônoma, tornando insensato qualquer paralelo com as demais instituições por serem parâmetros diversos.

Todavia, esta visão diminuta da Advocacia Pública não se coaduna à história da advocacia e com o reconhecimento progressivo da sua essencialidade ao Estado democrático de direito, afinal a defesa do Estado, de modo algum, se confunde com a defesa de governos ou de governantes, pois, antes disso, se trata de defesa da União, dos estados, do Distrito Federal e dos municípios.

Uma vez constatada disparidade de dispositivos constitucionais que não abarcam a plenitude do que a Advocacia Pública representa, bem como que ainda persiste a confusão entre o que seriam advogados de Estado, de governos e governantes, este trabalho busca conhecer o que é, por direito, Advocacia Pública e suas funções ínsitas, através da análise da doutrina e da jurisprudência do Supremo Tribunal Federal ao apreciar os arts. 131 e 132 da CRFB/88.

O corte epistemológico nestes dispositivos constitucionais justifica uma análise dos trinta anos do novo modelo de procuratura pública inaugurada pela Constituição Federal de 1988 e sua relevância perante o Supremo Tribunal Federal.

Para alcançar o pleno conhecimento do avanço institucional da Advocacia Pública nos trinta últimos anos, este trabalho inicia com uma abordagem conceitual desta função de Estado, esmiuçando funções que são afetas a ela, com apontamentos doutrinários e partindo da premissa de que a Advocacia Pública é uma função constitucionalmente autônoma, cujas razões também se explicitarão.

Em seguida, no segundo capítulo, avança-se a uma apresentação de julgados da Suprema Corte brasileira que trazem à baila os arts. 131 e 132 da CRFB/88, os quais parametrizam a institucionalização da Advocacia Pública, estabelecendo seus limites e alcance.

Por fim, no terceiro capítulo, apresentaremos sintéticas prospecções para a Advocacia Pública para os próximos trinta anos a partir da visão da doutrina brasileira, em especial, de produção de advogados públicos.

Desde já vale sinalizar que a maior dificuldade em estudar o tema é a bibliografia disponível, porque, a rigor, não há grande interesse prático em sua discussão pelo cidadão comum nem pelos advogados especializados em direito administrativo, visto que o modo de ser da advocacia pública é, via de regra, irrelevante para as partes num contencioso judicial em que o ente público participa.

Consequentemente, a bibliografia existente geralmente foi produzida pelos próprios advogados públicos ou associações representativas, o que pode trazer embutida certa supervalorização da instituição e da carreira alçada pelas vontades íntimas dos autores que pretendem estruturá-la ainda que sob o risco de ultrapassar o liame entre as prerrogativas funcionais e as vantagens indevidas.

Consciente desta tenuidade, este trabalho não se presta à defesa de classes; ao contrário, objetiva a teorização da Advocacia Pública através da doutrina e jurisprudência construídas nos últimos trinta anos, as quais retratam os obstáculos para concretização da Advocacia Pública tal como deve ser, à luz da Constituição, ainda que não seja objeto do presente trabalho uma análise crítica contundente dos precedentes, senão, sumário comparativo entre as posições doutrinária e jurisprudencial.

2 Advocacia Pública enquanto atividade privativa e a jurisprudência do Supremo Tribunal *Federal*

O termo "advocacia pública" é polissêmico e, por isso, alvo de muitas confusões. A fim de evitá-las, o termo deve ser entendido através de uma perspectiva constitucional histórica.

Embora a nomenclatura somente tenha sido incluída na Constituição Federal de 1988 através da Emenda Constitucional nº 19/1998, a função *advocacia pública* é bem anterior à positivação, considerando que a representação judicial e extrajudicial dos entes públicos era exercida pelo Ministério Público, o qual também acumulava a função de *custos legis* e de advogado de hipossuficientes.

Diante deste grandioso bloco de funções concentradas no Ministério Público na vigência da ordem constitucional anterior, é possível inferir um *sentido amplo* de Advocacia Pública que compreende três conjuntos de interesses distintos: *a defesa da sociedade, a defesa do Estado* e *a defesa do hipossuficiente.*

Elucidando cada espécie destes interesses, Diogo de Figueiredo Moreira Neto (1992, p. 54) sustenta que o primeiro conjunto abrange, basicamente, os interesses difusos de defesa da ordem jurídica e do regime democrático; e os interesses sociais e individuais indisponíveis. Com efeito, a partir da leitura do art. 127 e seguintes da Constituição, nota-se que se procedeu a uma institucionalização própria do Ministério Público, que passou a ser órgão central para desempenho da procuratura de defesa da sociedade.

O segundo conjunto de interesses públicos de defesa do Estado é composto daqueles que são estabelecidos em lei e cometidos ao Estado em seus desdobramentos políticos (União, estados e Distrito Federal) (MOREIRA NETO, 1992, p. 54), valendo dizer que seria a representação do Estado e a sua consultoria jurídica interna. Para esse conjunto, a função essencial à Justiça que lhe corresponde seria a Advocacia do Estado (arts. 131 e 132 da CRFB/88, cuja procuratura é desempenhada pela Advocacia-Geral da União, pelas procuradorias dos estados e do Distrito Federal e, mesmo sem previsão constitucional expressa, pelas procuradorias dos municípios.

O terceiro conjunto de interesses são os interesses dos necessitados (art. 5º, LXXIV da CRFB/88), que não gozam de suficiência de recursos para defender seus interesses individuais, coletivos e até difusos, havendo para esse conjunto a função essencial à justiça de advocacia dos necessitados institucionalizada na Defensoria Pública (art. 134 da CRFB/88) (MOREIRA NETO, 1992, p. 55).

Note-se, portanto, que a Constituição Federal cindiu a Advocacia Pública em *sentido amplo*, conferindo cada função essencial à Justiça a um órgão específico, de tal modo evidente no capítulo homônimo – Das funções essenciais à Justiça – cujas seções são dividas entre Ministério Público, Advocacia Pública e Defensoria Pública, sem prejuízo da advocacia privada, que também é relevantíssima, embora não integre o Estado.

Desta feita, há uma comunicação histórica entre essas instituições que são conhecidas por *procuraturas públicas.* No entanto, esta comunicação não se restringe a um fenômeno do passado, na medida em que esta relação está prevista no texto constitucional em diversas ocasiões, principalmente nas disposições transitórias que conduziram à especialização institucional de cada uma das procuraturas.

Por exemplo, o art. 29 do ADCT[1] autorizava a permanência da atividade de representação do ente político pelo Ministério Público. Igualmente, há a previsão do direito de opção, conferido pelo §2º do mesmo dispositivo,[2] aos procuradores da República sobre qual carreira aderir, para saber se permaneceriam na carreira de procurador da República ou partiriam à novel carreira de advogado da União.

Outro exemplo emblemático oriundo da jurisprudência está no julgamento da Ação Direta de Inconstitucionalidade nº 3.720, que versava sobre o direito de opção entre a carreira de procurador do estado ou defensor público do estado de São Paulo quando da criação desta última, restando decidido que "é constitucional lei complementar que viabiliza a Procuradores do Estado a opção pela carreira da Defensoria Pública quando o cargo inicial para o qual foi realizado o concurso englobava a assistência jurídica e judiciária aos menos afortunados" (BRASIL, 2008).

Feita esta abordagem da Advocacia Pública em *sentido amplo*, já denunciamos a existência de uma Advocacia Pública em *sentido estrito*, a qual corresponde ao segundo conjunto de interesses públicos abordados outrora e que estão previstos nos arts. 131 e 132 da Constituição Federal, conferindo-lhe representação e consultoria jurídicas dos entes públicos:

Seção II

DA ADVOCACIA PÚBLICA

Art. 131. A Advocacia-Geral da União é a instituição que, diretamente ou através de órgão vinculado, representa a União, judicial e extrajudicialmente, cabendo-lhe, nos termos da lei complementar que dispuser sobre sua organização e funcionamento, as atividades de consultoria e assessoramento jurídico do Poder Executivo. [...]

Art. 132. Os Procuradores dos Estados e do Distrito Federal, organizados em carreira, na qual o ingresso dependerá de concurso público de provas e títulos, com a participação da Ordem dos Advogados do Brasil em todas as suas fases, exercerão a representação judicial e a consultoria jurídica das respectivas unidades federadas. (BRASIL, 1988)

---

[1] "Art. 29. Enquanto não aprovadas as leis complementares relativas ao Ministério Público e à Advocacia-Geral da União, o Ministério Público Federal, a Procuradoria-Geral da Fazenda Nacional, as Consultorias Jurídicas dos Ministérios, as Procuradorias e Departamentos Jurídicos de autarquias federais com representação própria e os membros das Procuradorias das Universidades fundacionais públicas continuarão a exercer suas atividades na área das respectivas atribuições".

[2] "Art. 29. [...] §2º Aos atuais Procuradores da República, nos termos da lei complementar, será facultada a opção, de forma irretratável, entre as carreiras do Ministério Público Federal e da Advocacia-Geral da União".

Apesar destas atividades já denunciarem a que veio a Advocacia Pública, não se pode olvidar que os conceitos nelas previstos são indeterminados, na medida em que o texto constitucional não se desdobrou em detalhes sobre cada atividade, tornando necessária a devida complementação de significado pelos operadores do direito, conforme orientado pelo próprio art. 131 da CRFB/88, que remeteu à lei complementar a tarefa de qualificar e organizar a Advocacia Pública, bem como suprir lacunas e contradições conceituais.

Prova desta imprecisão conceitual é que, se *representação judicial* possui sentido mais corriqueiro e um pouco menos controvertido por ser de conhecimento notório de que se trata da Fazenda Pública em juízo, o mesmo não ocorre com *consultoria e assessoramento jurídicos*, que, em tese, afetariam a apreciação de qualquer matéria jurídica pelos advogados públicos sem qualquer juízo de pertinência, da mesma forma que uma distinção entre os conceitos de consultoria e assessoramento é dificílima em razão da sinonímia, embora cogitemos a desnecessidade de o constituinte repetir conceitos que seriam idênticos.

Em todo caso, Gustavo Binenbojm em parecer ao Projeto de Lei Complementar nº 205 de 2012, que tem por objetivo modificar a Lei Orgânica da Advocacia-Geral da União (Lei Complementar nº 73, de 10.2.1993), conseguiu precisar as finalidades da representação judicial e extrajudicial e da consultoria e assessoramento jurídicos:

> Realmente, cabe a cada órgão da Advocacia Pública, no exercício das atribuições de que a Constituição os incumbiu – ou seja, a representação judicial e extrajudicial dos entes públicos, a consultoria e o assessoramento jurídico: (i) viabilizar, no plano jurídico, as políticas públicas definidas pelos agentes políticos eleitos – e nisso reside o seu compromisso democrático; e (ii) ajustar os atos dos gestores públicos e do aparato administrativo ao quadro de possibilidades e limites oferecidos pelo ordenamento jurídico, na realização de um controle de juridicidade que é tanto prévio quanto sucessivo – o que constitui o seu compromisso jurídico. (BINENBOJM, 2013, p. 5)

É possível sustentar que a representação judicial e extrajudicial e a consultoria e o assessoramento jurídicos são privativos (exclusivos) da Advocacia Pública, mesmo que não possamos afirmar com absoluta precisão o conteúdo destes conceitos.

A contrario sensu, nenhum outro agente, órgão ou poder poderá exercer advocacia pública, sob pena caracterizar inconstitucionalidade por violação desta privatividade. Noutra obra, o Professor Gustavo Binenbojm (2012, p. 2) também sintetizou:

O papel do Advogado Público é o de realizar a mediação entre a vontade democrática e o direito. Mas essa mediação não é estática. Não é o exercício de um "sim" ou "não". Não é proferir um decisum estático, como faz a magistratura. Nem exercer opinio delicti, como faz o Ministério Público. O papel do Advogado Público é compreender a política pública que se deseja implementar, que é a vontade popular, ao fim e ao cabo, e buscar estabelecer os mecanismos que viabilizem a realização dessa política. [...] O Advogado Público deve ser aquele que tem a capacidade de dizer um "não". Mas, sobretudo, deve ter a capacidade de "talvez". Isto deve acontecer porque "talvez" se possa alcançar a realização de uma política pública com a alteração da própria ordem jurídica, dentro dos limites constitucionais estabelecidos.

Diferentemente do que ocorre com Ministério Público, Defensoria Pública e Poder Judiciário, em que a Constituição destacou a organização das instituições e da carreira de seus membros como forma de garantia de pleno exercício das atividades privativas conferidas,[3] na Advocacia Pública, além da organização e carreira serem relegadas à lei complementar, nota-se que em nível federal alude à Advocacia-Geral da União sem afirmar quem são seus membros por excelência, enquanto que nos estados federados menciona os procuradores sem lhes atribuir uma instituição e, nos municípios, sequer há menção.

2.1 Uma premissa histórica necessária: das funções constitucionalmente autônomas

A ênfase exclusiva nas atividades sem ressaltar as instituições e a carreira pode ser encarada como um relaxamento legislativo que destoa da ênfase conferida aos outros órgãos de igual relevância. Mas ainda que assim entendamos, não é possível retirar ou minimizar o *status* de órgão constitucionalmente autônomo (gênero) da Advocacia Pública numa posição em que também se situam os tribunais de contas, Ministério Público e Defensoria Pública (espécies).

---

[3] A respeito da disparidade de disposições constitucionais, Berlandi (2015, p. 244) afirma que o legislador não conferiu o mesmo grau de importância ao estabelecer os respectivos regimes jurídicos. O Ministério Público foi o mais privilegiado, ao serem conferidas aos seus membros quase todas as prerrogativas conferidas aos membros da Magistratura, como a inamovibilidade, irredutibilidade de vencimentos e a independência funcional, além de um período de férias de 60 dias e porte funcional de arma de fogo. Além disso, institucionalmente, o Ministério Público possui importantes garantias, como a autonomia financeira, garantindo-lhe dotação orçamentária própria e a nomeação do chefe da instituição entre os membros da carreira, de forma a manter a integridade contra ingerências políticas.

Com efeito, a compreensão plena do conceito estrito de Advocacia Pública somente é possível com conhecimento prévio sobre o que são órgãos e funções constitucionalmente autônomos, uma vez que gênero explica muito sobre a espécie.

Tradicionalmente, as funções de Estado são rateadas entre poderes de Estado que as exercem equanimemente, a fim de prevenir a concentração de poder em uma pessoa ou determinado grupo e possibilitar o controle e repressão do abuso de poder cometido por qualquer agente estatal. Ou seja, as funções típicas de Estado – legislativa, administrativa e jurisdicional – são repartidas entre grandes órgãos chamados poderes – Poder Legislativo, Poder Executivo e Poder Judiciário – para que toda atividade estatal seja realizada por algum destes poderes e, portanto, esteja sujeita ao controle dos demais, tal como difundido dos ensinos de Montesquieu.

Com o advento da contemporaneidade, esta organização clássica necessitou de adaptações no que tange a determinados órgãos que não estão plenamente vinculados a nenhum dos poderes e, mesmo assim, exercem função de Estado reconhecida pela Constituição. A estes órgãos, como Ministério Público, tribunais de contas, Defensoria Pública, Banco Central, Advocacia Pública, Ordem dos Advogados do Brasil, a doutrina elaborou nomenclaturas diversas, mas aqui são chamados de órgãos constitucionalmente autônomos ou poliarquias, segundo as lições de Diogo de Figueiredo Moreira Neto (2014, p. 162-163):

> A Constituição de 1988 acrescentou às três funções tradicionais do Estado acima examinadas, certas funções de fiscalização, controle, zeladoria, provocação e defesa que, tal como as funções jurisdicionais, devam estar isentas de comprometimento político-partidário, tenham especialização técnica e sejam garantidas em sua autonomia de desempenho, constituindo um quarto bloco de funções constitucionalmente independentes, com seus respectivos órgãos próprios – tribunais de contas, ministério público, advocacia pública, defensoria pública e a Ordem dos Advogados do Brasil. Embora não constitua, este quarto bloco, outro Poder do Estado, mas, ao contrário, mantém suas respectivas identidades fracionárias, todas essas funções, com seus órgãos próprios, individuais ou coletivos, se caracterizam pelo exercício autônomo das respectivas expressões de poder estatal que lhe são constitucionalmente cometidas para o desempenho de suas específicas missões, por meio de atos próprios.

No panorama brasileiro, conclui-se que ao Poder Legislativo compete a função legislativa; ao Poder Executivo, administrativa;

ao Poder Judiciário, jurisdicional; e aos órgãos constitucionalmente autônomos, cada qual em sua medida, as funções de *fiscalização, zeladoria, controle, provocação* e *defesa*.

Com este entendimento, fica claro por que Ministério Público, Defensoria Pública e Advocacia Pública em sentido estrito compõem a Advocacia Pública, também chamados *funções essenciais* à *Justiça*. Também é possível concluir que a Advocacia Pública em sentido estrito não pode ser desassociada de seu gênero, cabendo a ela também fiscalização, zeladoria, controle, provocação e defesa do interesse público e dos direitos fundamentais, sendo certo que suas atividades não se resumem àquelas enumeradas na Constituição.

É importante frisar que a Advocacia Pública é uma dose das funções de fiscalização, zeladoria, controle, provocação e defesa. Especificamente, Moreira Neto (2014, p. 345) ensina que a Advocacia Pública propriamente dita se presta "para a realização da promoção e da defesa do interesse público, as modernas funções dos órgãos dela encarregados distribuem-se em três tipos de atividades: a orientação, a defesa e o controle jurídicos da atividade administrativa".

Portanto, a Advocacia Pública é uma função, uma atividade estatal e, por derradeiro, não se pode confundi-la com um cargo ou uma nomenclatura, de modo que a Advocacia Pública é uma função de Estado e não o cargo de procurador ou a instituição Procuradoria.

Tal conclusão não é uma interpretação restrita do texto constitucional. Ao contrário, é possível achá-la na jurisprudência do Supremo Tribunal Federal, conforme se deu no julgamento da Ação Direta de Inconstitucionalidade nº 2.713, em que se discutia a transformação dos cargos de assistente jurídico da União para advogado da União. Vejamos a ementa:

> Ação direta de inconstitucionalidade. Art. 11 e parágrafos da MP 43, de 25-6-2002, convertida na Lei 10.549, de 13-11-2002. Transformação de cargos de assistente jurídico da AGU em cargos de advogado da União. [...] Rejeiçao [...] da alegação de violação ao princípio do concurso público (CF, arts. 37, II, e 131, §2º). É que a análise do regime normativo das carreiras da AGU em exame aponta para uma racionalização, no âmbito da AGU, do desempenho de seu papel constitucional por meio de uma completa identidade substancial entre os cargos em exame, verificada a compatibilidade funcional e remuneratória, além da equivalência dos requisitos exigidos em concurso. Precedente: ADI 1.591. (BRASIL, 2002)

Nota-se que a Suprema Corte somente autorizou a transformação de cargos de assistente jurídico da AGU em cargos de advogado da União, pois ambos exerciam a função de Advocacia Pública, sem que se malferissem outras regras constitucionais como a exigência de concurso público ou a ruptura da unidade da Advocacia Pública do ente federativo.[4]

Afirmar que o maior enfoque da Constituição foi dado à função e menos ao cargo não significa dizer que a carreira e as instituições são de pouca importância. Pelo contrário, são fundamentais para o perfeito exercício da Advocacia Pública e para garantia das prerrogativas funcionais.[5]

Aqui, somente se ressalta que o destaque da Constituição é feito às funções e às atividades, as quais somente podem ser exercidas por servidores aprovados em concurso público de provas e títulos para este fim, para afastar qualquer exercício ilegítimo por servidores precários, ressalvados os procuradores-gerais e advogados-gerais,[6] pouco importando a nomenclatura do cargo, seja procurador, advogado, assistente jurídico, diretor jurídico, assessor e quejandos; conforme sedimentado na Ação Direta de Inconstitucionalidade nº 4.261:

---

[4] No caso acima, ambas as carreiras eram pertencentes aos quadros permanentes da Advocacia-Geral da União, embora os assistentes jurídicos estivessem lotados noutros ministérios. Vale ressaltar que o art. 69 do ADCT autoriza a manutenção das consultorias jurídicas separadas de suas procuradorias-gerais ou advocacias-gerais, desde que, na data da promulgação da Constituição, tenham órgãos distintos para as respectivas funções. Ou seja, o permissivo constitucional está em manter o preexistente, e não em autorizar a criação de novas carreiras desvinculadas ao órgão jurídico central, o que, no caso da União, foi solucionado com a inclusão destes cargos na própria estrutura da Advocacia-Geral da União através da Lei Complementar nº 75/1993, mantendo a unicidade.

[5] Acerca das prerrogativas dos advogados públicos federais, Moura e Fernandes (2017, p. 170-171) afirmam que temos: independência técnica, imunidade profissional, identidade funcional, poder de requisitar às autoridades segurança para sua proteção no exercício da função, não ser preso ou responsabilizado por descumprimento de decisão judicial também no exercício das funções, só poder ser preso em flagrante de crime inafiançável, devendo tal fato ser imediatamente comunicado ao advogado-geral da União, direito à prisão especial, intimação pessoal, ser ouvido como testemunha em hora e local previamente ajustados, mesmo tratamento protocolar que o dado às demais funções essenciais à Justiça e ser responsabilizado apenas junto ao seu órgão disciplinar, sem prejuízo das demais prerrogativas garantidas aos advogados em geral, na forma da Lei nº 8.906, de 4.7.1994 (Estatuto da OAB).

[6] *Vide* Recurso Extraordinário nº 446.88, em que a Suprema Corte aduziu: "O procurador-geral do Estado exerce as atribuições, mutatis mutandis, do advogado-geral da União, inclusive no que se refere à função de representar judicialmente o ente federativo a que está vinculado. Assim, não há que se falar em ausência de legitimidade do procurador-geral do Estado, independentemente de ser membro da carreira, na representação judicial do Estado" (BRASIL, 2009).

A atividade de assessoramento jurídico do Poder Executivo dos Estados é de ser exercida por procuradores organizados em carreira, cujo ingresso depende de concurso público de provas e títulos, com a participação da OAB em todas as suas fases, nos termos do art. 132 da CF. Preceito que se destina à configuração da necessária qualificação técnica e independência funcional desses especiais agentes públicos. É inconstitucional norma estadual que autoriza a ocupante de cargo em comissão o desempenho das atribuições de assessoramento jurídico, no âmbito do Poder Executivo. Precedentes. (BRASIL, 2010)

Considerada esta premissa, o presente estudo passará agora pelas atividades da Advocacia Pública, desde aquelas previstas expressamente na Constituição até as implícitas em sua ontologia de órgão constitucionalmente autônomo no exercício das funções de fiscalização, zeladoria, controle, provocação e defesa, que por ora passamos a chamar de orientação, defesa e controle jurídicos.[7]

2.2 Defesa: representação judicial e extrajudicial

Antes de abordar a representação propriamente dita, é importante destacar a valiosa e notável garantia aos direitos fundamentais que é a Fazenda Pública em juízo, por ser consectária da responsabilização civil do Estado e da vedação ao poder absoluto por determinar que

---

[7] Reproduzimos a classificação do prestigiado Professor Moreira Neto (1996, p. 277-278), que ensina que o novo conceito de Advocacia Pública não se esgota na tradicional prossecução dos interesses materiais da Administração Pública, senão que passa a envolver prioritariamente a satisfação dos interesses públicos imateriais, tal como expressos nos princípios constitucionais da Administração Pública (arts. 37, *caput*, e 70, *caput*, da Constituição). A própria legalidade, como um dos princípios expressados, já não é mais suficiente para sustentar um conceito satisfatório de eticidade do agir administrativo; a legalidade passa também a ser exigida, notadamente, no controle dos excessos e distorções do emprego da discricionariedade, e a licitude vem a ser incorporada à ordem jurídica e passa a informar o controle da moralidade administrativa. Quanto às modalidades, a consultoria e a representação judicial são hoje apenas o núcleo de uma constelação de funções da advocacia de Estado. Para a realização da promoção e da defesa do interesse público, as modernas funções dos órgãos dela encarregados distribuem-se em três tipos de atividades: a orientação, a defesa e o controle jurídicos da atividade administrativa. A orientação jurídica envolve as funções de assistência jurídica e as de consultoria jurídica; a assistência é função ancilar e de apoio, exercida sem autonomia e em benefício de um órgão de decisão administrativa, enquanto que a consultoria é função principal (essencial), exercida com autonomia e em benefício imediato da própria ordem jurídica. A defesa jurídica é a atuação contenciosa, que evoluiu da representação judicial para um conceito de defesa integral, judicial e extrajudicial, inclusive nos contenciosos de regulação não estatal e nos tribunais administrativos e para-administrativos, onde existam. O controle jurídico, por fim, vê-se alçando a função mais importante da Advocacia de Estado pelas extraordinárias potencialidades que se reconhecem em qualquer de suas submodalidades: o controle prévio, o controle simultâneo e o controle posterior.

certas pretensões do órgão estatal somente serão alcançadas com o provimento judicial.

A ideia de que a Fazenda Pública possa estar em juízo é a consolidação da divisão dos três poderes e da tutela jurisdicional efetiva, sendo um indicador de que os freios e contrapesos estão devidamente ajustados. De nada adianta a previsão de poderes independentes e de que nenhuma lesão ou ameaça de lesão a direito será afastada da apreciação do Poder Judiciário se, na prática, tais garantias são meramente figurativas e *pro forma*, quando os responsáveis pelo seu exercício estão vinculados à mesma estrutura tal como se verificava no período imperial brasileiro:

> Na fase da proclamação da independência, o Decreto de 5 de junho de 1823 retirou do Procurador da Coroa a função de Promotor Fiscal do Juízo dos Jurados. Logo após, o Decreto de 21 de fevereiro de 1824 alterou a denominação Procurador da Coroa e da Fazenda para Procurador da Coroa e Soberania Nacional.
>
> Com a criação do Tribunal do Tesouro Público Nacional, os Procuradores da Coroa, Soberania e Fazenda Nacional atuavam na primeira instância, enquanto que os Procuradores dos Feitos da Fazenda atuavam em segunda instância. Até então, as funções da Procuratura confundiam-se com a Magistratura, e até com as do Ministério Público. (BERLANDI, 2015, p. 236)

Em sendo possível que a Fazenda Pública esteja em juízo, necessariamente existirá uma estrutura que a represente nos tribunais, sendo esta a ocupação da Advocacia Pública.

Representação em juízo é matéria do direito processual e, portanto, deve ser entendida sob o crivo deste ramo do direito que estatui pressupostos processuais para existência e desenvolvimento válido do processo, dos quais a Fazenda Pública não está excepcionada, embora esteja submetida a regramento especial. Com efeito, o Estado deve possuir capacidade de ser parte,[8] capacidade para estar em juízo[9] e capacidade postulatória.[10]

---

[8] Ensina Daniel Amorim Assumpção Neves (2016, p. 374): "A capacidade de ser parte (personalidade judiciária ou personalidade jurídica) diz respeito à capacidade do sujeito de gozo e exercício de direitos e obrigações (art. 1.º do CC), existindo para as pessoas físicas, pessoas jurídicas, pessoas formais (art. 75 do Novo CPC), e para a maioria dos entes despersonalizados, tais como as mesas dos corpos legislativos, as Casas Legislativas ou os Tribunais de Contas, desde que atuem na defesa de seus interesses estritamente institucionais, ou seja, concernentes à sua organização e funcionamento. Nesse sentido a Súmula 525/STJ".

[9][10]Já que a Fazenda Pública é pessoa jurídica, não surgem dúvidas sobre capacidade de ser parte no processo, bem como se dá na capacidade postulatória que é restrita aos advogados, salvo pontuais exceções. Quanto à capacidade para estar em juízo das pessoas jurídicas de direito público, o art. 75 do Código de Processo Civil (BRASIL, 2015) determina que a União será representada pela Advocacia-Geral da União, diretamente ou mediante órgão vinculado; o estado e o Distrito Federal, por seus procuradores; o município, por seu prefeito ou procurador; e a autarquia e a fundação de direito público, por quem a lei do ente federado designar.

Como esta capacidade decorre da lei, o Supremo Tribunal Federal editou a Súmula nº 644, afirmando que "ao titular do cargo de procurador de autarquia não se exige a apresentação de instrumento de mandato para representá-la em juízo" (BRASIL, 2003), em nítido contraponto à jurisprudência do Supremo Tribunal datada da década de 1990, em que se prescindia a juntada de procuração por advogado da autarquia. Vejamos:

> Representação judicial do Estado e das suas autarquias. A representação judicial do Estado, por seus procuradores, decorre de lei. Por esta razão, dispensa-se a juntada de instrumento de mandato em autos de processo judicial. A representação judicial das autarquias, por seus advogados, decorre de mandato outorgado por seu diretor, que detém esta representação, sendo obrigatória a juntada de seu instrumento em autos de processo judicial, sob pena de serem considerados inexistentes os atos praticados (art. 37, parágrafo único, do CPC; art. 70, §1º e §2º, do Estatuto da OAB – Lei 4.215/1963). O art. 50 da Lei 4.595/1964 não dispensa os advogados do Banco Central do Brasil, do Banco do Brasil S.A. e das demais instituições bancárias ali mencionadas, do dever de juntar o instrumento de mandato em autos de processo judicial. (BRASIL, 1990)

---

9   Ensina Daniel Amorim Assumpção Neves (2016, p. 375): "As partes no processo terão necessariamente que praticar atos processuais, que são uma espécie de ato jurídico. Dessa forma, as partes precisam ter capacidade processual (legitimatio ad processum) para a prática de tais atos".

10   A capacidade postulatória "consiste na possibilidade de se postular em juízo [...] só quem detém essa capacidade no Processo Civil brasileiro, é o advogado regularmente inscrito na OAB" (CUNHA, 2016, p. 9). E "tratando-se da Fazenda Pública, sua representação é feita, via de regra, por procuradores judiciais, que são titulares de cargos públicos privativos de advogados regularmente inscritos na OAB, detendo, portanto, capacidade postulatória" (CUNHA, 2016, p. 10).

Nessa toada, ainda, a doutrina tradicional liderada por Pontes de Miranda afirma que, na verdade, não se trata de representação propriamente, porém, de presentação; como bem sintetizado por Daniel Amorim Assumpção Neves (2016, p. 376):

> A capacidade de estar em juízo das pessoas jurídicas e formais está prevista no art. 75 do Novo CPC, porque, sendo pessoas inanimadas, é indispensável a presença de uma pessoa física que a represente ou a presente em juízo. É antiga e tradicional a lição de Pontes de Miranda que distingue presentação e representação: quando a parte se faz presente em juízo por meio de seus órgãos, não existe tecnicamente representação, mas presentação. Dessa forma, apesar do caput do artigo ora analisado mencionar expressamente "representação", somente as partes indicadas nos incisos V, VI, VIII e X são efetivamente representadas em juízo pelos sujeitos previstos no dispositivo legal, enquanto as partes indicadas nos incisos I, II, III, IV, VII e IX são presentadas pelos sujeitos previstos no artigo ora comentado. Na hipótese de presentação não existe necessidade de procuração, mandato nem qualquer forma de outorga de poderes.
>
> Os quatro primeiros incisos do art. 75 do Novo CPC indicam os presentantes da União, Estados, Distrito Federal, Municípios, autarquias e fundações públicas. A União é presentada pela Advocacia-Geral da União, diretamente ou mediante órgão vinculado (Lei Complementar 73/1993 e Lei 9.028/1995), enquanto os demais entes da administração direta são presentados pelos procuradores, admitindo o §4º do art. 75 do Novo CPC o estabelecimento de convênio entre as respectivas procuradorias, visando a atuação recíproca de procuradores em diferentes entes federados, com o que se evita a contratação de advogado privado. No caso do Município, como nem sempre há procuradoria, o prefeito também é presentante.

Ultrapassada qualquer divergência doutrinária, fato é que a Advocacia Pública detém qualificação completa e suficiente para representar e postular em nome da Fazenda Pública, resultando em atuação ampla perante o Poder Judiciário devidamente regulada segundo organização institucional da respectiva procuradoria ou advocacia-geral.

Atuar perante órgãos jurisdicionais é um campo, uma reserva, um espectro das diversas relações jurídicas possíveis e imagináveis, sendo certo que o mundo da vida não se resume ao processo. Por esta razão, a CRFB/1988 também confere à Advocacia Pública a representação extrajudicial.

Ocorre que, segundo o critério da judicialidade, todas as relações jurídicas possíveis e imagináveis ou serão judiciais ou extrajudiciais.

Por isso, poder-se-ia inferir o raciocínio de que a Advocacia Pública pode representar a Fazenda Pública perante qualquer órgão, pessoa ou instituição, enquanto legitimada para pleitear em face de quem quer que seja, em qualquer matéria jurídica em face de todos.

Ocorre que este raciocínio necessita de uma importante ponderação para manutenção do balanceamento entre instituições de Estado, para que não suceda intervenção indevida da Advocacia Pública no processo decisório ou na supressão das instituições políticas.

O Estado é um complexo de relações, decisões e atos das mais variadas naturezas – em que ora prevalece o regime de direito privado, ora de direito público; há decisões administrativas e políticas; há atos vinculados à lei e outros com discricionariedade conferida a determinado órgão ou autoridade – sobre os quais a Advocacia Pública não pode sufragar a legitimidade política, em especial aquela advinda do sufrágio universal. Consequentemente, não se deve ampliar demasiadamente o conceito de representação extrajudicial para que não suceda um absolutismo dos advogados públicos como se fossem os detentores exclusivos da escolha pública.

Portanto, uma interpretação razoável do modo de ser da representação extrajudicial seria a defesa dos interesses da Fazenda Pública perante órgãos julgadores que não possuem poder jurisdicional, entre os quais situam os processos nos tribunais de contas, Conselho Administrativo de Defesa da Economia (Cade), agências reguladoras, tribunais internacionais etc. Em outras palavras, a atuação da Advocacia Pública corresponde à atuação geralmente atribuída aos advogados em geral, de modo que sua legitimidade se estende à presentação do ente público em inquéritos civis perante o Ministério Público, inquéritos policiais etc., que geralmente antecedem o processo judicial.

Vale sinalizar que a representação extrajudicial ganha notável relevância com a edição da Lei nº 13.140, de 26.6.2015, que dispõe sobre a mediação entre particulares como meio de solução de controvérsias e sobre a autocomposição de conflitos no âmbito da Administraçao Pública (BRASIL, 2015). Nesta seara de métodos alternativos de resolução de conflitos, inauguram-se novas problemáticas como os limites a que a Advocacia Pública está sujeita para transacionar, considerando que ainda é corriqueiro nos tribunais pátrios o princípio da indisponibilidade do interesse público e o raciocínio de que não se deve suplantar decisões de governo cuja legitimidade advém dos cargos políticos. Ainda que essas questões sejam encantadoras, não avançaremos mais pois não são objeto deste trabalho.

Diante da amplitude da representação exercida pela Advocacia Pública, é correta a classificação de Moreira Neto (2014) que engloba a representação judicial e extrajudicial no conceito único de *defesa jurídica*, consistindo na atuação contenciosa que evoluiu da representação judicial para um conceito de defesa integral, judicial e extrajudicial, inclusive nos contenciosos de regulação não estatal e nos tribunais administrativos e para-administrativos, onde existam.

2.3 Orientação: assessoria e consultoria jurídicas

Já foi preanunciado que delimitar os conceitos de assessoria e consultoria jurídicas não é tarefa pacífica. Mas, para fins desta obra, nos valemos das lições de Souza (2008, p. 146-147) acerca de assessoramento jurídico:

> Função pouco lembrada, até porque desempenhada por número muito menor de integrantes dos quadros públicos, normalmente exercentes de cargos em comissão, o assessoramento jurídico se assemelha, por um lado, à consultoria jurídica, por envolver a aplicação ou mesmo o detalhamento de normas jurídicas por parte do Poder Público, de modo a evitar futuros questionamentos quanto à licitude de seus comportamentos, bem como a elaboração de projetos de lei. Por outro lado, distingue-se da consultoria por envolver uma orientação voltada não à realização dos valores permanentes do Estado, predefinidos pela ordem jurídica (razão pela qual a consultoria, via de regra, deve ser vinculante), mas sim direcionada à realização de objetivos transitórios, de governo, em que a ordem jurídica revela-se apenas como limite e não como objetivo norteador, razão pela qual o assessoramento, em regra, não é vinculante.

Já quanto à consultoria jurídica, o mesmo autor aduz:

> Considerando que apenas um pequeno percentual das situações de aplicação das normas resulta num conflito jurídico e que apenas um pequeno percentual desses conflitos torna-se um litígio judicial (dados os obstáculos de diversas naturezas que se colocam para o acesso à justiça em nosso país, os quais atingem de forma mais intensa justamente a parte mais carente da população), constata-se quão necessária é a prevenção de conflitos jurídicos envolvendo o Poder Público. Esta função é a chamada consultoria jurídica aos órgãos públicos e é ela que deve (mas nem sempre consegue) evitar as situações de cometimento de ilícito pelo Poder Público, as quais podem resultar em litígios judiciais contra este e nos quais muitas vezes sobrevém (ou deveria sobrevir) uma condenação. (SOUZA, 2008, p. 145)

A principal controvérsia acerca da atividade de orientação jurídica reside no grau de vinculação da autoridade ao parecer exarado pelo advogado público, entrementes a responsabilidade do parecerista quanto aos efeitos concretos de seu posicionamento. Acerca da consultoria jurídica, o Professor Moreira Neto (1992, p. 89) elucidou:

> Distintamente, observa-se, a *consultoria jurídica* é uma atividade essencial à justiça, porquanto nela o advogado tem a *decisão* técnico-jurídica *a seu cargo* e sob sua plena responsabilidade, direta e pessoal. O consultor jurídico do Poder Público *emite uma vontade estatal*, com órgão de Estado que é, vinculando-o de tal forma que, se a Administração não seguir o ditame, deverá motivar porque não o faz, sob pena de nulidade do ato. [...] Seus pronunciamentos têm, por isso, uma eficácia própria, que é a eficácia do parecer jurídico, indistintamente os emitidos por solicitação externa ou *ex officio*, no exercício de funções de fiscalização da juridicidade dos atos do Estado, embora possam alguns pender de um visto ou de qualquer outro ato de assentimento para cobrarem *exequibilidade*. Os órgãos da Administração Pública, que têm na ordem jurídica não só o fundamento como os limites de sua atuação, *não podem ignorar* os pareceres regularmente emitidos pelas consultorias jurídicas dos órgãos da procuratura constitucional que sobre elas atuem, embora possam deixar de segui-los, motivadamente, mas sempre a seu inteiro risco, jurídico e político.

Como afirmado, a questão é tormentosa porque não há firmeza nos precedentes apta a consolidar jurisprudência, inclusive no Supremo Tribunal Federal, que somente tem uma diretriz alinhavada no julgamento do Mandado de Segurança nº 24.631, que restou ementado:

> [...] Responsabilidade de procurador de autarquia por emissão de parecer técnico-jurídico de natureza opinativa. Segurança deferida. Repercussões da natureza jurídico-administrativa do parecer jurídico: (i) quando a consulta é facultativa, a autoridade não se vincula ao parecer proferido, sendo que seu poder de decisão não se altera pela manifestação do órgão consultivo; (ii) quando a consulta é obrigatória, a autoridade administrativa se vincula a emitir o ato tal como submetido à consultoria, com parecer favorável ou contrário, e se pretender praticar ato de forma diversa da apresentada à consultoria, deverá submetê-lo a novo parecer; (iii) quando a lei estabelece a obrigação de decidir à luz de parecer vinculante, essa manifestação de teor jurídico deixa de ser meramente opinativa e o administrador não poderá decidir senão nos termos da conclusão do parecer ou, então, não decidir. No caso de que cuidam os autos, o parecer emitido pelo impetrante não tinha caráter vinculante. Sua aprovação pelo superior hierárquico não desvirtua sua

natureza opinativa, nem o torna parte de ato administrativo posterior do qual possa eventualmente decorrer dano ao erário, mas apenas incorpora sua fundamentação ao ato. Controle externo: É lícito concluir que é abusiva a responsabilização do parecerista à luz de uma alargada relação de causalidade entre seu parecer e o ato administrativo do qual tenha resultado dano ao erário. Salvo demonstração de culpa ou erro grosseiro, submetida às instâncias administrativo-disciplinares ou jurisdicionais próprias, não cabe a responsabilização do advogado público pelo conteúdo de seu parecer de natureza meramente opinativa. (BRASIL, 2007)

Certamente, a razão pela qual a jurisprudência do Supremo Tribunal do Federal não se debruça com maiores detalhes no grau de responsabilização do advogado público por suas manifestações consultivas se dá porque o tema é, a nosso ver, matéria infraconstitucional e, portanto, sem necessidade de indagações constitucionais para resolução do impasse.

Assim, este trabalho não alçará conclusões acerca da responsabilização por absoluta impertinência ao tema proposto, embora seja extremamente instigante. De todo modo, uma constatação necessita ser considerada: a atividade de orientação jurídica é privativa da Advocacia Pública, o que foi devidamente reforçado pela Corte Constitucional no julgamento da Ação Direta de Inconstitucionalidade nº 881:

AÇÃO DIRETA DE INCONSTITUCIONALIDADE - LEI COMPLEMENTAR 11/91, DO ESTADO DO ESPÍRITO SANTO (ART. 12, CAPUT, E §§1º E 2º; ART. 13 E INCISOS I A V) - ASSESSOR JURÍDICO - CARGO DE PROVIMENTO EM COMISSÃO - FUNÇÕES INERENTES AO CARGO DE PROCURADOR DO ESTADO - USURPAÇÃO DE ATRIBUIÇÕES PRIVATIVAS - PLAUSIBILIDADE JURÍDICA DO PEDIDO - MEDIDA LIMINAR DEFERIDA. - O desempenho das atividades de assessoramento jurídico no âmbito do Poder Executivo estadual traduz prerrogativa de índole constitucional outorgada aos Procuradores do Estado pela Carta Federal. A Constituição da República, em seu art. 132, operou uma inderrogável imputação de específica e exclusiva atividade funcional aos membros integrantes da Advocacia Pública do Estado, cujo processo de investidura no cargo que exercem depende, sempre, de prévia aprovação em concurso público de provas e títulos. (BRASIL, 1993)

2.4 Controle jurídico

Seguindo o padrão proposto, Moreira Neto (2014) ensina que a função de controle jurídico exercida pela Advocacia Pública consiste na sua função mais importante em razão das extraordinárias potencialidades que se reconhece em qualquer de suas submodalidades: o controle prévio, o controle simultâneo e o controle posterior. Neste ponto, o entusiasmo do autor se justifica:

> Quanto às finalidades, a ênfase na defesa dos interesses públicos desloca-se do simples interesse fazendário da pessoa jurídica para o interesse público primário da defesa da juridicidade integral da ação administrativa. O novo conceito de advocacia pública não se esgota na tradicional prossecução dos interesses materiais da administração pública, senão que passa a envolver prioritariamente a satisfação dos interesses públicos imateriais, tal como expressos nos princípios constitucionais da administração pública [...]. A própria legalidade, como um dos princípios expressados, já não é mais suficiente para sustentar um conceito satisfatório de eticidade do agir administrativo; a legalidade passa também a ser exigida, notadamente no controle dos excessos e distorções do emprego da discricionariedade, e a licitude vem a ser incorporada à ordem jurídica e passa a informar o controle da moralidade administrativa. (MOREIRA NETO, 2014, p. 454)

A função de controladoria jurídica decorre de uma evolução institucional da Advocacia Pública para além do texto constitucional que apenas faz menção à defesa e orientação jurídicas, o que deve ser interpretado como uma delimitação (e não uma limitação) e como garantia de que estas funções são de exercício privativo de advogados públicos, de modo a corroborar para consolidação da Advocacia Pública enquanto necessária ao controle de juridicidade da atuação administrativa, sendo exatamente esta a característica que distingue a advocacia pública da privada, conforme sustenta Gustavo Binenbojm (2013, p. 59):

> De sua vez, o compromisso jurídico dos Advogados de Estado, consistente na imposição de limites à vontade e aos atos de gestores públicos, é condição sine qua non da Advocacia Pública, que, nesse ponto, se diferencia da Advocacia Privada. Se o Advogado Privado é o profissional que atende aos interesses do seu cliente, dentro das fronteiras da sua ciência, da sua consciência e da ética profissional, o Advogado Público deve reverência, além disso, aos limites impostos pelo ordenamento jurídico, sendo um agente promotor do princípio da juridicidade.

Não bastasse a Proposta de Emenda à Constituição nº 173/1995, que deu origem à Emenda Constitucional nº 19/1998, constava originalmente que:

> Art. 131. Os Procuradores dos Estados e do Distrito Federal exercerão a representação judicial e a consultoria jurídica das respectivas unidades federadas e *o controle interno de legalidade dos atos do Poder Executivo*, organizados em carreira, na qual o ingresso dependerá de concurso público de provas e títulos. (BRASIL, 1995) (Grifos nossos)

Antes que se pense que "controle interno de legalidade" não é competência da Advocacia Pública, é importante frisar que o motivo da supressão da expressão se deu porque se achou redundante, eis que implícita na ontologia da Advocacia Pública:

> É prevista a participação da OAB em todas as fases do concurso público para procuradores, a exemplo do que já ocorre com os magistrados. *Suprime-se a "expressão o conrrole interno de legalidade dos atos do Poder Executivo", por considerar-se desnecessária, pois redundante.* (BRASIL, 1995) (Grifos nossos)

Ponderar pela função de controle não significa que o advogado público se transformou em um censor da Administração Pública, numa espécie de moderador de políticas públicas. Como dito antes, esta função decorreu de necessidades da realidade a que Advocacia Pública teve que se amoldar para prestar seu devido papel constitucional preordenado à consecução dos direitos fundamentais e defesa do Estado democrático de direito:

> Neste diapasão, a modernidade exige uma mudança de postura da Advocacia Pública da inércia defensiva e protelatória, para a proatividade resolutiva, dando azo ao seu verdadeiro papel constitucional como função essencial à Justiça, ou seja, focar na defesa estratégica, no combate à corrupção, na redução de litígios, na recuperação de ativos e na transformação de uma cultura de litigiosidade em uma cultura da paz, além da introspecção nas suas unidades internas do sistema multiportas, como forma de resolução de conflitos. (MOURA; FERNANDES, 2017, p. 168)

Em suma, a função de controladoria decorre da soma das necessidades do mundo da vida que anseiam resposta da Administração Pública segundo a juridicidade, de modo que a orientação promovida pela Advocacia Pública tem deixado de ser, cada vez mais, uma mera verificação do cumprimento de formalidades para tornar-se indutora de possibilidades e respostas adequadas à luz dos direitos fundamentais, conforme sintetiza Vanice Valle (2018, p. 3):

> Não mais se questiona que as instituições de Advocacia Pública tenham transcendido em muito à função primária da representação judicial, para assumir seu papel de orientação à aplicação do sistema normativo pátrio e seus valores subjacentes. Aqui, mais do que a simples orientação consultiva quanto à aplicação da normatividade expressa; está-se aludindo a um papel de inteligência criativa subjacente ao "...direito que condiciona a criação e execução de soluções políticas e programas pela Administração Pública".[11] De outro lado, a judicialização da vida[12] como efeito da normalidade democrática e do extenso sistema de controle disponibilizado pela Carta de 1988 é fenômeno que vem impactando fortemente à Advocacia de Estado.

3 A Advocacia Pública, sua institucionalização e a jurisprudência do Supremo Tribunal Federal

Se na primeira parte desta obra enfocamos as atividades da Advocacia Pública e a correlata jurisprudência da Suprema Corte sobre o tema a partir de 1988, aqui abordaremos jurisprudência do ponto de vista institucional, para saber delimitar a institucionalização da Advocacia Pública.

3.1 Autonomia funcional, administrativa e financeira

No início desta monografia, apresentamos a doutrina que alçou voz nas lições de Diogo de Figueiredo Moreira Neto acerca dos órgãos e funções constitucionalmente autônomos, cada qual em sua medida, para exercício das funções de fiscalização, zeladoria, controle, provocação e defesa.

Como forma de institucionalizar a autonomia destes órgãos, algumas Constituições estaduais conferiram autonomia funcional, administrativa e financeira às suas procuradorias-gerais, como ocorreu

---

[11] SUNDFELD, Carlos Ari. *Direito administrativo para céticos*. São Paulo: Malheiros, 2012. p. 136.

[12] BARROSO, Luís Roberto. Judicialização, ativismo judicial e legitimidade democrática. *(Syn)thesis*, v. 5, n. 1, p. 23-32, 2012.

no Mato Grosso e no Rio de Janeiro,[13] ou então as suas respectivas leis orgânicas, como no estado de São Paulo.[14]

Mas, ao julgar a questão da autonomia da Procuradoria-Geral do Estado da Paraíba na Ação Direta de Inconstitucionalidade nº 217, em 2002, o Supremo Tribunal Federal firmou que, "ao atribuir autonomia funcional, administrativa e financeira à Procuradoria paraibana, desvirtua a configuração jurídica fixada pelo texto constitucional federal para as Procuradorias estaduais, desrespeitando o art. 132 da Carta da República" (BRASIL, 2002). Ainda na Ação Direta de Inconstitucionalidade nº 470, a Corte Constitucional concluiu:

> AÇÃO DIRETA DE INCONSTITUCIONALIDADE. ARTS. 96 E 100, I E III, DA CONSTITUIÇÃO DO ESTADO DO AMAZONAS. INDEPENDÊNCIA FUNCIONAL DOS PROCURADORES ESTADUAIS. Perda do objeto do feito em relação ao art. 96 e ao inciso III do art. 100 da Carta amazonense, tendo em vista posteriores modificações nos textos normativos impugnados. O inciso I do mencionado art. 100, por sua vez, ao atribuir independência funcional aos Procuradores do Estado do Amazonas, desvirtua a configuração jurídica fixada pelo texto constitucional federal para as Procuradorias estaduais, desrespeitando o art. 132 da Carta da República. Ação julgada procedente, tãosomente, para declarar a inconstitucionalidade do inciso I do art. 100 da Constituição do Amazonas. (BRASIL, 2002)

O entendimento foi mantido no julgamento da Ação Direta de Inconstitucionalidade nº 291, em 2010, reiterando que "é inconstitucional norma que atribui à Procuradoria-Geral do Estado autonomia funcional e administrativa, dado o princípio da hierarquia que informa a atuação dos servidores da Administração Pública" (BRASIL, 2010). A *ratio decidendi* do julgamento por maioria se embasa, eminentemente, na

---

[13] "Art. 176. [...] §5º A Procuradoria Geral do Estado terá dotação orçamentária própria, sendo-lhe assegurada autonomia administrativa e financeira, bem como a iniciativa, em conjunto com o Governador do Estado, de sua proposta orçamentária dentro dos limites estabelecidos na lei de diretrizes orçamentárias".

[14] "Art. 2º A Procuradoria Geral do Estado tem autonomia administrativa e financeira, dispondo de dotação orçamentária própria. Suas atribuições são as previstas no art. 176 e parágrafos da Constituição do Estado, competindo-lhe: [...] §6º As decisões da Procuradoria Geral do Estado fundadas em sua autonomia funcional, administrativa e financeira, obedecidas as formalidades legais, têm eficácia plena e executoriedade imediata, interna corpore, ressalvada a competência constitucional do Governador, do Poder Judiciário, do Poder Legislativo, do Ministério Público e do Tribunal de Contas do Estado".

existência da hierarquia entre chefe do Poder Executivo e os advogados públicos, eis que integrantes do dito Poder.

> Ao impedir que o Chefe do Poder Executivo possa interferir na atuação dos Procuradores do Estado, seus subordinados hierárquicos, não podendo exigir-lhes o fiel cumprimento das atribuições descritas no art. 132 da Constituição Federal, a norma impugnada incorre em inconstitucionalidade. Ademais, há nítido desvirtuamento do princípio da hierarquia que informa a atuação dos servidores da administração pública. (BRASIL, 2010)

Há que ser sinalizado que a Corte Constitucional alça tratamento diferenciado entre as procuraturas públicas, admitindo formalmente que as atividades exercidas pela Advocacia Pública (defesa do Estado) não necessitam de autonomia, diversamente do Ministério Público (defesa da ordem jurídica) e da Defensoria Pública (defesa do hipossuficiente), o que se contrapõe às lições trazidas no início deste trabalho. Vejamos:

> Como se vê, nesse caso, a Constituição Estadual repetiu normas federais aplicáveis ao Ministério Público e à Defensoria Pública. Contudo, as atribuições dos Procuradores de Estado não guardam pertinência com as dos membros dessas instituições, que têm deveres e atribuições próprios, inconfundíveis com as de agentes sujeitos ao princípio hierárquico. (BRASIL, 2010)

3.2 Nomeação do procurador-geral e advogado-geral

Seguindo a tentativa das Cartas Constitucionais de institucionalizar a autonomia da Advocacia Pública em âmbito estadual, algumas Constituições estaduais estabeleceram que a nomeação do procurador-geral do estado seria de livre nomeação do governador, escolhido entre os procuradores integrantes da própria carreira. Tal dispositivo se assemelha ao que ocorre com a nomeação das chefias dos órgãos constitucionalmente autônomos, como exemplo dos procuradores-gerais de Justiça, defensor público-geral e procurador-geral da República.

O tema é controverso, inclusive na Suprema Corte. Inicialmente, entendia-se pela constitucionalidade do preceito, pois "mostra-se harmônico com a Constituição Federal preceito da Carta estadual prevendo a escolha do Procurador-Geral do Estado entre os integrantes da carreira" (BRASIL, 2005), tese firmada por maioria apertada de votos na Ação Direta de Inconstitucionalidade nº 2.851.

Acentua-se que foi levantado pelo Ministro Sepúlveda Pertence interpretação conforme a Constituição para exigir que os provimentos em representação judicial e extrajudicial do procurador-geral sejam subscritos por procurador do estado integrante da carreira, sobrelevando que aquele não detinha, por si só, capacidade postulatória. Embora o tema não tenha atingido maiores debates na ocasião, a questão foi resolvida posteriormente numa questão incidental do Recurso Extraordinário nº 446.800:

> O procurador-geral do Estado exerce as atribuições, mutatis mutandis, do advogado-geral da União, inclusive no que se refere à função de representar judicialmente o ente federativo a que está vinculado. Assim, não há que se falar em ausência de legitimidade do procurador-geral do Estado, independentemente de ser membro da carreira, na representação judicial do Estado. (BRASIL, 2009)

Retornando à questão da possibilidade de delimitação da escolha do chefe da Advocacia Pública estadual entre os integrantes da carreira, a interpretação até então vigente foi modificada, também por maioria, na ADI nº 2.682, julgada em 2009, com a seguinte ementa:

> [...] 4. Provimento em comissão, de livre nomeação e exoneração pelo Governador, dentre advogados, dos cargos de Procurador-Geral do Estado, Procurador de Estado Corregedor, Subprocurador-Geral do Estado e Procurador de Estado Chefe. Alegada violação ao art. 132 da Constituição Federal. A forma de provimento do cargo de Procurador-Geral do Estado, não prevista pela Constituição Federal (art. 132), pode ser definida pela Constituição Estadual, competência esta que se insere no âmbito de autonomia de cada Estado-membro. Precedentes: ADI 2.581 e ADI 217. Constitucionalidade dos dispositivos impugnados em relação aos cargos de Procurador-Geral do Estado e de seu substituto, Procurador de Estado Corregedor. Vencida a tese de que o Procurador-Geral do Estado, e seu substituto, devem, necessariamente, ser escolhidos dentre membros da carreira. (BRASIL, 2009)

3.3 Exceção à unidade da Procuradoria-Geral: a Procuradoria Legislativa

A concentração da atividade jurídica do ente público em único órgão central tem sido absolutamente reconhecida na jurisprudência enquanto observância do comando do art. 131 da CFRB/88, no que concerne à Advocacia-Geral da União, cuja unidade é reproduzida aos demais entes federativos por simetria.

Há, todavia, apenas uma exceção desta regra alinhavada pela jurisprudência da Corte Constitucional quanto às procuradorias do Poder Legislativo que se justifica na autonomia entre os poderes da República, conforme restou decidido nas ações diretas de inconstitucionalidade nºs 175, 1.557, 825 e 94, desta última, reproduzimos a ementa:

> Ação Direta de Inconstitucionalidade. [...] 5. Reconhecimento da possibilidade de existência de procuradorias especiais para representação judicial da Assembleia Legislativa e do Tribunal de Contas nos casos em que necessitem praticar em juízo, em nome próprio, série de atos processuais na defesa de sua autonomia e independência em face dos demais poderes, as quais também podem ser responsáveis pela consultoria e pelo assessoramento jurídico de seus demais órgãos. (BRASIL, 2011)

3.4 Necessidade de inscrição na Ordem dos Advogados do Brasil

Uma questão embaraçada na Advocacia Pública é a complexidade de regimes jurídicos a que o advogado público está submetido. Ora, por ser servidor público, submete-se ao estatuto próprio do serviço público; por ser advogado, ao Estatuto da Ordem dos Advogados do Brasil. Todavia, a necessidade de inscrição nos quadros da Ordem é, *per si*, controvertida, tendo em conta que a capacidade postulatória do advogado decore da lei e, de certo modo, não haveria uma imprescindibilidade de sua inscrição, desde que regularmente investido no cargo, tal como ocorre com os defensores públicos e promotores de justiça.

O tema é controvertido, ao ponto de ter sua repercussão geral reconhecida pelo Supremo Tribunal Federal no Recurso Extraordinário nº 609.517 (BRASIL, 2017), ainda pendente de julgamento, mas já suficiente para demonstrar a complexidade da temática.[15]

---

[15] "RECURSO EXTRAORDINÁRIO. REPERCUSSÃO GERAL. ADMINISTRATIVO. ADVOCACIA PÚBLICA. OBRIGATORIEDADE DE INSCRIÇÃO NA ORDEM DOS ADVOGADOS DO BRASIL. RELEVÂNCIA DO PONTO DE VISTA JURÍDICO. I – A questão referente à exigência de inscrição de advogado público na OAB para o exercício

3.5 Teto remuneratório e expressão "procuradores" no art. 37 da CRFB/88

Algumas funções de Estado têm regulamentação ampla na Constituição Federal, como é o caso da organização dos poderes e das funções constitucionalmente autônomas, inclusive quanto às questões envolvendo a remuneração destes agentes públicos.

O art. 37, inc. XI da CRFB/88, através da redação dada pela Emenda Constitucional nº 41/2003, trata do teto remuneratório de alguns destes agentes, sendo que, ao final, inclui a expressão "procuradores" no mesmo limite dos desembargadores do Tribunal de Justiça, que equivale a noventa inteiros e vinte e cinco centésimos por cento do subsídio mensal, em espécie, dos ministros do Supremo Tribunal Federal; vejamos:

> Art. 37. [...]
>
> XI - a remuneração e o subsídio dos ocupantes de cargos, funções e empregos públicos da administração direta, autárquica e fundacional, dos membros de qualquer dos Poderes da União, dos Estados, do Distrito Federal e dos Municípios, dos detentores de mandato eletivo e dos demais agentes políticos e os proventos, pensões ou outra espécie remuneratória, percebidos cumulativamente ou não, incluídas as vantagens pessoais ou de qualquer outra natureza, não poderão exceder o subsídio mensal, em espécie, dos Ministros do Supremo Tribunal Federal, aplicando-se como limite, nos Municípios, o subsídio do Prefeito, e nos Estados e no Distrito Federal, o subsídio mensal do Governador no âmbito do Poder Executivo, o subsídio dos Deputados Estaduais e Distritais no âmbito do Poder Legislativo e o subsidio dos Desembargadores do Tribunal de Justiça, limitado a noventa inteiros e vinte e cinco centésimos por cento do subsídio mensal, em espécie, dos Ministros do Supremo Tribunal Federal, no âmbito do Poder Judiciário, aplicável este limite aos membros do Ministério Público, aos *Procuradores* e aos Defensores Públicos; [...]. (BRASIL, 1988) (Grifos nossos)

O alcance da expressão "procuradores" foi trazida ao Supremo Tribunal Federal, e, a partir da análise de diversos julgados, é possível concluir que inclui toda a Advocacia Pública de todos os entes federativos. Assim se deu, por exemplo, no Recurso Extraordinário nº 558.258, que tratava dos procuradores autárquicos:

---

de suas funções públicas alcança toda a advocacia pública nacional, transcendendo, portanto, o interesse das partes. II – Repercussão geral reconhecida" (BRASIL, 2017)

CONSTITUCIONAL. RECURSO EXTRAORDINÁRIO. SERVIDOR PÚBLICO. SUBTETO REMUNERATÓRIO. ART. 37, XI, DA CONSTITUIÇÃO DA REPÚBLICA. ABRANGÊNCIA DO TERMO "PROCURADORES". PROCURADORES AUTÁRQUICOS ABRANGIDOS PELO TETO REMUNERATÓRIO. ALTERAÇÃO QUE, ADEMAIS, EXIGE LEI EM SENTIDO FORMAL. RECURSO EXTRAORDINÁRIO IMPROVIDO. I – A referência ao termo "Procuradores", na parte final do inciso IX do art. 37 da Constituição, deve ser interpretada de forma a alcançar os Procuradores Autárquicos, uma vez que estes se inserem no conceito de Advocacia Pública trazido pela Carta de 1988. [...] (BRASIL, 2010)

Já quanto à Advocacia Pública municipal, é provável que este raciocínio seja mantido ainda que a instituição não esteja prevista textualmente na Carta da República, não obstante o tema do teto remuneratório dos advogados públicos municipais esteja aguardando julgamento após ter sua repercussão geral reconhecida no Recurso Extraordinário nº 663.696:

RECURSO EXTRAORDINÁRIO. REPERCUSSÃO GERAL. CONSTITUCIONAL. ADMINISTRATIVO. TETO REMUNERATÓRIO (CF, ART. 37, XI). PROCURADORES MUNICIPAIS. LIMITE DO SUBSÍDIO DO PREFEITO. INTERPRETAÇÃO DA PARTE FINAL DO DISPOSITIVO. PRETENSÃO DE APLICAÇÃO DA EXCEÇÃO TAMBÉM PARA OS ADVOGADOS PÚBLICOS MUNICIPAIS. LIMITE DO SUBSÍDIO DOS DESEMBARGADORES DO TRIBUNAL DE JUSTIÇA ESTADUAL. QUESTÃO CONSTITUCIONAL COM REFLEXOS INDIRETOS NA ESFERA JURÍDICA DOS PROCURADORES DE TODOS OS ENTES MUNICIPAIS DA FEDERAÇÃO. PRESENÇA DE REPERCUSSÃO GERAL SOB OS ÂNGULOS JURÍDICO E ECONÔMICO (CPC, ART. 543-A, §1º). (BRASIL, 2011)

4 Prospecções para a Advocacia Pública diante da atual doutrina e jurisprudência para os próximos trinta anos

Como a Constituição Federal não é tão analítica quanto à carreira dos advogados públicos tal como as demais procuraturas, e que há milhares de entes federativos, sucede que compete a cada um deles a regulamentação da carreira segundo as máximas constitucionais de autoadministração e auto-organização. Com efeito, diferentemente do que ocorre com a Magistratura Nacional (Lei Complementar nº 35/1979) e com o Ministério Público (Lei nº 8.625/1993), que possuem leis orgânicas que regulam as instituições e a carreira com suas respectivas prerrogativas, vedações, direitos e deveres para todos os seus membros independentemente do nível federativo; a Advocacia Pública não segue o mesmo rumo.

Mas antes que se sustente que a Advocacia Pública mereça uma lei orgânica nacional, é preciso compreender antes os prováveis motivos de não a ter.

Historicamente, a Advocacia Pública não foi tratada como uma unidade institucional orgânica, tanto é que o texto constitucional originário não continha previsão do título "Advocacia Pública", o qual somente foi introduzido pela Emenda Constitucional nº 19/1998, o que não se deu de forma tão pacífica.

Isso porque ainda vige a clara confusão de que a Advocacia Pública é formada por advogados de governos ou de governantes, segundo já preanunciava Moreira Neto.[16]

---

[16] "Nessa linha, é necessário insistir, que aqui volto a fazer, com muito empenho e com muita esperança nas reservas morais deste País, que os Estados não se confundem com seus Governos e, muito menos, com seus governantes e, por conseqüência, Advogados de Estado não podem ser tidos como advogados de governos ou, com mais razão, como advogados de governantes. [...] Isso significa que, nas condições expostas, um membro da Advocacia de Estado poderia, em tese, responder por perdas e danos perante os administrados, por desempenho de má-fé, mesmo que tenha agido a pretexto de cumprimento de ordens, pois nenhum deles poderia, sequer, alegar, como excusa, a existência de um — dever administrativo hierárquico legal eticamente interferente em suas funções constitucionais independentes. [...] Mas há mais: os Advogados de Estado, mesmo que se encontrem esgotadas as possibilidades das vias burocráticas regulares internas da Administração, não podem se eximir de atuar como órgãos independentes, sempre que se trate, prioritariamente, da defesa da ordem jurídica. É que os interesses do aparelho de Estado são disponíveis, conforme a lei o regule, e cedem ante os interesses constitucionalmente supraordinados, ao passo que o interesse da preservação da ordem jurídica, este é sempre constitucionalmente indisponível, como interesse primário da sociedade posto à cura. [...] Quanto aos deveres do Advogado de Estado, acrescer-se-á aos mencionados deveres gerais de advogado, o dever funcional específico de zelar precipuamente por todos os interesses da sociedade (interesses primários) que foram confiados à pessoa jurídica de direito público a que se vinculam. [...] Para este cometimento, os membros da Advocacia de Estado têm, com muito mais razão, garantida sua independência funcional, na qual se inclui o mesmo e já referido indeclinável dever genérico de custos legis, no caso, voltado às atividades administrativas da unidade política a que está vinculado. É exatamente o que aguarda do comportamento dos exercentes das funções essenciais à Justiça e é essa característica a que mais lhes exalta a importância e, por isso, mas se lhes agravam as responsabilidades de serem agentes institucionais fortes, inabaláveis e intransigentes com os valores históricos que sua profissão lhe confia [...] Realmente, os Advogados de Estado não necessitarão de autorização hierárquica ou de beneplácito superior para atuarem, de acordo com sua ciência e sua consciência, como órgãos tecnicamente independentes, pois que o são, do contrário, teriam frustrada sua missão de controle da juridicidade plena (compreendida

Contrária ou não a tudo o que se apresentou neste trabalho, eis o motivo, pois não sendo a Advocacia Pública autônoma, não há que se falar, portanto, em unidade institucional, uma vez que estaria vinculada ao seu ente federativo na defesa exclusiva de seus interesses. Esse pernicioso raciocínio é alvo de ventos de mudança como o art. 75, §4º do CPC/2015, ao prever que "os Estados e o Distrito Federal poderão ajustar compromisso recíproco para prática de ato processual por seus procuradores em favor de outro ente federado, mediante convênio firmado pelas respectivas procuradorias", fortalecido pela tendência de atuação em rede pelos órgãos da Advocacia Pública:

> Primeira pauta de cogitação para a Advocacia Pública proposta pela ação em rede, diz respeito à necessidade de construir canais de comunicação e atuação em relação às ações integradas que se tenham em desenvolvimento. Aqui, mais do que a capacidade de manutenção de mecanismos de comunicação recíproca entre eventuais participantes de uma ação coordenada entre várias entidades federadas; está-se a apontar a importância de conhecer e promover eventual aprendizado recíproco entre órgãos de Advocacia Pública de entidades que se dediquem a uma mesma ação estatal (política pública) que tenha sido concebida em rede, ou que se apresente umbilicalmente relacionada a outra ação estatal em curso, não desenhada em regime de colaboração, mas que mantém as evidentes relações de interseção recíproca. [...] A criação de redes de integração da Advocacia Pública permite aos integrantes desta carreira, identificar as distorções que se venham caracterizando no que toca à compreensão judicial de direitos fundamentais ou de políticas públicas, circunstância que por sua vez, tende a facilitar a provocação do exercício da ação homogeneizadora que a Carta Constitucional tem reservada aos Tribunais Superiores. (VALLE, 2018, p. 11-12)

Talvez seja prematuro dizer que há unidade entre todos os órgãos da Advocacia Pública, contudo, é plenamente válido afirmar que os diversos órgãos detêm uma relação em si mesma, para além de seus entes federativos.

Apesar de a Emenda Constitucional nº 19/1998 ser considerada uma positivação constitucional, está longe de ser o marco constitucional

---

a legalidade, a legitimidade e a licitude) e de mantenedores e aperfeiçoadores da ordem jurídica, funções essas que devem desempenhar como agentes constitucionais essenciais à justiça. No caso, a essencialidade dessa atuação, não será a de decidir de direito, tarefa que cabe aos agentes ativos da administração, mas será sempre, e em qualquer circunstância, a que lhes é típica e inalienável: a de sustentar o direito" (MOREIRA NETO, 2006, p. 207-213).

da Advocacia Pública, tendo em vista que é omissa quanto à carreira, instituições e previsão da Advocacia Pública municipal. Embora todas essas omissões possam ser supridas com a aplicação de diversos preceitos constitucionais e com o princípio da simetria, não se pode olvidar que ainda persistem obstáculos à concretização da Advocacia Pública, posto que, no vácuo legislativo, alguns se aproveitam para aplicar a máxima "onde nada é proibido, tudo é permitido" e nem sempre as melhores interpretações são levadas a efeito.

Se no plano federal o disparate entre as funções essenciais à justiça é evidente, a realidade dos municípios brasileiros consegue mitigar o mitigado, visto que a Advocacia Pública ainda sofre a pecha de "advocacia de governantes", pois ainda vige um estado de coisas inconstitucional no que concerne às procuradorias municipais, pois é regra submetê-las a interesses meramente particulares em detrimento da autonomia funcional.

Por isso, não é raro encontrarmos municípios em que existam servidores precários – cargos em comissão, contratos de excepcional interesse público ou, mesmo, outros cargos em desvio de função – exercendo as funções de advogado público sob a complacência dos gestores públicos, que suprimem a autonomia funcional da Advocacia Pública constitucionalmente prevista, sendo raros os municípios que organizaram procuradorias-gerais, que possuem advogados públicos efetivos, que realizaram concurso público alguma vez na história e que possuam organização da carreira.

Mas é importante frisar que há boas prospecções à Advocacia Pública, como a Proposta de Emenda à Constituição nº 17/2012, que altera a redação do art. 132 da Constituição Federal para estender aos municípios a obrigatoriedade de organizar carreira de procurador (para fins de representação judicial e assessoria jurídica), com ingresso por concurso público com a participação da OAB em todas as suas fases, garantida a estabilidade dos procuradores após três anos de efetivo exercício, mediante avaliação de desempenho.[17]

---

[17] Assim restaria a redação do art. 132 da CRFB/88: "Art. 32. Os Procuradores dos Estados, do Distrito Federal e dos Municípios, organizados em Carreira, na qual o ingresso dependerá de concurso público de provas e títulos, com a participação da Ordem dos Advogados do Brasil em todas as suas fases, exercerão a representação judicial e a consultoria jurídica dos respectivos entes federados. Parágrafo único. Aos procuradores referidos neste artigo é assegurada estabilidade após três anos de efetivo exercício, mediante avaliação de desempenho perante os órgãos próprios, após relatório circunstanciado das corregedorias".

Outrossim, há outras propostas de alteração legislativa que consagram a Advocacia Pública enquanto função típica de Estado, inclusive nas empresas públicas e sociedades de economia mista com a Proposta de Emenda à Constituição 301/2016,[18] sendo certo que estas conquistas estão se concretizando pouco a pouco.

A Advocacia Pública, assim, mormente pós 1988 tem aos poucos ocupado seu papel de protagonismo na defesa do Estado com o reconhecimento de suas responsabilidades na legislação, ainda que se tenha pleitos ainda não atendidos, como a autonomia orçamentária (PEC nº 82/2007),[19]

---

[18] Nesta proposta, acrescentar-se-ia o art. 131-A na Constituição Federal com a seguinte redação: "Art. 131-A. Nas empresas públicas e nas sociedades de economia mista, da União, dos Estados e dos Municípios, a atividade de representação judicial e extrajudicial é exclusiva de Advogados Públicos de Estatais, organizados em carreiras, cujo ingresso dependerá de concurso público de provas e títulos para a respectiva estatal ou empresa pública, com a participação da Ordem dos Advogados do Brasil em todas as suas fases. §1º Os Advogados Públicos de Estatais exercerão, além da representação judicial e extrajudicial da entidade a qual se encontram vinculados, as atividades de consultoria, assessoramento, assistência e análise jurídica, compondo o sistema de controle interno da estatal. §2º As prerrogativas, garantias, direitos e deveres mínimos dos Advogados Públicos de Estatais, definidos em lei complementar, além daqueles já previstos no estatuto geral que rege a categoria, devem ser implementados no âmbito da respectiva empresa pública e sociedade de economia mista, mantidos os direitos trabalhistas fixados em acordo ou convenção coletiva, firmados entre a entidade representativa específica e as empresas à qual estão vinculados. §3º A exclusividade de que trata o caput deste artigo poderá ser excepcionada nos seguintes casos: I - Em casos envolvendo operações internacionais, condicionando a exceção a prévio parecer por parte da chefia do setor jurídico da respectiva empresa pública ou sociedade de economia mista; II - Realização de atos específicos relativos ao contencioso judicial, quando, diante da abrangência territorial da empresa pública ou sociedade de economia mista, o quadro de Advogados Públicos se mostrar insuficiente, condicionando a exceção a prévio parecer da respectiva empresa pública ou sociedade de economia mista".

[19] Acrescentar-se-ia os arts. 132-A, 135 e 168 assim redigidos: "Art. 132-A. O controle interno da licitude dos atos da administração pública, sem prejuízo da atuação dos demais órgãos competentes, será exercido, na administração direta, pela Advocacia Geral da União, na administração indireta, pela Procuradoria-Geral Federal e procuradorias das autarquias, e pelas Procuradorias dos Estados, do Distrito Federal e dos Municípios, as quais são asseguradas autonomias funcional, administrativa e financeira, bem como o poder de iniciativa de suas políticas remuneratórias e das propostas orçamentárias anuais, dentro dos limites estabelecidos na Lei de Diretrizes Orçamentárias. [...] Art. 135-A. Aos integrantes das carreiras da Defensoria Pública, bem como da Advocacia da União, da Procuradoria da Fazenda Nacional, da Procuradoria-Geral Federal, dos procuradores autárquicos e das procuradorias dos Estados, do Distrito Federal e dos Municípios serão garantidas: a) inamovibilidade, salvo por motivo de interesse público, mediante decisão do órgão colegiado competente, pelo voto da maioria absoluta de seus membros, assegurada ampla defesa; b) irredutibilidade de subsídio, fixado na forma do art. 39, §4º, e ressalvado o disposto nos arts. 37, X e XI, 150, II, 153, III, 153, §2º, I; c) independência funcional. (NR) [...] Art. 168. Os recursos correspondentes às dotações orçamentárias, compreendidos os créditos suplementares e especiais, destinados aos órgãos dos Poderes Legislativo e Judiciário, do Ministério Público, da Advocacia-Geral da União, das

fixação de subsídio em percentual de paridade com outras carreiras de Estado (PEC nº 443/2009),[20] criação de carreira de apoio, advocacia liberal, indenização por acúmulo de funções, PLP 337/2017 que altera a LC nº 73/93, para formalizar a inclusão da Procuradoria-Geral Federal e a Procuradoria-Geral do Banco Central como órgãos de direção superior da Advocacia-Geral da União. (MOURA; FERNANDES, 2017, p. 172)

5 Conclusão

A constatação mais evidente que se faz depois da leitura dos capítulos deste trabalho é que a doutrina acerca da Advocacia Pública é mais vanguardista do que a jurisprudência do Supremo Tribunal Federal. Naturalmente, este não é um fenômeno estranho da ciência jurídica, tendo em vista que compete à doutrina a função de formular análises das instituições sem necessariamente pressupor a existência de um conflito fático para que se tenha uma ação judicial, o que, por si só, em cujas soluções basta a resolução do conflito.

As atividades de defesa, orientação e controle jurídicos são conceitos juridicamente indeterminados e ainda carecem de maior produção bibliográfica sobre sua ontologia e afetação ao advogado público. Por exemplo, ainda é tênue a linha que divide a legitimidade da representação extrajudicial do advogado público nas diversas possibilidades mundo afora. Igualmente, a jurisprudência também não tem se mostrado suficiente quanto à responsabilidade do advogado público parecerista na atividade de orientação, posto que há apenas um precedente do Supremo Tribunal Federal.

Embora parte integrante, as constatações acima não constituem temática desta monografia e, por isso, não perfizemos maiores digressões. No entanto, evidenciam que ainda vige zona de incerteza quanto à extensão destas funções, demonstrando que os trinta anos

---

Procuradorias Gerais dos Estados, do Distrito Federal e dos Municípios, bem como da Defensoria Pública, ser-lhes-ão entregues até o dia 20 de cada mês, em duodécimos, na forma da lei complementar a que se refere o art. 165, §9º da Constituição Federal".

[20] Adicionar-se-ia o §3º no art. 131 da CRFB/88: "§3º O subsídio do grau ou nível máximo das carreiras da Advocacia-Geral da União, das Procuradorias dos Estados e do Distrito Federal corresponderá a noventa inteiros e vinte e cinco centésimos por cento do subsídio mensal, fixado para os Ministros do Supremo Tribunal Federal, e os subsídios dos demais integrantes das respectivas categorias da estrutura da advocacia pública serão fixados em lei e escalonados, não podendo a diferença entre um e outro ser superior a dez por cento ou inferior a cinco por cento, nem exceder a noventa inteiros e vinte e cinco centésimos por cento do subsídio mensal fixado para os Ministros do Supremo Tribunal Federal, obedecido, em qualquer caso, o disposto nos artigos 37, XI, e 39, §4º".

da novel Advocacia Pública ainda não emplacaram na discussão de seus próprios limites.

Já na zona de certeza dos conceitos de defesa, orientação e controle jurídicos, é inegável a percepção de certos avanços institucionais no que concerne à privatividade das funções da Advocacia Pública aos advogados de carreira selecionados através de concurso público de provas e títulos. Paradoxalmente, verifica-se certa resistência quanto ao reconhecimento de prerrogativas institucionais com vistas à autonomia da Advocacia Pública enquanto função constitucionalmente autônoma, o que, por derradeiro, seria obstáculo para o exercício da Advocacia Pública à luz da Constituição.

Chama atenção o receio da Suprema Corte quanto ao reconhecimento de tais prerrogativas que cuida para não transformar os advogados públicos em membros do Ministério Público ou da Magistratura. No entanto, não é possível achar na jurisprudência a razão por que se confere autonomia à Defensoria Pública e ao Ministério Público, e não à Advocacia Pública, embora todas estejam umbilicalmente ligadas na concepção de procuraturas públicas.

Ainda assim, reprisa-se que a jurisprudência dos últimos trinta anos resulta em avanço institucional, de modo que se nota cada vez mais a reafirmação da institucionalização da Advocacia Pública, ainda que lenta.

Por fim, para os próximos trinta anos, espera-se que a Advocacia Pública ganhe relevância em sua atividade de controle jurídico, sobretudo, por causa do fortalecimento dos sistemas de controle interno da Administração Pública no combate à corrupção e na qualificação e assistência na implantação de políticas públicas.

Coerente com esta realidade seria o aperfeiçoamento da institucionalização, contudo, este movimento decorre da sedimentação de anos e, portanto, mais trinta talvez seja razoável, malgrado o presente trabalho não queira ser pretensioso e nem poderia ser.

Referências

BERLANDI, Victor Cesar. Advocacia de Estado ou de governo? Reflexões sobre a advocacia dos interesses públicos constitucionalmente acometidos à administração do Estado. *Revista da AGU*, Brasília, v. 14, n. 3, p. 231-260, jul. 2015. Disponível em: https://seer.agu.gov.br/index.php/AGU/article/view/563. Acesso em: 5 jan. 2018.

BINENBOJM, Gustavo. A Advocacia Pública e o Estado democrático de direito. Revista *Eletrônica de Direito do Estado (REDE)*, Salvador, n. 31, jul./set. 2012. Disponível em: http://

www.direitodoestado.com/revista/REDE-31-JULHO-2012-ANDERSON-PEDRA.pdf. Acesso em: 15 jan. 2018.

BINENBOJM, Gustavo. *Parecer*. Rio de Janeiro: Fórum Nacional da Advocacia Pública Federal, 2013. 37 p. Disponível em: https://www.anajur.org.br/downloads/artigos/parecer-dr-gustavo-plp-205-2012.pdf. Acesso em: 13 jan. 2018.

BRASIL. Constituição (1988). *Constituição nº 1, de 5 de outubro de 1988*. Constituição da República Federativa do Brasil. Disponível em: http://www.planalto.gov.br/ccivil_03/constituicao/constituicao.htm. Acesso em: 5 dez. 2017.

BRASIL. *Lei nº 13105, de 16 de março de 2015*. Código de Processo Civil. Brasília, 2015.

BRASIL. *Lei nº 13140, de 26 de junho de 2015*. Dispõe sobre a mediação entre particulares como meio de solução de controvérsias e sobre a autocomposição de conflitos no âmbito da administração pública; altera a Lei nº 9.469, de 10 de julho de 1997, e o Decreto nº 70.235, de 6 de março de 1972; e revoga o §2º do art. 6º da Lei nº 9.469, de 10 de julho de 1997. Brasília, 29 jun. 2015.

BRASIL. Supremo Tribunal Federal. ADI nº 217. Relator: Min. Ilmar Galvão. Brasília, 28 de agosto de 2002. *Diário Oficial da União*, Brasília, 13 set. 2002.

BRASIL. Supremo Tribunal Federal. ADI nº 2682. Relator: Min. Gilmar Mendes. Brasília, 12 de fevereiro de 2009. *Diário Oficial da União*, Brasília, 18 jun. 2009.

BRASIL. Supremo Tribunal Federal. ADI nº 2713. Relator: Min. Ellen Gracie. Brasília, 18 de dezembro de 2002. *Diário Oficial da União*, Brasília, 7 mar. 2003.

BRASIL. Supremo Tribunal Federal. ADI nº 2851. Relator: Min. Carlos Velloso. Brasília, 23 de fevereiro de 2005. *Diário Oficial da União*, Brasília, 18 mar. 2005.

BRASIL. Supremo Tribunal Federal. ADI nº 291. Relator: Min. Joaquim Barbosa. Brasília, 07 de abril de 2010. *Diário Oficial da União*, Brasília, 9 set. 2010.

BRASIL. Supremo Tribunal Federal. ADI nº 3220. Min. Marco Aurélio. Brasília, 2008. *Diário Oficial da União*, Brasília, 27 mar. 2008.

BRASIL. Supremo Tribunal Federal. ADI nº 4261. Relator: Min. Ayres Britto. Brasília, 02 de agosto de 2010. *Diário Oficial da União*, Brasília, 20 ago. 2010.

BRASIL. Supremo Tribunal Federal. ADI nº 470. Relator: Min. Ilmar Galvão. Brasília, 01 de julho de 2002. *Diário Oficial da União*, Brasília, 11 out. 2002.

BRASIL. Supremo Tribunal Federal. ADI nº 484. Relator: Min. Eros Grau. Brasília, 10 de novembro de 2011. Brasília, 1º fev. 2012.

BRASIL. Supremo Tribunal Federal. ADI nº 881. Relator: Min. Celso de Melo. Brasília, 02 de agosto de 1993. *Diário Oficial da União*, Brasília, 25 abr. 1997.

BRASIL. Supremo Tribunal Federal. ADI nº 94. Relator: Min. Gilmar Mendes. Brasília, 07 de dezembro de 2011. *Diário Oficial da União*, Brasília, 15 dez. 2011.

BRASIL. Supremo Tribunal Federal. Mandado de Segurança nº 24631. Min. Joaquim Barbosa. Brasília, 09 de agosto de 2007. *Diário Oficial da União*, Brasília, 31 jan. 2008.

BRASIL. Supremo Tribunal Federal. Recurso Extraordinário nº 121856, Embargos de Declaração. Relator: Min. Paulo Brossard. Brasília, 24 de abril de 1990. *Diário Oficial da União*, Brasília, 11 maio 1990.

BRASIL. Supremo Tribunal Federal. Recurso Extraordinário nº 446800, Embargos de Declaração. Min. Cármen Lúcia. Brasília, 08 de setembro de 2009. *Diário Oficial da União*, Brasília, 2 out. 2009.

BRASIL. Supremo Tribunal Federal. Recurso Extraordinário nº 558258. Relator: Min. Ricardo Lewandowski. Brasília, 09 de novembro de 2010. Brasília, 17 mar. 2011.

BRASIL. Supremo Tribunal Federal. Recurso Extraordinário nº 609517, Repercussão Geral. Relator: Min. Ricardo Lewandowski. Brasília, 2 de março de 2017. *Diário Oficial da União*, Brasília, 15 mar. 2017.

BRASIL. Supremo Tribunal Federal. Recurso Extraordinário nº 663696. Relator: Luiz Fux. Brasília, 15 de dezembro de 2011. *Diário Oficial da União*, Brasília, 7 ago. 2012.

BRASIL. Supremo Tribunal Federal. Súmula nº 644. Brasília, 24 de setembro de 2003. *Diário Oficial da União*, Brasília, 11 dez. 2003.

CUNHA, Leonardo Carneiro da. *A Fazenda Pública em juízo*. 13. ed. Rio de Janeiro: Forense, 2016.

MOREIRA NETO, Diogo de Figueiredo. A advocacia de Estado e as novas competências federativas. *Revista de Informação Legislativa*, Brasília, v. 33, n. 129, p. 275-279, jan. 1996.

MOREIRA NETO, Diogo de Figueiredo. As funções essenciais à Justiça e as procuraturas constitucionais. *Revista de Informação Legislativa*, Rio de Janeiro, v. 29, n. 116, p. 79-102, 1992.

MOREIRA NETO, Diogo de Figueiredo. *Curso de direito administrativo*: parte introdutória, parte geral e parte especial. 6. ed. Rio de Janeiro: Forense, 2014.

MOREIRA NETO, Diogo de Figueiredo. *Mutações de direito público*. Rio de Janeiro: Renovar, 2006.

MOURA, Grégore Moreira de; FERNANDES, Bernardo Gonçalves Alfredo. As prerrogativas da Advocacia Pública: um olhar sobre a Advocacia Pública federal. *Revista da Advocacia Pública Federal*, Brasília, v. 1, n. 1, p. 163-175, jan. 2017. Disponível em: http://anafenacional.org.br/seer/revista/issue/viewIssue/1/1. Acesso em: 4 fev. 2018.

NEVES, Daniel Amorim Assumpção. *Manual de direito processual civil*. Salvador: JusPodivm, 2016.

O PAPEL da advocacia pública no controle da legalidade da Administração. *In*: CONGRESSO BRASILEIRO DE DIREITO ADMINISTRATIVO. Rio de Janeiro, 2004. 23 p. Disponível em: http://www.buscalegis.ufsc.br/revistas/files/anexos/19859-19860-1-PB.pdf. Acesso em: 20 jan. 2017.

SOUZA, Luciane Moessa de. O papel da Advocacia Pública no Estado democrático de direito: da necessidade de sua contribuição para o acesso à justiça e o desenvolvimento insititucional. *A&C – Revista de Direito Administrativo e Constitucional*, Belo Horizonte, v. 34, n. 8, p. 141-174, 2008.

VALLE, Vanice Regina Lírio do. *Advocacia Pública*: uma agenda para o desenvolvimento no século XXI. 2018. Disponível em: https://pt.scribd.com/document/313563849/Advocacia-Publica-Uma-Agenda-Para-o-Dese. Acesso em: 14 jan. 2018.

Informação bibliográfica deste texto, conforme a NBR 6023:2018 da Associação Brasileira de Normas Técnicas (ABNT):

FRAGOSO NETO, Rocinio Oliveira. Surgimento, institucionalização e prospecções para a Advocacia Pública à luz da Constituição brasileira de 1988. *In*: TAVARES, Gustavo Machado; MOURÃO, Carlos Figueiredo; VIEIRA, Raphael Diógenes Serafim (Coords.). *A obrigatoriedade constitucional das Procuradorias Municipais*. Belo Horizonte: Fórum, 2022. p. 139-174. ISBN 978-65-5518-300-9.

A ADVOCACIA PÚBLICA MUNICIPAL COMO MECANISMO CONSTITUCIONAL DE ARTICULAÇÃO DE ESPAÇOS DE CONSENSO

STELA TANNURE LEAL

1 Considerações iniciais

O campo do direito processual público é um alvo histórico de embates doutrinários, que relatam que as prerrogativas da Fazenda Pública em juízo possuem o potencial de ocasionar situações de quebra de isonomia processual diante de outros litigantes, motivadas por questões como a limitação de recursos humanos na Advocacia Pública ou a presunção de legitimidade dos atos administrativos.[1] Paralelamente, este movimento crítico ignora que a estipulação destas peculiaridades processuais ainda desconsidera a realidade da Fazenda Pública como um *repeat player*, além das diferenças culturais entre a Advocacia Pública e a Advocacia Privada, que implicam uma necessidade de tratamento constitucional e legislativo diferenciado entre as duas categorias profissionais.

---

[1] Neste sentido, por todos, "A visão deturpada do Estado e de sua responsabilidade distorceu também o papel da Justiça, que deveria ser a guardiã das liberdades individuais e dos direitos dos cidadãos, e foi transformada em administradora da moratória do Estado e eficiente proteladora do pagamento das dívidas públicas e do cumprimento de suas obrigações para com os cidadãos. Esse ritual kafkaniano de inadimplência oficial é amplamente favorecido por inúmeros privilégios processuais que a lei e a Constituição Federal estabelecem em favor da Fazenda Pública" (GRECO, Leonardo. *Instituições de processo civil* – Introdução ao direito processual civil. Rio de Janeiro: Forense, 2015. p. 13).

O Novo Código de Processo Civil (Lei nº 13.105/2015), cuja vigência se iniciou em março de 2016, anuncia possibilidades de transformação para o direito processual público, uma vez que, a uma, cria espaços de consensualização no decorrer do processo, e, a duas, oferece oportunidades de celebração de negócios jurídicos processuais, como convenções processuais e protocolos institucionais, aplicáveis à atuação da Advocacia Pública.

Ademais, o tratamento consensual do direito processual público é imensamente favorecido pela reforma do CPC e pela promulgação da Lei nº 13.140/2015 – Lei de Mediação, que destina um capítulo exclusivamente à autocomposição que envolva pessoas jurídicas de direito público.

Neste panorama de transformações, a (re)discussão dos temas relacionados ao direito processual público se apresenta como uma necessidade para a compreensão das novas possibilidades de atuação nesta área – e se elas contribuem para um direito processual mais isonômico e menos estigmatizado. Paralelamente, o aprofundamento destas reflexões – especialmente no tocante à Advocacia Pública municipal, objeto deste estudo – perpassa o questionamento do tratamento constitucional da carreira, que ocasiona problemas de profissionalização para seus integrantes e, de alguma forma, engessa sua atuação diante de conflitos.

Observa-se a construção de um discurso favorável à consensualização no direito processual público que antecede a promulgação do Novo Código de Processo Civil. Esta tendência, por sua vez, acompanha um movimento generalizado de aproximação com soluções consensuais – e que se faz perceber neste campo, para citar apenas um exemplo, na edição de um *Manual de conciliação da Procuradoria-Geral Federal* – ainda em 2012 – cujo texto de abertura aponta a necessidade de aproximação entre a Advocacia Pública e a conciliação, que pode ser considerada para todos os ramos da Advocacia Pública:

> A conciliação é uma ferramenta valiosa posta à disposição dos Procuradores Federais. Se bem empregada, contribui de modo eficaz para melhoria da imagem do Estado perante o cidadão, o qual terá o seu direito reconhecido de modo mais célere. Contribui, ainda, para a melhoria da imagem institucional perante o Judiciário, que verá nessa conduta o propósito proativo e não procrastinatório da atuação da Fazenda Pública em juízo.[2]

---

[2] BRASIL. Advocacia-Geral da União. *Manual de conciliação da Procuradoria-Geral Federal.* Brasília: AGU, 2012. p. 3.

Contudo, este discurso oficial que se aproxima da consensualização surge acompanhado de uma postura de "intransigência do Estado em Juízo, deflagradora de alta litigiosidade nas causas de Direito Público com pouca probabilidade de consenso e fomentadora de uma cultura da sentença para a solução dos conflitos que envolvam a Administração Pública".[3] De alguma forma, isso também é sinalizado no próprio discurso legislativo, pois a Lei nº 13.140/2015 condiciona a chamada transação por adesão à autorização ou parecer do advogado-geral da União.

Há de se analisar a existência de uma percepção de que a cultura jurídica da Advocacia Pública indica preferências por escolhas burocratizantes, que em nada harmonizam com os novos paradigmas de consensualização indicados pelos novos diplomas legais. Esta aparente contradição conduz a um duplo questionamento, que inicia o desenho da hipótese deste trabalho: a Advocacia Pública não confia no consenso ou não possui espaço institucional para realizá-lo?

Este quadro de dissonâncias entre discurso legislativo, discurso oficial, questões culturais e institucionais se apresenta ainda mais intenso no campo da Advocacia Pública municipal que, a despeito de sua previsão constitucional, coloca-se como uma carreira jurídica sem tratamento estruturado ou uniforme entre os municípios. Há expressiva quantidade de municípios cujos quadros jurídicos não apresentam servidores de carreira (65,6%, segundo dados do *1º Diagnóstico da Advocacia Pública no Brasil*),[4] sendo ocupados por pessoal comissionado, em desvio de função ou escritórios de advocacia externos, contratados com ou sem licitação.

Assim, nota-se que às questões relacionadas com a confiabilidade ou permissão institucional para a criação de espaços de consenso na Advocacia Pública soma-se a peculiaridade desta profissionalização incipiente, concretizando as perguntas de pesquisa deste trabalho, que se apresenta como excerto de pesquisa realizado em nível de doutoramento: *quais são as condições da Advocacia Pública municipal para a implementação de espaços de consenso? A estruturação constitucional sólida da carreira de advogado público municipal pode favorecer estes processos?*

---

[3] FACCI, Lucio Picanço. *Meios adequados de resolução de conflitos administrativos*: a experiência da Câmara de Conciliação e Arbitragem da Administração Federal. Tese (Doutorado em Ciências Jurídicas e Sociais) – Universidade Federal Fluminense, Niterói, 2018. p. 40.

[4] MENDONÇA, Clarice Corrêa de; PORTO, Nathália França Figueirêdo; VIEIRA, Rafael Diógenes Serafim. *1º Diagnóstico da Advocacia Pública no Brasil*. Belo Horizonte: Fórum; Herkenhoff & Prates, 2018. p. 34.

Para os fins desta pesquisa, tomamos o conceito de *espaços de consenso* como o conjunto de possibilidades de atuação profissional voltadas para práticas autocompositivas – como a mediação e a conciliação – e a celebração de negócios jurídicos processuais que envolvam a Fazenda Pública municipal, viabilizando a denominada *consensualidade administrativa*.[5]

A observação empírica destas condições se encontra favorecida no presente momento: vivemos uma fase ímpar para a observação das transformações práticas trazidas pelas reformas legislativas ocorridas nos últimos anos, e começam a ser deixadas de lado as expectativas que existiam sobre os caminhos traçados para a sua aplicação. Se, antes, num exercício futurológico, os doutrinadores tentavam se antecipar aos problemas que os aplicadores enfrentariam com a nova legislação, agora, a rotina forense oferece novas luzes para o estudo – e, também, problemas que não haviam sido previstos pelo legislador.

Destarte, a interação entre técnicas e métodos de pesquisa neste trabalho se destina a tentar revelar algumas destas questões problemáticas, especialmente naquelas situações em que a transformação legislativa se encontra desconectada da transformação cultural ou de questões institucionais intrínsecas à Advocacia Pública municipal.

Esperou-se, com a pesquisa, constatar situações em que: i) há viabilização de espaços de consenso pelas mudanças legislativas do CPC/15 e da Lei de Mediação; ii) o consenso, apesar de previsto nestes diplomas, não ocorre na prática da Advocacia Pública municipal, na unidade experimental pesquisada; iii) o consenso já era construído antes das alterações legislativas em questão, não sendo afetado positiva ou negativamente por elas; iv) o consenso já era construído antes das alterações legislativas em questão, sendo afetado positivamente por elas; v) o consenso já era construído antes das alterações legislativas em questão, sendo afetado negativamente por elas; e vi) espaços de potencialidade destes consensos eram percebidos na unidade experimental, e quais seriam as medidas necessárias para sua viabilização.

A metodologia empregada foi a de pesquisa por entrevistas semiestruturadas, realizadas com dezessete advogados públicos municipais de carreira, que atuam numa mesma procuradoria municipal, no campo contencioso ou administrativo. Para a proteção das opiniões dos entrevistados, suas identidades e a identificação da localidade

---

[5] Termo cunhado por BARREIROS, Lorena Miranda Santos. *Convenções processuais e Poder Público*. Salvador: JusPodivm, 2017. p. 34 e ss.

na qual se insere a referida procuradoria foram ocultadas, como será devidamente pormenorizado no item a seguir.

Em paralelo à pesquisa empírica, desenvolveu-se pesquisa doutrinária interdisciplinar nas áreas jurídica e sociológica, objetivando a melhor compreensão dos resultados das pesquisas de campo.

2   Esclarecimentos metodológicos

Apesar da estranheza formal Que isso ocasiona, em virtude das particularidades relacionadas à execução de uma pesquisa por entrevistas abertas – e da proximidade com o objeto de estudo que esta postura acarreta –, em alguns momentos me parece mais adequado utilizar a primeira pessoa do singular para descrever as questões metodológicas do trabalho.

Realizei dezessete entrevistas semiestruturadas com os procuradores municipais de Pasárgada, atuantes no contencioso e em processos administrativos, e que se encontravam diretamente envolvidos com a participação em audiências/sessões de conciliação e mediação, audiências de instrução e julgamento nos tribunais estaduais e federais, ou em potencialidades de consensualização em processos administrativos.

A depender da área de atuação de cada entrevistado na procuradoria, realizei questionamentos sobre suas representações acerca da celebração de convenções processuais, protocolos institucionais (com outras esferas de Advocacia Pública ou para a gestão coletiva de processos), conciliação, mediação, arbitragem, desapropriação amigável etc., de acordo com o roteiro de entrevistas anexo.

As entrevistas seguem um "questionário" preestabelecido, e os temas abordados com cada um variaram, como dito, com a experiência profissional do entrevistado. Também havia a possibilidade de exploração de temas de atuação do entrevistado que não tivessem sido previamente antecipados por mim.

Como os riscos da pesquisa estão adstritos às possibilidades de divulgação indevida dos dados colhidos nas entrevistas, de maneira a identificar o órgão ou o entrevistado que viabilizaram a coleta, podendo ocasionar riscos para o prestígio profissional do sujeito identificado, esses foram devidamente desidentificados, sendo renomeados de acordo com o Alfabeto Fonético Internacional,[6] em ordem não correspondente

---

[6]   Disponível em: http://www.alfabetofonetico.com.br/alfabeto-fonetico-internacional. Acesso em: 11 out. 2018.

à ordem cronológica das entrevistas, para não possibilitar situações em que colegas da unidade experimental reconheçam as opiniões daqueles que tenham sido entrevistados na mesma ocasião.

A unidade experimental, por sua vez, também foi desidentificada com a mesma finalidade. Assim, é sempre referida como *Pasárgada*, por uma questão de gosto literário e ironia (o poema de Manuel Bandeira que se refere à Pasárgada indica uma aversão à impessoalidade que pode estar relacionada com alguns dos problemas enfrentados para a profissionalização dos advogados públicos municipais).[7] Esta possibilidade foi deixada em aberto no início da coleta de dados (em reunião com o procurador-geral, representante da entidade de classe da categoria e o chefe do setor acadêmico da unidade experimental); assim, a depender do nível de abertura das opiniões dos entrevistados, eu manteria o nome da localidade ou o ocultaria.

Minha sugestão foi a de, ao final da coleta de dados, realizar uma reunião com os chefes dos departamentos temáticos e o procurador-geral – sujeitos que poderiam ser expostos mesmo com a desidentificação de seus nomes – para aferir a necessidade desta medida. Esta conversa, contudo, nunca aconteceu; por questões de ética em pesquisa, optei por realizar a ocultação da localidade. Afinal, sabendo qual é a localidade e o período pesquisado, basta uma busca simples no Google para recordar quem eram os ocupantes dos cargos de chefia – ou mesmo outros dos entrevistados, em virtude da singularidade de suas atuações profissionais.

Outrossim, nestas entrevistas, pretendeu-se compreender as representações destes profissionais acerca de suas possibilidades de consensualização (em juízo ou no processo administrativo), sejam estas relacionadas com sua participação em sessões de conciliação e mediação, ou com as oportunidades de fixação de calendários processuais, celebração de acordos de procedimento, protocolos institucionais, acordos em processo administrativo amparados em precedente administrativo, desapropriação amigável etc.

As entrevistas foram realizadas sob um formato semiestruturado, no qual era apresentado um roteiro ao entrevistado (Anexo), com questões abertas. Ainda que eu tenha rotulado este documento como *Questionário*, não se pode dizer que se tratava de um *survey*. Esta

---

[7] "Vou-me embora para Pasárgada/ *Lá sou amigo do rei*/ Lá tenho a mulher que quero/ Na cama que escolherei" (grifos nossos).

diferença é pontuada por Howard Becker, quando explica que "os pesquisadores de *survey* usam uma variante do paradigma experimental, procurando diferenças numéricas entre dois grupos de pessoas que diferem entre si de maneira interessante numa dimensão de atividade ou contexto".[8]

Minha atividade de coleta envolvia o contato com a percepção dos entrevistados sobre suas próprias práticas, o que poderia revelar outros dados que não poderiam ser *imaginados* ou antecipados para um momento anterior às entrevistas. Em virtude disso, o conjunto de técnicas metodológicas utilizado possui um viés eminentemente qualitativo.

Novamente, Becker explica:

> Uma segunda diferença que pode explicar o sentimento persistente de que os dois métodos deferem epistemologicamente é que, nas situações de coleta de dados dos pesquisadores de campo, muita informação é apresentada, mesmo que esses não a procurem e independentemente de sua vontade. Se um pesquisador faz um *survey*, ele vai saber de antemão toda a informação que pode ser coletada. Podem existir algumas surpresas nas conexões entre os itens medidos, mas não vai haver nenhum dado surpresa, ou seja, coisas que não foram perguntadas, mas foram coletadas de qualquer forma. [...]
>
> Em contraste, pesquisadores de campo não podem se isolar dos dados. Desde o momento em que eles "entram no campo" eles vão observar e ouvir coisas que devem ser registradas em seus cadernos de campo. E se eles são conscientes, ou são experientes o suficiente, devem saber que eles têm que colocar tudo dentro de seus registros, mesmo aquilo que possa parecer inútil, e têm que continuar a fazer isso até que eles tenham certeza que não vão mais usar os dados sobre certos temas. Então, eles estão abertos a se tornarem conscientes sobre coisas que não foram antecipadas e podem ter influência no seu tema de pesquisa. Eles têm uma expectativa de continuar a acrescentar variáveis aos seus modelos. E, de alguma forma, essa é a essência do seu método.[9]

Como as entrevistas tinham um formato que permitia ao entrevistado realizar algumas reflexões sobre suas próprias práticas profissionais, muitas coisas não perguntadas foram apresentadas pelos

---

[8] BECKER, Howard. A epistemologia da pesquisa qualitativa. *Revista de Estudos Empíricos em Direito*, v. 1, n. 2, p. 184-199, jul. 2014. p. 187.

[9] BECKER, Howard. A epistemologia da pesquisa qualitativa. *Revista de Estudos Empíricos em Direito*, v. 1, n. 2, p. 184-199, jul. 2014. p. 188.

entrevistados. Estes dados revelam outras questões problemáticas, que não poderiam ser imaginadas ou antecipadas por mim em um momento anterior às entrevistas. Em virtude disso, o conjunto de técnicas metodológicas utilizado possui um viés eminentemente qualitativo.

Porém, a apresentação isolada destes dados coletados seria, de alguma maneira, confusa – para não dizer inútil. A fim de oferecer alguma sistematização dos dados coletados, articulei-os com pesquisa doutrinária na área do direito – especialmente, direito processual e direito administrativo, que contribuem para a explicação das peculiaridades da atuação judicial (ou não) da Administração Pública. No campo da sociologia, por sua vez, há destaque para a pesquisa doutrinária em sociologia do processo e sociologia das profissões.

Apesar de não contar com a ingenuidade de utilizar-me dos dados coletados como se eles não tivessem sido *avaliados* pelos entrevistados ao me responder, posso dizer que as entrevistas transcorreram da maneira mais informal possível.[10] As entrevistas dos chefes de departamento ocorreram em suas salas privativas, sem que eles precisassem se deslocar de seus locais de trabalho. Alguns outros entrevistados se utilizaram das salas dos chefes de departamento, quando estes últimos se encontravam em compromissos externos; outros, da sala de reuniões da procuradoria. Alguns também concederam suas entrevistas num sofá localizado ao final do corredor das salas dos departamentos e, em uma das ocasiões, uma entrevista me foi concedida na escada de incêndio da procuradoria, enquanto o entrevistado fumava um cigarro.

3 A concretização das intenções legislativas sobre espaços de consenso na Advocacia Pública municipal

No decorrer da fase de coleta de dados, algumas considerações comuns entre os entrevistados indicam um cenário no qual: i) há

---

[10] Este alerta é reforçado por Becker: "A maior parte dos etnógrafos 'pensa que está chegando mais perto da coisa real do que em outros tipos de pesquisa, pela própria virtude de se observar o comportamento *in situ* ou ao menos deixar que as pessoas contem o que lhes aconteceu em suas próprias palavras. Claramente, sempre que um cientista social está presente, a situação não é apenas aquela que seria se este pesquisador não estivesse presente. Eu suponho que isso também se aplica mesmo quando ninguém sabe que aquela pessoa é um cientista social fazendo uma pesquisa" (BECKER, Howard. A epistemologia da pesquisa qualitativa. *Revista de Estudos Empíricos em Direito*, v. 1, n. 2, p. 184-199, jul. 2014. p. 192).

descompasso entre a cultura institucional da Advocacia Pública municipal e a abertura de espaços de consenso; ii) a implementação de espaços de consenso implica, necessariamente, a criação de um arcabouço legislativo de autorização destas práticas; iii) a abertura dos espaços de consenso, em virtude de fatores diversos, precisa ser paulatina; e iv) há uma representação comum de que o sucesso na implementação dos espaços de consenso passa pela reformulação do desenho institucional da procuradoria.

Assim, passamos à análise e discussão dos dados coletados sobre cada um destes eixos.

3.1 Uma *advocacia reativa* diante de necessidades criativas: observações de cultura e possibilidades de transformação

Muitas das falas dos entrevistados retrataram uma cultura institucional na qual o advogado público municipal é, de alguma forma, incentivado atuar de forma burocratizada, limitando-se a responder à carga de trabalho que lhe é demandada. Neste sentido é a fala do entrevistado Golf, que reúne dois fatores que explicam algumas resistências à adoção de práticas consensuais entre os advogados públicos municipais: i) o Advogado Público não se apresenta como um vetor de mudanças organizacionais; ii) a cultura jurídico-institucional da Advocacia Pública é orientada por uma atuação *reativa*, e não criativa:

> Essa estrutura, não só normativa, mas de cultura, cultura organizacional, é toda vocacionada como uma advocacia reativa... reagindo sempre a uma provocação, legítima ou não, ou dos administrados, ou da própria Administração. A gente não tem um protagonismo, na advocacia pública, no sentido se ser uma fonte de Inspiração para qualquer mudança organizacional. Como a gente corre atrás, a gente não corre na frente, a gente não protagoniza nada, a gente só reage... entao nós somos muito treinados para reagir. O sujeito é atropelado por uma ambulância pertencente ao Município... e o sujeito faz uma contestação treinada, reagindo ao direito à indenização de uma maneira totalmente, a meu ver, equivocada... então nós temos essa dificuldade, isso é muito normal aqui. Não sei em outros órgãos, mas aqui é assim.

A incorporação de práticas consensuais, nos mais diversos espaços em que esta possa ocorrer, é processo pautado por práticas horizontalizadas, num sentido em que a adoção de uma cultura de consenso em um ambiente hierarquizado seria uma contradição em termos.

Neste sentido, nota-se que a transformação legislativa pura e simples, não acompanhada de um momento de sensibilização sobre as mudanças pretendidas, apresenta-se inócua diante de uma cultura institucional arraigada, que não se pode assumir transformada somente pela inserção de um novo arcabouço legal. Assim, vale ressaltar a fala de Boaventura de Sousa Santos:

> Na verdade, tivemos muitas reformas, mas a cultura jurídica e judiciária não se modificou. Essa é uma das principais razões que levou a que muitas reformas tenham tido efeitos perversos. Muitas vezes, o poder político tem a ideia de que com a promulgação da lei a reforma está feita, o problema está resolvido. Mas, não é assim. Ao contrário, *o problema começa com a promulgação da lei ou reforma.* Sem uma outra cultura jurídica não se faz nenhuma reforma.[11] (Grifos nossos)

Neste ponto, cabe uma reflexão sobre a profissionalização do advogado público municipal: um tratamento constitucional lacunoso da carreira, como se verá adiante (item 4, *infra*), reforça um cenário de travamento para atuação criativa destes profissionais. Seria ingênuo conceber que uma categoria profissional que não possui dimensões constitucionais e legislativas claras sobre suas garantias e prerrogativas se manifestasse de maneira criativamente independente. Ressalte-se que não somente práticas consensuais se colocam como atuações criativas neste raciocínio, mas até mesmo a atuação preventivo-consultiva do advogado público municipal pode resultar orientada em caminhos mais burocráticos, dado o receio de responsabilização posterior ou perseguições de outras espécies. O fechamento à criatividade aparece, portanto, como uma tentativa de se esquivar de problemas profissionais.[12]

---

[11] SANTOS, Boaventura de Sousa. *Para uma revolução democrática da Justiça.* 3. ed. São Paulo: Cortez, 2011. p. 88.

[12] Neste sentido, o entrevistado Papa: "É muito inseguro isso. Ainda mais...aí entra em outros aspectos, vem a fiscalização externa da atividade, vem o Ministério Público atuante, vem o Tribunal de Contas...e muitas vezes, fora do caso concreto, né... às vezes, você, procurador, gestor, secretário, num caso concreto, olha para situação e pensa que aquele acordo é o melhor dos mundos, ótimo para Administração, perfeito... vai economizar não só dinheiro, mas todo o aparato logístico...aquilo chega no Tribunal de Contas, chega no Ministério Público... e a autorização? E o texto que autorizava? Ah, não tem? Começa todo aquele rolo... improbidade e por aí vai... então você precisa tomar todos esses aspectos para se trabalhar com isso".

Contudo, faz-se necessária uma reorientação de prioridades para a promoção de uma cultura institucional que se coloque não como empecilho criativo ao advogado público municipal, mas sim como incentivo de posturas estratégicas de consenso e prevenção de demandas:

> Faz-se mister investir na mudança do foco de sua atuação, para que incentive uma defesa estratégica, com investimento no assessoramento e no caráter preventivo dos seus corpos jurídicos, isto é, evitar ao máximo a judicialização pelo fortalecimento da assessoria preventiva.[13]

Neste sentido, Maria Avilés-Navarro identifica dificuldades para implantação de métodos autocompositivos para o direito administrativo: "Efectivamente una de las dificultades reales es encontrar mediadores que reúnan los requisitos de una completa formación que conjugue las técnicas de la mediación y el conocimiento jurídico requerido por esta parcela del ordenamiento y sus singularidades".[14] Assim, nota-se a necessidade de especialização dos advogados públicos municipais, de forma que estes possam se utilizar destas ferramentas em sua atuação e contribuir para a capacitação contínua de seus pares.

Os *loci* ideal para a promoção desta mudança de prioridades são os cursos de formação e atualização dos membros da carreira, que se apresentam como espaços de discussão de práticas profissionais quotidianas, tendo-se em mente que esta mudança é paulatina – e não uma transformação automática de comportamentos e práticas.

Para a atualização, parece essencial que estes momentos de estudo contemplem situações de consenso frustrado compartilhadas entre os advogados públicos municipais, para a busca de soluções comuns para questões como a autorização legislativa específica (que será discutida no item 3.3, *infra*) e a preservação de prerrogativas, além da especialização nas ferramentas consensuais.

É importante perceber que a Administração Pública, usual-mente, ocupa o polo passivo de demandas judiciais; mas que seria contraproducente que a promoção de uma cultura de utilização de

---

[13] FERNANDES, Bernardo Gonçalves Alfredo; MOURA, Grégore Moreira de. A 'conciliação' como elemento do direito fraterno: por uma jurisconstrução fraterna. *Publicações da Escola da AGU: O Código de Processo Civil de 2015 e a Advocacia Pública Federal. Questões Práticas e Controvertidas*, Brasília, v. 9, n. 4, out./dez. 2017. p. 33-34.

[14] AVILÉS-NAVARRO, Maria. *La mediación intrajudicial en el contencioso-administrativo*: evolución hacia una nueva realidad. Madrid: Universidad Carlos III, 2015. p. 193.

ferramentas de promoção de consensos começasse por parte dos administrados – os resultados seriam pontuais, difusos e sem uniformidade. Assim, uma das finalidades da atualização dos profissionais seria a de criar a habilidade de mapeamento de oportunidades de adoção das novas ferramentas. Neste sentido é o entendimento de Maria Avilés-Navarro:

> Para que la autoridad administrativa asuma esta tarea, entendemos que resulta imprescindible que sea conocedora y tenga confianza en las posibilidades y ventajas que estos medios alternativos pueden ofrecer. De ahí la necesidad de hacer partícipe a la Administración de este proceso de cambio a través de la oportuna formación e información.[15]

Algumas sugestões de temas passíveis de tratamento neste tipo de sensibilização não se restringem aos Meios Adequados de Solução de Conflitos (MASC), devendo abordar outras espécies de práticas consensuais que transcendam a utilização – nem sempre cabível – de mediação ou conciliação. Exemplos possíveis surgem nas falas de entrevistados da pesquisa, como i) a necessidade de adoção de precedentes (administrativos e/ou judiciais) para a delimitação de estratégias no contencioso;[16] [17] ii) o desenho de critérios objetivos para o não recurso;[18] iii) a adoção de estratégias de diálogo interprofissional entre a procuradoria e os demais órgãos municipais.[19]

---

[15] AVILÉS-NAVARRO, Maria. *La mediación intrajudicial en el contencioso-administrativo*: evolución hacia una nueva realidad. Madrid: Universidad Carlos III, 2015. p. 191.

[16] Foxtrot relata uma situação de recalcitrância do município de Pasárgada: "Tem situações que a gente vê já pacificadas, principalmente nessas situações repetitivas... aí era corrigir o rumo, parar de fazer errado... por exemplo: descontar IR sobre o terço de férias, que é uma questão repetitiva que me vem à cabeça. Até a Prefeitura parar, a gente recebeu muitas ações por conta de uma bobagem, que a gente sabe que está mais do que errado, mas não chega e fala 'vamos devolver, vamos fazer acordo', porque não tem liberdade para isso, não tem autorização".

[17] India também relata situação de mesma natureza: "Pasárgada tem, por exemplo, uma posição equivocada no recolhimento de contribuição previdenciária que gerou quatro ou cinco mil ações judiciais...e que até hoje continua recolhendo errado, e que já poderia ter arrumado, com base em tudo aquilo que já viveu, mas prefere fazer o errado e pagar na Justiça. Isso é uma coisa que foge à racionalidade...isso é uma questão de gestão. A gente lida dentro da nossa limitação".

[18] Neste sentido, Juliet: "Enfim, são muitas possibilidades, são muitos processos...e a Administração não aproveita. Eu já tive que fazer recurso por causa de 300 reais. Você não paga, não faz um acordo...fica ali discutindo por conta de valor antieconômico, completamente antieconômico. Não tem essa política".

[19] India relata: "assim... eu fiz um requerimento, por exemplo, há um tempo atrás, de que me informassem todos as hipóteses de desconto de contribuição previdenciária. Porque, como

Por outro lado, para os cursos de formação, deve-se perceber o potencial de que novos integrantes da carreira podem servir como vetores da mudança de cultura institucional – e esta é uma tentativa de resposta à angústia do entrevistado Golf – pois, a uma, ainda não possuem os mesmos receios e resistências que seus colegas e, a duas, podem representar a oportunidade, para as procuradorias, de especialização de pessoal para o trabalho com ferramentas consensuais diversas.[20]

3.2 A compreensão dos entrevistados sobre interesse público – Ele impede ou contribui para a prática consensual?

A preocupação mais latente entre os entrevistados se relaciona com a representação de que sua atuação profissional está estritamente vinculada ao interesse público. Neste raciocínio, nota-se que o ponto de maior resistência entre os entrevistados para a adoção de práticas de construção de consensos é a representação de que estas ferramentas não podem ser harmonizadas com a *vontade administrativa* –[21] conceituada

---

a gente recebe muito, e eu estou vendo que está errado, e o Judiciário está condenando em todas, eu pensei...deixa eu fazer uma análise prévia de todas as hipóteses de incidência de contribuição previdenciária sobre verbas salariais, remuneratórias, para a gente poder definir qual está certa e qual está errada...e eu nunca obtive resposta. Eu poderia, a partir dali, reconhecer a procedência de pedidos, fazer defesas mais robustas em outros tantos... assim, você fica numa situação...e você não tem instrumento. Para propor consenso, você precisa de dados. E se você precisa de dados e não tem dados, ninguém te passa os dados...se você quer consenso, você precisa entender, né? Enquanto isso não acontecer, você vai apagando incêndio, enxugando gelo...".

[20] O entrevistado Papa sinaliza sua preocupação com a inexistência de pessoal especializado em mediação para a Administração Pública - o mesmo raciocínio pode ser utilizado para os outros espaços de consenso abordados nas entrevistas: "A mediação eu já vejo com um pouco mais de dificuldade. Porque a mediação já é algo que está começando nas obrigações que são disponíveis, lá no privado...nem na advocacia privada a gente vê muita mediação. A gente vê, muitas vezes, em cidades maiores, São Paulo, Rio de Janeiro, para o particular...acho que, para o Poder Público é possível implantar, especialmente nos conflitos coletivos, acho que é o instrumento que mais traria resultado nesse tipo de situação, mas vejo com mais dificuldade".

[21] Neste sentido, "Essa vontade administrativa não poderia, sequer, ser denominada de vontade, posto que com essa não se assemelha. A vontade administrativa nunca poderá ser livre ou autônoma, nem subjetiva, tampouco fruto de um artifício mental, interno e psicológico. A vontade administrativa é institucional, objetiva, externa e deverá ser sempre procedimentalizada para que seja alcançada pelos mecanismos de controle. Se o particular é autônomo naquilo que lhe pertence e que não é proibido pelo direito, o ente público está vinculado ao direito, inclusive, nos primeiros atos de formação da sua vontade" (FERREIRA, Kaline. A autocomposição e as pessoas jurídicas de direito público

como uma orientação objetiva para a atuação do advogado público –, ou de que não podem ser utilizadas se não passarem por um balizamento legal rigoroso sobre seus limites.

Neste sentido, deve-se ter em questão que qualquer comportamento consensual a ser adotado pela Administração Pública passa por caminhos distintos daqueles perpassados pela adoção de ferramentas consensuais em outros ambientes:

> Condição bem peculiar da atuação da Administração Pública, cuja vontade conciliatória só se forma após ocorrer, um complexo e, não raro, demorado iter cognitivo, sempre com a preocupação, dos agentes públicos, de quem tutela direito e patrimônio alheios, e são chamados a prestar contas a respeito.[22]

A fala do entrevistado Delta – ao relatar as distinções entre a advocacia privada e a advocacia pública – exemplifica esta representação:

> Então, tem essa diferença. Em relação à possibilidade de consenso, ela existe. Na verdade, a disponibilidade do interesse privado facilita o consenso, né? O privado pode rasgar dinheiro, entre aspas, que é dele e ninguém tem nada com isso. O público não pode porque o interesse público é indisponível.
>
> Então, primeiro que você não pode, para fazer um consenso, atuar de modo a abrir mão de interesse público indisponível. E a maioria é...[23]

– O que mudou depois da Lei de Mediação? *Publicações da Escola da AGU: O Código de Processo Civil de 2015 e a Advocacia Pública Federal. Questões Práticas e Controvertidas*, Brasília, v. 9, n. 4, p. 117-127, out./dez. 2017. p. 120).

[22] ANDRADE, Ana Karenina Silva Ramalho; ANDRADE, Cássio Cavalcante. A participação da Fazenda Pública na audiência do art. 334 do NCPC. *In*: PINHO, Humberto Dalla Bernardina de; RODRIGUES, Roberto de Aragão Ribeiro (Org.). *Mediação e arbitragem na Administração Pública*. Curitiba: CRV, 2018. p. 37-50. p. 47.

[23] Neste mesmo sentido é a fala de Hotel: "Eu acho que as atuações do advogado público e do advogado privado são completamente diferentes. Tenho, assim, um firme entendimento neste sentido. Eu acho que o advogado público tem que ter um comprometimento com o interesse público, e o conteúdo de interesse público, para mim, é concretização de direito fundamental. Então eu tenho que tutelar a coisa pública, os bens públicos, o interesse público, mas esse interesse público, quando ele colide com direitos fundamentais, eu tenho que avaliar bem isso... porque aquela distinção entre interesse público primário e secundário para a Administração Pública... bem, eu acho essa distinção uma falácia. Eu tenho que trabalhar tudo, porque eu preciso cuidar do recebimento de recursos, defender o Erário, porque, sem essa defesa, eu não consigo realizar direito fundamental".

Contudo, percebe-se que o conceito de interesse público – e, consequentemente, de vontade administrativa – não é bem delimitado por estas representações: estes códigos aparecem em suas falas como um impedimento abstrato para a sua atuação consensual,[24] o que condiz com a consideração de Janaina Soares Noleto Castelo Branco: "todas as instituições e pessoas que agem em defesa do interesse público têm, na verdade, uma visão própria do que deve corresponder a este enigmático conceito".[25] Assim, ao analisar suas falas, o *receio* colocado pelos entrevistados quando estes se referem ao interesse público se encontra mais conectado com a própria imprecisão do termo do que com um impedimento colocado pelo direito administrativo para a atuação consensual do advogado público municipal.[26]

Correndo o risco da redundância, também estas considerações remetem a um tratamento constitucional e legislativo lacunoso sobre as atribuições da carreira, porque a satisfação do interesse público – considerando este como o atendimento da coletividade – pode ser muito mais eficiente se tratado pela via consensual, como enuncia Elisa Berton Eidt:

> Não há, em relação ao Poder Público, uma desautorização para que se utilize de métodos consensuais para a resolução de seus conflitos, *eis que a vinculação ao interesse público permite, justamente, que se busque a maneira mais eficaz de se atingi-lo*. Aliado a isso, igualmente não consta a reserva da jurisdição como condição de aperfeiçoamento dos atos administrativos, podendo o Estado se valer de soluções administrativas para dirimir suas controvérsias, com ou sem o auxílio de um terceiro.[27] (Grifos nossos)

---

[24] O entrevistado Lima representa o interesse público como uma possibilidade de responsabilização posterior: "Mas, também, quando eu levo isso para o Procurador-Geral, eu preciso levar isso com um lastro jurídico, sob pena de ser responsabilizada e ele ser responsabilizado, também. Pelo TCE, pelo MP... porque o que mais tem é isso. Você está em audiência, o juiz está louco para você fazer um acordo. Aí você faz e vem o Ministério Público e o TCE, falando da indisponibilidade do interesse público. Então a gente também tem que tomar muito cuidado, porque, às vezes, imbuído da melhor das intenções, você é responsabilizado por alguma coisa"

[25] CASTELO BRANCO, Janaina Soares Noleto. *Advocacia Pública e solução consensual dos conflitos*. Salvador: JusPodivm, 2018. p. 45.

[26] Foxtrot discorre sobre situação em que o "interesse público" o impede de não recorrer de determinadas situações: "É muito... a gente não tem... e quando eu falo "a gente", eu falo da estrutura...aqui não permite que você analise custo-benefício. Aí fica assim... com a indisponibilidade do interesse público, eu não posso deixar de brigar até o fim... Aí a gente vê... 'não, nesse caso, a gente vai perder mais do que já perdeu', então vamos parar. [*risos*] Ou a gente está em desacordo com o que está previsto na jurisprudência, a jurisprudência está se pacificando nesse sentido... aí a gente tenta montar, construir um parecer para demonstrar a necessidade de cessar aquela situação".

[27] EIDT, Elisa Berton. *Autocomposição na Administração Pública*. Santa Cruz do Sul: Essere nel Mondo, 2017. p. 144.

A fala do entrevistado Juliet sinaliza a existência de confusão entre *advocacia de Estado* e *advocacia do Estado*: "o interesse público, realmente, é o interesse do administrador, do prefeito, daquele mandato. De maneira nenhuma é o interesse público como a gente estuda, sabe? [*risos*]". O que acaba por se revelar é que o uso da categoria interesse público, nas falas dos entrevistados, pode mascarar uma preocupação dos advogados públicos municipais com represálias por conta de atuações contrárias aos interesses de governo.

Nesta toada, Janaína Castelo Branco adverte que "os riscos profissional e pessoal são reais, fazendo com que boa parte dos membros da Advocacia Pública opte por não buscar o consenso com a parte contra quem litiga a Fazenda Pública, o que não condiz com o que se espera de um Estado cooperativo".[28]

Destarte, a independência necessária para que os membros da Advocacia Pública municipal possam estabelecer espaços de consenso – seja em conciliação ou mediação, em negócios jurídicos processuais ou mesmo em outras práticas – promove o dogma administrativo do interesse público;[29] todavia, somente pode ser alcançada mediante o desenho de critérios objetivos para esta atuação na seara legislativa, que passamos a analisar.

3.3 Questões de autorização legislativa: possibilidades genéricas e detalhamentos possíveis

A Lei de Mediação (Lei nº 13.140/2015) destina um capítulo ao tratamento "Da autocomposição de conflitos em que for parte pessoa jurídica de Direito Público". Deve-se ressaltar que a primeira intenção da pesquisa de doutoramento que originou este excerto se voltava, exclusivamente, à observação da incorporação e aplicação deste texto legal nas procuradorias municipais. Contudo, o aprofundamento doutrinário ampliou o foco da pesquisa para a observação da incorporação de outras possibilidades, como a celebração de negócios jurídicos processuais.

---

[28] CASTELO BRANCO, Janaina Soares Noleto. *Advocacia Pública e solução consensual dos conflitos.* Salvador: JusPodivm, 2018. p. 101.

[29] Assim, "Revela-se que a finalidade última da estrutura estatal – bem servir à sociedade – muito mais a impulsiona em direção à resolução de conflitos na via administrativa do que repele, ao contrário do que dogmas aparentemente insuperáveis do direito público pareciam ordenar" (EIDT, Elisa Berton. *Autocomposição na Administração Pública.* Santa Cruz do Sul: Essere nel Mondo, 2017. p. 107).

Uma dificuldade que se coloca – e que pode passar despercebida pelos estudiosos dos métodos autocompositivos que não lidam com a Administração Pública – é a de que as possibilidades traçadas são excessivamente genéricas em sua apresentação, o que pode ocasionar algumas dissonâncias entre as práticas dos órgãos de advocacia pública – ou mesmo provocar um movimento de não adoção das possibilidades apresentadas pela ausência de apresentação de alternativas de implementação. Nos dois cenários, resta prejudicada a aplicabilidade dos referidos dispositivos.

Neste sentido é a crítica de Kaline Ferreira:

> A impressão mais clara que se tem, após a leitura do texto, é a de que a norma em tela não foi concebida para abranger os entes públicos, não foi pensada sob a ótica do direito público, mas apenas, depois de pronta a norma, para suprir uma lacuna considerada importante, agregou-se um capítulo que não se coaduna com o todo.[30]

Na unidade experimental observada na pesquisa – a Procuradoria do Município de Pasárgada – a única incorporação de texto legislativo referente à adoção de práticas autocompositivas após a promulgação da Lei de Mediação e do Código de Processo Civil (que também favorece cenários de construção de consensos) é a Lei de Anistia, elaborada nos mesmos moldes de redação legislativa que já existiam no período anterior às duas leis federais referidas.

Uma representação comum aos entrevistados é a necessidade de criação de lei específica para o traçado de espaços de consenso internos, que estabeleçam critérios objetivos sobre os limites da atuação consensual e evitem, assim, possibilidades de responsabilização posterior dos advogados públicos municipais por terem eles celebrado estes consensos. Existe uma concordância de representações, também, no que diz respeito à insuficiência da Lei de Anistia para tratar destes cenários. Neste sentido é a fala de Charlie:

---

[30] FERREIRA, Kaline. A autocomposição e as pessoas jurídicas de direito público – O que mudou depois da Lei de Mediação? *Publicações da Escola da AGU: O Código de Processo Civil de 2015 e a Advocacia Pública Federal. Questões Práticas e Controvertidas*, Brasília, v. 9, n. 4, p. 117-127, out./dez. 2017. p. 117. Paralelamente, a autora também se posiciona sobre a ausência de inovação legislativa real, quando indica que a criação das câmaras já era uma faculdade dos entes públicos, citando, como exemplo, a Câmara de Conciliação e Arbitragem da Administração Federal, criada em 2007. Segundo ela, haveria provocação à mudança cultural em caso de obrigatoriedade de criação das câmaras, com fixação de prazos para sua efetuação (p. 121).

Eu acho, na minha ideia, que deve ser construída uma legislação que permita ao procurador municipal ter uma liberdade não como essa, da Lei de Anistia, que vige durante dois meses. Ele deveria, a meu ver, ter uma possibilidade de transação de forma permanente, e não de forma provisória... deixando para o procurador, dentro de todos os critérios legais, a possibilidade ou não de fazer a redução de um valor, o parcelamento de uma dívida etc. para o contribuinte... logicamente, obedecendo a alguns critérios objetivos.[31]

Isso reforça a crítica realizada acima à Lei de Mediação, pois esta poderia ter abordado possibilidades abertas de incorporação das práticas enunciadas dentro dos diversos órgãos da Administração Pública. Pode-se imaginar que uma solução padronizada não seria exequível para todos os entes federativos, em virtude de suas diferenças de porte e quadros de pessoal disponível. Contudo, seria viável elencar, de maneira exemplificativa, conjunturas possíveis para a adoção em cada órgão, como avalia Luciane Moessa de Souza:

Todavia, a lei já poderia prever desde logo os critérios gerais para a celebração de acordos (atos normativos aplicáveis ao caso, fatos comprovados durante o procedimento, jurisprudência administrativa e judicial sobre o tema, pareceres da própria Advocacia Pública, custos e duração da instrução e do processo judicial, interesses legítimos dos envolvidos no conflito), que poderiam ser detalhados, para cada matéria, por esses atos normativos da Advocacia Pública, de modo a fornecerem parâmetros para os advogados públicos que atuarem em cada conflito concreto.[32]

O entrevistado India relata a existência de um projeto de lei orgânica para a Procuradoria de Pasárgada, ainda em discussão, e que

---

[31] Golf também se posiciona neste sentido: "Então, eu defendo que a gente tivesse uma norma que permitisse aos procuradores fazer uma análise de probabilidade de êxito nas execuções fiscais e aí fazer conciliação nisso...porque, evidentemente, a gente tem muitos casos em que a probabilidade de êxito é muito próxima de zero. Então, se tivesse critérios minimamente publicizáveis, ou seja, que fossem factíveis de a gente escrever em algum lugar para ficar registrado e auditado para que, no futuro, dizer 'nós fizemos um acordo numa execução de um milhão por cem mil...porque a gente recebeu cem mil, que é muito melhor que receber o histórico da PGM para casos desse tipo, que seriam zero'... uma coisa assim, que a gente que ter inteligência para criar, mas nós ainda não temos fôlego aqui. É como eu disse: a gente aqui corre atrás, a gente não corre na frente".

[32] SOUZA, Luciane Moessa de. Mediação de conflitos envolvendo entes públicos. *In*: SOUZA, Luciane Moessa de (Coord.). *Mediação de conflitos*: novo paradigma de acesso à justiça. Santa Cruz do Sul: Essere nel Mondo, 2015. p. 344.

entende que o tema poderia ser adequadamente tratado neste texto normativo:

> Então são várias questões que estão sendo trazidas. Uma delas é a criação de um Conselho Superior da Procuradoria, que vai tratar de assuntos sensíveis... e um desses assuntos sensíveis seria analisar e aprovar acordos... dentro do conselho teria uma subdivisão que seria uma câmara de conciliação, que está até prevista no CPC também.

A incorporação das câmaras de conciliação como elemento fixo das leis orgânicas de procuradorias municipais parece se apresentar como medida conforme com o fomento da cultura de consenso na Advocacia Pública, pois, simultaneamente, estabelece um espaço institucional de discussão de práticas consensuais e as coloca como atribuição possível para o advogado público municipal, contornando o temor da responsabilização posterior.[33]

Desta forma, parece-nos, até o momento, que o acolhimento de uma cultura de consenso dentro da Administração Pública perpassa a reformulação do desenho institucional das procuradorias, como passamos a tratar.

3.4 Um novo desenho institucional, novas práticas – A incorporação de câmaras de conciliação pelas procuradorias municipais

Como explicitado no item 3.1, *supra*, não se pode esperar que a adoção de uma nova cultura institucional aconteça de forma automática – e isso também é válido quando se avaliam os impactos institucionais de um novo arcabouço legislativo. Os processos de incorporação de novas práticas profissionais - e novas reflexões sobre as práticas anteriores – somente acontecem ao longo de processos de sensibilização e capacitação dos profissionais envolvidos.

Uma questão especial a ser considerada para advogados públicos municipais, em paralelo aos fatores já expostos, é a de que a rotina e a

---

[33] Quando perguntado se o mecanismo de funcionamento da Câmara, no referido projeto, assemelhava-se ao funcionamento da CCAF (Câmara de Conciliação e Arbitragem da Administração Pública Federal), o entrevistado India relatou entender que este tema seria tratado de forma mais apropriada em decreto: "A organização interna ficaria a cargo de um decreto... porque senão você engessa muito. Na verdade, a lei cria e o decreto regulamenta internamente essas atividades e a forma de funcionamento".

carga de trabalho de um *repeat player*, associadas a uma infraestrutura carente para o profissional acabam por direcionar o procurador à dita *advocacia reativa*.

Assim, nota-se que, juntamente com a necessidade de capacitação e atualização dos profissionais, é necessário avaliar a criação de espaços institucionais de reflexão sobre a adoção de ferramentas consensuais, como enuncia a fala do entrevistado Papa:

> Mas eu vejo que, primeiro, tem que implantar na Administração o que é a ideia de conciliação. Até que ponto essa possibilidade não afasta a indisponibilidade, o interesse público, os limites que são estabelecidos – e que têm que ser estabelecidos, por segurança, mesmo – é, então é isso, mudar um pouco de ideologia.
>
> E depois mudar os instrumentos...eu acho que é muito importante que pessoas distintas – eu não vejo com bons olhos o procurador que trabalha com a parte judicial também atue numa prévia administrativa, numa tentativa de conversa...

A fim de evitar a interposição de questões éticas aos advogados públicos municipais, estabelecer diferenciações entre as ferramentas consensuais praticadas no âmbito da procuradoria e aquelas adotadas em outros ambientes, e, finalmente, traçar prognósticos de consenso (especialmente para as questões repetitivas), é imperioso um redesenho institucional para o impulsionamento da cultura de consenso nas procuradorias municipais.

Duas alternativas se apresentam para este redesenho, que passamos a expor.

3.4.1 *Screening process* – Um setor diagnóstico

O modelo do tribunal multiportas (*multi-door courthouse*), idealizado por Frank Sander, tem como ideia central a concepção de que uma ferramenta de tratamento de conflitos única não pode ser adequada para toda espécie de conflito que possa advir.

Assim, o jurista concebeu um modelo no qual o conflito passa por uma triagem, na qual se analisa qual seria a ferramenta adequada para seu tratamento – mediação, conciliação, arbitragem, métodos híbridos (como a *med-arb*), e, até mesmo, a jurisdição clássica. As finalidades do sistema são explicitadas por Sander:

Assim, quando alguém procura um advogado nesses estados – como Massachusetts, Colorado, New Jersey e muitos outros –, é preciso pesquisar várias opções com o cliente, exatamente como um médico faz quando alguém chega com alguma queixa. A pessoa diz: "estou com dor de estômago", e o médico não responde: "bom, vou pegar meu bisturi para fazer a operação". Os médicos precisam apresentar as suas opções: "você pode tomar remédios, ou não fazer nada, ou fazer uma operação". Da mesma forma, os advogados precisam fazer a mesma coisa com os conflitos, o que leva naturalmente a um exame mais detalhado das opções para resolver o conflito.

E, é óbvio, os advogados precisam ter conhecimentos. Trata-se de uma consequência desse tipo de obrigação legal.[34]

Um mecanismo semelhante de *screening process* pode ser adotado nas procuradorias municipais, de forma que a equipe ficaria responsável por analisar as demandas que chegam à procuradoria, encaminhando, quando for o caso, sugestões possíveis de ferramentas consensuais aos procuradores que possuam a atribuição de tratá-las, sob o formato de pareceres.

3.4.2 Modelo de Câmara – Um setor consultivo

A outra possibilidade que se apresenta às procuradorias é a organização de uma câmara que realize consultas *a posteriori*. Diferentemente de um modelo de triagem, a esta seriam submetidas consultas sobre possibilidades de utilização de ferramentas consensuais para casos específicos.

Ressalte-se, contudo, que este segundo modelo, em virtude de seu mecanismo de funcionamento – que parte da iniciativa dos demais advogados públicos municipais em provocá-lo para as consultas – corre riscos de, num primeiro momento, ter suas atividades esvaziadas pela própria falta de familiaridade dos demais procuradores com seu funcionamento.

Ademais, nada impede que o modelo de triagem seja adotado com dupla atribuição para seus membros: a uma, elaboração de pareceres sobre as possibilidades de adoção de ferramentas consensuais

---

[34] CRESPO, Mariana Hernandez. Diálogo entre os professores Frank Sander e Mariana Hernandez Crespo: explorando a evolução do Tribunal Multiportas. *In*: ALMEIDA, Rafael Alves de; ALMEIDA, Tania; CRESPO, Mariana Hernandez (Org.). *Tribunal multiportas*: investindo no capital social para maximizar o sistema de solução de conflitos no Brasil. Rio de Janeiro: Editora FGV, 2012. p. 35.

para os feitos novos; a duas, elaboração de pareceres em resposta a consultas formuladas sobre feitos em tramitação.

4 A importância da estruturação constitucional adequada da carreira de Advocacia Pública municipal para a efetivação de uma cultura de consenso

Poder-se-ia dizer que as questões sinalizadas pelos advogados públicos municipais em suas entrevistas traçam um retrato em duas dimensões sobre a carreira jurídica pesquisada, em virtude do fato de todos os entrevistados serem integrantes da mesma procuradoria. Contudo, este quadro de procuradores coloca questões comuns ao *status quo* da profissionalização da classe dos advogados públicos municipais como um todo: um sinal desta generalização possível está no fato de que, em Pasárgada, há convivência entre advogados públicos municipais concursados e assessores comissionados.[35]

Trinta anos após a promulgação da Constituição Federal de 1988, a carreira jurídica de Advocacia Pública municipal ainda possui tratamento constitucional lacunoso, o que acaba por ocasionar uma discrepância entre essa e as carreiras jurídicas de Procuradoria do Estado e Advocacia-Geral da União. Em virtude disso, observam-se diversos (des)níveis de profissionalização entre os órgãos de representação dos municípios pelo Brasil – o tratamento legislativo local da carreira é detalhado em níveis distintos nas municipalidades, oferecendo um panorama geral nada uniforme: há situações de quadros integralmente compostos por advogados concursados; quadros em que convivem advogados concursados e contratados; quadros compostos integralmente por advogados contratados, servidores temporários ou em desvio de função; ou mesmo situações nas quais as atividades de consultoria e representação do município são realizadas por escritórios de advocacia externos, escolhidos ou não via licitação.

Neste mesmo sentido, Janaína Soares Noleto Castelo Branco questiona o tratamento constitucional da carreira e aponta sua principal consequência:

---

[35] A situação de Pasárgada é a mesma de 65,6% dos municípios, nas quais procuradores concursados dividem atribuições com profissionais não concursados (MENDONÇA, Clarice Corrêa de; PORTO, Nathália França Figueirêdo; VIEIRA, Rafael Diógenes Serafim. *1º Diagnóstico da Advocacia Pública no Brasil*. Belo Horizonte: Fórum; Herkenhoff & Prates, 2018. p. 44).

Infelizmente, o tratamento constitucional dado à instituição é pobre. Não menciona o constituinte sequer os advogados públicos municipais ao tratar da exigência de concurso público para provimento dos quadros da Advocacia Pública, o que faz com que seja comum a inexistência de cargos efetivos de procurador nas municipalidades.

Lamentavelmente, a função de advogado público é exercida nessas situações por ocupantes de cargo comissionado, o que favorece o desvirtuamento da instituição para conferir ares de legitimidade aos atos praticados pelos governantes. É que, tendo em vista que o cargo é de livre provimento e exoneração, retira-se de seu ocupante qualquer estabilidade capaz de garantir-lhe a mínima independência necessária ao exercício de seu mister.[36]

Esta convivência de situações de profissionalização distintas entre diversos municípios ocasiona, além do efeito pernicioso apontado acima, uma dissonância entre práticas profissionais entre as procuradorias. Essa dissonância é observável até mesmo na acessibilidade aos dados relativos aos profissionais que realizam estas funções em municípios sem procurador concursado, de acordo com a descrição metodológica do *1º Diagnóstico da Advocacia Pública Municipal no Brasil*:

> Foi identificada resistência das equipes das Prefeituras em disponibilizar o contato dos profissionais responsáveis pela advocacia do Município, especialmente nos casos em que o serviço é realizado por uma empresa (escritório de advocacia).
>
> Também nos casos em que a atividade é desempenhada por ocupante de cargo comissionado, foram identificadas recusas em fornecer o contato telefônico ou e-mail ou passar o recado, pelas equipes das prefeituras. Muitos desses comissionados não executam o serviço diariamente na sede da prefeitura, o que dificultou o contato.[37]

Como referido nos itens anteriores, a construção de uma cultura de consenso – na Advocacia Pública municipal ou em outros espaços – demanda tempo, sensibilização dos profissionais envolvidos e treinamento adequado. É notável que não há mecanismo hábil que garanta continuidade de atuação num sentido consensual sem a profissionalização adequada da carreira.

---

[36] CASTELO BRANCO, Janaina Soares Noleto. *Advocacia Pública e solução consensual dos conflitos*. Salvador: JusPodivm, 2018. p. 89-90.

[37] MENDONÇA, Clarice Corrêa de; PORTO, Nathália França Figueirêdo; VIEIRA, Rafael Diógenes Serafim. *1º Diagnóstico da Advocacia Pública no Brasil*. Belo Horizonte: Fórum; Herkenhoff & Prates, 2018. p. 31.

Paralelamente, um tratamento legislativo inseguro da carreira jurídica coloca os profissionais à mercê de caprichos políticos dos gestores em exercício nas municipalidades, o que torna tentativas de consensualização nas procuradorias municipais praticamente inexequíveis, por receios de responsabilização posterior do advogado público municipal ou outras represálias (que se tornam possíveis justamente pelo tratamento legislativo lacunoso sobre prerrogativas e garantias destes profissionais, como remoções imotivadas).

O entrevistado India relata preocupação neste sentido:

> Não é porque o gestor que entrou não gosta dela que ela vai ser removida para trabalhar no Cemitério Municipal... "ah, eu não gosto de você, vou mandar você para trabalhar na Secretaria de Agropecuária, porque lá você vai ficar isolado e não tem como me criar problema"... isso aconteceu no passado aqui em Pasárgada...diretores da Associação de Procuradores foram designados, foram separados dos colegas, retirados de dentro da Procuradoria e designados para trabalhar em setores que nada tinham a ver com as suas formações, setores externos... para tirar aquele entrosamento, o engajamento deles. E isso foi feito ao arrepio da lei, como forma de punição, eram combativos demais...[38]

Neste sentido, outro dado relevante descrito pelo diagnóstico é a baixa incidência de procuradorias dotadas de lei orgânica própria: apenas 24,9% dos municípios da amostra pesquisada apresentam este instrumento normativo,[39] que fixa atribuições e competências para a carreira, além de sua estrutura organizacional, ocasionando maior independência para o exercício das funções de Advocacia Pública municipal.

Como possibilidade de fomento para a adoção de uma cultura de consenso pelas procuradorias municipais, uma das sugestões desta pesquisa é a adoção, em lei orgânica, de considerações sobre a atuação

---

[38] Neste mesmo sentido é a fala de Golf: "Eu até tenho falado aqui... a gente tinha de ter inteligência para tentar criar uma lei que permitisse à Procuradoria, com um mínimo de segurança... e esse é um fator importante, foi uma das coisas que mais...uma das coisas que tem feito também, até por conta da minha área de atuação também, você tem que saber...que tem feito com que os advogados públicos fiquem muito reclusos, é a possibilidade de serem processados. E tem havido muito isso, eu tenho clientes na minha advocacia privada que são procuradores processados na área da improbidade, a meu ver, injustamente, por conta de uma visão atolhada do Ministério Público, que tudo transforma em improbidade...".

[39] MENDONÇA, Clarice Corrêa de; PORTO, Nathália França Figueirêdo; VIEIRA, Rafael Diógenes Serafim. *1º Diagnóstico da Advocacia Pública no Brasil*. Belo Horizonte: Fórum; Herkenhoff & Prates, 2018. p. 42.

consensual de advogados públicos municipais, diante do fato de que todos os entrevistados desta pesquisa relatam dificuldades de adoção de posturas consensuais pela não previsão legislativa específica, que estabeleça, por exemplo, limites percentuais de negociação possível em face do valor da causa.

Atrelada a este resultado, apresenta-se uma sugestão – relacionada ao fato de este excerto da pesquisa de doutoramento ser endereçado à entidade de classe dos advogados públicos municipais. Uma vez que a finalidade da ANPM é reforçar as garantias e prerrogativas da carreira, de forma a assegurar uma atuação profissional mais independente, e que a promulgação de leis orgânicas tem o potencial de consolidação desta intenção, sugere-se a criação de um grupo de trabalho interno da Associação para a elaboração de uma "Lei Orgânica Modelo". A adoção – total ou mesmo parcial – deste documento para a elaboração das leis orgânicas de cada procuradoria oferece uma possibilidade de uniformização de práticas profissionais na categoria, inclusive no que tangencia a adoção de práticas consensuais, objeto deste estudo.

5 Considerações finais

A pesquisa realizada parte de uma necessidade explorativa que se reflete no primeiro dos temas tratados no roteiro de entrevistas: as representações sobre a existência de diferenciações nas atividades desempenhadas pela Advocacia Pública e a Advocacia Privada. As representações referentes a este tema esboçam uma cultura institucional que se distingue da Advocacia Privada – particularmente visível naqueles entrevistados que exercem as duas atividades profissionais. Esta reflexão reforça a necessidade de compreensão de que ferramentas consensuais precisam ser amoldadas aos lugares institucionais em que se inserem, sob o risco de perderem aplicabilidade.

Na quase totalidade das entrevistas realizadas, houve uma percepção comum entre os entrevistados de que a advocacia, em geral, e a advocacia pública, em particular, vivem um cenário de aproximação gradual dos MASC, favorecido pelo cenário legislativo. Contudo, não há uma representação comum sobre a aplicabilidade destas novas ferramentas às rotinas da Administração Pública – e, em especial, da Advocacia Pública municipal.

De alguma forma, esta postura dos entrevistados pode estar relacionada com o tratamento dispensado pelo legislador do CPC/15 e da Lei de Mediação ao exame dos conflitos que envolvem a Fazenda

Pública. Ainda que exista a abertura de espaços de consenso à Fazenda Pública nos dois diplomas – afinal, "nada mais desajustado seria o incentivo legislativo às soluções consensuais se o Estado dele restasse apartado" –,[40] percebe-se a existência de lacunas essenciais neste tratamento, que desconsideram peculiaridades da atuação do Estado em juízo e das rotinas dos advogados públicos, inviabilizando a aplicabilidade imediata deste arcabouço legislativo.

Alguns entrevistados reconhecem que estas novas ferramentas chegarão ao quotidiano do advogado público, mas não conseguem identificar como este processo ocorre: ele está num plano hipotético, situado num futuro do qual, aparentemente, o interlocutor não sabe como toma parte. Este receio se relaciona, entre outros fatores, com a carência constitucional de tratamento da carreira, que se reflete em insegurança jurídica para o manejo de ferramentas consensuais ou redesenhos institucionais que favoreçam a criação de espaços de consenso.

Pode-se pensar que a sucessão de escolas de pensamento sobre o direito processual contribuiu para um fechamento cada vez mais intenso da Advocacia Pública – se o liberalismo processual a alija pelo uso orientado pelo princípio da legalidade, a guinada publicista a engessa num regramento que é observado pelo aplicador como integralmente cogente.[41]

Outra reflexão que se coloca como essencial para o aperfeiçoamento da cultura de consenso entre os profissionais de Advocacia Pública é o oferecimento de oportunidades de atualização continuada, de forma a viabilizar um conhecimento mais detalhado sobre as possibilidades de utilização das ferramentas de construção de consenso disponíveis para a sua atuação.

Diante de um quadro de atualização continuada – que pode ser ofertada através de oficinas ou cursos periódicos, por exemplo –, podem

---

[40] EIDT, Elisa Berton. *Autocomposição na Administração Pública*. Santa Cruz do Sul: Essere nel Mondo, 2017. p. 107.

[41] Neste sentido é a colocação de Gustavo Osna: "Diante disso, se foi antes visto que o acoplamento entre a atuação estatal e o mundo do Direito tornou-se historicamente insuperável, seria natural que a esfera jurídica também sofresse as consequências dessa mutação. [...] Realmente, essa perspectiva fez com que se alterassem em extensão e em essência os próprios interesses a serem protegidos pelo poder público, assumindo juridicidade. Se antes a proteção era destinada a interesses que possuíam em sua essência um traço negativo (exigindo, a princípio, menor intervenção da máquina estatal), o movimento faz com que a eles sejam somadas atividades mais ativas e dispendiosas" (OSNA, Gustavo. *Processo civil, cultura e proporcionalidade*. São Paulo: RT, 2017. p. 27-28).

surgir caminhos sobre a adaptação dos mecanismos de tratamento dos métodos autocompositivos conhecidos para as rotinas da Advocacia Pública, especialmente aquelas advindas do contato com iniciativas autocompositivas realizadas por outros órgãos, o que pode estimular a criação de ferramentas próprias para a construção de consensos, assim como a adaptação das ferramentas apresentadas por outros órgãos de Advocacia Pública às rotinas das procuradorias municipais.

Contudo, ao final da coleta de dados – tomando a liberdade de, mais uma vez, assumir a primeira pessoa do singular na escrita –, percebo que nenhuma das sugestões ou propostas de criação de textos legislativos autorizativos, redesenhos institucionais ou capacitação continuada dos advogados públicos municipais seria efetiva ou eficiente sem o tratamento constitucional e institucional adequado desta carreira jurídica.

Referências

ANDRADE, Ana Karenina Silva Ramalho; ANDRADE, Cássio Cavalcante. A participação da Fazenda Pública na audiência do art. 334 do NCPC. In: PINHO, Humberto Dalla Bernardina de; RODRIGUES, Roberto de Aragão Ribeiro (Org.). *Mediação e arbitragem na Administração Pública.* Curitiba: CRV, 2018. p. 37-50.

AVILÉS-NAVARRO, Maria. *La mediación intrajudicial en el contencioso-administrativo*: evolución hacia una nueva realidad. Madrid: Universidad Carlos III, 2015.

BARREIROS, Lorena Miranda Santos. *Convenções processuais e Poder Público.* Salvador: JusPodivm, 2017.

BECKER, Howard. A epistemologia da pesquisa qualitativa. *Revista de Estudos Empíricos em Direito*, v. 1, n. 2, p. 184-199, jul. 2014.

BRASIL. Advocacia-Geral da União. *Manual de conciliação da Procuradoria-Geral Federal.* Brasília: AGU, 2012.

CASTELO BRANCO, Janaina Soares Noleto. *Advocacia Pública e solução consensual dos conflitos.* Salvador: JusPodivm, 2018.

CRESPO, Mariana Hernandez. Diálogo entre os professores Frank Sander e Mariana Hernandez Crespo: explorando a evolução do Tribunal Multiportas. In: ALMEIDA, Rafael Alves de; ALMEIDA, Tania; CRESPO, Mariana Hernandez (Org.). *Tribunal multiportas*: investindo no capital social para maximizar o sistema de solução de conflitos no Brasil. Rio de Janeiro: Editora FGV, 2012.

EIDT, Elisa Berton. *Autocomposição na Administração Pública.* Santa Cruz do Sul: Essere nel Mondo, 2017.

FACCI, Lucio Picanço. *Meios adequados de resolução de conflitos administrativos*: a experiência da Câmara de Conciliação e Arbitragem da Administração Federal. Tese (Doutorado em Ciências Jurídicas e Sociais) – Universidade Federal Fluminense, Niterói, 2018.

FERNANDES, Bernardo Gonçalves Alfredo; MOURA, Grégore Moreira de. A 'conciliação' como elemento do direito fraterno: por uma jurisconstrução fraterna. *Publicações da Escola da AGU: O Código de Processo Civil de 2015 e a Advocacia Pública Federal. Questões Práticas e Controvertidas*, Brasília, v. 9, n. 4, out./dez. 2017.

FERREIRA, Kaline. A autocomposição e as pessoas jurídicas de direito público – O que mudou depois da Lei de Mediação? *Publicações da Escola da AGU: O Código de Processo Civil de 2015 e a Advocacia Pública Federal. Questões Práticas e Controvertidas*, Brasília, v. 9, n. 4, p. 117-127, out./dez. 2017.

GRECO, Leonardo. *Instituições de processo civil* – Introdução ao direito processual civil. Rio de Janeiro: Forense, 2015.

HECK, Tatiana de Marsillac Linn. Perspectivas e desafios da mediação na Administração Pública. *Publicações da Escola da AGU: O Código de Processo Civil de 2015 e a Advocacia Pública Federal. Questões Práticas e Controvertidas*, Brasília, v. 9, n. 4, p. 291-312, out./dez. 2017.

MENDONÇA, Clarice Corrêa de; PORTO, Nathália França Figueirêdo; VIEIRA, Rafael Diógenes Serafim. *1º Diagnóstico da Advocacia Pública no Brasil*. Belo Horizonte: Fórum; Herkenhoff & Prates, 2018.

OSNA, Gustavo. *Processo civil, cultura e proporcionalidade*. São Paulo: RT, 2017.

SANTOS, Boaventura de Sousa. *Para uma revolução democrática da Justiça*. 3. ed. São Paulo: Cortez, 2011.

SOUZA, Luciane Moessa de. Mediação de conflitos envolvendo entes públicos. *In*: SOUZA, Luciane Moessa de (Coord.). *Mediação de conflitos*: novo paradigma de acesso à justiça. Santa Cruz do Sul: Essere nel Mondo, 2015.

ANEXO – ROTEIRO DE ENTREVISTAS

1. Período de atuação como advogado público e como advogado privado:

2. Áreas de atuação na Procuradoria:

3. Concilia atividades de advogado público e privado?

4. Enxerga diferenças entre as atuações do advogado público e do advogado privado, especialmente naquilo que diz respeito aos espaços de construção de consenso (MASC, convenções processuais, calendarização etc.)?

5. Atua com construção de consensos na PGM atualmente?

6. Vislumbra possibilidades mal aproveitadas de consenso em sua área?

7. Já perdeu oportunidades de consenso aparentemente vantajosas em virtude de algum tipo de burocracia?

8. Quais destas possibilidades já realizou? Quais destas vislumbra ter implementação possível na PGM?

– Mediação

– Mediação em conflitos coletivos

– Conciliação

– Arbitragem

– Criação de câmaras internas de conciliação e arbitragem (modelo CCAF)

– Criação de câmaras de conciliação/transação para conflitos na área de saúde (modelo RJ)

– Acordo extrajudicial amparado em precedente administrativo próprio

– Desapropriaçao amigavel

– Acordos de leniência (direito concorrencial e licitatório)

– Calendarização processual (art. 191, CPC)

– Suspensão convencional do processo (art. 313, CPC)

– Escolha convencional de perito

– Convenção processual sobre o ônus da prova

- Convenção processual em que se compromete a não recorrer da decisão antecipatória dos efeitos da tutela, quando a outra parte se compromete a renunciar de sua estabilização (art. 304, CPC)

- Convenção processual para liquidação de sentença por arbitramento (art. 509, I, CPC)

- Convenção processual para a realização de conexão probatória entre vários processos (perícia única, p. ex.)

- Convenção processual que altere procedimento executivo (comprometendo-se a apresentar os cálculos iniciais do débito, p. ex.)

- Acordo de execução negociada de políticas públicas/termos de ajustamento de conduta

- Protocolos/acordos institucionais (gestão coletiva de processos) – convenção processual coletiva

- Protocolos institucionais para a promoção de agendas concentradas/mutirões de conciliação

---

Informação bibliográfica deste texto, conforme a NBR 6023:2018 da Associação Brasileira de Normas Técnicas (ABNT):

LEAL, Stela Tannure. A Advocacia Pública municipal como mecanismo constitucional de articulação de espaços de consenso. *In*: TAVARES, Gustavo Machado; MOURÃO, Carlos Figueiredo; VIEIRA, Raphael Diógenes Serafim (Coords.). *A obrigatoriedade constitucional das Procuradorias Municipais*. Belo Horizonte: Fórum, 2022. p. 175-204. ISBN 978-65-5518-300-9.

ADVOCACIA PÚBLICA MUNICIPAL: INCONSTITUCIONALIDADE E EXCEPCIONALIDADE DA CONTRATAÇÃO POR LICITAÇÃO OU INEXIGIBILIDADE DE LICITAÇÃO

WELLINGTON BORGES THRONIECKE

Introdução

A nobre profissão da advocacia demonstra-se presente nos mais diversos setores da sociedade, compondo, inclusive, uma das carreiras primordiais na organização da Administração Pública em todos os seus níveis.

O crescente ingresso de estudantes às faculdades de direito do nosso país revela não apenas a respeitabilidade que esta profissão tem em nossa sociedade, como o interesse da população pelo conhecimento das leis, o sonho de integrar o sistema de justiça construído pelo texto constitucional e a necessidade social pela prática e desenvolvimento de atos e procedimentos que tragam segurança e justiça aos mais diversos aspectos da vida civil de cada indivíduo.

Em diversos momentos em nossa vida, independentemente de integrar ou não o sistema de justiça brasileiro, deparamo-nos com a necessidade de receber o auxílio de advogados, de ter uma causa apreciada pelo Poder Judiciário ou até mesmo de receber a proteção conferida pelo Ministério Público e pela Defensoria Pública.

Da mesma forma, deparamo-nos, em diversos momentos, com a necessidade de estabelecer relações administrativas com algum ente da federação, quando o pleito apresentado perante a Administração Pública terá relação com a atividade profissional de um advogado que integre ou atue perante tal ente.

Nesse sentido, o objetivo desta monografia permeia-se em analisar o modelo previsto no texto constitucional para organização da Advocacia Pública e a possibilidade de utilização de outras formas de contratação de profissionais para integrar esta carreira.

No primeiro capítulo, é feita análise sobre o tratamento constitucional da Advocacia Pública e sua posição entre os poderes do Estado, com vistas a identificar suas funções primordiais.

O segundo capítulo, por sua vez, explora a Advocacia Pública municipal e as demais normas que influenciam o modelo previsto na Constituição Federal.

Por fim, o terceiro e último capítulo aborda diretamente outras formas de contratação dos serviços advocatícios, visando identificar situações em que seria possível sua utilização e os limites para este ato administrativo.

Para que se alcancem os objetivos estipulados, adota-se a metodologia descritiva, utilizando-se o modelo crítico dialético, mediante o levantamento da legislação nacional pertinente sobre o tema e das posições jurisprudenciais e doutrinárias relevantes, procedendo-se a um estudo crítico e construtivo acerca da matéria.

Ademais, os institutos estudados nesta monografia se baseiam no arcabouço teórico do pós-positivismo. Por meio deste, é reconhecida a superioridade dos direitos fundamentais e a necessidade de que o ordenamento jurídico pátrio seja construído em consonância aos valores morais expressos no texto constitucional, adequando-se, dessa forma, às exigências de um Estado democrático de direito.

Assim, tem-se, no presente trabalho, uma análise sobre as posições antagônicas em que se colocam o modelo de Advocacia Pública previsto no texto constitucional e outras formas de contratação, através da qual se pretende demonstrar os limites de cada um destes modelos.

1   As funções essenciais à Justiça no texto constitucional

A Constituição da República Federativa do Brasil de 1988 (CRFB/88) definiu em dois capítulos distintos os poderes, instituições e órgãos que compõem o sistema de Justiça brasileiro, inserindo entre as instituições essenciais à garantia da Justiça e à proteção de direitos no Estado brasileiro a advocacia.

O Título IV da CRFB/88 tem por objeto a organização dos poderes que compõem o Estado brasileiro, sendo definidas e regulamentadas neste trecho da Constituição Federal: a organização do Poder Legislativo (arts. 44 a 75), do Poder Executivo (arts. 76 a 91) e do Poder Judiciário (arts. 92 a 126).

Contudo, não menos importante que a organização destes poderes, o estabelecimento de garantias aos membros que os compõem e as atribuições e competências de cada uma de suas instituições, a CRFB/88 separou capítulo próprio para tratar de outras instituições de relevância constitucional, consideradas e qualificadas pelo constituinte como funções essenciais à Justiça.

Com a finalidade de destacar o papel por elas desempenhado no Estado democrático de direito esboçado no texto constitucional, cada uma destas instituições teve suas linhas essenciais definidas em seção própria, o que colabora para legitimar a atuação específica de cada órgão, destacando-lhes interesses diversos a serem protegidos. São estas: o Ministério Público (Seção I, arts. 127 a 130-A), a Advocacia Pública (Seção II, arts. 131 e 132), a Advocacia (Seção III, art. 133) e a Defensoria Pública (Seção IV, arts. 134 e 135).

Tratam-se de instituições que atuam de forma semelhante, por vezes, em polos opostos de determinada lide, seja em suas rotinas administrativas e extrajudiciais, seja na postulação e defesa de direitos perante o Poder Judiciário, razão pela qual devem ser consideradas instituições, tal como os representantes do Estado-Juiz, de mesma hierarquia, indispensáveis para a prática da justiça no Brasil, sendo a manutenção de sua integridade essencial para atingir-se tal finalidade.

A construção e a organização destas instituições pelo texto constitucional e pela legislação brasileira complementar têm como resultado a definição de perfis diferenciados para a atuação de cada uma destas, cuja observância é primordial para atingir o objetivo de maximizar o acesso à justiça para a população brasileira.

Tais definições dispostas na Magna Carta e na legislação infra-constitucional brasileira não inviabilizam a atuação concomitante na defesa de uma pretensão, podendo, até mesmo, em determinadas situações, haver a concorrência destas quatro instituições na defesa da mesma tese e do mesmo posicionamento. Estas amplas possibilidades e a flexibilidade na atuação de cada um destes órgãos trazem consigo a ideia de um Estado que tem como um de seus pilares a preservação e a proteção institucional de direitos, razão pela qual foram definidos múltiplos agentes aptos ao exercício desta defesa.

Evita-se, assim, que a ausência de políticas públicas de estruturação destas instituições, a falha individual na prestação do múnus público de defesa de direitos ou a falta de financiamento destas instituições e dos profissionais seja justificativa para a legitimação e acatamento de um cenário de agressão de direitos, uma vez que a flexibilidade e volatilidade prevista no texto constitucional viabiliza o restabelecimento da ordem, através da atuação de outra instituição, que, embora, não seja a legitimada direta ao exercício de determinada atribuição, supre-a de forma eficaz, visando cumprir o papel uniforme das instituições de Justiça previstas no texto constitucional, que é a proteção ao Estado democrático de direito. É o que ocorre, constantemente, em relação à Defensoria Pública, que tem seu papel constitucional desempenhado de forma suplementar pelas demais instituições essenciais à Justiça, ante a falta de estrutura, especialmente, em comarcas localizadas em municípios de pequeno porte.

Contudo, apesar de agregar estes múltiplos agentes na defesa de direitos, com os objetivos de maximizar o acesso à justiça, garantir imparcialidade e trazer eficiência à atuação de cada uma destas instituições, o texto constitucional não se ateve apenas em as definir e qualificar como funções essenciais à Justiça, mas promoveu também a distribuição de atribuições entre cada uma delas, designando-lhes protagonismo em áreas específicas.

Ao Ministério Público foi reservado o protagonismo no desempenho das competências e atribuições contidas no art. 129 da CRFB/88,[1] sendo definida, inclusive, com vistas a evitar eventuais conflitos que

---

[1] "Art. 129. São funções institucionais do Ministério Público: I - promover, privativamente, a ação penal pública, na forma da lei; II - zelar pelo efetivo respeito dos Poderes Públicos e dos serviços de relevância pública aos direitos assegurados nesta Constituição, promovendo as medidas necessárias a sua garantia; III - promover o inquérito civil e a ação civil pública, para a proteção do patrimônio público e social, do meio ambiente e de outros interesses difusos e coletivos; IV - promover a ação de inconstitucionalidade ou representação para fins de intervenção da União e dos Estados, nos casos previstos nesta Constituição; V - defender judicialmente os direitos e interesses das populações indígenas; VI - expedir notificações nos procedimentos administrativos de sua competência, requisitando informações e documentos para instruí-los, na forma da lei complementar respectiva; VII - exercer o controle externo da atividade policial, na forma da lei complementar mencionada no artigo anterior; VIII - requisitar diligências investigatórias e a instauração de inquérito policial, indicados os fundamentos jurídicos de suas manifestações processuais; IX - exercer outras funções que lhe forem conferidas, desde que compatíveis com sua finalidade, sendo-lhe vedada a representação judicial e a consultoria jurídica de entidades públicas".

poderiam surgir, a vedação ao exercício da advocacia (art. 128, §5º, inc. II, alínea "b", CRFB/88).[2]

De outro lado, à Defensoria Pública, conforme preceitua o art. 134 da CRFB/88,[3] foi estabelecida a atribuição de orientação jurídica e defesa de direitos individuais ou coletivos, aos necessitados, sendo definida, também, sob os mesmos fundamentos, a vedação ao exercício da advocacia (art. 134, §1º, CRFB/88).[4]

Por sua vez, à Advocacia Pública ficaram definidas as funções de representação judicial, assessoramento e consultoria jurídica aos órgãos que compõem o Poder Público (arts. 131 e 132 da CRFB/88).[5]

E, por fim, à Advocacia ficaram definidas as atribuições remanescentes do sistema de Justiça brasileiro, reconhecida sua indispensabilidade à administração da Justiça,[6] sendo-lhe designada, implicitamente, a função de representação judicial, assessoramento e consultoria jurídica dos demais membros da sociedade, em especial, no tocante à defesa de interesses particulares.

Sobre este tema, reiterando a ideia de destaque destas atribuições, Diogo de Figueiredo Moreira Neto[7] defende a advocacia privada

---

[2] "Art. 128. [...] §5º Leis complementares da União e dos Estados, cuja iniciativa é facultada aos respectivos Procuradores-Gerais, estabelecerão a organização, as atribuições e o estatuto de cada Ministério Público, observadas, relativamente a seus membros: [...] II - as seguintes vedações: [...] b) exercer a advocacia".

[3] "Art. 134. A Defensoria Pública é instituição permanente, essencial à função jurisdicional do Estado, incumbindo-lhe, como expressão e instrumento do regime democrático, fundamentalmente, a orientação jurídica, a promoção dos direitos humanos e a defesa, em todos os graus, judicial e extrajudicial, dos direitos individuais e coletivos, de forma integral e gratuita, aos necessitados, na forma do inciso LXXIV do art. 5º desta Constituição Federal".

[4] "Art. 134. [...] §1º Lei complementar organizará a Defensoria Pública da União e do Distrito Federal e dos Territórios e prescreverá normas gerais para sua organização nos Estados, em cargos de carreira, providos, na classe inicial, mediante concurso público de provas e títulos, assegurada a seus integrantes a garantia da inamovibilidade e vedado o exercício da advocacia fora das atribuições institucionais".

[5] "Art. 131. A Advocacia-Geral da União é a instituição que, diretamente ou através de órgão vinculado, representa a União, judicial e extrajudicialmente, cabendo lhe, nos termos da lei complementar que dispuser sobre sua organização e funcionamento, as atividades de consultoria e assessoramento jurídico do Poder Executivo. Art. 132. Os Procuradores dos Estados e do Distrito Federal, organizados em carreira, na qual o ingresso dependerá de concurso público de provas e títulos, com a participação da Ordem dos Advogados do Brasil em todas as suas fases, exercerão a representação judicial e a consultoria jurídica das respectivas unidades federadas".

[6] "Art. 133. O advogado é indispensável à administração da justiça, sendo inviolável por seus atos e manifestações no exercício da profissão, nos limites da lei".

[7] MOREIRA NETO, Diogo de Figueiredo. *Ética e funções essenciais à Justiça no presidencialismo moderno*: subsídios para revisão constitucional. Disponível em: http://www2.senado.leg. br/bdsf/handle/id/176160. Acesso em: 29 set. 2018.

como matriz e raiz de todas as demais, que derivam daquela primeira conforme o interesse que finalisticamente pretende-se tutelar:

A advocacia privada é a matriz e raiz de todas as demais, inclusive da pública que se subdivide em advocacia dos interesses da sociedade, advocacia dos interesses do Estado e advocacia dos interesses dos necessitados, sendo que cada categoria de interesses necessitará ser definida pela Constituição e pelas leis.

Assim é que, de acordo com a Constituição, cabe à Advocacia Privada prover a promoção e a defesa dos interesses individuais, notadamente os privados, bem como de interesses coletivos, e até, de interesses difusos; à advocacia da sociedade, a cargo do Ministério Público, cabe prover a promoção e defesa dos interesses sociais e individuais indisponíveis, e dos interesses difusos, em geral, dentre os quais destacam-se a manutenção da ordem jurídica e do regime democrático, além de outros interesses coletivos; à advocacia do Estado, a cargo da atual Advocacia-Geral da União e dos Procuradores dos Estados e do Distrito Federal, cabe prover a promoção dos interesses públicos cometidos a essas entidades políticas, inclusive certos interesses coletivos e difusos, e, finalmente, à advocacia dos necessitados, a cargo das Defensorias Públicas da União, dos Estados e do Distrito Federal, cabe prover a promoção e defesa dos interesses, de toda natureza, dos que não têm como custeá-las sem sacrifício do indispensável a seu sustento.

Neste cenário, observada a distribuição de atribuições entre as instituições essenciais à Justiça no Estado brasileiro, cumpre identificar aquela à qual o texto constitucional atribui a função de representação dos municípios, analisando-se a obrigatoriedade de sua constituição e organização perante este ente federativo.

2 Advocacia Pública municipal

O art. 1º da CRFB/88 traz na própria denominação do Estado brasileiro dois princípios basilares de nosso ordenamento jurídico, com aplicação em todos os campos do direito constitucional e cuja observância é essencial para interpretação de todas as normas constitucionais. São estes: o princípio republicano e o princípio federativo.

O princípio republicano não expressa apenas a forma de governo escolhida pelos brasileiros, consignada no texto constitucional desde 1891, significando mais do que mera oposição ao regime monárquico vigente anteriormente. Traz consigo consequências que interferem no modo de funcionamento do Estado, em especial, em relação ao controle sobre os indivíduos que exercerão o múnus público de governo, exigindo que sejam estabelecidas formas para constante renovação da legitimidade dos governantes, expressa através da previsão de eleições periódicas, definindo-se ainda a temporariedade e não vitaliciedade dos mandatos eletivos.

Por outro lado, o princípio federativo define a forma como se dá a distribuição espacial do poder político, substituindo a existência de um centro único de poder do Estado pela existência de dois poderes, um poder central e um poder federado, conjugando-se a diversidade política de cada ente integrante da Federação e a unidade necessária para preservação da soberania e da integridade nacional. Neste cenário, criam-se esferas de poder, com autonomia e personalidade próprias, integradas através de um pacto federativo, com regras a serem observadas por cada um de seus entes.

Neste cenário, cria-se um poder nacional, que representa a unidade do Estado e dos membros da Federação, representando-a especialmente no âmbito das relações internacionais, o poder federal, representativo do ente federativo central, e o poder federado, exercido pelos membros da Federação, no caso brasileiro, estados, Distrito Federal e municípios.

Ambos são primordiais para compreensão da forma de organização do Estado brasileiro, da distribuição de competência entre poderes, instituições e entes federativos e para o entendimento sobre atos e procedimentos essenciais à sua organização.

Todavia, são nas premissas básicas do princípio federativo que é construído o fundamento para a instituição da Advocacia Pública no âmbito municipal, o que se faz necessário em virtude da lacuna não pretendida pelo constituinte ao não mencionar expressamente os municípios neste capítulo da Constituição.

Um dos corolários do princípio federativo é a necessidade de simetria na aplicação das normas constitucionais a todos os entes federativos, sendo consequência natural deste princípio a similitude na organização dos poderes e no exercício de suas competências pela União, pelos estados, pelo Distrito Federal e pelos municípios.

Analisado o conjunto das normas constitucionais, evidencia-se que houve preocupação máxima em definir a forma de organização e as competências da União, ente federativo central, havendo algumas definições específicas para os estados e, em menor número, para os municípios. Entretanto, a organização sistemática do texto constitucional sob estas condições não representa a concessão de autonomia aos estados e municípios para organizarem-se de formas alternativas através das Constituições estaduais e das leis orgânicas, criando modelos e princípios próprios para suas instituições, seus órgãos e seus agentes políticos, havendo a condição implícita de reproduzirem o mesmo modelo instituído na CRFB/88 para a União.

Isso significa, por exemplo, no âmbito do Poder Legislativo, que ao regulamentarem e definirem a forma de organização e o processo legislativo a ser observado nos estados, no Distrito Federal ou nos municípios, devem as assembleias legislativas e as câmaras municipais instituir para si, em suas respectivas constituições ou leis orgânicas, as mesmas regras e os mesmos princípios definidos no texto constitucional aos membros do Congresso Nacional, sendo possível apenas inovações que tenham o objetivo de adaptar a norma constitucional a situações incompatíveis à realidade do ente federado.

Esta condição implícita que obriga os entes federados a observarem e adotarem as mesmas regras e os mesmos princípios previstos no texto constitucional para a União decorre do princípio da simetria.

É certo que a principal aplicação deste princípio ocorre na necessidade de se preservar o modelo de separação de poderes previsto no texto constitucional, a fim de que não ocorra a violação deste princípio em âmbito local, esvaziando competências, atribuições e iniciativas definidas e evitando concentração de poder. Neste cenário, embora não sejam reconhecidas como um dos poderes do Estado, tem-se nas instituições que exercem funções essenciais à Justiça, enquanto mecanismos de controle do poder estatal, a mesma exigência simétrica, vinculadora da instância municipal, em especial, no tocante à Advocacia Pública.

O art. 131 da CRFB/88 traz em seu conteúdo a instituição de dois órgãos federais que receberam pelo texto constitucional a atribuição de representar a União: a Advocacia-Geral da União, a quem é atribuída a competência para representá-la judicial e extrajudicialmente e para atividades de consultoria e assessoria jurídica ao Poder Executivo; e a Procuradoria-Geral da Fazenda Nacional, a quem compete a execução da dívida ativa de natureza tributária. Além disso, este dispositivo em seus §§1º e 2º[8] define a forma de provimento dos advogados que

---

[8] "Art. 131. [...] §1º A Advocacia-Geral da União tem por chefe o Advogado-Geral da União, de livre nomeação pelo Presidente da República dentre cidadãos maiores de trinta e cinco anos, de notável saber jurídico e reputação ilibada. §2º O ingresso nas classes iniciais das carreiras da instituição de que trata este artigo far-se-á mediante concurso público de provas e títulos.

integrarão a Advocacia-Geral da União, dispondo que o ingresso nas classes iniciais da carreira ocorrerá mediante concurso público de provas e títulos, sendo definido o provimento por outra forma apenas ao chefe deste órgão, o Advogado-Geral da União, que ingressará neste cargo mediante livre nomeação do presidente da República entre cidadãos maiores de trinta e cinco anos, de notável saber jurídico e reputação ilibada.

Por meio deste dispositivo, constata-se a criação de um modelo de organização da Advocacia Pública, que, apesar de exigir adaptações às realidades locais, deve ser replicado pelos estados, pelo Distrito Federal e pelos municípios, representado pela seguinte composição: designação da chefia da procuradoria jurídica por livre nomeação e exoneração pelo chefe do Poder Executivo, preferencialmente, entre os membros integrantes da carreira, e provimento dos demais cargos de advocacia que compõem o órgão, mediante concurso público de provas e títulos.

Todas estas disposições são justificadas por outras normas previstas no texto constitucional, que, analisadas em conjunto, conduzem à conclusão inafastável de réplica deste modelo de organização pelos demais entes federativos.

Prefacialmente, merece destaque a determinação contida no §2º do art. 131,[9] e no art. 132, da CRFB/88, que estabelece como única forma possível para ingresso na carreira de advogado público o concurso público de provas ou de provas e títulos.

Esta regra a ser observada por todos os entes federativos nada mais faz do que privilegiar e reforçar princípios constitucionais aplicáveis à Administração Pública. O principal destes, consagrado pela regra do concurso público, é seguramente o princípio da impessoalidade, previsto no *caput* do art. 37, da CRFB/88.

O princípio da impessoalidade, na visão de Maria Sylvia Zanella Di Pietro,[10] possui dupla conotação, interessando-nos, no entanto, as imposições que este princípio traz à Administração Pública e ao comportamento de seus agentes.

O posto de representante máximo da Administração Pública, em todos os entes federativos, é preenchido através de eleições diretas entre candidatos que, integrando partidos políticos, dentro das regras

---

9 "Art. 131. [...] §2º O ingresso nas classes iniciais das carreiras da instituição de que trata este artigo far-se-á mediante concurso público de provas e títulos".

10 DI PIETRO, Maria Sylvia Zanella. *Direito administrativo*. 27. ed. São Paulo: Atlas, 2014. p. 68.

do sistema, se disponibilizam a ocupar o cargo público eletivo, sendo a escolha realizada pelas pessoas que detenham direitos políticos através do voto. No âmbito do Poder Executivo, os cargos de presidente da República, governador e prefeitos são os únicos que obrigatoriamente são preenchidos desta forma, podendo, eventualmente, ser utilizada a eleição para outros cargos, tal como de conselheiros tutelares.

Além da eleição, a Constituição permite que o chefe do Poder Executivo nomeie ou exonere livremente pessoas que o auxiliarão na condução de seu governo, restringindo, todavia, esta possibilidade a cargos que efetivamente têm relação direta com as atribuições de governo e com o controle sobre as diretrizes políticas que os servidores públicos deverão adotar em seu exercício profissional.

Pela natureza das atividades desempenhadas, é intrínseca a tais cargos a condição de confiança entre os seus ocupantes e o chefe do Poder Executivo, para que este possa se resguardar e efetivamente colocar em prática as propostas políticas que foram legitimadas democraticamente através do voto popular, viabilizando, juntamente à sua equipe, exercer a função de governo e administração do ente federativo que por meio das urnas a população lhe incumbiu.

Por tais razões, a Constituição Federal define em diversos dispositivos para cargos em que o titular terá a função de governo a possibilidade de provimento por livre nomeação pelo chefe do Poder Executivo, havendo, além das prescrições específicas a determinados cargos, como ministros, uma prescrição genérica que reproduz esta finalidade, restringindo-a, conforme já destacado, a cargos essenciais ao exercício da função de governo.

O art. 37, inc. V, da CRFB/88, define:

> as funções de confiança, exercidas exclusivamente por servidores ocupantes de cargo efetivo, e os cargos em comissão, a serem preenchidos por servidores de carreira nos casos, condições e percentuais mínimos previstos em lei, destinam-se apenas às atribuições de direção, chefia e assessoramento.

Este dispositivo restringe e limita o chefe do Poder Executivo, possibilitando-lhe a livre nomeação apenas para cargos de direção, chefia e assessoramento, o que compreende objeto adverso aos cargos de natureza técnica.

É preciso destacar que, até a presente data, ainda não há regulamentação deste dispositivo para estabelecer, conforme exige o texto constitucional, as condições e percentuais mínimos de cargos comissionados, o que motivou, inclusive, o ajuizamento pelo Conselho Federal da Ordem dos Advogados do Brasil da Ação Direta de Inconstitucionalidade por Omissão (ADO) nº 44.[11] Nesta ação, de relatoria do Ministro Gilmar Mendes, não houve decisão liminar, tendo sido, todavia, adotado o rito sumário previsto no art. 12 c/c art. 12-F da Lei nº 9.868, de 10.11.1999,[12] estando este processo, atualmente, com vista à PGR para elaboração de seu parecer.

Por outro lado, é preciso ressaltar que o Estado não funciona apenas de forma política, não sendo necessário, portanto, que todos os servidores públicos exerçam funções de governo e preencham cargos de confiança do chefe do Poder Executivo. O aparato estatal também exige o preenchimento de seus quadros por meio de técnicos, que devem corresponder inclusive à ampla maioria de servidores, cuja responsabilidade primordial é garantir o bom funcionamento do Estado e dos serviços públicos.

Para estes servidores, cujo provimento é até mesmo incompatível a escolhas pessoais do chefe do Poder Executivo, ganha relevo o princípio da impessoalidade já mencionado, que, na escolha dos servidores que exercerão funções de natureza técnica, se apresenta como a obrigação da Administração Pública em selecioná-los utilizando, preferencialmente, avaliações de natureza objetiva, em que o mérito do candidato seja mais importante que características pessoais, devendo cada postulante ao cargo ser tratado durante o processo de seleção de forma impessoal e isonômica.

A fim de atingir-se esta finalidade, privilegiando a meritocracia, o art. 37, inc. II, da CRFB/88 consagra a regra do concurso público, definindo:

---

[11] STF. *OAB pede regulamentação de percentual mínimo de servidores para cargos em comissão.* Disponível em: http://www.stf.jus.br/portal/cms/verNoticiaDetalhe.asp?idConteudo=364302. Acesso em: 30 set. 2018.

[12] "Art. 12. Havendo pedido de medida cautelar, o relator, em face da relevância da matéria e de seu especial significado para a ordem social e a segurança jurídica, poderá, após a prestação das informações, no prazo de dez dias, e a manifestação do Advogado-Geral da União e do Procurador-Geral da República, sucessivamente, no prazo de cinco dias, submeter o processo diretamente ao Tribunal, que terá a faculdade de julgar definitivamente a ação. [...] Art. 12-F. Em caso de excepcional urgência e relevância da matéria, o Tribunal, por decisão da maioria absoluta de seus membros, observado o disposto no art. 22, poderá conceder medida cautelar, após a audiência dos órgãos ou autoridades responsáveis pela omissão inconstitucional, que deverão pronunciar-se no prazo de 5 (cinco) dias".

a investidura em cargo ou emprego público depende de aprovação prévia em concurso público de provas ou de provas e títulos, de acordo com a natureza e a complexidade do cargo ou emprego, na forma prevista em lei, ressalvadas as nomeações para cargo em comissão declarado em lei de livre nomeação e exoneração.

Assim, vislumbra-se que a Constituição Federal é coerente na definição das formas de provimento de cargos públicos, estabelecendo a eleição para os cargos representativos da sociedade, no caso do Poder Executivo, apenas o seu chefe; a livre nomeação e exoneração pelo chefe do Poder Executivo para cargos com função de governo (cargos de direção, chefia e assessoramento); e o concurso público de provas ou de provas e títulos para o preenchimento de cargos com atribuições técnicas.

Sob este prisma, é preciso qualificar o cargo de advogado público dentro destes critérios, com vistas a identificar a forma correta de provimento para esta carreira.

Os arts. 131 e 132 da Constituição Federal, apesar de não mencionarem especificamente os municípios, definem que os cargos iniciais da carreira de procurador e advogados da União, dos estados e do Distrito Federal, conforme já destacado, devem ser preenchidos através de concurso público, relegando a livre nomeação apenas à chefia do órgão de representação jurídica do ente federativo.

Comparando esta hipótese a outras disposições contidas no texto constitucional em que se define o provimento de cargos, constata-se que os cargos cujo ingresso realiza-se por esta modalidade são aqueles que privilegiam o conhecimento técnico e que as atribuições têm esta natureza, tal como ocorre em relação às carreiras iniciais do Poder Judiciário, do Ministério Público e da Defensoria Pública. Além disso, para estes cargos, a Constituição Federal estabelece algumas garantias, sendo unânime a todos eles a estabilidade após determinado tempo, o que objetiva, entre outros fatores, garantir a independência funcional do servidor ocupante do cargo.

Dentro do sistema de freios e contrapesos criado no texto constitucional, é possível reconhecer que tais garantias têm esta finalidade, funcionando como uma forma de controle do poder investido aos agentes públicos eleitos, impedindo que desmandos políticos e ingerências pessoais interfiram no trabalho dos servidores, evitando que haja privilégios a interesses particulares em detrimento do interesse público. Nesta seara, uma das carreiras para a qual é primordial a independência funcional assegurada por estas garantias constitucionais é a Advocacia Pública.

Neste sentido, interessante o posicionamento de Mário Bernardo Sesta,[13] sobre a Advocacia Pública, que a reconhece como uma linha de controle da legalidade administrativa. Vejamos:

> Os advogados do Estado são agentes públicos que recebem institucionalmente o mandato que os habilita à tutela judicial do interesse público, enquanto interesse do Estado. Essa especial circunstância de que os Advogados do Estado são investidos nos seus poderes não por ato administrativo, mesmo sujeito a normas objetivas de provimento, não por investidura eventual, não por comissionamento, mas, como se disse, necessariamente, em nível institucional, decorre da natureza peculiar do interesse que se lhes incumbe patrocinar e significa o atendimento de um novo patamar de exigências, revelador de um estágio mais avançado da juridização do Estado.
>
> A presença do Advogado do Estado visa atender essa circunstância e corresponde, melhormente do que à ideia de um simples assessoramento, à ideia, dentro da mais avançada análise da estrutura estatal, de uma verdadeira linha de controle da legalidade administrativa. [...]
>
> Por outro lado quando se fala na necessária investidura institucional de seus agentes, como uma das características essenciais identificadoras da Advocacia do Estado, dentre as diversas formas de atuação do advogado na estrutura estatal, o que se pretende é enfatizar a circunstância de que a indisponibilidade peculiar ao interesse público, enquanto interesse administrado em sentido técnico, exige que o patrocínio judicial e o aconselhamento jurídico desse mesmo interesse seja cometido a agentes que guardem, em relação à Administração Pública e ao governo, a devida independência.
>
> Assim, são incompatíveis com a caracterização da Advocacia do Estado, salvo em hipóteses excepcionais, as formas de investidura marcadas pela precariedade, tais como o comissionamento, a contratação e qualquer outra modalidade de admissão de Advogados, para o exercício dessa competência, que os deixe ao nuto de quem os tenha nomeado, admitido ou contratado.

Ao destacar a Advocacia Pública no âmbito da União, dos estados e do Distrito Federal, como uma carreira cujo provimento deve ocorrer

---

[13] SESTA, Mário Bernardo. Advocacia de Estado: posição institucional. *Revista de Informação Legislativa*, Brasília, v. 30, n. 117, p. 187-202, jan./mar. 1993. p. 195-198. Disponível em: https://www2.senado.leg.br/bdsf/handle/id/176105. Acesso em: 30 set. 2018.

por meio de concurso público, dentro do sistema construído no texto constitucional quanto às formas de provimento de cargos públicos, é imperioso reconhecer que a Constituição Federal a coloca e classifica como uma carreira de natureza técnica, que independe de critérios de confiança do gestor público, o que, inclusive, separa o interesse pessoal do gestor do interesse público propriamente dito, o que muitas vezes é confundido por estes.

Além disso, cumpre destacar que as atribuições típicas de advogados públicos costumam representar competências de ordem profissional, que demandam impessoalidade e poderiam ser desempenhadas por qualquer advogado, independentemente de posições pessoais e de opções político-partidárias, de modo que a seleção por concurso público de provas e, principalmente, de provas e títulos identifica entre os candidatos interessados e postulantes ao cargo o profissional mais preparado, atendendo, assim, ao interesse público.

Todavia, cabe reconhecer que a seleção por concurso público não expressa necessariamente a forma de escolha que selecionará o candidato mais inteligente ou preparado para o exercício das competências relativas ao cargo concorrido, mas corresponde certamente a mecanismo que mais se aproxima da satisfação dos princípios da impessoalidade, da eficiência, da moralidade e da isonomia, ao permitir que seja selecionado o candidato que obtém a melhor avaliação naquele momento, independentemente de suas características pessoais, em uma competição justa e igual para todos, com regras predefinidas que visam evitar a prática de fraudes e favorecimentos pessoais, tratando-se, portanto, de mecanismo legítimo para satisfazer o interesse público.

Portanto, demonstrada a natureza técnica do cargo de advogado público, imperioso reconhecer a compatibilidade entre as atribuições e o exercício profissional desta carreira e a forma de seleção dos agentes públicos definidas para este cargo na Constituição Federal. Ademais, sobressai do texto constitucional a incompatibilidade na utilização de outros meios de provimento para agentes públicos, inclusive em relação aos municípios, que, enquanto entes integrantes do pacto federativo e sujeitos passivos de diversas normas constantes no texto constitucional, em especial, todo o Título II, que versa sobre a organização do Estado, devem observar o modelo constitucional definido para organização da Advocacia Pública

3 Contratações ilegais de advogados pelos municípios

Diversas são as formas utilizadas pelos municípios para contratação de advogados e escritórios de advocacia em substituição à nomeação de procuradores na forma prevista no texto constitucional. Para tanto, são adaptadas regras de provimento de cargos e de contratações previstas expressamente no texto constitucional e na legislação infraconstitucional para outras situações, inaplicáveis, todavia, para a Advocacia Pública, por descumprirem preceitos constitucionais relativos a esta carreira.

No cenário nacional, ainda são escassos e raros, embora em número crescente, os municípios que já possuem sua procuradoria jurídica devidamente organizada conforme o modelo definido nos arts. 131 e 132 da CRFB/88. Existem ainda municípios que, embora possuam procuradores concursados, que integrem a carreira, ainda realizam esta espécie de contratação, sob a justificativa de complementar o trabalho da Advocacia Pública, casos em que se evidencia a inconstitucionalidade dos atos administrativos de contratação.

3.1 Licitação

As contratações da Administração Pública diferem na forma utilizada pelos particulares, que possuem a liberdade de praticar qualquer ato ou deixar de fazê-lo, desde que não haja proibição legal, prevalecendo, dessa forma, a autonomia da vontade. Para o Poder Público, sujeito a regime jurídico-administrativo, prevalece o princípio da legalidade, que limita a atuação do Estado ao que é permitido por lei.

Neste cenário conformativo aos atos do Poder Público, os mecanismos e requisitos para contratações pelo Estado foram delimitados no texto constitucional, que definiu as linhas mestras deste ato, e regulamentados por leis e outros atos infralegais, sendo destacável a importância da Lei nº 8.666, de 21.6.1993, que regulamenta o art. 37, inc. XXI, da Constituição Federal, e institui normas para licitações e contratos da Administração Pública.

O art. 37, inc. XXI, da CRFB/88, define:

> ressalvados os casos especificados na legislação, as obras, serviços, compras e alienações serão contratados mediante processo de licitação pública que assegure igualdade de condições a todos os concorrentes, com cláusulas que estabeleçam obrigações de pagamento, mantidas as condições efetivas da proposta, nos termos da lei, o qual

somente permitirá as exigências de qualificação técnica e econômica indispensáveis à garantia do cumprimento das obrigações.

Este dispositivo constitucional estabelece o meio pelo qual a Administração Pública realizará a seleção de agentes do setor privado ou público para contratações administrativas, impondo a regra de tratamento isonômico a todos os concorrentes, em especial na eleição dos critérios para a disputa e na definição das exigências para a contratação. Assim, tem-se a licitação pública como mecanismo, pelo qual, através de regras predefinidas, de observância obrigatória por todos os concorrentes, a Administração Pública seleciona particulares que atendam aos requisitos para cumprimento da proposta e que representem a condição mais vantajosa ao Estado, o que pode ser identificado por uma técnica mais apurada ou por preços menores, tendo como objetivo final a celebração de futuro contrato.

A realização deste procedimento administrativo deve observar sempre a supremacia e a indisponibilidade do interesse público, a legalidade e a vinculação ao instrumento convocatório, o que restringe a disponibilidade negocial do Poder Público e limita a atuação dos agentes que deste ato participam aos parâmetros predefinidos na lei e no edital. A atuação deve se pautar ainda em princípios de moralidade e publicidade, que garantem a transparência no procedimento, possibilitando o controle sobre os atos administrativos e maior competitividade entre os particulares. Por fim, essencial a realização de procedimento impessoal e julgamento objetivo, a fim de garantir a neutralidade da Administração Pública em relação aos concorrentes, visando à seleção para futura contratação da proposta que efetivamente represente maior vantagem ao interesse público.

Com base nestes princípios foram construídas e definidas as principais regras do processo licitatório, dispondo a Lei nº 8.666/1993 sobre as modalidades aplicáveis a cada espécie de contratação e o procedimento a ser observado pelo Poder Público, bem como sobre o próprio contrato administrativo, delimitando a forma de sua celebração e os atos futuros de fiscalização e execução.

Neste contexto, apresentados os pontos basilares sobre este tema, identificando que o texto constitucional obriga a Administração Pública, ressalvando os casos previstos em lei, a realizar licitação pública para a contratação de serviços, poderia surgir a tese de que serviços de advocacia e consultoria jurídica poderiam ser licitados livremente pela Administração Pública, o que, todavia, merece cautela.

Conforme destacado no capítulo inicial deste estudo, o texto constitucional nos arts. 131 e 132 trata da Advocacia Pública definindo como forma única de ingresso nesta carreira o concurso público de provas ou de provas e títulos, que somente seria excepcionado pelo provimento do cargo de chefia da respectiva procuradoria, definido nestes dispositivos como cargo de livre nomeação e exoneração, nada dispondo o texto constitucional sobre outras formas de contratação.

Neste cenário, já tendo sido demonstrado que este modelo também se aplica aos municípios, é imperioso reconhecer que é inconstitucional a contratação por outras formas para desempenho de atividades de Advocacia Pública quando tenha por resultado a substituição integral da procuradoria jurídica ou de advogados efetivos. É o que ocorre na contratação através de licitação, que, além de contrariar este capítulo da Constituição Federal, importa em burla à regra do concurso público.

Esta imposição constitucional, no entanto, não afasta totalmente a possibilidade de contratações de advogados autônomos ou escritórios de advocacia através de licitação que deve, contudo, ser excepcional, sendo inadmissível e plenamente inconstitucional a contratação genérica para representação judicial ou extrajudicial do município em todos os assuntos de seu interesse em determinado período de tempo, como fazem diversos municípios, por contrariar o modelo constitucionalmente construído para a Advocacia Pública que determina a criação e organização das procuradorias jurídicas para todos os entes da Federação.

Embora não haja disposição expressa nesse sentido no capítulo que trata da Advocacia Pública, é possível identificar situações em que a marca de excepcionalidade permite a aplicação da norma contida no art. 37, inc. XXI, da CRFB/88, viabilizando contratação de terceiros, sem que tal ato resulte em afronta à regra do concurso público, já que, em determinadas circunstâncias, não haverá substituição ou preterição ao trabalho do servidor público concursado integrante da carreira de advogado público, mas apenas a prestação de um serviço complementar que não possa ser desempenhado pelos agentes públicos efetivos que compõem o quadro de servidores da Administração, o que ocorre não apenas em relação à Advocacia Pública, mas também para outros cargos e funções normais à Administração Pública.

A título exemplificativo, seria possível citar uma ação judicial trabalhista que viesse a ser ajuizada por um dos membros da procuradoria municipal e fosse amigo próximo dos demais integrantes, que poderiam, por cautela, a fim de evitar suspeições e favorecimentos, demandar que a Administração Pública efetuasse contratação de advogado ou escritório de advocacia particular para a realização de defesa e acompanhamento apenas deste processo. Neste exemplo, evidencia-se a marca de excepcionalidade exigida para esta espécie de contratação, a especificidade do serviço a ser desempenhado, resguardadas as atribuições dos advogados públicos efetivos e a provisoriedade deste trabalho.

Assim, reitera-se que, ante o modelo definido no texto constitucional, a excepcionalidade pode ser evidenciada apenas em situações que sejam provisórias e para serviços específicos que, potencialmente, não possam ser atendidos pelos servidores efetivos que componham os quadros da Advocacia Pública, sendo inconstitucional a contratação por meio de licitação que tenha por objeto serviços genéricos em determinado período predefinido, já que, nesta hipótese, estar-se-ia efetivamente substituindo integral ou parcialmente os advogados públicos efetivos.

3.2 Inexigibilidade de licitação

Conforme já destacado no presente estudo, o texto constitucional define a obrigatoriedade de licitação pública para as contratações realizadas pelo Estado. Entretanto, a redação conferida ao art. 37, inc. XXI, da CRFB/88, utiliza termos que possibilitam a classificação deste dispositivo como norma de eficácia contida, que admite o estabelecimento de exceções pela legislação infraconstitucional, ao definir que "ressalvados os casos especificados na legislação..." é obrigatório licitar.

Assim, em regra, prevalece à Administração Pública o dever constitucional de licitar, havendo, todavia, a possibilidade de que através de lei sejam estabelecidas exceções à sua realização.

Cumpre destacar que este dever é amparado, inclusive, pelo direito penal, sendo definido no âmbito da própria Lei nº 8.666, de 1993, como crime, "dispensar ou inexigir licitação fora das hipóteses previstas em lei, ou deixar de observar as formalidades pertinentes à dispensa ou à inexigibilidade", e pelo direito administrativo sancionatório, que define como ato de improbidade administrativa, por meio do art. 10, inc. VIII, da Lei nº 8.429, de 2.6.1992, "frustrar a licitude de processo licitatório ou de processo seletivo para celebração de parcerias com entidades sem fins lucrativos, ou dispensá-los indevidamente".

Algumas das situações que, excepcionalmente, afastam o dever constitucional de licitar encontram-se previstas na Lei n° 8.666, de 1993, que nos arts. 17, incs. I e II, 24 e 25, elencam hipóteses em que este procedimento é dispensado, dispensável ou inexigível.

As duas primeiras, que, na visão de Lucas Rocha Furtado, são modalidades de dispensa de licitação, correspondem a situações em que, embora houvesse a possibilidade de competição entre os concorrentes, por outras questões, a realização da licitação não é viável ou vantajosa à Administração Pública. Como exemplo, têm-se as compras ou contratação de serviços de pequeno valor, previstas no art. 24, inc. II, da referida lei, hipótese em que o custo do procedimento presumivelmente seria superior à economia que a licitação poderia representar, tornando-a, portanto, dispendiosa para o Poder Público.

Entre as hipóteses previstas em lei para a dispensa de licitação, vislumbra-se que apenas quatro poderiam potencialmente ser utilizadas na contratação dos serviços de advocacia e consultoria jurídica, que, no entanto, não guardam relação com a natureza deste serviço, sendo genéricas a todos as contratações da Administração Pública e aplicáveis apenas em consequência de inviabilidade econômica, guerra ou grave perturbação à ordem, licitação frustrada ou incompatibilidade dos preços licitados aos valores de mercado.[14] Cumpre destacar, todavia, que tais modalidades somente seriam admissíveis observando-se as considerações contidas no item 4.1 deste estudo, através do qual foram indicadas situações excepcionalíssimas em que seria licita e aceitável como solução temporária a contratação de serviços de advocacia e consultoria jurídica mediante licitação pública.

Por outro lado, as hipóteses de inexigibilidade correspondem a situações em que não haveria competição, por ser único e exclusivo o bem ou serviço que atenda à necessidade da Administração Pública.

---

[14] "Art. 24. É dispensável a licitação: [...] II - para outros serviços e compras de valor até 10% (dez por cento) do limite previsto na alínea 'a', do inciso II do artigo anterior e para alienações, nos casos previstos nesta Lei, desde que não se refiram a parcelas de um mesmo serviço, compra ou alienação de maior vulto que possa ser realizada de uma só vez; III - nos casos de guerra ou grave perturbação da ordem; [...] V - quando não acudirem interessados à licitação anterior e esta, justificadamente, não puder ser repetida sem prejuízo para a Administração, mantidas, neste caso, todas as condições preestabelecidas; [...] VII - quando as propostas apresentadas consignarem preços manifestamente superiores aos praticados no mercado nacional, ou forem incompatíveis com os fixados pelos órgãos oficiais competentes, casos em que, observado o parágrafo único do art. 48 desta Lei e, persistindo a situação, será admitida a adjudicação direta dos bens ou serviços, por valor não superior ao constante do registro de preços, ou dos serviços; [...]".

Neste cenário, entre as hipóteses previstas em lei, uma destas versa diretamente sobre os serviços de advocacia e consultoria jurídica, sendo sua análise relevante para o presente estudo. O art. 13, incs. II, III e V, da Lei nº 8.666/1993, elenca entre os serviços técnicos profissionais especializados, para efeitos desta lei, os trabalhos relativos a pareceres, perícias e avaliações em geral; assessorias ou consultorias técnicas e auditorias financeiras ou tributárias; e patrocínio ou defesa de causas judiciais ou administrativas. Tais atividades, conforme se denota do art. 1º da Lei nº 8.906, de 4.7.1994, que dispõe sobre o Estatuto da Advocacia e a Ordem dos Advogados do Brasil (OAB), compreendem aquelas que, em parte, são privativas de advogados, ou podem ser realizadas por membros desta classe, sendo, inclusive, previstas em diversas leis municipais que regulamentam as atribuições de procuradores e advogados municipais, tal como ocorre no município de Belo Horizonte.[15] Trata-se, portanto,

---

[15] A título exemplificativo, a Lei Municipal nº 9.240, de 29.7.2006, que institui o plano de carreira dos servidores da área de atividades jurídicas da Prefeitura de Belo Horizonte, define, em seu Anexo III, como atribuições específicas ao cargo de procurador municipal: "I - representar o Município, judicial ou extrajudicialmente, ativa ou passivamente, seja como autor, réu, litisconsorte, opoente, ou terceiro interessado, mediante designação de poderes do Procurador-Geral do Município, observando prazos, normas e procedimentos legais; II - preparar minuta de informações a serem prestadas ao Poder Judiciário, em mandado de segurança impetrado contra ato de autoridade do Poder Executivo; III - emitir parecer em processo administrativo e responder a consultas formuladas por outros órgãos da Administração, em ambas as hipóteses, quando designado pelo Procurador-Geral do Município; IV - participar, por determinação do Procurador-Geral do Município, de comissão ou grupo de trabalho; V - sugerir declaração de nulidade de ato administrativo ou a sua revogação; VI - examinar, previamente, minuta de contrato e outros instrumentos jurídicos a serem firmados pelo Município; VII - cumprir escala de plantão; VIII - requisitar processo, requerer diligências, certidões e esclarecimentos que se fizerem necessários ao desempenho de suas atribuições; IX - redigir relatórios, textos, ofícios, correspondências técnico-administrativas, com observância das regras gramaticais e das normas e instruções de comunicação oficial; X - desempenhar os demais encargos legais que lhe forem atribuídos pelo Procurador-Geral; XI - operar computadores, utilizando adequadamente os programas e sistemas informacionais postos à sua disposição, contribuindo para os processos de automação, alimentação de dados e agilização das rotinas de trabalho relativos à sua área de atuação; XII - ter iniciativa e contribuir para o bom funcionamento da unidade em que estiver desempenhando as suas tarefas; XIII - propor à gerência imediata providências para a consecução plena de suas atividades, inclusive indicando a necessidade de aquisição, substituição, reposição, manutenção e reparo de materiais e equipamentos; XIV - participar de cursos de qualificação e requalificação profissional e repassar aos seus pares informações e conhecimentos técnicos proporcionados pela Administração Municipal; XV - manter conduta profissional compatível com os princípios reguladores da Administração Pública, especialmente os princípios da legalidade, da impessoalidade, da moralidade, da publicidade, da razoabilidade e da eficiência, preservando o sigilo das informações; XVI - tratar com zelo e urbanidade o cidadão".

de serviços e competências próprios de advogados que, em caso de licitação, devem receber o tratamento diferenciado previsto nesta lei. O §1º, do art. 13, da Lei nº 8.666/1993, complementa este dispositivo, definindo duas formas preferenciais para contratação de serviços desta natureza, quando necessária a licitação, aplicáveis em situações diferentes, conforme o cabimento ou não da inexigibilidade de licitação. A primeira destas é a inexigibilidade de licitação, que deve atender, todavia, aos requisitos previstos no art. 25, desta lei. A segunda, por sua vez, seria a realização da licitação pela modalidade concurso, com estipulação prévia de prêmio ou remuneração. Por fim, caberia a possibilidade suplementar, caso estas sejam inadequadas, com a utilização de outras modalidades de licitação, já tratadas no item 4.1 deste estudo.

Enquanto a segunda é pouco utilizada pelos municípios e demais entes federativos para contratações de serviços advocatícios em geral, a primeira, contrariando a característica de excepcionalidade desta forma de contratação, é utilizada constantemente por municípios brasileiros, muitas vezes substituindo a procuradoria jurídica do município, instituída ou não, contrariando frontalmente a exigência constitucional de organização da Advocacia Pública com base no provimento de membros efetivos.

O art. 25, inc. II, e o §1º, da Lei nº 8.666, de 1993, definem o seguinte:

> Art. 25. É inexigível a licitação quando houver inviabilidade de competição, em especial: [...]
>
> II - para a contratação de serviços técnicos enumerados no art. 13 desta Lei, de natureza singular, com profissionais ou empresas de notória especialização, vedada a inexigibilidade para serviços de publicidade e divulgação; [...]
>
> §1º Considera-se de notória especializaçao o profissional ou empresa cujo conceito no campo de sua especialidade, decorrente de desempenho anterior, estudos, experiências, publicações, organização, aparelhamento, equipe técnica, ou de outros requisitos relacionados com suas atividades, permita inferir que o seu trabalho é essencial e indiscutivelmente o mais adequado à plena satisfação do objeto do contrato.

A leitura deste dispositivo permite identificar que a inexigibilidade de licitação depende da satisfação de três requisitos: a inviabilidade de competição, a natureza singular do serviço e a notória especialização do profissional contratado, de modo que a ausência de qualquer um desses inviabiliza essa forma de contratação.

O primeiro desses requisitos, qual seja, a inviabilidade de competição, corresponde à exigência que apenas em situações excepcionais pode ser reconhecida aos serviços advocatícios. Existem posicionamentos no sentido de que seria inviável a competição de advogados e escritórios de advocacia em licitação pública por aviltar a profissão de advogado ao colocar membros desta classe em disputa comercial pelo menor preço, o que, para alguns, legitimaria a contratação direta por inexigibilidade.

Em que pese a relevância deste argumento, sem adentrar ao mérito da questão moral desta ideia, é preciso destacar que inexiste previsão legal ou constitucional que diferencie a advocacia de outras profissões de nível superior, de modo a generalizar a inviabilidade de competição a quaisquer serviços advocatícios.

Outrossim, ainda se assim não o fosse, cumpre destacar que a licitação pelo tipo menor preço não é única, sendo admissível aos serviços advocatícios, caso realizada licitação, a avaliação do tipo melhor técnica ou técnica e preço, definidas no art. 45, §1º, incs. II e III, da Lei nº 8.666/1993, modalidades que melhor atendem ao objetivo de selecionar a proposta mais vantajosa à Administração Pública almejado em todas as licitações realizadas pelo Estado.

O segundo requisito, relativo à natureza singular do serviço, merece destaque como a exigência mais inobservada por municípios, que descumprem as exigências constitucionais de formação e instituição da procuradoria jurídica, ao substituí-la integralmente pela contratação direta mediante inexigibilidade de licitação.

Conforme já destacado anteriormente, procuradores e advogados efetivos de carreira desempenham função primordial para o desenvolvimento da Administração Pública municipal, sendo relevante a sua atuação em diversas searas de organização do município, como o acompanhamento de processos judiciais e administrativos e a assessoria e consultoria jurídica em matérias como a legislação municipal, a tributação e as contratações do ente federativo, entre outros inúmeros assuntos. A presença de tais matérias no cotidiano e a atuação do advogado público é seguramente unânime em todos os entes da federação brasileira, sendo possível, portanto, destacá-las como matérias rotineiras às atividades de um procurador ou advogado municipal, que, certamente, não atendem ao requisito de singularidade exigido pela Lei de Licitações para a inexigibilidade.

Vale ressaltar, ainda, a fim de aquilatar eventuais questionamentos sobre este critério, que a singularidade prevista na lei é objetiva, devendo, portanto, qualificar o serviço objeto da contratação e não o sujeito, profissional que a desempenharia, o que limita a inexigibilidade de licitação a atividades que não sejam ordinárias e rotineiras para a Advocacia Pública e exijam conhecimento especializado, que, por vezes, o advogado municipal efetivo não tenha ou lhe seja inacessível.

Corroborando este entendimento, assim se posiciona Antônio Roque Citadini,[16] conselheiro do Tribunal de Contas do Estado de São Paulo (TCE-SP). Vejamos:

> Além da comprovação de que a empresa ou profissional sejam notoriamente especializados, aptos, portanto, a desempenhar os serviços listados no artigo 13 desta lei, será necessário que o objeto a ser contratado seja de natureza singular. Assim, para a contratação direta, além das qualificações especiais do contratado, exige a lei que o objeto seja de natureza pouco comum, com razoável dose de complexidade, de tal forma individualizada que justifique a dispensa de todo o procedimento licitatório.

> A singularidade do serviço a ser contratado é requisito indispensável para se poder justificar a contratação direta com empresa ou profissional notoriamente especializado. Se o serviço objeto da contratação for rotineiro, comum, sem exigência de qualquer conhecimento ou técnica de maior complexidade, não há razão para sua contratação sem licitação.

> Não basta portanto, que a empresa seja de especialização notória no mercado; é preciso, também, que o objeto do contrato venha a requerer conhecimento ou técnica especiais e individualizadores para que se possa contratar diretamente.

Neste cenário, imperioso reconhecer que é inafastável para contratação direta por inexigibilidade de licitação de serviços técnicos especializados a necessidade de se demonstrar que o serviço a ser prestado não seja comum, apresentando certo grau de complexidade e, até mesmo, ante a facilidade de acesso a informações e conteúdo de qualidade na atualidade, de ineditismo, justificando a contratação de profissional especializado.

Por fim, o terceiro requisito tem origem, justamente, na especialização do profissional a ser contratado para a prestação dos

---

[16] CITADINI, Antônio Roque. *Comentários e jurisprudência sobre Lei de Licitações Públicas.* 3. ed. São Paulo: Max Limonad, 1999. p. 230.

serviços singulares supramencionados. Conforme define o dispositivo transcrito, o profissional ou empresa, *in casu*, advogado ou escritório de advocacia, a ser contratado deve possuir notória especialização. Esta circunstância é conceituada no §1º deste artigo, que define possuir notória especialização o profissional ou empresa cujo conceito no campo de sua especialidade, decorrente de desempenho anterior, estudos, experiências, publicações, organização, aparelhamento, equipe técnica, ou outros requisitos relacionados com suas atividades, permita inferir que o seu trabalho é essencial e indiscutivelmente o mais adequado à plena satisfação do objeto do contrato.

Assim, apenas o profissional ou escritório de advocacia que em sua área de atuação e dentro de sua especialidade, justificada por seu histórico e currículo, bem como por sua estrutura, seja indiscutivelmente avaliado como o melhor para a Administração Pública, viabiliza a contratação direta por inexigibilidade de licitação.

Trata-se de reconhecimento que deve transcender determinado grupo político ou à opinião pessoal do gestor público, e externar-se à comunidade jurídica que, conhecedora do *curriculum vitae* do profissional que justifica a contratação, não a questiona, reconhecendo-se que o contratado é o mais adequado para o desempenho do serviço técnico especializado que foi licitado, atendendo ao interesse público.

Vale destacar a relevância deste requisito para justificar a contratação direta, identificável pela exigência contida no art. 13, §3º, da Lei nº 8.666/1993, de que o profissional que justifique a inexigibilidade de licitação, em decorrência de sua notória especialização, realize pessoal e diretamente os serviços objeto do contrato, já que, somente nesta hipótese, estar-se-ia realmente sendo legitimada a dispensa da licitação pela satisfação do interesse público em ter um serviço diferenciado.

Finalmente, importa ressaltar que, pelas definições contidas na Lei de Licitações, se vislumbra que a contratação direta por inexigibilidade de licitação somente será viável e coerente a estes requisitos, quando o objeto do contrato corresponda a serviço pontual, que permitirá a avaliação da singularidade e da especialização do profissional, sendo a contratação genérica cujo objeto seja a representação judicial ou assessoria jurídica por determinado período, absolutamente ilegal, ante a flagrante incompatibilidade às características da inexigibilidade de licitação, e inconstitucional, por afronta ao princípio do concurso público consagrado no art. 37, inc. II, da CRFB/88 e, especificamente, em relação à Advocacia Pública, nos arts. 131 e 132.

Sobre o tema, como representativo do entendimento manifestado no presente estudo, assim já decidiu o Colendo Superior Tribunal de Justiça:

ADMINISTRATIVO. AÇÃO POPULAR. CONTRATAÇÃO DE ESCRITÓRIO DE ADVOCACIA. ATIVIDADES GENÉRICAS QUE NÃO APRESENTAM PECULIARIDADES OU COMPLEXIDADES INCOMUNS. AUSÊNCIA DA NOTÓRIA ESPECIALIZAÇÃO DO CONTRATADO E DA SINGULARIDADE DOS SERVIÇOS PRESTADOS. NECESSIDADE DE LICITAÇÃO. ILEGALIDADE DO ATO ADMINISTRATIVO POR OFENSA ÀS NORMAS ESPECÍFICAS E AOS PRINCÍPIOS DA ADMINISTRAÇÃO PÚBLICA. DECLARAÇÃO DE NULIDADE. RESSARCIMENTO DOS VALORES PORVENTURA RECEBIDOS. AGRAVO REGIMENTAL NÃO PROVIDO. 1. Cuida-se, na origem, de Ação Popular proposta por Godoy Antonio Susin contra o Município de Jaraguá do Sul e o escritório de advocacia Cláudio Golgo Advogados Associados S/C, objetivando a declaração de nulidade do contrato de prestação de serviços advocatícios firmado entre os réus, bem como o ressarcimento dos valores recebidos pelo escritório de advocacia. 2. O Juiz de 1º Grau julgou extinto o processo, sem julgamento do mérito, por entender que não ocorreu irregularidade na contratação. 3. O Tribunal a quo negou provimento à Apelação do ora agravado, mantendo a sentença. 4. Contudo, a regra, conforme se infere, é que o patrocínio ou a defesa de causas, judiciais ou administrativas, que caracterizam serviço técnico profissional especializado devem ser contratados mediante concurso, com estipulação prévia do prêmio ou remuneração. Em caráter excepcional, verificável quando a atividade for de natureza singular e o profissional ou empresa possuir notória especialização, não será exigida a licitação. 5. Assim, havendo inexigibilidade, é possível a contratação de serviços relativos ao patrocínio ou defesa de causas judiciais ou administrativas sem procedimento licitatório. Contudo, para tanto deve haver a notória especialização do prestador de serviço e a singularidade deste. Como a inexigibilidade é medida de exceção, deve ser interpretada restritivamente. 6. A leitura do objeto do contrato mostra, portanto, que as atividades nele descrita – recuperação de receitas sonegadas do ISS incidente sobre as operações de Arrendamento Mercantil ou Leasing (fl. 728), são genéricas e não apresentam peculiaridades e/ou complexidades incomuns – nem exigem conhecimento demasiadamente aprofundado, tampouco envolvem dificuldades superiores às corriqueiramente enfrentadas por advogados e escritórios de advocacia. 7. Por isso, podem ser satisfatoriamente executadas por qualquer profissional do direito, e não por um número restrito de capacitados. 8. É inquestionável que existem outros profissionais e escritórios qualificados a prestar esses serviços, portanto, é evidente a ausência da singularidade. 9. Com efeito, a contratação de serviços sem procedimento licitatório quando não caracterizada situação de inexigibilidade viola o art. 25, II, da Lei 8.666/1993, ofendendo os princípios da legalidade, da impessoalidade, da moralidade e da eficiência que regem a Administração e atentando, a um só tempo, contra o dever de legalidade (= respeito às exigências legais de forma e de conteúdo do ato administrativo), o dever de imparcialidade (= garantia de igualdade de oportunidade, pelo uso de licitação, a todos os administrados em condições de prestar o serviço). 10. O STJ possui entendimento de que viola o disposto no art. 25 da Lei 8.666/1993 a contratação de advogado quando não caracterizada a singularidade na prestação do serviço e a inviabilidade da competição. Nesse sentido: REsp 436.869/SP, Rel. Ministro João Otávio de Noronha, Segunda Turma, DJ 1º/2/2006, p. 477; REsp 1.210.756/MG, Rel. Ministro Mauro Campbell Marques, Segunda Turma, DJe 14/12/2010, e REsp 1.444.874/MG, Rel. Ministro Herman Benjamin, Segunda Turma, DJe 31/3/2015. 11. No mais, quanto à alegação de que não houve efetivo dano ao Erário, esclareço que, para o cabimento da Ação Popular, basta a ilegalidade do ato administrativo por ofensa a normas específicas ou desvios dos princípios da Administração Pública, dispensando-se a demonstração de prejuízo material. Nesse sentido: "mesmo não havendo lesão no sentido pecuniário, de prejuízo econômico para o Estado, a ação popular é cabível, uma vez que visa proteger não apenas o patrimônio pecuniário, mas também o patrimônio moral e cívico da administração" (REsp 849.297/DF, Rel. Ministro Mauro Campbell Marques, Segunda Turma, DJe 8/10/2012). A propósito: REsp 1.252.697/RJ, Rel. Ministro Herman Benjamin, Segunda Turma, DJe 2/2/2015. 12. Diante do exposto, foi dado provimento ao Recurso Especial do ora agravado, para declarar nulo o contrato de prestação de serviços advocatícios firmado entre o Município de Jaraguá do Sul e o escritório de advocacia Cláudio Golgo Advogados Associados S/C, e para condenar o escritório de advocacia no ressarcimento dos valores porventura recebidos. 13. Agravo Regimental não provido. (AgRg no REsp nº 1.425.230/SC. Rel. Min. Herman Benjamin, Segunda Turma, j. 18.2.2016. *DJe*, 30 maio 2016)

Portanto, demonstrados os requisitos essenciais para a contratação direta por inexigibilidade de licitação, identifica-se que, embora possível na Administração Pública municipal para o desempenho de atividades próprias da Advocacia Pública, esta deve ser utilizada apenas em situações excepcionalíssimas, sendo ilegal a substituição de toda a procuradoria jurídica e de procuradores e advogados efetivos, como praticado em diversos municípios brasileiros, por escritórios de advocacia, em especial, quando o serviço que a justifique seja ordinário.

Conclusão

Por fim, ainda sobre este assunto e a tentativa inconstitucional de municípios em substituir a procuradoria jurídica ou deixar de criá-la para contratar diretamente escritórios de advocacia para a prestação de serviços próprios da Advocacia Pública, é importante destacar que, embora o Supremo Tribunal Federal ainda não tenha julgado em regime de repercussão geral nesta matéria, as teses divergentes que surgiram nos últimos anos para distorcer o modelo definido na CRFB/88 para a Advocacia Pública municipal podem ser parcialmente superadas, através do julgamento da Ação Declaratória de Constitucionalidade (ADC) nº 45, proposta pelo Conselho Federal da Ordem dos Advogados do Brasil, que tem por objeto o reconhecimento da constitucionalidade dos arts. 13, inc. V e 25, inc. II da Lei nº 8.666/1993.

Nesta ação, pretende a postulante conferir interpretação equivocada a estes dispositivos, por indicar como natural, pelas características peculiares da atividade de advocacia, a contratação direta por inexigibilidade de licitação, sendo a notória especialização e a singularidade do serviço características intrínsecas à atividade de advocacia, entendimento que, todavia, não encontrou concordância pela Procuradoria-Geral da União, pela Advocacia-Geral da União e pelo Senado Federal, instados a se manifestarem na referida ação.[17]

Ademais, outro mecanismo que poderá resultar nesta solução, aquilatando todas as dúvidas ainda existentes sobre a forma de organização da Advocacia Pública municipal, seria a aprovação de proposta de emenda à Constituição que incluísse na seção própria que trata da Advocacia Pública menção expressa aos municípios, indicando a estes federativos, as mesmas regras aplicáveis à União, aos estados e ao Distrito Federal.

Neste sentido, segue em trâmite no Congresso Nacional uma proposta de emenda à Constituição para suprir a lacuna normativa contida nos arts. 131 e 132, da CRFB/88, que está pronta para deliberação do Congresso Nacional, qual seja, a PEC nº 17/2012, aguardando apenas a inclusão na ordem do dia.

Esta proposta, caso aprovada, será de fundamental importância para a carreira da Advocacia Pública municipal, por obrigar os municípios a estruturarem suas respectivas procuradorias jurídicas,

---

[17] Disponível em: http://redir.stf.jus.br/estfvisualizadorpub/jsp/consultarprocessoeletronico/ConsultarProcessoEletronico.jsf?seqobjetoincidente=5030897. Acesso em: 2 out. 2018.

cabendo destacar, contudo, que ainda assim, existe a possibilidade de persistência em outras formas de contratação, que, conforme demonstrado no presente estudo, são excepcionalíssimas, sendo inconstitucional a substituição do modelo previsto na Constituição Federal para a Advocacia Pública.

Conforme demonstrado no presente estudo, há um modelo constitucionalmente definido para a Advocacia Pública, aplicável não apenas a União, aos estados e ao Distrito Federal, mas, também, pelo princípio da simetria e pela regra do concurso público, aos municípios brasileiros.

Este modelo define que o ingresso na carreira de Advocacia Pública deve ocorrer através de concurso público de provas ou de provas e títulos, excepcionando-se esta regra apenas ao cargo de chefia da procuradoria jurídica, cujo provimento é de livre nomeação e exoneração pelo chefe do Poder Executivo, havendo preferência, todavia, pela nomeação entre os integrantes da carreira.

Referências

BANDEIRA DE MELLO, Celso Antônio. *Curso de direito administrativo*. 30. ed. São Paulo: Malheiros, 2012.

BORGES, José Souto Maior. *Introdução ao direito financeiro*. 2. ed. São Paulo: Max Limonad, 1998.

BRASIL. Código Tributário Nacional. *Lei nº 5.172, de 25 de outubro de 1966*. Disponível em: http://www.planalto.gov.br/ccivil_03/Leis/L5172.htm. Acesso em: 15 set. 2018.

BRASIL. Constituição (1988). *Constituição da República Federativa do Brasil de 1988*. Disponível em: http://www.planalto.gov.br/ccivil_03/Constituicao/ConstituicaoCompilado.htm. Acesso em: 10 set. 2018.

BRASIL. *Decreto nº 4.520, de 12 de dezembro de 2002*. Disponível em: http://www.planalto. gov.br/ccivil_03/decreto/2002/D4520.htm. Acesso em: 18 jun. 2016.

BRASIL. *Decreto nº 7.212, de 15 de junho de 2010*. Disponível em: https://www.planalto. gov.br/ccivil_03/_ato2007-2010/2010/decreto/d7212.htm. Acesso em: 29 jun. 2016.

BRASIL. Lei de Acesso à Informação. *Lei nº 12.527, de 18 de novembro de 2011*. Disponível em: http://www.planalto.gov.br/ccivil_03/_Ato2011-2014/2011/Lei/L12527.htm. Acesso em: 4 jun. 2016.

BRASIL. Lei de Improbidade Administrativa. *Lei nº 8.429, de 2 de junho de 1992*. Disponível em: https://www.planalto.gov.br/ccivil_03/Leis/L8429.htm. Acesso em: 10 jun. 2016.

BRASIL. Lei de Responsabilidade Fiscal. *Lei Complementar nº 101, de 4 de maio de 2000*. Disponível em: https://www.planalto.gov.br/ccivil_03/LEIS/LCP/Lcp101.htm. Acesso em: 4 abr. 2016.

CARACILLO, Melissa Cainé. (In)segurança jurídica, (não) conhecimento da lei e instabilidade legislativa. *Revista de Direito Constitucional e Internacional*, São Paulo, ano 20, v. 80, p. 125-135, jul./set. 2012.

CARRAZZA, Roque Antônio. *Curso de direito constitucional tributário*. 11. ed. São Paulo: Malheiros, 1998.

CITADINI, Antônio Roque. *Comentários e jurisprudência sobre Lei de Licitações Públicas*. 3. ed. São Paulo: Max Limonad, 1999.

DI PIETRO, Maria Sylvia Zanella. *Direito administrativo*. 27. ed. São Paulo: Atlas, 2014.

MACHADO, Hugo de Brito. *Curso de direito tributário*. 31. ed. São Paulo: Malheiros, 2010.

MOREIRA NETO, Diogo de Figueiredo. *Ética e funções essenciais à Justiça no presidencialismo moderno*: subsídios para revisão constitucional. Disponível em: http://www2.senado.leg. br/bdsf/handle/id/176160. Acesso em: 29 set. 2018.

MOTTA, Fabrício. Publicidade e transparência nos 10 anos da Lei de Responsabilidade Fiscal. *In*: CASTRO, Rodrigo Pironti Aguirre de (Coord.). *Lei de Responsabilidade Fiscal*: ensaios em comemoração aos 10 anos da Lei Complementar nº 101/00. Belo Horizonte: Fórum, 2010.

SESTA, Mário Bernardo. Advocacia de Estado: posição institucional. *Revista de Informação Legislativa*, Brasília, v. 30, n. 117, p. 187-202, jan./mar. 1993. Disponível em: https://www2. senado.leg.br/bdsf/handle/id/176105. Acesso em: 30 set. 2018.

Informação bibliográfica deste texto, conforme a NBR 6023:2018 da Associação Brasileira de Normas Técnicas (ABNT):

THRONIECKE, Wellington Borges. Advocacia Pública municipal: inconstitucionalidade e excepcionalidade da contratação por licitação ou inexigibilidade de licitação. *In*: TAVARES, Gustavo Machado; MOURÃO, Carlos Figueiredo; VIEIRA, Raphael Diógenes Serafim (Coords.). *A obrigatoriedade constitucional das Procuradorias Municipais*. Belo Horizonte: Fórum, 2022. p. 205-233. ISBN 978-65-5518-300-9.

PARTE II

ARTIGOS DE CONVIDADOS

CONTRATAÇÃO DE ADVOGADOS POR PESSOAS JURÍDICAS DE DIREITO PÚBLICO

RICARDO MARCONDES MARTINS

1 Breve introdução

Muitas entidades federativas não possuem, ainda hoje, procuradorias próprias. Sua atividade jurídica é exercida ou por comissionados ou por advogados contratados. Nesse caso, discute-se se a contratação deve ser efetuada por licitação ou diretamente. O Conselho Federal da Ordem dos Advogados do Brasil defende a tese de que, dada a confiança intrínseca à relação advogado/cliente e o fato de que a mercantilização da advocacia é vedada pelo art. 5º do Código de Ética e Disciplina da Ordem dos Advogados do Brasil, a atividade jurídica seria não apenas um serviço técnico especializado, conforme tipificado no inc. V do art. 13 da Lei Geral de Licitações (Lei Federal nº 8.666/93), mas também um serviço *singular*, nos termos do inc. II do art. 25 do mesmo diploma. Sendo um serviço técnico especializado singular, a licitação seria sempre inexigível.

Assim, diante da confiabilidade e da vedação de mercantilização, entende-se que a contratação de advogados por entidades públicas seria sempre direta, em virtude da inexigibilidade de licitação. O Conselho Pleno do Conselho Federal da OAB editou a Súmula nº 5/2012/COP sobre o tema, *in verbis*:

Atendidos os requisitos do inciso II do art. 25 da Lei nº 8.666/93, é inexigível procedimento licitatório para contratação de serviços advocatícios pela Administração Pública, dada a singularidade da atividade, a notória especialização e a inviabilização objetiva de competição, sendo inaplicável à espécie o disposto no art. 89 (*in totum*) do referido diploma legal.

Em decorrência do entendimento contrário de muitos órgãos de controle, o Conselho Federal da OAB propôs ação declaratória de constitucionalidade, que recebeu o número 45, que foi distribuída em 12.8.2016 ao Ministro Relator Roberto Barroso e aguarda julgamento do Supremo Tribunal Federal. A Associação Nacional dos Procuradores Municipais solicitou a mim a redação de manifestação a viabilizar seu ingresso na referida ADC como *amicus curiae*. Daí a elaboração do presente estudo, que pretende demonstrar o desacerto da tese sustentada pela OAB. Antecipa-se: regra geral, a Constituição não permite a contratação de advogados pelas pessoas jurídicas de direito público. Somente em casos excepcionais, a contratação é lícita. Pretende-se aqui explicitar em quais hipóteses o direito brasileiro permite a contratação. Entre as hipóteses excepcionalmente permitidas, há casos em que se configura a inexigibilidade de licitação e há casos em que a contratação direta é afastada.

2 Atividade jurídica das entidades federativas

A Constituição tratou da *Advocacia Pública* na Seção II do Capítulo IV do Título IV. Houve previsão expressa da *Advocacia-Geral da União*, no *caput* do art. 131, da *Procuradoria-Geral da Fazenda Nacional*, no §1º do art. 131, ambas para a União, e dos *Procuradores dos Estados e do Distrito Federal*, no art. 132, para, respectivamente, os estados-membros e o DF. A Constituição não previu expressamente os *procuradores municipais*.

A pergunta que se faz aqui é: por que o constituinte previu a Advocacia Pública? As entidades federativas – pessoas jurídicas de direito público – têm por interesse jurídico o correto cumprimento da Constituição e das leis. O interesse público não é o interesse do governante, quando este contrariar o ordenamento jurídico.

Há, pois, uma acentuada diferença entre a contratação de advogado por uma pessoa privada e a nomeação de um advogado por uma pessoa pública. Só a primeira possui interesses próprios a serem defendidos, pois só as pessoas privadas possuem autêntica *liberdade* – âmbito de escolhas pautadas tão somente no livre-arbítrio. O interesse dos entes públicos só é juridicamente tutelado quando *coincidente* com o interesse primário, vale dizer, com o correto cumprimento da Constituição e das leis – é a antiga lição de Renato Alessi.[1]

União e estados têm interesse jurídico de descumprir a Constituição e as leis? Têm interesse jurídico de litigar contra o direito? Óbvio que não. Daí a necessidade de que a Advocacia Pública consista numa *carreira pública*, mais precisamente, num conjunto de *cargos públicos* de *provimento efetivo*. Com efeito, a proteção do interesse público estaria seriamente comprometida se quem fosse encarregado de dizer qual é a *vontade* do ordenamento jurídico não fosse blindado com as *prerrogativas* do *regime estatutário*, entre elas, principalmente, a *estabilidade*.[2]

A diferença entre a Advocacia de Estado – o interesse da entidade federativa – e a Advocacia de Governo – o interesse do governante, muitas vezes divorciado do interesse da entidade, do correto cumprimento da Constituição e das leis – estaria comprometida caso os advogados da Administração Pública fossem *empregados públicos* – desprovidos de estabilidade – ou titulares em *cargos de comissão* – demissíveis *ad nutum*.

O que dizer, então, se fossem meros *contratados* da Administração? Se contrariassem a vontade do governante, bastaria que este exonerasse os empregados ou os titulares de cargo em comissão, no primeiro e segundo caso, ou, mais facilmente ainda, rescindisse o contrato administrativo, no segundo.

Perceba-se: a defesa correta do interesse público (primário) exige que o Advogado Público tenha as prerrogativas próprias do regime estatutário, entre elas, principalmente, a *estabilidade*. Deve o advogado público estar garantido de que, mesmo se contrariar a opinião de seu superior hierárquico, não perderá seu ganha-pão. Somente se titular de cargo público efetivo, somente se dotado de *estabilidade*, terá essa garantia.

Para que fique claro, basta um exemplo singelo. Imagine-se que o governante queira – por móvel espúrio – contratar alguém sem licitação. Tudo estaria perdido se o Advogado Público não tivesse garantias suficientes para afirmar a inviabilidade da contratação pretendida sem colocar em risco seu trabalho. Não se pode exigir das pessoas que sejam santas ou heróis: é razoável supor que, quando desprovido

---

[1] ALESSI, Renato. *Principi di diritto amministrativo*. Milano: Giuffrè, 1966. v. I. p. 200-201, §126.

[2] Sobre o tema, *vide* nosso *Estudos de direito administrativo neoconstitucional*. São Paulo: Malheiros, 2015. p. 161 *et seq*.

de estabilidade, o advogado, para não perder seu ganha-pão, faça de tudo para atender à pretensão governamental, ainda que ela seja incompatível com as leis vigentes.

Num país assolado pela corrução,[3] a previsão constitucional da Advocacia Pública – ou melhor, de que os advogados públicos sejam titulares de cargo público efetivo e dotados de estabilidade – é mais do que compreensível. É uma imposição do *Estado de direito*. É uma garantia fundamental da *boa administração*. Pode-se ir além: como o respeito à legalidade, à impessoalidade e à moralidade administrativa estará sem ela comprometido, é, também, uma *garantia individual* de todos os cidadãos.

3 Advocacia municipal

Nos termos antecipados, o texto expresso da Constituição não se refere, quando trata da Advocacia Pública, aos municípios. A extensão da disciplina do art. 132 da Constituição aos municípios é *controversa*. Defende-se aqui a existência de uma *lacuna*, resolvida a partir da *análise sistemática*. Quer dizer: a exigência não consta do *texto expresso*, mas consta *implicitamente* da Constituição, a partir de sua análise sistemática.

Há quem sustente que o *móvel* do constituinte foi não estender a Advocacia Pública aos municípios. Haveria, segundo alguns, um silêncio proposital, chamado de *eloquente*. Por força do *argumento a contrario*,[4] municípios só teriam Advocacia Pública caso assim desejasse o respectivo editor da lei orgânica ou o respectivo legislador.[5]

---

[3] A Organização Transparência Internacional publica anualmente um índice de percepções da corrupção (IPC) dos países do globo. Em 2015 o Brasil obteve nota 3,8 (de 0 a 10) e ficou, entre os 167 países avaliados, em 76º lugar; em 2014 o Brasil obteve nota 3,4 e ficou, entre os 175 países analisados, em 107º lugar; em 2013 obteve 7,2 e, entre os 177 países analisados, ficou em 72º lugar; em 2012 o Brasil obteve nota 4,3 e ficou, entre os 174 países analisados, em 69º lugar (Disponível em: http://www.transparency.org/). Está bem longe da Dinamarca, que em 2015 ficou em primeiro lugar com a nota 9,1, seguida da Finlândia, com 9,0, e Suécia, com 8,9. Benedito Marques Ballouk Filho e Ronald A. Kuntz fazem várias críticas ao índice (*Corrupção política*: a luta social pelo resgate da dignidade no exercício do poder. São Paulo: Madras, 2008. p. 35-36). Ainda que as críticas sejam procedentes e o índice não retrate o grau exato da corrupção brasileira, ele permite justificar a assertiva de que no Brasil a corrupção é acentuadamente elevada.

[4] Riccardo Guastini assim explica o argumento *a contrario*: extraem-se do texto expresso duas normas, uma em decorrência do sentido expresso – se F1, então C – e outra em decorrência do sentido implícito, contrário ao expresso – se F2, então não C (GUASTINI, Riccardo. *Estudios sobre la interpretación jurídica*. Traducción Marina Gascón y Miguel Carbonell. México: Porrúa, 2006. p. 30).

[5] Os Anais da Constituinte fundamentam esse entendimento. Por todos: MADUREIRA, Claudio. *Advocacia Pública*. Belo Horizonte: Fórum, 2015. p. 189.

Fortes razões, porém, fundamentam a posição contrária: não se trata nem de *silêncio constitucional* nem de *omissão constitucional*, mas de *lacuna constitucional*. Sobre a diferença, expliquei em obra de doutrina:

> No *silêncio constitucional* a questão não consta do texto expresso porque é considerada disciplinada pela interpretação contrária das enunciações expressas. Na *lacuna constitucional* a questão não consta do texto expresso por equívoco do constituinte, é considera implícita pelo intérprete, por extensão ou restrição das enunciações expressas. Em muitos casos, porém, não há silêncio nem lacuna constitucionais, mas *omissão constitucional*: a questão simplesmente não foi disciplinada, expressa ou implicitamente, no texto constitucional.[6]

Defende-se aqui que não se trata nem de *silêncio constitucional* – a Constituição não nega *implicitamente* a Advocacia Pública aos municípios – nem de *omissão constitucional* – o constituinte não deixou ao crivo do editor da lei orgânica do município ou ao crivo do legislador municipal decidir se institui ou não, para a respectiva entidade, a Advocacia Pública. Trata-se de inequívoca *lacuna constitucional*, uma vez que o texto expresso exige uma interpretação extensiva, a partir da análise sistemática da Constituição.

A razão é simples: todos os argumentos que justificam a Advocacia Pública para a União e para os estados-membros também a justificam para os municípios. Por evidente, o interesse destes é, juridicamente, equivalente ao interesse daqueles. Os municípios também não têm interesse de contrariar a Constituição e as leis. A necessidade de prerrogativas para o bom desempenho da missão de dizer qual é, segundo a legislação vigente, o interesse público a ser perseguido também está presente nos municípios. É, enfim, com todo respeito pelas posições contrárias, absolutamente inegável: as razões jurídicas que justificam uma Advocacia Pública – *rectius*, advocacia exercida por titulares de cargos públicos efetivos – na União e nos estados se estendem, igualmente, aos municípios.

O argumento contrário – de que existem municípios no Brasil que não possuem condições econômico-financeiras de instituir cargos de advogados públicos – é um argumento *político*, não *jurídico*. Ora, se o município não tem condições sequer de criar um cargo público de

---

[6] Cf. MARTINS, Ricardo Marcondes. *Regulação administrativa à luz da Constituição Federal*. São Paulo: Malheiros, 2011. p. 69-70.

provimento efetivo para o exercício de sua advocacia, ele, juridicamente, não tem condições de existir.

Não se pode tolerar que – para viabilizar a existência de uma entidade federativa insustentável – se possibilite a ela que contrate empregados públicos, crie cargos em comissão ou – pior – contrate advogados privados para sua advocacia, inviabilizando a adequada tutela da legalidade, da impessoalidade e da moralidade.

Mesmo municípios pequenos devem respeitar a Constituição e as leis, mesmo municípios pequenos devem ter agentes que, mediante as prerrogativas do regime estatutário, *estáveis*, possam contrariar o interesse de seus superiores hierárquicos, quando esses interesses violarem a legalidade, a impessoalidade ou a moralidade administrativa. Donde: mesmo municípios pequenos devem ter advogados públicos!

Ainda que se considere descabida para o município uma instituição similar à prevista nos arts. 131 e 132 da Constituição, é inegável: mesmo que não se imponha *carreira similar*, impõe-se a instituição de *cargo público de provimento efetivo para a advocacia municipal*. O exercício da advocacia das pessoas jurídicas de direito público exige as prerrogativas do regime estatuário – entre elas, principalmente, a estabilidade. Só cargos de provimento efetivo asseguram essas prerrogativas. Esse entendimento vem sendo afirmado pela boa doutrina. Claudio Madureira, em tese de doutorado sobre o assunto, assim se manifesta:

> Concluo que a própria Constituição da República está a impor aos municípios, dada a necessidade da instituição também em âmbito municipal do controle interno da juridicidade do agir administrativo, a estruturação de procuradorias jurídicas com modelagem semelhante àquela estabelecida para a Advocacia Geral da União e para as Procuradorias dos Estados e do Distrito Federal. Ou que, se não tiverem meios materiais para fazê-lo, em vista de suas particularidades locais (extensão territorial, escassez de disponibilidades financeiras etc.), pelo menos cuidem para que os profissionais que ordinariamente exerçam em suas respectivas estruturas administrativas as atividades de consultoria jurídica e de contencioso judicial sejam procuradores detentores de cargos efetivos.[7]

Em absoluta síntese: a advocacia em toda Administração Pública deve ser atribuída a uma instituição similar à prevista nos arts. 131 e

---

[7] MADUREIRA, Claudio. *Advocacia Pública*. Belo Horizonte: Fórum, 2015. p. 195-196.

132 da CF/88 ou, ao menos, a cargos de provimento efetivo. Com essa conclusão, podemos enfrentar o tema apresentado na ADC nº 45.

4 Objeto da ADC nº 45: o que pretende a OAB?

Pretende o Conselho Federal da Ordem dos Advogados do Brasil – CFOAB que o Supremo Tribunal Federal declare a constitucionalidade dos arts. 13, inc. V, e 25, inc. II, da Lei Federal nº 8.666/93. Esses dispositivos *não foram* – por ninguém – *considerados inconstitucionais*. Daí, indaga-se: o que pretende, na verdade, o CFOAB?

Afirma em sua petição que muitos julgados consideraram ilícita a contratação direta de advogados pela Administração Pública e, ao fazê-lo, negam a incidência dos dispositivos e – indiretamente – declaram sua inconstitucionalidade.

Defende, nos termos antecipados, que pela *confiabilidade intrínseca* e pela *vedação de mercantilização* é inviável a contratação de advogados por licitação. Consequentemente, a licitação para contratação de advogados seria *sempre* inexigível.

Fica claro o intuito: pretende que o C. STF afaste todo e qualquer obstáculo à contratação pela Administração Pública de advogados sem licitação. Em termos práticos, a procedência da ADC nº 45 terá este efeito: viabilizará a contratação de advogados pela União, pelos estados-membros e pelos municípios sem observância das *restrições constitucionais* e *legais*.

Com efeito, o CFOAB pede ao STF que declare constitucional normas que nunca foram consideradas inconstitucionais; normas das quais ninguém, nem na doutrina, nem na jurisprudência, jamais questionou a validade. Pede isso porque, na verdade, quer que o STF afaste, nas contratações concretas, a análise da observância das exigências constitucionais e legais.

Daí a importância de serem explicitadas as *restrições constitucionais e legais* à contratação de advogados pela Administração Pública. A tese de que sempre é vedada a contratação é, respeitadas também as posições contrárias, equivocada. É tanto incorreto afirmar que a contratação é *sempre* possível, como afirmar que ela *nunca* é possível. Excepcionalmente, ela é admitida, desde que respeitadas as exigências normativas. E quais são essas exigências?

5 Restrições constitucionais à contratação pública de advogados privados

As *restrições constitucionais* à contratação de advogados privados pela Administração Pública são mera decorrência lógica do que já se expôs. Não faria sentido algum o constituinte exigir a instituição da Advocacia-Geral da União, da Procuradoria-Geral da Fazenda Nacional e dos procuradores dos estados e do Distrito Federal, nos arts. 131 e 132, para admitir, sem mais, que a União e os estados contratassem advogados privados. Os arts. 131 e 132 do Texto Maior impõem este entendimento: a contratação de advogados privados no âmbito federal e estadual ou distrital é, como regra geral, vedada. O contrário importa em afronta direta aos comandos constitucionais.

Pelos argumentos retroexpostos, a Constituição implicitamente exige, nos municípios, a instituição de uma procuradoria municipal ou, ao menos, a criação de cargos públicos de provimento efetivo destinados a advogados, de número proporcional ao tamanho da entidade. A contratação privada, *sem mais*, de advogados, no âmbito municipal, também viola essa exigência constitucional.

Nos termos supracitados, a adequada tutela do interesse público – o necessário respeito à legalidade, impessoalidade e moralidade administrativa – exige que os advogados da Administração Pública sejam *estáveis*. Essa exigência só é observada se eles forem titulares de cargos públicos efetivos. Consequentemente, a contratação pela Administração de advogados privados para atividade de advocacia em geral viola essa exigência e é vedada pela Constituição.

Assim, a *realização de licitação* para o serviço de *advocacia*, regra geral, é *vedada*. Se admitida, bastaria que os contratados contrariassem o interesse do governante, ainda que o fizessem em nome dos princípios previstos no *caput* do art. 37 da CF/88, para que o contrato fosse rescindido.

Mesmo que afastada a rescisão contratual, todos sabem que a prática administrativa oferece eficazes mecanismos de influência e interferência da Administração sobre os contratados. Basta lembrar que a exceção do contrato não cumprido, prevista nos incs. XIV e XV do art. 78 da Lei nº 8.666/93, encontra severos obstáculos: exige suspensão superior a 120 dias ou atraso superior a 90 dias. Não se pode negar: o interesse público – e a observância dos princípios do *caput* do art. 37 da CF/88 – estará comprometido caso admitida a contratação pela Administração de advogados para a atividade de advocacia em geral.

Pode-se, portanto, assentar: a contratação de advogados privados por *licitação* é *vedada*, como regra geral, *não* em decorrência da *confiança intrínseca* entre advogado e a parte, nem em decorrência da *vedação de mercantilização da profissão*, mas em decorrência da necessidade de dotar o advogado da Administração de *estabilidade*, das prerrogativas do *regime estatutário*, necessárias para defesa dos interesses da pessoa pública, muitas vezes divorciados dos interesses do governante.

Nesse sentido, com absoluto acerto, é a lição de Márcio Cammarosano:

> A contratação de serviços de advocacia sob o regime da Lei nº 8.666/93 não pode ser a regra na Administração Pública.
>
> Os serviços de representação judicial ou extrajudicial, defensoria pública, consultoria e assessoria jurídica, para atendimento de necessidades permanentes da Administração Pública, devem ser prestados por pessoal integrante do quadro de servidores do ente governamental, admitidos mediante concurso público, em decorrência dos arts. 131 a 135 da Constituição da República e até do art. 38, parágrafo único, da própria Lei nº 8.666/93.
>
> Contratação sistemática de terceiros para o desempenho daquelas atividades, caracterizando ou não indireta contratação de mão-de-obra, constitui burla ao art. 37, II, da Constituição. E estas considerações são válidas por quaisquer esferas de governo e órgão do Poder, incluindo-se entidades de administração indireta.
>
> Quem exerce as referidas atividades deve estar a salvo de pressões políticas, atuar com independência, impessoalidade, o que só se alcança com as garantias inerentes à titularidade de cargo público de provimento em caráter efetivo ou, ao menos, com a certeza de que não poderá ser dispensado sem adequada motivação, contrapartida da admissão mediante concurso público.[8]

Aliás, os argumentos trazidos pelo CFOAB, *data maxima venia*, são insustentáveis. O advogado da Administração Pública não é advogado da pessoa do agente político, mas da pessoa jurídica. Para defender o interesse público, o correto cumprimento da lei, da impessoalidade, da moralidade, não se faz necessária relação de confiança *subjetiva* entre a autoridade política e o advogado. Pelo contrário, muitas vezes, como se sabe, cabe ao advogado público contrariar os interesses do governante:

---

[8] CAMMAROSANO, Márcio. Breves anotações sobre a contração de serviços profissionais de advocacia. *Informativo de Licitações e Contratos*, Zênite, Curitiba, n. 31, p. 674-676, set. 1996. p. 675.

exigir que ele faça licitação, mesmo contra sua vontade; exigir que ele respeite o contraditório e a ampla defesa ao punir servidores, mesmo contra sua vontade etc.

Outrossim, as contratações públicas exigem a realização de licitação, nos termos do art. 37, XXI, da CF/88, justamente a viabilizar a busca da melhor proposta e a participação igualitária de todos os administrados. A não mercantilização da profissão não pode significar a liberação das amarras constitucionais.

Nesses termos, a licitação, no caso, é vedada por outros motivos: ela substituiria a necessidade de *concurso* para o provimento de cargo público efetivo. Deveras: estar-se-ia substituindo o *cargo público* pelo *contrato administrativo* e, pois, o *concurso* pela *licitação*. Insiste-se: não se pode substituir, nesse caso, a exigência de cargo de provimento efetivo pela contratação; logo, não se pode substituir o concurso pela licitação.

Tanto que, quando for, nos termos adiante explicitados, excepcionalmente possível a licitação para serviços de advocacia, não há, ao contrário do que sustenta o CNOAB, nenhum óbice à realização do processo licitatório.

Feita essa ressalva, a título de conclusão, sintetiza-se: a contratação – mediante licitação – de advogados privados pela Administração é, regra geral, proibida pela Constituição, porque esta impõe que a atividade de advocacia, nesse âmbito, seja exercida por titulares de cargo público efetivo e a contratação, se admitida, substituiria o cargo público pelo contrato e, pois, o concurso público pela licitação. Fixada essa conclusão, passa-se à análise de quando a contratação é constitucional e legalmente possível.

6 "Singularidade" do serviço de advocacia

O serviço de advocacia é, inequivocamente, um serviço *técnico especializado*. E o seria, mesmo se inexistisse a expressa previsão do inc. V do art. 13 da Lei nº 8.666/93. Quer dizer: referido dispositivo traz uma determinação *inquestionável*, qual seja, a natureza "técnico-especializada" da advocacia.

Não basta que o serviço seja técnico-profissional especializado para que haja inexigibilidade de licitação. A própria lei, no parágrafo único do art. 13, deixa isso expresso, *in verbis*: "ressalvados os casos de inexigibilidade de licitação, os contratos para a prestação de serviços técnicos profissionais especializados deverão, preferencialmente, ser celebrados mediante a realização de concurso, com estipulação prévia de prêmio ou remuneração". Se a licitação de todo serviço técnico especializado fosse inexigível, esse dispositivo não faria sentido. A regra é que serviços profissionais técnico-especializados sejam licitados, "preferencialmente", por concurso.

Para que haja inexigibilidade, o serviço deve ser *singular*. E aqui se concorda com o CNOAB em um aspecto: *serviço singular* não se confunde com *serviço exclusivo*. A exclusividade ocorre quando o serviço só é prestado por uma única pessoa, é objeto do inc. I do art. 25 da Lei nº 8.666/93; a singularidade admite que o serviço seja prestado por duas ou mais pessoas, desde que *notoriamente especializadas*.

É o que, há muito, já afirmava Lúcia Valle Figueiredo: "se há dois, ou mais, altamente capacitados, mas com qualidades peculiares, lícito é, à Administração, exercer seu critério discricionário para realizar a escolha mais compatível com seus desideratos".[9] A *singularidade* decorre da *notória especialização*. Todos que prestam os serviços profissionais técnico-especializados são *profissionais*, são *técnicos* e são *especializados*. Vale dizer: todos formados em direito, aprovados no exame da OAB, são presumidamente habilitados a exercer a advocacia.

Não basta: exige-se uma *singularidade* própria da *notória especialização*. Nas palavras de Lúcia Valle Figueiredo: "se determinados serviços prescindem de técnicos especializados, outros necessitam não apenas destes, mas dependem de alguém que seja notoriamente especializado, ou, melhor, notoriamente capacitado a realizá-los".[10]

O *elemento caracterizador* da *singularidade do serviço* é apresentado de forma didática por Celso Antônio Bandeira de Mello: trata-se da *marca pessoal* do prestador.[11] Nas palavras dele, são serviços que "se singularizam por um estilo ou por uma orientação pessoal".[12]

Sustenta o CFOAB, na petição inicial da ADC nº 45, que todo e qualquer serviço de advocacia é *singular*. Trata-se de uma tese, com todo respeito, absurda. O serviço prestado por um recém-formado – por alguém não reputado notoriamente especializado, por alguém não aclamado no meio jurídico – não é singular. Esse serviço não será singularizado pela "marca pessoal" do prestador. Noutras palavras, qualquer advogado poderá prestá-lo. Eis a *primeira exigência*

---

9   FIGUEIREDO, Lúcia Valle. *Direito dos licitantes*. 3. ed. São Paulo: Malheiros, 1992. p. 37-38.

10   FIGUEIREDO, Lúcia Valle. *Direito dos licitantes*. 3. ed. São Paulo: Malheiros, 1992. p. 33.

11   BANDEIRA DE MELLO, Celso Antônio. *Curso de direito administrativo*. 33. ed. São Paulo: Malheiros, 2016. p. 563.

12   BANDEIRA DE MELLO, Celso Antônio. *Curso de direito administrativo*. 33. ed. São Paulo: Malheiros, 2016. p. 563.

para a contratação direta: tratar-se de um profissional notoriamente especializado. Sobre ela, doutrina Marçal Justen Filho:

> A notoriedade significa o reconhecimento da qualificação do sujeito por parte da comunidade. Ou seja, trata-se de evitar que a qualificação seja avaliada exclusivamente no âmbito interno da Administração. Não basta a Administração reputar que o sujeito apresenta qualificação pois é necessário que esse juízo seja exercitado pela comunidade. Não se exige notoriedade no tocante ao público em geral, mas que o conjunto de profissionais de um certo setor reconheça no contratado um sujeito dotado de requisitos de especialização.[13]

A contratação direta no caso do inc. II do art. 25 da Lei nº 8.666/93 decorre da falta de *pressuposto fático* – e não da falta de *pressuposto lógico* – para realização do certame.[14] Quando inexiste pressuposto lógico, o certame é logicamente impossível pela singularidade do objeto ou do prestador. Se só um prestador pode realizar o serviço, é simplesmente impossível a competição.

No caso dos serviços singulares, há possibilidade lógica. Trata-se de falta de pressuposto fático: *presume-se* que, se instaurado o certame, os notoriamente especializados não teriam interesse de participar. Se são notoriamente especializados, se são consagrados no respectivo campo de atuação, a regra é que o mercado já satisfaça suas exigências profissionais. Logo, o profissional notoriamente especializado não tem, regra geral, interesse em participar de licitações. Consequentemente, há uma inviabilidade fática de realizar o certame.[15] Se este fosse instaurado, participariam apenas os profissionais não notoriamente especializados.

Para que fique claro: todo serviço prestado por alguém que seja notoriamente especializado é singular. Se um advogado consagrado no meio jurídico redigir uma simples petição de ação de despejo ou de execução fiscal, a petição será singularizada pela *marca pessoal* desse advogado. Daí a necessidade de enfatizar: não basta a notória especialização para a contratação direta. Exige-se que a *marca pessoal*

---

[13] JUSTEN FILHO, Marçal. *Comentários à Lei de Licitações e Contratos Administrativos*. 13. ed. São Paulo: Dialética, 2009. p. 358.

[14] A teoria dos pressupostos da licitação foi desenvolvida por BANDEIRA DE MELLO, Celso Antônio. *Curso de direito administrativo*. 33. ed. São Paulo: Malheiros, 2016. p. 560-561, Cap. IX-18 a 21. Sobre ela, *vide* nosso *Estudos de direito administrativo neoconstitucional*. São Paulo: Malheiros, 2015. p. 346 *et seq*.

[15] Sobre a diferença entre os pressupostos lógico e fático, *vide* nosso *Estudos de direito administrativo neoconstitucional*. São Paulo: Malheiros, 2015. p. 347-350.

que singulariza o serviço seja *necessária* para a *finalidade* pretendida, para a realização do *interesse público*. A doutrina é praticamente pacífica nesse sentido. A título de exemplo, doutrinam Sérgio Ferraz e Lúcia Valle Figueiredo:

> [...] a notória especialização, que serviu para que determinado contratante fosse selecionado com o escudo e o manto da inexigibilidade de licitação, seja em si um dado essencial para a satisfação do interesse público a ser atendido. Se o serviço é daqueles em que a notória especialização é absolutamente acidental, apenas uma moldura que enfeita o prestador de serviços, mas não integra a essência da realização, tal como desejava, do objeto contratual, nesse caso sua invocação será viciosa e viciada, e, portanto, atacável através de todas as figuras de vício do ato administrativo, com a consequente apenação do administrador.[16]

Celso Antônio Bandeira de Mello também realça essa exigência:

> Evidentemente, o que entra em causa, para o tema da licitação, é a singularidade relevante, ou seja: cumpre que os fatores singularizadores de um dado serviço apresentem realce para a satisfação da necessidade administrativa. Em suma: que as diferenças advindas da singularidade de cada qual repercutam de maneira a autorizar a presunção de que o serviço de um é mais indicado do que o serviço de outro.[17]

Ao explicar a necessidade de que a marca pessoal seja uma *exigência* do interesse a ser satisfeito – e não um adorno inútil ao serviço – o aclamado professor paulista dá como exemplo justamente as *atividades jurídicas*. Transcreve-se a lição, pela importância para o tema ora examinado:

> Parece-nos certo que, para compor-se a inexigibilidade concernente aos serviços arrolados no art. 13, cumpre tratar-se de serviços cuja singularidade seja relevante para a Administração (e que o contratado possua notória especialização). Se assim não fosse, inexistiria razão para a lei haver mencionado "de natureza singular", logo após a referência feita aos serviços arrolados no art. 13.

---

[16] FERRAZ, Sérgio; FIGUEIREDO, Lúcia Valle. *Dispensa e inexigibilidade de licitação*. 3. ed. São Paulo: Malheiros, 1994. p. 79.

[17] BANDEIRA DE MELLO, Celso Antônio. *Curso de direito administrativo*. 33. ed. São Paulo: Malheiros, 2016. p. 563.

Se o serviço pretendido for banal, corriqueiro, singelo e, por isso, irrelevante que seja prestado por "A" ou por "B", não haveria razão alguma para postergar-se o instituto da licitação. Pois é claro que a singularidade só terá ressonância para o tema na medida em que seja necessária, isto é, em que por força dela caiba esperar melhor satisfação do interesse administrativo a ser provido.

Veja-se: o patrocínio de uma causa em juízo está arrolado entre os serviços técnico-especializados previstos no art. 13. Entretanto, *para mover simples execuções fiscais a Administração não terá necessidade alguma de contratar – e diretamente – um profissional de notória especialização.*[18] (Grifos nossos)

Ao contrário do que sustenta o CFOAB, portanto, é evidente que nem toda atividade jurídica é singular. Boa parte da atividade jurídica pode ser exercida, indiferentemente, por qualquer advogado. Aliás, quem já viu a inicial de uma execução fiscal sabe que a petição é absolutamente *padronizada*. A tese de que o ajuizamento da execução depende de uma "confiança subjetiva" que singulariza o serviço é insustentável.

Depende, sim, de prerrogativas jurídicas que blindem o advogado de interferências políticas ou econômicas. Depende, nos termos aqui sustentados, de *estabilidade funcional*, e não de *confiança subjetiva*. Depende, enfim, de que o advogado seja titular de cargo público efetivo, e não contratado sem licitação.

Do exposto até aqui, pode-se concluir: todo serviço de advocacia é um serviço profissional técnico-especializado, mas nem todo serviço de advocacia é singular. Para ser singular, o prestador deve ser notoriamente especializado, assim reconhecido pela comunidade jurídica na respectiva área de atuação. Trata-se de um conceito *objetivo* e não subjetivo: nem o contratante nem o contratado possuem margem para defini-lo, é objetivamente constatável se o prestador possui ou não "reconhecimento em seu campo de atuação". Se não possui, a contratação direta é *ilícita*.

Não basta, porém, possuí-la: a notória especialização deve ser necessária para a finalidade pretendida pela Administração. Não é dado ao administrador contratar alguém notoriamente especializado quando a especialidade não for necessária para a satisfação do interesse público.

---

[18] BANDEIRA DE MELLO, Celso Antônio. *Curso de direito administrativo*. 33. ed. São Paulo: Malheiros, 2016. p. 573.

Se não houver uma pertinência lógica entre a notória especialização e a finalidade a ser alcançada, a contratação direta será *ilícita*.

Assim, pode a Administração Pública contratar, sem licitação, um advogado *notoriamente especializado* para dar um *parecer jurídico*. Qualquer parecer jurídico? Óbvio que não. A contratação só será válida quando o parecer for necessário à realização do interesse público.

Suponha-se uma questão jurídica *altamente controvertida*, sobre a qual a Administração esteja convencida da validade da tese, mas venha perdendo várias ações judiciais. É perfeitamente admissível que a Administração, na defesa de sua tese jurídica, contrate o *parecer* de um renomado jurista.

Suponha-se que a Administração pretenda defender a causa perante o STF: trata-se de uma tese polêmica, mas de grande relevância para o interesse público. Nada impede que seja diretamente contratado um advogado consagrado para fazer a *sustentação oral* perante o C. STF.

Nesses dois casos, vislumbra-se uma *pertinência lógica* entre a contratação do notoriamente especializado e a finalidade buscada pela própria Administração. Quando a finalidade puder ser alcançada pela atuação dos próprios advogados da Administração – titulares de cargos públicos efetivos, integrantes de seu próprio corpo jurídico – a contratação direta será *ilícita*.

7 Serviço de advocacia e licitação

Pelo que se expôs até aqui, a contratação de advogados privados, por licitação, regra geral, é ilícita: a advocacia das pessoas de direito público deve ser realizada por titulares de cargos públicos efetivos, que possuam *estabilidade* e, pois, estejam imunizados da malévola influência política e econômica.

A contratação direta, sem licitação, é também, regra geral, ilícita: só é admitida quando o contratado for notoriamente especializado e a notória especialização for necessária para a adequada tutela do interesse público. É, possível, contudo, excepcionalmente, ao contrário do que sustenta o CNOAB, a viabilidade da contratação privada de advogados por licitação. São justamente os casos em que os advogados públicos não são aptos a realizar a atividade e não se faz necessária a notória especialização.

Isso ocorre em situações excepcionais. Há casos em que os advogados públicos não estão aptos a exercer a atividade jurídica demandada pela pessoa jurídica. São casos raros, mas possíveis.

O parâmetro é *objetivo*: quando o conhecimento exigido vai além do que é comumente exigido nos editais para o provimento de cargo de advogado público, é possível a contratação de terceiro. Ou ainda: quando a atuação deve se dar em local incompatível com a atuação do servidor.

Imagine-se, *v.g.*, que a atuação deva se dar no *exterior*, exigindo, pois, conhecimento do respectivo *direito estrangeiro*. É perfeitamente possível, nesse caso, contratar-se um escritório que atue no respectivo país. A contratação tem necessariamente que ser sem licitação? Evidentemente que não. Nada impede que seja realizada uma disputa entre eventuais interessados, ainda que seja por *convite*. A contratação direta só será válida se for necessária uma "marca pessoal" do prestador. Do contrário, nada impedirá a disputa entre eventuais interessados.

Do mesmo modo, suponha-se, caso também raro, que a questão jurídica seja de direto interesse dos advogados públicos. Trata-se, *v.g.*, de uma questão que envolve sua remuneração. Nesse caso, nada impede que a pessoa jurídica contrate outro advogado para efetuar a defesa. Da mesma forma, se não houver necessidade da notória especialização, nada impede a realização de uma disputa entre eventuais interessados.

Assim, a realização de licitação para serviços de advocacia é, regra geral, ilícita, porque a atividade deve ser realizada por titulares de cargo público efetivo. Contudo, quando houver razões jurídicas para que as atividades não sejam exercidas pelos titulares de cargos públicos – os advogados públicos –, será possível a contratação de terceiros: a) diretamente, quando o interesse público exigir a marca pessoal de um notoriamente especializado; b) por licitação, quando não exigir.

Com esses esclarecimentos, resta demonstrado o absurdo da tese veiculada na ADC nº 45. Afirma o CNOAB que a contratação de advogados privados pela Administração Pública vem sendo analisada *caso a caso* e que isso deve ser obstado pelo STF. Ao revés, é absolutamente indispensável, na contratação de advogados privados pela Administração, a análise do caso concreto: somente o exame do caso revelará se estão ou não presentes os *condicionamentos jurídicos, constitucionais e legais, à contratação*. Se não estiverem presentes, a contratação será ilícita.

Haverá improbidade administrativa? Tudo depende da análise do caso concreto. Por evidente, da ilicitude não se pode deduzir, inexoravelmente, a improbidade. Porém, se estiverem presentes os pressupostos da responsabilização por improbidade, como a má-fé das partes envolvidas, ela restará configurada. Enfim: só a análise do caso concreto indicará se a contratação de advogados pela Administração Pública foi ou não inválida, foi ou não ímproba.

8 Conclusões

1. Ninguém jamais questionou a constitucionalidade dos arts. 13, inc. V, e 25, inc. II, da Lei nº 8.666/93. O que pretende o CFOAB, na ADC nº 45, é que o STF, por via transversa, afaste os obstáculos constitucionais e legais à contratação direta de advogados privados.

2. A contratação de advogados privados pela Administração Pública é, regra geral, inconstitucional, pois a advocacia das pessoas públicas deve ser efetuada por titulares de cargo público efetivo. Só quem é dotado de estabilidade está imunizado contra a influência política e econômica e, pois, apto a defender o interesse público. Essas entidades não têm interesse em violar a Constituição e as leis, não têm interesse em contrariar os princípios do *caput* do art. 37 da CF/88. Permitir que advogados privados exerçam a advocacia das pessoas privadas é reduzir a Advocacia de Estado à Advocacia de Governo e confundir o interesse da pessoa pública com o interesse do governante. É algo desastroso ao Estado de direito e ao combate à corrupção.

3. A licitação, regra geral, é vedada, não porque a advocacia exige confiança subjetiva e é incompatível com a mercantilização, e, sim, porque o contratado exerce atividade própria de cargos públicos efetivos. O que é ilícito não é a licitação em si, mas a não nomeação para cargos públicos de provimento efetivo. Logo, a licitação é ilícita porque a contratação é ilícita, e esta é ilícita porque substitui o estável pelo contratado.

4. Excepcionalmente, o sistema jurídico admite a contratação de advogados privados pela Administração: nos casos em que há justificativas plausíveis para que os próprios advogados públicos não exerçam a atividade. São casos excepcionais.

4.1. Entre eles, há casos em que o interesse público exige a atuação de alguém notoriamente especializado, de um profissional reconhecido no respectivo campo de atuação. Nesse caso, a licitação é inexigível. A contratação direta de um advogado privado será válida quando: a) ele for notoriamente especializado; b) a notória especialização for necessária para a finalidade pública pretendida. É o que ocorre na contratação de um parecer sobre uma causa extremamente controversa, em que já houve decisões judiciais contrárias.

4.2. Entre eles, há dois casos em que o interesse público exige a atuação de terceiros, mas não necessariamente especializados, hipóteses em que a contratação de advogados privados deve dar-se por licitação: a) quando a atuação exigir um conhecimento alheio ao edital do concurso para provimento do cargo de advogado público ou uma atuação em local incompatível com a atuação do servidor; b) quando a atuação tiver por objeto interesse direto do advogado público.

5. A contratação de advogados privados pela Administração sempre exige a verificação da presença, no caso concreto, dos condicionamentos constitucionais e legais. Se não estiverem presentes, será inválida e, havendo má-fé dos envolvidos, ímproba. Só a análise do caso concreto pode indicar se a contratação é ou não válida.

Referências

ALESSI, Renato. *Principi di diritto amministrativo*. Milano: Giuffrè, 1966. v. I.

BALLOUK FILHO, Benedito Marques; KUNTZ, Ronald A. *Corrupção política*: a luta social pelo resgate da dignidade no exercício do poder. São Paulo: Madras, 2008.

BANDEIRA DE MELLO, Celso Antônio. *Curso de direito administrativo*. 33. ed. São Paulo: Malheiros, 2016.

CAMMAROSANO, Márcio. Breves anotações sobre a contração de serviços profissionais de advocacia. *Informativo de Licitações e Contratos*, Zênite, Curitiba, n. 31, p. 674-676, set. 1996.

FERRAZ, Sérgio; FIGUEIREDO, Lúcia Valle. *Dispensa e inexigibilidade de licitação*. 3. ed. São Paulo: Malheiros, 1994.

FIGUEIREDO, Lúcia Valle. *Direito dos licitantes*. 3. ed. São Paulo: Malheiros, 1992.

GUASTINI, Riccardo. *Estudios sobre la interpretación jurídica*. Traducción Marina Gascón y Miguel Carbonell. México: Porrúa, 2006.

JUSTEN FILHO, Marçal. *Comentários à Lei de Licitações e Contratos Administrativos*. 13. ed. São Paulo: Dialética, 2009.

MADUREIRA, Claudio. *Advocacia Pública*. Belo Horizonte: Fórum, 2015.

MARTINS, Ricardo Marcondes. *Estudos de direito administrativo neoconstitucional*. São Paulo: Malheiros, 2015.

MARTINS, Ricardo Marcondes. *Regulação administrativa à luz da Constituição Federal*. São Paulo: Malheiros, 2011.

Informação bibliográfica deste texto, conforme a NBR 6023:2018 da Associação Brasileira de Normas Técnicas (ABNT):

MARTINS, Ricardo Marcondes. Contratação de advogados por pessoas jurídicas de direito público. *In*: TAVARES, Gustavo Machado; MOURÃO, Carlos Figueiredo; VIEIRA, Raphael Diógenes Serafim (Coords.). *A obrigatoriedade constitucional das Procuradorias Municipais*. Belo Horizonte: Fórum, 2022. p. 237-255. ISBN 978-65-5518-300-9.

O EXERCÍCIO DAS FUNÇÕES DA ADVOCACIA PÚBLICA COMO ATIVIDADE EXCLUSIVA DOS ADVOGADOS PÚBLICOS EFETIVOS – UMA RELEITURA DA PROPOSTA DE SÚMULA VINCULANTE Nº 18 DO STF À LUZ DOS DADOS PUBLICADOS NO *1º DIAGNÓSTICO DE ADVOCACIA PÚBLICA MUNICIPAL NO BRASIL* (2019)[1]

RAPHAEL DIÓGENES SERAFIM VIEIRA

1 Introdução

O presente artigo analisa o teor do enunciado da Proposta de Súmula Vinculante nº 18, de autoria da União dos Advogados Públicos Federais do Brasil (Unafe), sucedida pela Associação Nacional de Advogados Públicos Federais (Anafe),[2] que versa sobre a

---

[1] Artigo originalmente publicado em: VIEIRA, Raphael Diógenes Serafim. O exercício das funções da Advocacia Pública como atividade exclusiva dos advogados públicos efetivos: uma releitura da Proposta de Súmula Vinculante nº 18 do STF à luz dos dados publicados no 1º Diagnóstico de Advocacia Pública Municipal no Brasil (2018). *Interesse Público – IP*, Belo Horizonte, ano 21, n. 114, p. 167-204, mar./abr. 2019.

[2] Criada em outubro de 2015, com primeira diretoria eleita em fevereiro de 2016, a Associação Nacional de Advogados Públicos Federais resulta da fusão entre duas outras associações classistas: a ANPAF (Associação Nacional dos Procuradores Federais), fundada em 1990, e a Unafe (União dos Advogados Públicos Federais do Brasil), surgida em 2006.

obrigatoriedade do exercício das funções de Advocacia Pública por servidores efetivos nos entes que compõem a organização político-administrativa da República Federativa do Brasil.

O requerimento, protocolizado no dia 7.3.2009, apresenta a sugestão originária de verbete: "O exercício das funções da Advocacia Pública, na União, nos Estados e nos Municípios, *nestes onde houver*, constitui atividade exclusiva dos advogados públicos efetivos a teor dos artigos 131 e 132 da Constituição Federal de 1988".[3]

Nas razões que justificaram o seu pedido, aponta que se entrevê a "atribuição do exercício e das funções exclusivas dos advogados públicos federais a não integrantes das respectivas carreiras da Advocacia Geral da União, acarretando grave insegurança jurídica e relevante multiplicação de processos sobre questão idêntica".[4]

O verbete proposto pela Unafe, em que pese digno de aplausos, merece análise mais aprofundada, pois, conquanto reconheça a atividade de advocacia pública como exclusiva de advogados efetivos na União e nos estados, limitou – indevidamente, a nosso ver – essa obrigatoriedade apenas aos municípios que já disponham de órgão de Advocacia Pública.

A mesma razão que levou a Unafe a apresentar a Proposta de Súmula Vinculante nº 18, qual seja, rechaçar a usurpação do exercício das funções exclusivas de advogados públicos por agentes extraquadros no âmbito federal, justifica o enfrentamento deste problema sob uma abordagem municipalista.

Explica-se: nestes entes da Federação, o exercício das funções de advogados públicos por servidores não efetivos é usual. Tal assertiva, até pouco tempo intuitiva, tornou-se dado, estatisticamente confiável, a partir da publicação do *1º Diagnóstico de Advocacia Pública Municipal no Brasil*,[5] realizado pela Associação Nacional dos Procuradores Municipais (ANPM), em parceria com a Herkenhoff & Prates.

---

[3] BRASIL. Supremo Tribunal Federal. *Projeto de Súmula Vinculante nº 18*. União dos Advogados Públicos Federais do Brasil (Unafe). Disponível em: http://redir.stf.jus.br/estfvisualizadorpub/jsp/consultarprocessoeletronico/ConsultarProcessoEletronico.jsf?seqobjetoincidente=2667247. Acesso em: 19 jan. 2018.

[4] BRASIL. Supremo Tribunal Federal. *Projeto de Súmula Vinculante nº 18*. União dos Advogados Públicos Federais do Brasil (Unafe). p. 2, Petição inicial. Disponível em: http://redir.stf.jus.br/estfvisualizadorpub/jsp/consultarprocessoeletronico/Consultar ProcessoEletronico.jsf?seqobjetoincidente=2667247. Acesso em: 19 jan. 2018.

[5] MENDONÇA, Clarice Corrêa de; PORTO, Nathália França Figueiredo; VIEIRA, Raphael Diógenes Serafim. *1º Diagnóstico da Advocacia Pública Municipal no Brasil*. Belo Horizonte: Fórum; Herkenhoff & Prates, 2018.

O *1º Diagnóstico de Advocacia Pública Municipal no Brasil* revelou, com ineditismo, que 65,6%[6] dos municípios brasileiros não dispõem de um advogado público efetivo sequer.

A publicação desta pesquisa permite analisar criticamente o enunciado da Proposta de Súmula Vinculante nº 18, para que a fixação da tese acerca da exclusividade do exercício das funções da Advocacia Pública seja enfrentada sob uma perspectiva estritamente jurídica.

Para enfrentar esse problema, dividiu-se este trabalho da seguinte forma.

Inicialmente, o estudo voltar-se-á para o exame da obrigatoriedade de instituição de órgão de Advocacia Pública nos três níveis federativos do modelo adotado pela Constituição Federal de 1988. Nessa quadra, serão abordadas as repercussões do *princípio da igualdade jurídica* entre os entes da Federação (arts. 1º e 18, da CRFB) e do *princípio da simetria* para justificar a organicidade da Advocacia Pública intrínseca a todos os entes.

Ultrapassada essa discussão, analisar-se-á a pertinência da presença de *agente público* incumbido, com exclusividade, do mandato legal de procurador. Para tanto, identificar-se-ão as atribuições características da Advocacia Pública e, em seguida, perquirir-se-á se os agentes responsáveis pelo seu exercício integram as denominadas carreiras típicas de Estado, privativas de servidores públicos efetivos.

Ademais, deve-se averiguar se a inviolabilidade funcional garantida a todo advogado (art. 134, CRFB) é condição bastante para o desempenho isento das atribuições de Advocacia Pública, independentemente da natureza da sua investidura junto à Administração, ou se, além dela, o causídico deve ostentar garantias inerentes ao servidor aprovado por concurso público, como a estabilidade funcional.

Por fim, verificar-se-á se limitação econômica e baixo volume de demandas jurídicas são argumentos aptos a excluir municípios que não disponham da institucionalização da Advocacia Pública da tarefa de organizá-las.

Superados os percalços que se apresentarem neste caminho, restarão demonstradas duas teses autônomas. Primeira, que o órgão de Advocacia Pública é obrigatório no âmbito dos três níveis de estratificação federativa. Segunda, que o exercício das funções da Advocacia

---

[6] MENDONÇA, Clarice Corrêa de; PORTO, Nathália França Figueiredo; VIEIRA, Raphael Diógenes Serafim. *1º Diagnóstico da Advocacia Pública Municipal no Brasil*. Belo Horizonte: Fórum; Herkenhoff & Prates, 2018. p. 34.

Pública, na União, nos estados e nos municípios constitui atividade exclusiva dos advogados públicos efetivos.

Ao final, procurar-se-á responder às seguintes indagações: dispõe a Unafe de legitimidade especial e pertinência temática para apresentar proposta de súmula vinculante que discipline o exercício da Advocacia Pública municipal? É constitucional estabelecer que o exercício das funções da Advocacia Pública deve ser exclusivo de advogados públicos efetivos apenas naqueles municípios que já tenham instituído quadro próprio de advogados?

Ao cabo dessas divagações, defender-se-á o aprimoramento do verbete originário de proposta de Súmula Vinculante nº 18, de ofício, pelo Supremo Tribunal Federal.

Mencione-se que a discussão proposta neste trabalho possui relação direta com o atual cenário de crise pelo qual passa o Estado democrático de direito. Cada vez mais, a profissionalização da Administração Pública e a criação de instrumentos que efetivem o controle interno da juridicidade dos atos administrativos assumem relevo, dada a impossibilidade de os órgãos de controle externo estarem onipresentes e oniscientes a respeito dos atos e contratos administrativos praticados em cada um dos 5.570 municípios brasileiros.

Considerando que os advogados públicos ostentam atribuições típicas de controle de juridicidade preventivo dos atos administrativos, além das consabidas funções de representação, assessoramento e consultoria do Poder Público, sua presença nos municípios brasileiros mostra-se uma importante ferramenta no combate à corrupção e na conformação das práticas da administração ao direito.[7] Tais características denotam, por si só, a relevância do tema em desenvolvimento.

---

[7] Sobre a função de *controle interno* desempenhada pelos advogados públicos, indispensável a leitura do artigo *A advocacia pública como instituição de controle interno da Administração*, de autoria do Procurador do Município de São Paulo Carlos Figueiredo Mourão (MOURÃO, Carlos Figueiredo. A advocacia pública como instituição de controle interno da Administração. *In*: GUEDES, Jefferson Carús; MOESSA, Luciane (Coord.). *Advocacia de Estado*: questões institucionais para a construção de um Estado de Justiça: estudos em homenagem a Diogo de Figueiredo Moreira Neto e José Dias Toffoli. Belo Horizonte: Fórum, 2009. p. 129-137).

2 O exercício das funções da Advocacia Pública como atividade exclusiva dos advogados públicos efetivos

Neste capítulo, pretende-se demonstrar que os alicerces jurídicos da tese que reconhece a obrigatoriedade do órgão de Advocacia Pública, dotado de advogado público efetivo, na União, nos estados e no Distrito Federal estendem-se, *mutatis mutandis*, a todos os municípios, independentemente do seu porte populacional, vigor econômico ou prévia estruturação do órgão de Advocacia Pública. Trata-se da aplicação da regra de hermenêutica jurídica segundo a qual: *ubi eadem ratio ibi idem jus* (onde houver o mesmo fundamento, haverá o mesmo direito), bem como dos princípios da simetria e igualdade entre os entes da Federação.

A discussão apresenta-se, a princípio, obscura, pois, a partir de um raciocínio lógico dedutivo, parece forçoso concluir que da existência de uma estrutura orgânica de Advocacia Pública decorre, inevitavelmente, a presença de advogado efetivo para desincumbir-se das funções desse órgão.

Porém, essa relação não é necessariamente interdependente, pois há diversas realidades que desmistificam esse falso silogismo: *i*) ente dotado de órgão de Advocacia Pública, mas sem advogado público efetivo, *ii*) ente despido de órgão de Advocacia Pública, mas com advogado(s) público(s) efetivo(s) e, finalmente, *iii*) ente com advogados públicos efetivos, mas com suas atribuições sendo usurpadas por servidores extraquadros.

Desse modo, arremata-se esta passagem com a demonstração de que o exercício das funções da Advocacia Pública constitui atividade exclusiva de servidores investidos em cargo de provimento efetivo, independentemente da existência do órgão de Advocacia Pública no respectivo ente.

2.1 Princípio da igualdade entre os entes da Federação

A Constituição da República Federativa do Brasil adotou o *modelo federalista* de organização do Estado, pautado sobre relação assentada sobre duas ideias fundantes: autonomia dos estados-membros e centralização em torno de um deles, a figurar como poder central: União.[8]

---

[8] MARQUES, Mauro Luiz Campbell. (As)simetrias no federalismo brasileiro. *In*: LEITE, George Salomão; LEITE, Glauco Salomão; SARLET, Ingo Wolfgang; STRECK, Lenio Luiz

Os entes compreendidos nessa organização político-administrativa da República Federativa do Brasil são a União, os estados, o Distrito Federal e os *municípios, todos autônomos,* nos termos da Constituição (art. 18, CRFB).

O Brasil é uma Federação desde a proclamação da República, em 1889.[9] Com o advento da Constituição Federal de 1988, o padrão secular, de inspiração norte-americana, foi alterado para um novo modelo de federalismo tridimensional, elevando-se os municípios à categoria de entes da Federação. Assim, o art. 1º da Constituição Federal os classifica como integrantes da "República Federativa do Brasil, formada pela união indissolúvel dos Estados e *Municípios* e do Distrito Federal" (grifos nossos).

Com isso, os municípios passaram a ser providos de *autonomia* (competências constitucionais próprias) e de *igualdade jurídica* (vedação de tratamento hierárquico em relação aos demais integrantes da Federação), tal como seus coirmãos federados.

Inobstante pareça obviar do próprio texto constitucional a igualdade entre os entes, visto que todos guardam "autonomia, nos termos da Constituição" (art. 18, CRFB), a inovação demandou que a doutrina se manifestasse expressamente sobre o perfil jurídico dessa situação de igualdade, *in verbis*:

> A ideia de igualdade dos entes federativos pode parecer bastante óbvia. Mas não é. [...] *Inexiste hierarquia entre a União, os Estados, o Distrito Federal e os Municípios.* Há, na verdade, dentro de cada ordem jurídica, um feixe de competências determinado pela Constituição da República. *A União, os Estados-membros, o Distrito Federal e os Municípios são juridicamente iguais, embora haja na própria Constituição originária certa concentração de poderes na União.* Não se admite qualquer ingerência no âmbito de competência das pessoas políticas de Direito Público interno, cuja repartição foi rigidamente feita pela Constituição. É por isso que *são inadmissíveis emendas constitucionais e leis que estabeleçam tratamento jurídico desigual entre União, Estados-membros, Distrito Federal e Municípios.*[10]

(Coord.). *Ontem, os Códigos! Hoje, as Constituições*: homenagem a Paulo Bonavides. São Paulo: Malheiros, 2016. p. 68-75.

[9] Antes da Proclamação da República em 1889, o Brasil Império era formado por um Estado unitário, segundo o art. 1º da Constituição Política do Império do Brasil, de 25.3.1824 (Disponível em: http://www.planalto.gov.br/ccivil_03/constituicao/constituicao24.htm. Acesso em: 9 jan. 2018).

[10] SILVA, Anderson Santos da. O conteúdo constitucional do princípio federativo. *Revista Jurídica da Presidência da República*, Brasília, v. 15, n. 106, p. 461-463, 2013. Disponível em:

Com efeito, como se tentou demonstrar, dentro da substância constitucional do *princípio federativo*, encontra-se a *máxima da igualdade jurídica* das entidades da Federação. Assim, a cláusula pétrea da forma federativa de Estado impede tratamento discriminatório entre a União, os estados, o Distrito Federal e os municípios.[11]

Sob essa perspectiva, poder-se-ia cogitar discriminatório o fato de o constituinte originário dotar apenas a União, os estados e o Distrito Federal do órgão de Advocacia Pública, pois as funções de contencioso, consultivo e controle interno são idênticas e comuns também aos municípios.

Além disso, a imposição constitucional de existência do órgão de Advocacia Pública nos municípios se arrima na igualdade, formal e material, que a Constituição deve assegurar aos entes da Federação. Atribuir-lhes competências materiais sem lhes fornecer os mesmos mecanismos de assessoramento técnico e eficiência na execução das respectivas políticas públicas importaria em dispensar-lhes tratamento notadamente diferenciado e ocasionaria um vácuo na função de controle interno da Administração, afetando sobremaneira a regular execução das políticas públicas.

Outrossim, nestes entes a preservação do interesse público restaria prejudicada, porque sujeita exclusivamente ao controle externo a cargo do Ministério Público e dos tribunais de contas, cuja atuação principal ocorre após a prática do fato potencialmente lesivo de interesses da coletividade.

Na medida em que todos os entes da Federação, ao perseguirem a concretização de políticas públicas em sua esfera de competência, devem recorrer ao respectivo órgão de Advocacia Pública para juridicizá-las, vislumbra-se a necessidade de também os municípios serem dotados de órgão para realizar tal função pública. Nessa toada, Gustavo Binenbojm afirma que o compromisso jurídico do advogado público é "ajustar os atos dos gestores públicos e do aparato administrativo ao quadro de possibilidades e limites oferecidos pelo ordenamento jurídico, na

---

https://revistajuridica.presidencia.gov.br/index.php/saj/issue/viewIssue/15/11. Acesso em: 5 jan. 2018.

[11] Com a mesma opinião, ressalta Marco Aurélio Marrafon: "tema sempre presente na agenda política pátria, o federalismo surge na Constituição de 1988 como um princípio estruturante da ordem jurídico-institucional do Estado Brasileiro (preâmbulo e art. 1º da CF/88) e também como cláusula pétrea" (MARRAFON, Marco Aurélio. Federalismo brasileiro: reflexões em torno da dinâmica entre autonomia e centralização. *In*: CLÈVE, Clèmerson Merlin (Coord.). *Direito constitucional brasileiro* – Organização do Estado e dos poderes. São Paulo: Revista dos Tribunais, 2014).

realização de um controle de juridicidade que é tanto prévio quanto sucessivo [...]".[12]

À toda evidência, a *igualdade federativa* é ideia que empresta sentido à Carta de 1988. Partindo-se dessa *premissa constitucional de isonomia*, permite-se aplicar o *princípio da simetria*, de acordo com o qual os estados e municípios devem se organizar de acordo com o desenho institucional tracejado pelo arquétipo da Constituição Federal.[13] Esta imposição torna obrigatório, por exemplo, que os governos estaduais, distritais e municipais sejam estruturados com base no princípio da separação dos poderes.

Desse modo, propõe-se que o silêncio[14] do constituinte originário a respeito da instituição do órgão de Advocacia Pública nos municípios seja resolvido por meio da aplicação do princípio da simetria, consectário do princípio federativo.

2.2 Princípio da simetria

O princípio da simetria constitucional exige uma relação de semelhança, tanto quanto possível, entre determinados institutos jurídicos da Constituição Federal, das Constituições dos estados-membros e das leis orgânicas. Segundo Bullos, "por meio da simetria federativa, a União, os Estados, o Distrito Federal e os municípios procuram seguir o modelo traçado na Constituição da República, evitando, assim, lacunas, discrepâncias e, sobretudo, antagonismos".[15]

---

[12] BINENBOJM, Gustavo. Do parecer no tocante à constitucionalidade de dispositivos do Projeto de Lei Complementar nº 205, de 2012, que tem por objetivo modificar a Lei Orgânica da Advocacia-Geral da União (Lei Complementar nº 73, de 10 de fevereiro de 1993), de 26 de março de 2013. *Anajur*. p. 5. Disponível em: http://www.anajur.org.br/downloads/artigos/parecer-dr-gustavo-plp-205-2012.pdf. Acesso em: 19 jan. 2018.

[13] Segundo Luiz Alberto David de Nunes Júnior: "O princípio da simetria, segundo consolidada formulação jurisprudencial, determina que os princípios magnos e os padrões estruturantes do Estado, segundo a disciplina da Constituição Federal, sejam, tanto quanto possível, objeto de reprodução simétrica nos textos das Constituições estaduais" (ARAÚJO, Luiz Alberto David de; NUNES JÚNIOR, Vidal Serrano. *Curso de direito constitucional positivo*. 8. ed. São Paulo: Saraiva, 2004. p. 14-15).

[14] Com o propósito de corrigir a omissão do texto, foi apresentado pelo então Deputado Federal Maurício Rands – PT/PE, a Proposta de Emenda Constitucional nº 153/2003, que altera a redação do art. 132 da Constituição Federal para incluir, expressamente, os procuradores dos municípios. A proposta de emenda constitucional, após aprovação na Câmara dos Deputados, recebeu o número 17 de 2012 no Senado Federal, onde se encontra pronta para votação plenária desde 11.5.2017.

[15] BULOS, Uadi Lammêgo. *Curso de direito constitucional*. 9. ed. rev. e atual. São Paulo: Saraiva, 2015. p. 925-926.

Se, de um lado, o princípio do federalismo confere aos entes de segundo e terceiro graus a necessária autonomia para se auto-organizar na busca do desenvolvimento social desejado, de outra sorte, limita-a mediante a imposição de alguns paradigmas constitucionais que, à simetria da organização federal, devem ser obrigatoriamente adotados. É o que decorre da interpretação sistemática dos arts. 25 e 29 da Constituição Federal c/c art. 11 do ADCT, que impõem aos estados se organizarem e regerem pelas Constituições e leis que adotarem, observados os "princípios desta Constituição", e aos municípios, por sua vez, regerem-se por sua lei orgânica, "atendidos os princípios estabelecidos nesta Constituição e na Constituição do respectivo Estado".

A esse respeito, Gonet Branco adverte que a simetria tem servido, casuisticamente, à Suprema Corte "para designar a obrigação do constituinte estadual de seguir fielmente as opções de organização e de relacionamento entre os poderes acolhidos pelo constituinte federal".[16] O mesmo raciocínio estende-se, *mutatis mutandis*, aos municípios, mas estes, além de atenderem aos princípios estabelecidos na Constituição Federal, devem observar os preceitos da Constituição do respectivo estado.

Conquanto inegável a aplicação do princípio da simetria, é forçoso reconhecer o casuísmo que lhe tem emprestado a jurisprudência do STF na definição das normas sobre as quais deva incidir. Entre as principais regras objeto da simetria, estão os elementos orgânicos (forma republicana, regras eleitorais e outras regras de repetição obrigatória).[17] Nesse núcleo de normas fundamentais a exigir simetria por parte dos estados-membros, Distrito Federal e municípios, deve-se compreender a norma constitucional que confere organicidade às funções de Advocacia Pública, elevando este órgão ao núcleo central da Constituição como "função essencial à Justiça" (Seção II do Capítulo IV, CRFB).

Diogo de Figueiredo Moreira Neto, ao dissertar sobre a natureza do órgão de Advocacia Pública, enfatiza que a sua "essencialidade está afirmada na própria designação constitucional das funções. Elas não podem deixar de existir, com as características e roupagem orgânica que

---

[16] BRANCO, Paulo Gustavo Gonet; MENDES, Gilmar Ferreira. *Curso de direito constitucional*. 11. ed. São Paulo: Saraiva, 2016. p. 947.

[17] MARQUES, Mauro Luiz Campbell. (As)simetrias no federalismo brasileiro. *In*: LEITE, George Salomão; LEITE, Glauco Salomão; SARLET, Ingo Wolfgang; STRECK, Lenio Luiz (Coord.). *Ontem, os Códigos! Hoje, as Constituições*: homenagem a Paulo Bonavides. São Paulo: Malheiros, 2016. p. 72.

lhes são próprias, e nem tolhidas ou prejudicadas no seu exercício".[18] Deste modo, arremata que a "sua essencialidade, em última análise, diz respeito à manutenção do próprio Estado Democrático de Direito e à construção do Estado de Justiça".[19]

Se a Constituição da República reconhece à Advocacia-Geral da União função *estruturante* do Estado democrático de direito – estágio da organização social humana que, por óbvio, deve vigorar em todo território nacional –, a consequência lógica, à luz do princípio da simetria, é que todos os demais entes federados sejam dotados de instituição com atribuições e prerrogativas similares, previstas em suas respectivas leis de fundação.

Dessarte, o desenho institucional básico da Advocacia Pública, previsto na Constituição Federal para a União (art. 131) e para os estados e o Distrito Federal (art. 132), deve ser de reprodução obrigatória para as leis orgânicas dos municípios, haja vista que as atribuições desempenhadas por esse órgão jurídico, além de idênticas, são essenciais para todos os entes integrantes do nosso federalismo tridimensional. Tanto isso é verdade que, onde foram criados, tais órgãos são *sempre responsáveis pelo mesmo plexo de misteres, quais sejam: representar o Ente, judicial e extrajudicialmente, cabendo-lhe, ainda, as atividades de consultoria e assessoramento jurídico do Poder Executivo.*

Em igual sentido, posicionou-se o Egrégio Tribunal de Justiça do Estado do Espírito Santo, em acórdão da lavra do Desembargador Sérgio Bizzotto Pessoa de Mendonça. Estribando-se na reprodução obrigatória dos arts. 131 e 132 da CRFB, o desembargador demonstra a necessidade de dotar os municípios do respectivo órgão de Advocacia Pública, à simetria da União Federal.[20] Desafiado por recurso extraordinário, o relator Ministro Roberto Barroso inadmitiu-o, monocraticamente, sob o fundamento de que o aresto estava alinhado à jurisprudência do STF.[21]

---

[18] MOREIRA NETO, Diogo de Figueiredo. As funções essenciais à Justiça e as procuraturas constitucionais. *Revista de Direito da Procuradoria Geral do Estado do Rio de Janeiro*, Rio de Janeiro, v. 45, 1992. p. 50.

[19] MOREIRA NETO, Diogo de Figueiredo. As funções essenciais à Justiça e as procuraturas constitucionais. *Revista de Direito da Procuradoria Geral do Estado do Rio de Janeiro*, Rio de Janeiro, v. 45, 1992. p. 50.

[20] ESPÍRITO SANTO. Tribunal de Justiça do Estado. *Ação Direta de Inconstitucionalidade nº 0000159-27.2012.8.08.0000 (100.12.000159-7)*. Relator: Desembargador Sérgio Bizzoto Pessoa de Mendonça. Pesquisa de Jurisprudência, Acórdão, 21 de junho de 2012. Disponível em: http://aplicativos.tjes.jus.br/sistemaspublicos/consulta_jurisprudencia/cons_jurisp.cfm. Acesso em: 19 jan. 2018.

[21] BRASIL. Supremo Tribunal Federal. *Recurso Extraordinário com Agravo (ARE) nº 759.931/ ES (Espírito Santo)*. Relator: Ministro Roberto Barroso. Pesquisa de Jurisprudência, Decisão

Enfim, tecidas essas considerações sobre o órgão de Advocacia Pública, deve-se reconhecer que a norma criadora e estruturante dessa instituição no âmbito federal é de reprodução obrigatória para os demais entes políticos, porque todos eles reclamam representação judicial e extrajudicial, assessoramento jurídico e controle interno.

De todo modo, ainda que, argumentativamente, não se reconheça à regra constitucional instituidora do órgão de Advocacia Pública a natureza jurídica de *norma de reprodução obrigatória*, o exercício das funções de Advocacia Pública constitui exclusividade de servidor público efetivo.[22] Trata-se de carreira típica de Estado, cujo adequado desempenho requer inviolabilidade, efetividade e estabilidade qualificada, como será exposto na sequência.

2.3 Advocacia Pública: carreira típica de Estado

O propósito deste breve tópico é trazer subsídios para a compreensão do que seja *carreira típica de Estado* a partir de alguns lineamentos sobre as *carreiras* que, dadas as suas peculiaridades, natureza, grau de responsabilidade e complexidade, representam reservas de exercício no setor público, e, apreendido o seu conceito jurídico, evidenciar que a *Advocacia Pública* se enquadra perfeitamente nesta categoria.

É consabido que *carreira* consiste no agrupamento vertical e hierarquizado de várias classes e categorias, as quais por seu turno reúnem os indivíduos que exercem uma mesma função pública, equitativamente remunerados.[23] Com isso, afastam-se da definição as funções que prescindem da organização dos seus servidores em carreira,

---

Monocrática, 9 de dezembro de 2014. Disponível em: http://www.stf.jus.br/portal/jurisprudencia/pesquisarJurisprudencia.asp. Acesso em: 19 jan. 2018.

[22] A distinção ficou mais clara a partir dos elementos colhidos na pesquisa apresentada no *1º Diagnóstico da Advocacia Pública Municipal no Brasil*. Os dados permitem inferir que há municípios sem procuradores concursados, mas com órgão de Advocacia Pública e, inversamente, que há municípios com procuradores concursados, mas sem o respectivo órgão de Advocacia Pública. A tendência é o maior grau de institucionalização nos municípios que possuem procurador concursado (MENDONÇA, Clarice Corrêa de; PORTO, Nathália França Figueiredo; VIEIRA, Raphael Diógenes Serafim. *1º Diagnóstico da Advocacia Pública Municipal no Brasil*. Belo Horizonte: Fórum; Herkenhoff & Prates, 2018. p. 34).

[23] Nesse sentido, OLIVEIRA, Rafael Carvalho Rezende. *Curso de direito administrativo*. 2. ed. rev., atual. e ampl. Rio de Janeiro: Forense, 2014. p. 630; e CARVALHO FILHO, José dos Santos. *Manual de direito administrativo*. 28. ed. atual. e ampl. Rio de Janeiro: Atlas, 2015. p. 633.

como as de execução material (*v.g.* servente, artífice, mecanógrafo, ascensorista, contínuo, motorista etc.).

A maior dificuldade na conceituação da expressão jurídica, porém, reside em precisar o alcance e o sentido que advenha da presença do adjetivo "típicas" no seio do sintagma em questão, a denotar traços de indelegabilidade da função assim qualificada, exclusividade no seu desempenho ou mesmo ausência de paralelo entre determinadas carreiras de Estado e aquelas exercidas pela iniciativa privada.

A Constituição da República, apesar de não estabelecer a relação *numerus clausus* das funções compreendidas em sua fórmula, municia o intérprete[24] com as pistas necessárias para delimitar o que se deve entender por *carreira típica de Estado*, a partir do enunciado normativo contido no *caput* do art. 247 da Constituição.

Segundo a norma, as leis que mitiguem o *princípio da estabilidade no serviço* do titular do cargo efetivo,[25] nas situações previstas no inc. III do §1º do art. 41 (reprovação na avaliação periódica de desempenho) e no §7º do art. 169 (redução da folha de pagamento com pessoal para adequação às metas fiscais), estabelecerão critérios e garantias especiais para a sua perda quando o seu titular desenvolva "atividades exclusivas de Estado". Nesse sentido, fala-se que os servidores componentes deste grupo ostentam estabilidade funcional ainda mais rígida do que aquela prevista no art. 41, *caput*, da Constituição.

Isso se dá porque as *atividades típicas de Estado* integram o *núcleo estratégico da Administração Pública* e, por essa razão, devem ser desempenhadas, privativamente, por agentes públicos dotados de salvaguardas jurídicas que contenham os efeitos perversos de vulnerabilidade às ingerências de interesses puramente político-partidários de ocasião ou de crises econômicas transitórias. Segundo Marcelo Dias Ferreira, "este núcleo estratégico deve atuar no planejamento,

---

[24] Esse grau de detalhamento não caracteriza as legislações, e sim os conceitos jurídicos, os quais, segundo Bandeira de Mello, "não passam, então, de sistematizações, de classificações [...]. Quando é outorgado pelo próprio direito positivo o estudioso já encontra pronta, organizada previamente, uma relação de situações que o direito unificou ao eleger, por antecipação, os fatores que ditam a intrusão de tais ou quais realidades jurídicas, de tais ou quais fatos, dentro do conjunto [...]. Diversamente, quando a lei não aglutina previamente certas realidades debaixo de uma nomenclatura, é o estudioso do Direto quem trata de promover estas aglutinações" (BANDEIRA DE MELLO, Celso Antônio. *Curso de direito administrativo*. 29. ed. São Paulo: Malheiros, 2012. p. 380-381).

[25] Relembre-se que a estabilidade no serviço público pressupõe aprovação no estágio probatório do servidor público titular de cargo de provimento efetivo aprovado em concurso público (art. 41 da CF), ou seja, a estabilidade pressupõe a prévia efetividade no cargo, ressalvada a hipótese excepcional do art. 19 da ADCT.

formulação, avaliação e fiscalização das políticas públicas e na defesa do Estado".[26] [27]

Segundo o marco teórico citado, é possível enquadrar as funções de Advocacia Pública no conceito de carreira típica de Estado, pois seus profissionais realizam a "defesa do Estado" (representação judicial e extrajudicial do ente), detêm a atribuição de conformar o "planejamento, formulação e avaliação das políticas públicas" ao direito (consultoria e assessoramentos jurídicos), além de, inegavelmente, exercerem a fiscalização das atividades administrativas (controle interno da juridicidade dos atos administrativos e políticas públicas).

Assim, sob qualquer dos três prismas sobre o qual se vislumbre as funções da Advocacia Pública (contencioso, consultivo e controle interno), revela-se o seu perfeito amoldamento ao conceito de *carreira típica de Estado*.

Por mais essa razão, se reforça a tese principal defendida neste trabalho, no sentido de que o exercício das funções da Advocacia Pública constitui atividade exclusiva dos advogados públicos efetivos. Como os integrantes das carreiras típicas de Estado são dotados de estabilidade funcional diferenciada (estabilidade dotada de critérios e garantias especiais), e sendo certo que apenas os servidores públicos efetivos podem, após a aprovação no estágio probatório, adquirir estabilidade funcional, logo, conclui-se, por silogismo, que apenas aos advogados públicos concursados é lícito desempenhar as funções características da Advocacia Pública.

---

[26] FERREIRA, Marcelo Dias. Carreiras típicas do Estado: profissionalização do serviço público e formação do núcleo estratégico. *Âmbito Jurídico*. Disponível em: http://ambito-juridico.com.br/site/?n_link=revista_artigos_leitura&artigo_id=1965&revista_caderno=4. Acesso em: 8 jan. 2018.

[27] O autor, ainda sobre o Núcleo Estratégico de Estado, continua: "Evidentemente, compõe-se de servidores dotados de alta qualificação técnica – nível superior, portanto – e visão global do processo decisório do Estado. A estes quadros, fundamentalmente, cabe subsidiar o processo de formulação das políticas governamentais. *Devem, por suas atribuições e responsabilidades diretamente ligadas ao exercício do poder de Estado, merecer um regime de estabilidade mais rígido, protegidas das injunções consequentes à alternância no Poder Estatal. Seu enquadramento estatutário, reiteradamente caracterizado e reconhecido como próprio e específico das Carreiras Típicas de Estado, visa dar aos seus integrantes garantias no exercício de seus cargos contra o Poder Político e discricionário, já que é inerente – e natural – às atribuições do Núcleo Estratégico a possibilidade de contrariar interesses que, não raras vezes, não se coadunam com os princípios elementares da Administração Pública,* violando-se por conseguinte os interesses permanentes do Estado" (FERREIRA, Marcelo Dias. Carreiras típicas do Estado: profissionalização do serviço público e formação do núcleo estratégico. *Âmbito Jurídico*. Disponível em: http://ambito-juridico.com.br/site/?n_link=revista_artigos_leitura&artigo_id=1965&revista_caderno=4. Acesso em: 8 jan. 2018).

Por fim, convém trazer mais dois elementos jurídicos a confirmar a inserção da Advocacia Pública na moldura teórica das carreiras típicas de Estado. Primeiramente, o art. 2º da Lei Federal nº 6.185/1974, com redação dada pela Lei nº 6.856/1980, que se dedicou à missão de determinar regime jurídico "de estatuto próprio" para determinadas classes de servidores que desempenhem atividades inerentes ao Estado. Veja-se:

> Art. 2º Para as *atividades inerentes ao Estado como Poder Público sem correspondência no setor privado*, compreendidas nas áreas de Segurança Pública, Diplomacia, Tributação, Arrecadação e Fiscalização de Tributos Federais e Contribuições Previdenciárias, *Procurador da Fazenda Nacional, Controle Interno*, e no *Ministério Público*, só se nomearão servidores cujos deveres, direitos e obrigações sejam os definidos em Estatuto próprio, na forma do art. 109 da Constituição Federal. (Grifos nossos)

Depreende-se do dispositivo legal que as funções de "controle interno" e de "Procurador da Fazenda Nacional", incluídas entre as funções de Advocacia Pública, foram expressamente contempladas na legislação como "atividades inerentes ao Estado". Ademais, merece especial destaque o fato de o Ministério Público, à época da promulgação da Lei Federal nº 6.856/1980, acumular atividades hoje atribuídas à Advocacia-Geral da União e ao Ministério Público Federal.[28] Com isso, desde os idos de 1980, já se compreendia a atividade exercida pelo advogado público como típica, específica, própria do Estado, porque sem paralelo na iniciativa privada – ou, por assim dizer, como carreira típica de Estado.

Ainda, merece menção o Projeto de Lei Complementar nº 248 de 1998,[29] que, ao disciplinar a perda de cargo público por insuficiência de desempenho do servidor público estável no âmbito federal, previu, expressamente, o cargo de advogado público efetivo como integrante do bloco de carreiras consideradas típicas de Estado:

---

[28] Tanto assim que o art. 29, §2º, do ADCT facultou aos então procuradores da República a permanência no MPF ou o ingresso na Advocacia-Geral da União.

[29] BRASIL. Câmara dos Deputados. *Projeto de Lei Complementar – PLP nº 248/1998*. Disciplina a perda de cargo público por insuficiência de desempenho do servidor público estável, e dá outras providências. Disponível em: http://www.camara.gov.br/proposicoesWeb/ficha detramitacao?idProposicao=21616. Acesso em: 24 jan. 2018.

DA DISPENSA DO SERVIDOR EM ATIVIDADE EXCLUSIVA DE ESTADO

Art. 15. Desenvolve *atividade exclusiva de Estado*, no âmbito do Poder Executivo da União, o servidor integrante das carreiras de:

I - Advogado da União, Procurador da Fazenda Nacional e Assistente Jurídico da Advocacia-Geral da União;

II - Procurador e Advogado dos órgãos vinculados à Advocacia-Geral da União; [...]

Parágrafo único. No âmbito do Poder Executivo dos Estados, do Distrito Federal e *dos Municípios*, desenvolve *atividade exclusiva de Estado* o servidor integrante de carreiras, cujos cargos tenham *funções equivalentes e similares às inerentes às carreiras mencionadas neste artigo*. (Grifos nossos)

Considerando que o projeto de lei regulamenta o disposto no inc. III do §1º do art. 41 e no art. 247 da Constituição de 1988 apenas no âmbito federal, reservou aos estados, Distrito Federal e municípios a autonomia para legislar sobre a matéria, desde que apenas as funções equivalentes ou similares àquelas classificadas como típicas de Estado no âmbito federal sejam assim enquadradas no plano estadual e municipal, em obediência ao *princípio da simetria*.

Ante o exposto, foi demonstrado que: *i*) as funções de Advocacia Pública são consideradas atividades integrantes do núcleo denominado carreiras típicas de Estado; *ii*) deve-se assegurar prerrogativas compatíveis ao exercício independente dos misteres dos agentes públicos pertencentes a este núcleo, entre as quais a estabilidade funcional rígida; e *iii*) tais características são privativas de servidores públicos efetivos aprovados em concurso público, é forçoso concluir que o exercício das funções da Advocacia Pública, independentemente do ente da Federação, constitui atividade exclusiva dos advogados públicos efetivos.

2.4 Da inviolabilidade, da efetividade e da estabilidade qualificada como condições necessárias ao exercício técnico e independente das funções de Advocacia Pública

O advogado é indispensável à administração da justiça, sendo inviolável por seus atos e manifestações no exercício da profissão, nos limites da lei, segundo o art. 134 da Constituição. A Lei nº 8.906, de 4.7.1994, que dispõe sobre o Estatuto da Advocacia e a Ordem dos

Advogados do Brasil (OAB), por sua vez, reforça essa prerrogativa funcional no plano infraconstitucional ao estatuir que "no exercício da profissão, o advogado é inviolável por seus atos e manifestações, nos limites desta lei" (art. 2º, §3º).

É importante o registro de que tal prerrogativa se aplica não apenas aos advogados privados, como também aos advogados públicos, que, igualmente, sujeitam-se ao regime jurídico do Estatuto da Advocacia e da Ordem dos Advogados do Brasil (OAB), além do regime próprio a que se subordinem no âmbito do respectivo ente em que se encontram investidos (art. 3º, §1º, Lei nº 8.906, de 4.7.1994). Nesse passo, indaga-se: o exercício imparcial e independente das funções de Advocacia Pública pode ser desempenhado por advogados públicos efetivos e por advogados sem efetividade (puramente comissionados ou pertencentes a escritório de advocacia contratado pelo ente),[30] sob o argumento de que é suficiente a inviolabilidade assegurada pela Constituição Federal a todos os advogados?

A resposta a essa indagação só pode ser negativa. Inobstante os advogados, independentemente da espécie de vínculo que entretenham com a Administração, sejam dotados de idêntica prerrogativa legal, o exercício plenamente imparcial das funções privativas de Advocacia Pública requer instrumentos efetivos que assegurem, *in concreto*, a blindagem necessária para materializar essa "independência técnica".

Seria deveras ingênuo acreditar que essa independência se realizasse a partir de mera enunciação normativa. Embora não se negue a necessidade jurídica de erigir as prerrogativas ao plano legal, por outro lado, não se pode reconhecer esse incipiente passo como o bastante para

---

[30] Sobre a impossibilidade dos exercícios típicos de Advocacia Pública por escritórios de advocacia, Cláudio Madureira é preciso em sua obra: *"Todavia, a Constituição da República (arts. 131 e 132), quando disciplinou o exercício dessas atividades típicas no âmbito das unidades federadas, as conferiu, expressamente, aos órgãos de advocacia pública.* Além disso, o texto constitucional concebe extenso aparato de controle da atividade administrativa, composto por órgãos externos e internos (art. 70), o que torna necessária a realização, no âmbito interno da Administração Pública, do controle da juridicidade das posturas administrativas. *O exercício das atividades de consultoria jurídica e contencioso judicial apresenta-se, nesse contexto, como o instrumento por meio dos qual esse controle interno de juridicidade é realizado. Posto isso, o seu desempenho por advogados contratados ou por escritórios de advocacia, sobretudo se for realizado de forma reiterada, de modo a que esses profissionais assumam, por completo, a consultoria jurídica e o contencioso judicial dos entes públicos, além de contrariar a opção político-normativa assentada nos artigos 131 e 132 da Constituição, converterá essa atividade de controle, que se supõe controle interno, em controle realizado com auxílio externo, em evidente subversão do regime jurídico concebido pelo constituinte"* (MADUREIRA, Cláudio. *Advocacia Pública.* 2. ed. Belo Horizonte: Fórum, 2016. p. 414).

dotar o seu operador de *meios jurídicos* eficazes para o efetivo exercício independente.

Tome-se o seguinte exemplo. Advogado público comissionado é ofendido pela autoridade nomeante, após regular atuação profissional. No plano teórico, o Estatuto da OAB prevê ato de desagravo público contra a autoridade que ofender o causídico no exercício de suas funções (art. 7º, XVII, EAOB). Todavia, não é razoável crer que servidor demissível *ad nutum* seria mantido em seu cargo após a realização de ato de desagravo público em repúdio a sua autoridade nomeante. O mesmo se diga de advogado comissionado que exarasse parecer tecnicamente adequado, mas contrário aos interesses do governante de ocasião, responsável por sua admissão. Posto o obstáculo jurídico, a autoridade poderia exonerar o servidor, dado que esta forma de provimento, calcada na confiança, prescinde de motivação formal.

E quais seriam os instrumentos capazes de viabilizar a efetiva e concreta independência técnica ao ocupante da função de advogado público? Além de remuneração condigna ao exercício desta função típica de Estado, a independência aclamada apenas se licenciaria mediante a existência de estabilidade funcional no serviço, prerrogativa privativa do servidor público titular de cargo de provimento efetivo aprovado em concurso público e confirmado no estágio probatório, que garante desligamento do cargo mediante processo administrativo disciplinar prévio, assegurada ampla defesa, ou sentença judicial com trânsito em julgado (art. 41, §1º, CRFB).

Convém salientar que a estabilidade não constitui comodidade assegurada aos servidores públicos, mas, na verdade, uma prerrogativa funcional que assegura ao titular da função a necessária isenção para o trato da coisa pública, sem o receio de retaliações ou desmandos políticos, o que lhe permite atender, em primeiro plano, aos interesses da sociedade, mesmo quando estes colidirem com os interesses políticos de ocasião. Juarez Freitas trata da natureza jurídica da estabilidade funcional, emprestando-lhe o seu verdadeiro significado teleológico em texto lapidar, *in verbis*:

> *Destarte, o servidor público, designadamente ao exercer funções típicas e finalisticamente de Estado (funções-fim), carece de interpretações conducentes a enérgicos anteparos formais e substanciais contra perversidades de qualquer espécie.* Tais anteparos não devem servir, está claro, para a comodidade do agente público, mas para que este se revista da necessária couraça neste mundo de intempéries e estonteante rotatividade no regime de trabalho em geral. *Esta segurança mínima, longe de estimular a indolência,*

mostra-se benfazeja para o cumprimento da fidelidade plena aos princípios constitucionais, não aos chefes ou poderosos da hora. Vez por todas, a garantia patrocinada pelo princípio da estabilidade deve ser concebida, a despeito da reiteração de críticas acerbas, como uma proteção oferecida aos consumidores ou destinatários dos serviços públicos, donde segue não haver motivo aceitável para antagonizar bons servidores e os restantes membros da sociedade. Em lugar de hostilidade, uns e outros devem atuar como sinérgicos aliados no superior desígnio de impedir que se "virtualize" o Estado brasileiro, como se este pudesse deixar de ser feito por pessoas e para pessoas, sem prejuízo da luta contínua para que os agentes públicos pautem suas condutas sob o manto sagrado e finalístico da impessoal, independente e enraizada afirmação do interesse geral.[31] (Grifos nossos)

Conferir *status* constitucional à independência técnica sem muni-la dos instrumentos hábeis é esvaziar por completo o seu sentido. Compete, portanto, ao próprio legislador desincumbir-se do ônus de preencher o conteúdo dessa prerrogativa funcional por meio de outros institutos jurídicos, a fim de que alcance o seu real objetivo.

Por essa razão, inadmite-se que advogados despidos de efetividade prestem serviços jurídicos à Administração Pública. É que a genérica independência técnica destes profissionais, embora também reconhecida no plano constitucional, é desvestida de força jurídica bastante para se efetivar no exercício da função, diante da precariedade do vínculo que este agente entretém com o Estado.

Os motivos que infirmam a possibilidade de um advogado puramente comissionado prestar serviços jurídicos à Administração são óbvios. Primeiramente, admitida a hipótese de advogado comissionado, deve-se ter em conta que é pressuposto jurídico do cargo em confiança o vínculo de fidúcia do contratado com a autoridade nomeante. Assim, enquanto o advogado público efetivo possui um compromisso permanente e impessoal com o interesse público personificado no Estado, o advogado público desprovido de efetividade possui um compromisso direto e pessoal com o governante que o nomeia.

Segundo, e como consequência da primeira constatação, o agente puramente comissionado, mesmo dotado de independência, possui a sua imparcialidade fragilizada pela natureza *ad nutum* da

---

[31] FREITAS, Juarez. O princípio da estabilidade do servidor público: exegese sistemática dos arts. 41 e 169 da Constituição Federal. *Revista da Procuradoria-Geral do Município de Porto Alegre*, Porto Alegre, v. 11, n. 12, set. 1998. p. 35-36. Disponível em: http://www2. portoalegre.rs.gov.br/pgm/default.php?p_secao=72. Acesso em: 19 jan. 2018.

sua nomeação, já que pode ser exonerado de ofício sem qualquer justificativa da autoridade nomeante, simplesmente impulsionada pela intenção psicológica subjetiva de que a fidúcia foi quebrada (móvel do ato administrativo).[32]

O professor Gustavo Binenbojm descreve as idiossincrasias que diferenciam o modo de agir do advogado público quando despido de estabilidade funcional, em citação que merece ser reproduzida *ipsis litteris*:

> De fato, *servidores comissionados, ocupantes de cargos de livre nomeação e de livre exoneração, tornam-se vulneráveis a seus superiores hierárquicos, de quem dependem para se manterem no exercício da função.* Como se sabe, os cargos em comissão são preenchidos por pessoas que mantêm um vínculo de confiança com aqueles que os nomeiam. *Desta forma, o desempenho da função pública pode ficar comprometido,* uma vez que a submissão política direta gera fortes incentivos de atuação parcial no exame da juridicidade dos atos da Administração Pública e na promoção do interesse público.[33] (Grifos nossos)

Por outro lado, mesmo os advogados prestadores de serviços encomendados pela via do contrato administrativo – situação jurídica delicada, por sequer contar com procedimento licitatório prévio – estão sujeitos à idêntica oscilação, diante da possibilidade de rescisão unilateral do contrato, a qualquer tempo, por ato de vontade da autoridade superior.

O tema merece ressalva. A discussão sobre a exclusividade do exercício das funções de Advocacia Pública por advogado efetivo não perpassa dúvida acerca da qualidade intelectual de advogados públicos efetivos ou sem efetividade para o exercício deste mister. O debate gira em torno, isto sim, do grau de imparcialidade que se presume a partir de um vínculo funcional de compleição eminentemente fiduciária e subjetiva.

---

[32] "*Motivo* é realidade objetiva e externa ao agente. É um antecedente, exterior ao ato, que transcorre na realidade empírica, servindo de suporte à realização do ato. *Móvel* é representação subjetiva, psicológica, interna do agente, correspondente àquilo que suscita a vontade do agente (intenção)" (BANDEIRA DE MELLO, Celso Antônio. *Curso de direito administrativo*. 29. ed. São Paulo: Malheiros, 2012. p. 403.).

[33] BINENBOJM, Gustavo. Do parecer no tocante à constitucionalidade de dispositivos do Projeto de Lei Complementar nº 205, de 2012, que tem por objetivo modificar a Lei Orgânica da Advocacia-Geral da União (Lei Complementar nº 73, de 10 de fevereiro de 1993), de 26 de março de 2013. *Anajur*. Disponível em: http://www.anajur.org.br/downloads/artigos/parecer-dr-gustavo-plp-205-2012.pdf. Acesso em: 19 jan. 2018.

Ilustrativamente, admita-se a mera enunciação normativa de independência técnica aos membros do Poder Judiciário e do Ministério Público para o exercício de suas funções, desprovida, contudo, da prerrogativa consubstanciada na *vitaliciedade*. É fácil deduzir que o exercício intimorato que se espera destes profissionais, sobretudo em temas sensíveis (como o combate à corrupção), estaria virtualmente comprometido, diante da perda da segurança de manutenção no cargo após contrariarem interesses de autoridades poderosas. Assim, quanto menos sólido o vínculo institucional do agente público junto ao Estado, menor o grau de independência que se pode esperar dele, a bem do serviço público e dos interesses da sociedade.

Ao proferir a palestra de abertura do VI Encontro Nacional de Advogados Públicos Federais, sob o título "A autonomia e a exclusividade da atividade consultiva e de assessoramento jurídico do Poder Executivo a membros concursados da AGU e os reflexos na prevenção à corrupção", o laureado administrativista Celso Antônio Bandeira de Mello, prescindindo do uso dos paliativos semânticos, vaticinou:

> Quem atua com base em um parecer jurídico dado por alguém que está em cargo em comissão não tem nada. O parecer não vale nada. Se eu devo me apoiar em alguém, mas esse alguém depende de mim, eu não estou me apoiando em ninguém. A regra no serviço público é o concurso público.[34]

Interessante lembrar que a Comissão Nacional da Advocacia Pública do Conselho Federal da Ordem dos Advogados do Brasil possui enunciado de súmula nesse sentido:

> Súmula 1 – O exercício das funções da Advocacia Pública, na União, nos Estados, nos Municípios e no Distrito Federal, constitui atividade exclusiva dos advogados públicos efetivos a teor dos artigos 131 e 132 da Constituição Federal de 1988.[35]

---

[34] PALESTRA Magna: Bandeira de Mello defende Advocacia Pública de Estado. *Associação Nacional dos Advogados Públicos Federais – Anafe*, 18 out. 2012. Disponível em: http://anafenacional.org.br/palestra-magna-bandeira-de-mello-defende-advocacia-publica-de-estado/. Acesso em: 10 jan. 2018.

[35] CONSELHO Federal traça diretriz em defesa da advocacia pública. *Conselho Federal da Ordem dos Advogados do Brasil – CFOAB*, 6 nov. 2012. Disponível em: http://www.oab.org.br/noticia/24762/conselho-federal-traca-diretriz-em-defesa-da-advocacia-publica. Acesso em: 9 jan. 2018.

O Tribunal de Contas do Estado de Alagoas, na vanguarda entre as Cortes de Contas, editou norma no sentido de determinar a exclusividade dos serviços jurídicos prestados aos municípios por advogado público efetivo, por meio da Instrução Normativa nº 3/2016.[36]

O conjunto de entendimentos citados corrobora a ideia esposada neste trabalho, qual seja, o exercício de função pública que exige isenção técnica do seu ocupante é condicionado à titularidade de estabilidade funcional.

Qualquer tentativa de infirmar essa tese não interessa ao Estado democrático de direito, cuja preservação está a cargo, entre outros, do órgão de Advocacia Pública, conforme já destacado anteriormente.[37] No mesmo sentido, o saudoso publicista Marcos Juruena Villela Souto consignou que "em síntese, a ninguém – salvo a governos totalitários e/ou corruptos – pode interessar uma Advocacia Pública enfraquecida ou esvaziada".[38] E prosseguiu:

> A democracia e o Estado de Direito só se fortalecem se houver sólidas e não fragmentadas instituições voltadas para o controle da legalidade, o que exige a garantia constitucional de um corpo permanente, profissionalizado, bem preparado, protegido e remunerado, sem riscos de interferências políticas indevidas no exercício de funções técnicas e despolitizadas.[39]

---

[36] A instrução normativa, considerando a jurisprudência dos Tribunais de Contas sobre o tema, estabelece: "1. Quanto à contratação de advogado ou serviços jurídicos, de ser considerado o seguinte: a) Tendo os serviços jurídicos, incluída a defesa judicial ou extrajudicial dos interesses do Município, natureza de atividade administrativa permanente e continua, é recomendável que haja o correspondente cargo efetivo no quadro de servidores do município para atender tal função, com provimento mediante concurso público (art. 37 da Constituição Federal)" (BRASIL. Tribunal de Contas do Estado de Alagoas. *Instrução Normativa nº 003, de 05 de julho de 2016*. Dispõe sobre a realização dos serviços contábeis e jurídicos no âmbito da Administração Municipal alagoana. Disponível em: https://apromal.org.br/wp-content/uploads/2016/07/DiarioEletronico08072016-TCE-AL.ass_.pdf. Acesso em: 9 jan. 2018).

[37] MOREIRA NETO, Diogo de Figueiredo. As funções essenciais à Justiça e as procuraturas constitucionais. *Revista de Direito da Procuradoria Geral do Estado do Rio de Janeiro*. Rio de Janeiro, v. 45, 1992. p. 50.

[38] SOUTO, Marcos Juruena Villela. O papel da Advocacia Pública no controle da legalidade da administração. *Revista Interesse Público*, Belo Horizonte, v. 6, n. 28, nov. 2004. p. 17. Disponível em: www.buscalegis.ufsc.br/revistas/files/anexos/19859-19860-1-PB.pdf. Acesso em: 1º jan. 2018.

[39] SOUTO, Marcos Juruena Villela. O papel da Advocacia Pública no controle da legalidade da administração. *Revista Interesse Público*, Belo Horizonte, v. 6, n. 28, nov. 2004. p. 17. Disponível em: www.buscalegis.ufsc.br/revistas/files/anexos/19859-19860-1-PB.pdf. Acesso em: 1º jan. 2018.

Assim, mesmo que se desconsidere que a Constituição Federal impõe aos municípios o dever de instituir o seu respectivo órgão de Advocacia Pública, à simetria da União e dos estados-membros (arts. 131 e 132, CRFB), é imperativa a presença de um advogado público efetivo em todos os entes da Federação, inclusive nos municípios, visto que o exercício das funções da Advocacia Pública constitui atividade integrante do núcleo das carreiras típicas de Estado e, portanto, é exclusivo de servidores investidos em cargo de provimento efetivo, dotados das prerrogativas que essa condição jurídica lhes assegura para o exercício autônomo e independente do seu múnus público.[40]

2.5 Da divergência doutrinária e do tratamento jurisprudencial do tema

Em prestígio da diversidade de pensamentos, convém advertir que há divergência doutrinária a propósito da tese defendida neste trabalho, ou seja, sobre a obrigatoriedade de constituição de órgãos de Advocacia Pública ou, minimamente, sobre a exclusividade do seu exercício por advogado público efetivo no âmbito dos municípios.

A esse respeito, é indispensável a leitura da obra *Advocacia Pública*, cujo autor, Cláudio Madureira Penedo, inventaria as diversas posições sobre a *vexata quaestio*. Segundo ele, na mesma linha defendida neste artigo, "A despeito de a Carta da República não o estabelecer expressamente, essas atividades típicas também foram adjudicadas à Advocacia Pública Municipal".[41]

Prossegue, expondo que os autores César Antônio Alves Cordare e Ronny Charles Lopes Torres consideram "grave omissão a ausência de inclusão do município, pelo constituinte originário, do rol dos entes federados que devem ter seus serviços jurídicos organizados em carreira".[42] No mesmo diapasão, Cristiane Costa Nery ressalta que os procuradores municipais "ficaram fora do art. 132 da Constituição Federal, em uma equivocada omissão do texto constitucional".[43]

---

[40] Nesse sentido, MADUREIRA, Cláudio. *Advocacia Pública*. 2. ed. Belo Horizonte: Fórum, 2016. p. 208.

[41] MADUREIRA, Cláudio. *Advocacia Pública*. 2. ed. Belo Horizonte: Fórum, 2016. p. 100.

[42] MADUREIRA, Cláudio. *Advocacia Pública*. 2. ed. Belo Horizonte: Fórum, 2016. p. 200.

[43] NERY, Cristiane da Costa. A constitucionalização da carreira do procurador municipal: função essencial e típica de Estado. *Revista Interesse Público*, Belo Horizonte, v. 12, n. 60, p. 243-260, mar./abr. 2010.

Em sentido contrário, Pinho, Rossato e Silva assinalam que "Diferentemente das Procuradorias Estaduais, as Procuradorias Municipais são criadas não por imposição constitucional, mas a partir de opção própria",[44] sob o argumento de "ausência de recursos para a adequada instalação desse órgão em alguns municípios".

Na jurisprudência, inobstante o tratamento menos aprofundado, tem dominado a posição pela exclusividade das funções de Advocacia Pública no âmbito dos municípios. O Supremo Tribunal Federal tem encampado essa tese, conforme diversos precedentes.[45]

No Tribunal de Justiça do Estado do Rio de Janeiro, por sua vez, tem prevalecido a mesma tese, no sentido de que também em âmbito municipal se impõe a exclusividade do "desempenho da função de Advocacia Pública municipal por Procuradores Municipais concursados, integrantes de Estado (à exceção do Procurador Geral)",[46] conforme rica pesquisa jurisprudencial sumariada por Thiago Sanches Duarte e Gustavo Seabra Santos.[47]

---

[44] PINHO, Américo Andrade; ROSSATO, Luciano Alves; SILVA, Nelson Finotti. *Manual do procurador do estado*. Salvador: JusPodivm, 2014. p. 21.

[45] Agravo em Recurso Extraordinário nº 759.931, Rel. Min. Roberto Barroso, publicado em 12.12.2014; Agravo em Recurso Extraordinário nº 873.745, Rel. Min. Roberto Barroso, publicado em 7.4.2015 e Recurso Extraordinário nº 864.458, Rel. Min. Cármen Lúcia, publicado em 28.4.2016.

[46] Interessante notar que as manifestações da Procuradoria-Geral do Estado, nos autos dessas mesmas ações, embora militem no sentido de reconhecer a exclusividade das funções de Advocacia Pública ao advogado público efetivo, em detrimento dos cargos puramente comissionados, não reconhecem a obrigatoriedade de o município organizar a carreira de procuradores municipais, à simetria da União e dos estados-membros. É o que se extrai da seguinte passagem do parecer da PGE-RJ, nos autos da RI nº 0032300-54.2016.8.19.0000: "Quanto a estes, pois, não há obrigatoriedade de criação de uma Procuradoria do Município integrada por servidores ocupantes de cargo de provimento efetivo, sendo facultado a cada um desses entes a criação e organização dessas carreiras, de acordo com o seu juízo de conveniência e oportunidade" (RIO DE JANEIRO. Tribunal de Justiça do Estado. *Representação de Inconstitucionalidade nº 0032449-21.2014.8.19.0000/ RJ (Rio de Janeiro)*. Relator: Desembargador Marcus Quaresma Ferraz. Pesquisa de Jurisprudência, Petição nº 3204/2015.00106419, 9 de março de 2015. Disponível em: http://www4.tjrj.jus.br/ejuris/ConsultarJurisprudencia.aspx. Acesso em: 19 jan. 2018).

[47] Os autores levantaram, com percuciência, o repertório de decisões do TJRJ sobre a matéria, em nove representações de inconstitucionalidade, envolvendo os municípios de Queimados, Cabo Frio, Mesquita, Cordeiro, São Sebastião do Alto, Paraty, Bom Jardim, Macuco e Resende (DUARTE, Thiago Sanches; SANTOS, Gustavo Seabra. A Advocacia Pública municipal no quadro constitucional das funções essenciais ao Estado e à Justiça: indispensabilidade de instituição, privatividade de exercício por membros da carreira e concretização da determinação constitucional pelos municípios. *In*: REIS, Vanessa Velasco H. B. (Coord.) *Administração Pública*: uma reflexão sobre desafios contemporâneos. 1. ed. Rio de Janeiro: Multifoco, 2017. p. 127).

Recentemente, o Tribunal de Contas do Estado do Rio de Janeiro, por unanimidade, acolheu solicitação da Associação Nacional dos Procuradores Municipais para determinar que os municípios fluminenses, no prazo de 180 dias assinalado no acordão, organizem as suas procuradorias jurídicas e atribuam, *com exclusividade*, as funções de consultoria jurídica e de representação, judicial e extrajudicial, *a procuradores ocupantes de cargos efetivos* previamente aprovados em concurso específico para o cargo.[48]

Em que pese o tema ainda suscitar divergências, *reservadamente no âmbito municipal*, nota-se o caminhar da doutrina e, sobretudo, da jurisprudência, pelo reconhecimento da exclusividade das funções de Advocacia Pública aos advogados públicos investidos no cargo efetivo, com fundamento no núcleo das atividades desempenhadas como carreira típica e permanente de Estado, a exigir o respeito à meritocracia no acesso aos cargos públicos (art. 37, II da CRFB).

2.6 Do déficit institucional de procuradores efetivos nos municípios brasileiros – Levantamento do *1º Diagnóstico da Advocacia Pública Municipal no Brasil* (2017)

O *1º Diagnóstico de Advocacia Pública Municipal no Brasil*, pesquisa inédita realizada pela Associação Nacional dos Procuradores Municipais (ANPM), em parceria com a Herkenhoff & Prates, revelou dados surpreendentes acerca dessa função pública em nosso país.

Sem dúvida, o mais assustador dos números explicita o déficit institucional da presença de advogados públicos efetivos nos 5.570 municípios brasileiros. Segundo o levantamento, 65,6% dos municípios não dispõem de um advogado público efetivo (Gráfico 1), ou seja, cerca de 3.654 municípios não contam, em seu quadro de pessoal, com a atuação de um procurador, aprovado em concurso público, incumbido do exercício das funções de Advocacia Pública.

---

[48] BRASIL. Tribunal de Contas do Estado do Rio de Janeiro. Solicitação. *Processo nº 225.221-8/17*. Interessado: Associação Nacional dos Procuradores Municipais. Relator: Conselheiro Substituto Marcelo Verdini Maia. Rio de Janeiro, 28 de agosto de 2018. Disponível em: https://www.tce.rj.gov.br/consulta-processo/Processo/List#. Acesso em: 29 ago. 2018.

Gráfico 1 – Proporção de municípios brasileiros que contam com procurador ativo, efetivado por meio de concurso específico para a carreira

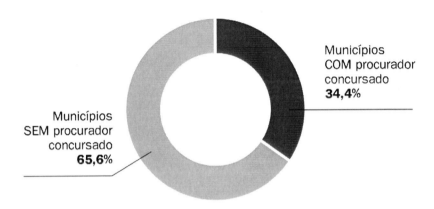

n = 360. Erro amostral = 5%. Nível de confiança = 95%. Amostra 3 (probabilística).

Fonte: *1º Diagnóstico da Advocacia Pública Municipal no Brasil* – Herkenhoff & Prates (2016).

Interessante notar que o índice de institucionalização é decrescente da Região Sul para a Região Norte do Brasil. Veja-se:

Gráfico 2 – Proporção de municípios brasileiros que contam com procurador concursado para a carreira, por região geográfica

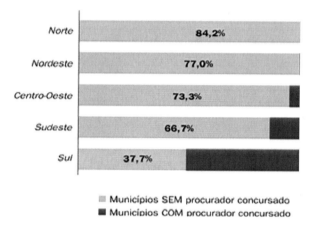

n = 360. Amostra 3 (probabilística). Erro amostral = 5%. Nível de confiança = 95%.

Fonte: *1º Diagnóstico da Advocacia Pública Municipal no Brasil* – Herkenhoff & Prates (2016).

Finalmente, interessante mencionar que, ao contrário do que se imaginava, os municípios de pequeno Porte I e II (até 50.000 habitantes) possuem, proporcionalmente, menor déficit institucional, de acordo com o critério presença de um advogado público efetivo, do que os municípios de médio porte (50.001 a 100.000 habitantes).

Gráfico 3 – Proporção de municípios brasileiros que contam com procurador concursado para a carreira, por porte municipal[49]

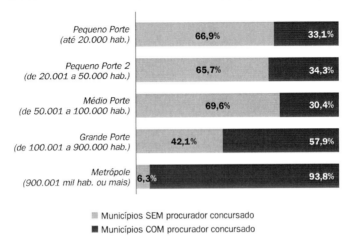

n = 376. Amostra 3 adicionada da amostra das 16 metrópoles brasileiras que integram o Diagnóstico. Erro amostral = 5%. Nível de confiança = 95%.

Fonte: *1º Diagnóstico da Advocacia Pública Municipal no Brasil* – Herkenhoff & Prates (2016).

Muito embora todos os municípios demandem por serviços jurídicos, em muitos deles há diversas funções típicas da Advocacia Pública cometidas a servidores puramente comissionados ou a escritórios de advocacia. Assim, os dados apresentados mostram uma realidade extremamente preocupante, na medida em que revelam que, em mais da metade dos municípios brasileiros, o assessoramento jurídico dos entes políticos na implementação de políticas públicas conforme o direito e o controle da juridicidade dos atos da Administração estão sendo realizados por servidores livremente contratados, sem qualquer estabilidade funcional e totalmente sujeitos às ingerências politicas.

---

[49] MENDONÇA, Clarice Corrêa de; PORTO, Nathália França Figueiredo; VIEIRA, Raphael Diógenes Serafim. *1º Diagnóstico da Advocacia Pública Municipal no Brasil*. Belo Horizonte: Fórum; Herkenhoff & Prates, 2018. p. 36.

2.7 Dos argumentos metajurídicos invocados para resistir à obrigatoriedade da presença de um advogado público efetivo nos municípios brasileiros

A doutrina e os agentes políticos opostos à obrigatoriedade de todos os municípios instituírem órgão de Advocacia Pública ou de, ao menos, disporem em seu quadro permanente de um advogado público efetivo apegam-se, em regra, à insuficiência de capacidade econômica ou ao pequeno porte populacional de parte de alguns municípios.

Considerando-se que os contra-argumentos estritamente jurídicos da tese adversa foram desconstruídos no percurso deste trabalho, passa-se ao enfrentamento das ilações metajurídicas, as quais constituem a última resistência argumentativa.

Para arrefecer a tenacidade dos opositores, os dados obtidos no *1º Diagnóstico de Advocacia Pública Municipal no Brasil* revelam-se fundamentais. A suposta incapacidade econômica foi desarticulada a partir do cotejo entre a média dos salários pagos aos advogados públicos efetivos e aos advogados puramente comissionados nos municípios de pequeno porte.

Nesta pesquisa estatística, restou comprovado que o custo médio total de um advogado público puramente comissionado é superior ao de um advogado público efetivo nos municípios classificados pelo IBGE como de Pequeno Porte I, Pequeno Porte II e Médio Porte,[50] consoante se depreende do seguinte gráfico:

---

[50] As classificações segundo o porte do município obedecem a critério fixado pelo Censo Demográfico de 2010 do IBGE, segundo o qual os municípios de Pequeno Porte I possuem até 20.000 habitantes; os de Pequeno Porte II, entre 20.001 e 50.000 habitantes; e os de Médio Porte possuem entre 50.001 e 100.000 habitantes (INSTITUTO BRASILEIRO DE GEOGRAFIA E ESTATÍSTICA – IBGE. *Censo Demográfico 2010*: características gerais da população. Rio de Janeiro: IBGE, 2012. Disponível em: http://www.ibge.gov.br. Acesso em: 3 jan. 2018).

Gráfico 4 – Valor médio da remuneração total da classe de acesso, entre municípios com e sem procurador concursado, por porte municipal[51]

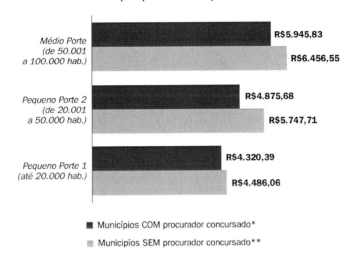

*n = 267. **n = 387. Foram retiradas as não respostas.

Obs.: as categorias Metrópole e Grande Porte não foram incluídas por não disporem de observações suficientes para embasar a comparação.

Fonte: *1º Diagnóstico da Advocacia Pública Municipal no Brasil* – Herkenhoff & Prates (2016).

A interpretação desses dados inéditos permite concluir que a opção de contratar advogado extraquadro em detrimento de servidor efetivo, aprovado em concurso público, se revela contrária à economicidade.

A comparação de custo entre servidores públicos efetivos e escritórios de advocacia não será objeto deste estudo, pois a atividade desempenhada recai sobre serviços distintos. Enquanto o advogado público efetivo realiza funções rotineiras e permanentes da Administração, a contratação de escritório de advocacia apenas se

---

[51] MENDONÇA, Clarice Corrêa de; PORTO, Nathália França Figueiredo; VIEIRA, Raphael Diógenes Serafim. *1º Diagnóstico da Advocacia Pública Municipal no Brasil*. Belo Horizonte: Fórum; Herkenhoff & Prates, 2018. p. 61.

justifica para a prestação de serviços jurídicos singulares (arts. 13, V, e 25, II, da Lei nº 8.666/93).[52] Convém assinalar que a Instrução Normativa nº 3 de 2016 do Tribunal de Contas do Estado de Alagoas, ao reconhecer a exclusividade das funções de Advocacia Pública para advogados públicos efetivos, traz como uma das justificativas o seguinte fato:

> os custos de contratação de escritórios de advocacia e de contabilidade são, via de regra, maiores do que a remuneração fixada para os cargos públicos efetivos de Procurador Municipal e Contador, não havendo, assim, justificativa econômica para a não criação e provimento destes cargos.[53]

De outra sorte, o argumento segundo o qual um pequeno município não demandaria a prestação de serviços jurídicos também se revela insidioso. Todos os 5.570 municípios brasileiros, desde o menos populoso (Serra da Saudade/MG)[54] ao mais populoso (São Paulo/SP),[55] dispõem do mesmo acervo de competências administrativas e legais outorgadas pela Carta Magna.

Se a Constituição Federal estabeleceu sua organização político-administrativa pautada no federalismo simétrico, a igualdade jurídica deve ser observada tanto no plano vertical como no horizontal. Tal ideário seria rompido na hipótese de entes do mesmo plano federativo não desfrutarem de idênticas competências.

Assim, o tamanho da sua população, do seu território ou do orçamento público são características que não implicam maior ou menor

---

[52] Para aprofundamento da questão, confira-se VIEIRA, Raphael Diógenes Serafim. Procurador municipal deve ser regra, escritório a exceção. *Jota*, 28 jun. 2017. Disponível em: https://www.jota.info/artigos/procurador-municipal-deve-ser-regra-escritorio-a-exce cao-28062017. Acesso em: 19 jan. 2018).

[53] BRASIL. Tribunal de Contas do Estado de Alagoas. *Instrução Normativa nº 003, de 05 de julho de 2016*. Dispõe sobre a realização dos serviços contábeis e jurídicos no âmbito da Administração Municipal alagoana. Disponível em: https://apromal.org.br/wp-content/uploads/2016/07/DiarioEletronico08072016-TCE-AL.ass_.pdf. Acesso em: 9 jan. 2018.

[54] Segundo consulta realizada no sítio eletrônico do IBGE, o município Serra da Saudade (MG), que possuía população de 815 pessoas no último Censo (2010), possui a população estimada de 812 pessoas para 2017 (INSTITUTO BRASILEIRO DE GEOGRAFIA E ESTATÍSTICA – IBGE. *Cidades*: panorama. Disponível em: https://cidades.ibge.gov.br/brasil/mg/serra-da-saudade/panorama. Acesso em: 6 jan. 2018).

[55] Segundo consulta realizada no sítio eletrônico do IBGE, o município de São Paulo (SP), que possuía população de 11.253.503 pessoas no último Censo (2010), possui a população estimada de 12.106.920 pessoas para 2017 (INSTITUTO BRASILEIRO DE GEOGRAFIA E ESTATÍSTICA – IBGE. *Cidades*: panorama. Disponível em: https://cidades.ibge.gov.br/brasil/sp/sao-paulo/panorama. Acesso em: 6 jan. 2018).

outorga de competências aos municípios no texto constitucional, motivo pelo qual todos os municípios têm a obrigação de prestar os mesmos serviços públicos e de legislar sobre idênticas matérias.

Para fins metodológicos, tome-se o exemplo do menor município do Brasil, Serra da Saudade (MG). A partir de consulta realizada no sítio eletrônico do Tribunal de Justiça de Minas Gerais, identificou-se a existência de 79 processos judiciais em que o município Serra da Saudade figura como parte-formal,[56] dos quais 56 (cinquenta e seis)[57] tramitam em primeira instância e 23 (vinte e três)[58] em segunda instância. Indubitavelmente, o acervo judicial do menor município do Brasil requer a presença de um advogado público efetivo.

Outrossim, a Constituição Federal outorgou diversas competências administrativas a todos os municípios, a teor do art. 30, como instituir e arrecadar os tributos; prestar serviços públicos de educação

---

[56] Pesquisa processual, pelo critério "nome da parte", com busca pelo nome "Município Serra da Saudade", realizada no sítio do Tribunal de Justiça de Minas Gerais. A ferramenta dá acesso apenas aos processos movimentados nos últimos 30 dias. Diante dessa limitação temporal, pode-se deduzir que o acervo judicial deste município é bem superior ao indicado na consulta.

[57] Os resultados obtidos na referida consulta em primeira instância foram os seguintes: 023203000006-0; 023203000815-4; 023203000819-6; 023203000821-2; 023203002407-8; 0232 03002409-4; 023203003325-1; 023204006126-8; 023204006905-5; 023204007716-5; 02320500 8530-6; 023205009741-8; 023205009917-4; 023205010377-8; 023205011137-5; 0232050113 21-5; 023205011403-1; 023206011667-9; 023206013002-7; 023207016706-8; 023208018462-4; 023208019154-6; 023209021604-4; 023209022665-4; 023209022675-3; 023209022677-9; 023209022775-1; 0006567-47.2010.8.13.0232; 0009975-46.2010.8.13.0232; 0016861-27.2011.8. 13.0232; 0018198-51.2011.8.13.0232; 0018388-14.2011.8.13.0232; 0020293-54.2011.8.13.0232; 0020301-31.2011.8.13.0232; 0020319-52.2011.8.13.0232; 0020327-29.2011.8.13.0232; 0020335-06.2011.8.13.0232; 0020343-80.2011.8.13.0232; 0020350-72.2011.8.13.0232; 0020368-93.2011. 8.13.0232; 0023693-76.2011.8.13.0232; 0025821-69.2011.8.13.0232; 0007454-60.2012.8.13.0232; 0017485-08.2013.8.13.0232; 0015427-61.2015.8.13.0232; 0022860-19.2015.8.13.0232; 0016985-34.2016.8.13.0232; 0003189-39.2017.8.13.0232; 0010325-87.2017.8.13.0232; 0016918-35.2017. 8.13.0232; 0023419-05.2017.8.13.0232; 0023435-56.2017.8.13.0232; 0023450-25.2017.8.13.02 32; 0023476-23.2017.8.13.0232; 0023492-74.2017.8.13.0232; e 0023518-72.2017.8.13.0232 (MINAS CERAIS. Tribunal de Justiça do Estado. *Pesquisa processual.* Disponível em: http:// www.tjmg.jus.br/portal-tjmg/processos/andamento-processual/#.WmNxKTdG3IW. Acesso em: 1º jan. 2018).

[58] Os resultados obtidos na consulta em segunda instância foram os seguintes: 1.0000.00. 060537-8/000; 1.0000.00.259229-3/000; 1.0000.07.462254-9/000; 1.0232.03.000821-2/001; 1.02 32.03.002407-8/001; 1.0232.05.009741-8/001; 1.0232.05.009741-8/002; 1.0232.05.010039-4/001; 1.0232.05.011137-5/001; 1.0232.06.013569-5/003; 1.0232.06.013569-5/001; 1.0232.06.013569-5/002; 0261879-41.2010.8.13.0000; 0005619-08.2010.8.13.0232; 0005619-08.2010.8.13.0232; 0477907-03.2010.8.13.0000; 0018198-51.2011.8.13.0232; 0018198-51.2011.8.13.0232; 0025821-69.2011.8.13.0232; 0022860-19.2015.8.13.0232; e 0003189-39.2017.8.13.0232 (MINAS GE-RAIS. Tribunal de Justiça do Estado. *Pesquisa processual.* Disponível em: http://www. tjmg.jus.br/portal-tjmg/processos/andamento-processual/#.WmNxKTdG3IW. Acesso em: 1º jan. 2018).

fundamental e educação infantil,[59] saúde, coleta de lixo e de resíduos sólidos e transporte coletivo; e promover o ordenamento territorial. Para implantar essas políticas públicas, operadas pela burocracia necessária para a *accountability*, os agentes políticos socorrem-se inevitavelmente do adequado assessoramento jurídico do advogado público.[60]

Por fim, no exercício de consultoria e de assessoramento jurídico da Administração, o advogado público efetivo controla a juridicidade dos atos e contratos administrativos, para que a implantação das políticas públicas aconteça em total conformidade com a Constituição e com os princípios republicanos do Estado democrático de direito.

Dessarte, mesmo em se tratando do menor município do Brasil, é inarredável que a complexa gama de serviços públicos prestados e a presença de considerável número de processos judiciais demanda a presença permanente de pelo menos um advogado público.

O fato de todos os municípios brasileiros disporem de acervo consultivo e contencioso, qualquer que seja seu porte populacional, requer a prestação de serviços jurídicos por um profissional inscrito na Ordem dos Advogados do Brasil (OAB).[61] Some-se a isso a equivalência existente entre o custo de advogados públicos efetivos e comissionados nos pequenos municípios, já referida, e não subjaz argumento válido para impedir que todos os municípios brasileiros disponham de, pelo menos, um advogado público efetivo.

Superados os entraves jurídicos, econômicos e organizativos à tese principal defendida neste trabalho, proceder-se-á ao exame crítico da proposta de Súmula Vinculante nº 18, a qual versa justamente sobre a exclusividade das funções de Advocacia Pública por advogados

---

[59] CRFB: "Art. 211. A União, os Estados, o Distrito Federal e os Municípios organizarão em regime de colaboração seus sistemas de ensino. [...] §2º Os Municípios atuarão prioritariamente no ensino fundamental e na educação infantil. §3º Os Estados e o Distrito Federal atuarão prioritariamente no ensino fundamental e médio. (Incluído pela Emenda Constitucional nº 14, de 1996)".

[60] Há casos, até mesmo, que a própria lei previu a participação obrigatória do advogado público efetivo, como nos processos licitatórios para aquisição de bens, produtos e serviços, como previamente à celebração de contratos, convênios e ajustes realizados pela Administração, casos em que é obrigatória a oitiva da assessoria jurídica do ente (art. 38, parágrafo único, da Lei nº 8.666, de 21.6.1993).

[61] "Art. 3º O exercício da atividade de advocacia no território brasileiro e a denominação de advogado são privativos dos inscritos na Ordem dos Advogados do Brasil (OAB). §1º Exercem atividade de advocacia, sujeitando-se ao regime desta lei, além do regime próprio a que se subordinem, os integrantes da Advocacia-Geral da União, da Procuradoria da Fazenda Nacional, da Defensoria Pública e das Procuradorias e Consultorias Jurídicas dos Estados, do Distrito Federal, dos Municípios e das respectivas entidades de administração indireta e fundacional".

efetivos. Após a análise, será sugerido o aperfeiçoamento do texto, para estender a necessidade de ao menos um advogado público efetivo a todos os municípios brasileiros.

3 Da proposta de Súmula Vinculante nº 18

Súmula vinculante é "o instrumento que permite ao Supremo Tribunal Federal padronizar a exegese de uma norma jurídica controvertida, evitando insegurança e disparidade de entendimento em questões idênticas".[62] O estudo da natureza jurídica da súmula vinculante constitui tema extremamente rico na doutrina, mas, por seu tratamento teórico não constituir objeto central deste estudo, passa-se ao exame das repercussões deste instituto sobre o tema investigado.

3.1 A PSV nº 18 e a realidade da Advocacia Pública municipal

A Unafe apresentou proposta que visa à edição de súmula vinculante com a seguinte sugestão originária de verbete: "O exercício das funções da Advocacia Pública, na União, nos Estados e nos Municípios, nestes onde houver, constitui atividade exclusiva dos advogados públicos efetivos a teor dos artigos 131 e 132 da Constituição Federal de 1988".[63]

A usurpação das funções de advogado público efetivo ainda constitui realidade em todas as esferas federativas, a demandar edição de súmula vinculante. Se nem mesmo a Advocacia-Geral da União, com densa organicidade, foi capaz de coibir integralmente essa prática, imagine-se o grau de disseminação da conduta nos municípios brasileiros, dos quais 65,6% não contam com um procurador efetivo sequer.

Diga-se que, em cerca de dois terços dos municípios em que há ao menos um advogado efetivo, este divide suas incumbências com causídicos não concursados. Apenas no terço restante é plenamente

---

[62] BULOS, Uadi Lammêgo. *Curso de direito constitucional*. 9. ed. rev. e atual. São Paulo: Saraiva, 2015. p. 1334.

[63] BRASIL. Supremo Tribunal Federal. *Projeto de Súmula Vinculante nº 18*. União dos Advogados Públicos Federais do Brasil (Unafe). Disponível em: http://redir.stf.jus.br/estfvisualizadorpub/jsp/consultarprocessoeletronico/ConsultarProcessoEletronico.jsf?seqobjetoincidente=2667247. Acesso em: 19 jan. 2018.

respeitada a tese de que as atribuições da Advocacia Pública municipal devem ser exclusivamente conferidas a procuradores efetivados por meio de concurso público específico para o cargo. Isso representa, aproximadamente, 657 municípios, num universo de 5.570, ou 11,8% do total. Veja-se:

Gráfico 5 – Distribuição percentual dos municípios em que o procurador concursado divide as atribuições do cargo com profissionais não concursados[64]

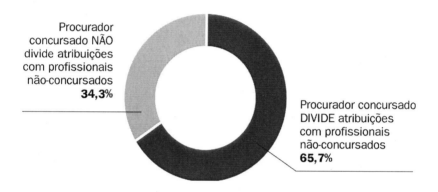

n = 429. Responderam somente os municípios com procurador concursado.

Fonte: *1º Diagnóstico da Advocacia Pública Municipal no Brasil* – Herkenhoff & Prates (2016).

Inobstante a primogenitura da função de advogado público no Brasil possa ser atribuída ao cargo de procurador municipal,[65]

---

[64] MENDONÇA, Clarice Corrêa de; PORTO, Nathália França Figueiredo; VIEIRA, Raphael Diógenes Serafim. *1º Diagnóstico da Advocacia Pública Municipal no Brasil*. Belo Horizonte: Fórum; Herkenhoff & Prates, 2018. p. 44.

[65] Segundo Leonardo Sales de Aguiar, "O Foral de Olinda de 1537 é o documento mais antigo relativo à cidade de Olinda e é o único foral conhecido do país. Ocorre que, analisando o pergaminho escrito no longínquo ano de 1537, constatamos o registro da evidente existência do cargo de 'Procurador do Conselho da Villa de Olinda', então ocupado pelo Dr. Simão Paes. Portanto, décadas antes do Regimento de 7 de março de 1609, aludido acima, já existiam registros da atuação dos Procuradores 'Municipais' de Olinda"

depreende-se dos dados inéditos resultantes do *1º Diagnóstico da Advocacia Pública Municipal no Brasil* que o déficit institucional da carreira é extremamente preocupante. Seguramente, essa realidade enfraquece a simetria do federalismo brasileiro e, sobretudo, os pilares em que se assenta o Estado democrático de direito, cuja preservação requer o fortalecimento de instituições jurídicas técnicas e permanentes.

Por isso mesmo, louva-se a iniciativa constante da PSV nº 18, que procura minorar o déficit institucional apresentado. Nada obstante, o teor do texto apresentado não soluciona satisfatoriamente o problema verificado neste estudo.

Isso posto, devem-se tecer duas considerações sobre a proposta de súmula vinculante *sub examine*: i) quanto à disciplina acerca da estruturação do órgão de Advocacia Pública no âmbito dos municípios; ii) quanto à sua forma de prestação.

Primeiramente, deve-se mencionar que a Unafe, entidade de classe representativa de advogados públicos federais, não detém *legitimidade universal* para apresentar proposta de súmula vinculante. A sua legitimidade é classificada como setorial e, portanto, está adstrita à demonstração de pertinência temática de seus objetivos institucionais, os quais, a teor do seu Estatuto (art. 4º, VIII), cingem-se à representação e defesa dos seus filiados.[66] Daí, decorre que o trecho que dispõe sobre a Advocacia Pública municipal desborda do seu poder de iniciativa.[67]

Dito isso, deve-se perscrutar qual seria o tratamento constitucionalmente adequado a ser dispensado à função de Advocacia Pública municipal, em conformidade com a linha de raciocínio desenvolvida neste trabalho.

(AGUIAR, Leonardo Sales de. *Procurador municipal*: meio milênio de fortalecimento da Advocacia Pública nacional. Disponível em: http://aapbh.com.br/attachments/article/56/procuradormunicipal_artigo_origem_leonardoaguiar.pdf. Acesso em: 19 jan. 2018).

[66] UNIÃO DOS ADVOGADOS PÚBLICOS FEDERAIS DO BRASIL – UNAFE. *Estatuto Social da Unafe*. Brasília. Unafe, 2006. Disponível em: http://redir.stf.jus.br/paginadorpub/paginador.jsp?docTP=TP&docID=655794. Acesso em: 3 jan. 2018.

[67] Em reforço, Leonardo Vizeu: "À semelhança do que ocorre com o processo objetivo de controle de constitucionalidade, nos termos em que se consolidou a jurisprudência evolutiva do Supremo Tribunal Federal impondo o critério limitativo da demonstração de pertinência temática como forma de se restringir o número de demandas perante a referida corte, dever-se-á adotar, salvo melhor juízo, o mesmo critério no que se refere à propositura de súmulas vinculantes" (FIGUEIREDO, Leonardo Vizeu. Súmula vinculante e a Lei nº 11.417/2006: apontamentos para compreensão do tema. *Jus.com.br*, 2007. Disponível em: http://jus.com.br/revista/texto/9400. Acesso em: 27 dez. 2017).

3.2 Da sugestão de modificação da PSV nº 18

A possibilidade de aperfeiçoamento da redação do verbete está aberta, pois, além da irregularidade do excerto no que toca às procuradorias municipais, nada obsta que o próprio STF, de ofício,[68] aprimore o texto do enunciado de súmula para estender o mesmo tratamento dispensado à Advocacia Pública da União e dos estados aos municípios, declarando o seu exercício como privativo de advogados efetivos.

Assim, para se evitar o desalinho constitucional, sugere-se suprimir a expressão "nestes onde houver", e, ainda, incluir o ente "Distrito Federal", além do "art. 37, II, da CRFB" como preceito fundador do enunciado, para que o verbete passe a dispor da seguinte redação: "O exercício das funções da Advocacia Pública, na União, nos Estados, Distrito Federal e nos Municípios constitui atividade exclusiva dos advogados públicos efetivos, a teor dos artigos 37, II, 131 e 132 da Constituição Federal de 1988".

4 Conclusões

O presente artigo demonstra que o exercício das funções da Advocacia Pública, na União, nos estados, no Distrito Federal e nos municípios constitui atividade exclusiva dos advogados públicos efetivos. Ao longo da pesquisa, obteve-se uma série de conclusões parciais que, reunidas, confluem para atingir e reforçar o seu resultado final, sumariadas do seguinte modo:

1. Com o advento da Constituição de 1988, os municípios foram alçados à condição de ente da Federação. Isso implica a sua *igualdade* em relação à União, estados e Distrito Federal, por força do próprio texto constitucional, que assegurou *autonomia* a todos na mesma medida (art. 18 da CRFB).

2. O princípio do federalismo confere aos entes de segundo e terceiro graus a necessária autonomia, para se auto-organizar na busca do desenvolvimento social desejado. Ao mesmo tempo, limita essa autonomia, mediante a imposição de alguns paradigmas constitucionais que, à simetria da

---

[68] O art. 2º, *caput*, da Lei nº 11.417, de 19.12.2006, confere ao STF o poder para, de ofício, editar o enunciado de súmula vinculante e, na esteira do brocardo latino *in eo quod plus est semper inest et minus* (quem pode o mais, pode o menos), dispõe, *mutatis mutandis*, do poder para realizar ajustes e modificações que julgar convenientes.

organização federal, devem ser obrigatoriamente adotados pelos demais componentes da Federação.

3. A Advocacia-Geral da União é a instituição que, diretamente ou através de órgão vinculado, representa a União, judicial e extrajudicialmente, cabendo-lhe, ainda, as atividades de consultoria e assessoramento jurídico do Poder Executivo. Pelo *princípio da simetria*, as Constituições estaduais e as leis orgânicas do Distrito Federal e dos municípios devem criar os respectivos órgãos de Advocacia Pública, incumbidos das mesmas atribuições e seguindo o mesmo arquétipo institucional desenhado na matriz da Carta Magna.

4. Inobstante a imposição constitucional a todos os entes da Federação de criarem o seu respectivo órgão de Advocacia Pública, preserva-se insofismável a tese de que o exercício das funções da Advocacia Pública, em todas as unidades federativas, constitui atividade exclusiva de advogados públicos efetivos, pois:

4.1. As funções de Advocacia Pública integram o núcleo duro doutrinária e jurisprudencialmente denominado "carreira típica de Estado", exclusivamente desempenháveis por servidores públicos efetivos organizados em carreira.

4.2. As prerrogativas de "independência técnica" e "inviolabilidade por seus atos e manifestações no exercício da profissão", asseguradas a todos os advogados pelo art. 134 da Constituição Federal e pelo Estatuto da Advocacia, não são suficientes para credenciar o exercício das funções de Advocacia Pública a qualquer causídico, pois tal independência é insuficiente se não dotada dos mecanismos jurídicos eficazes para lhe emprestar concretude.

4.3. Apenas os advogados públicos titulares de *cargo de provimento efetivo*, aprovados em concurso público de provas e títulos (art. 37, II, da CRFB), são dotados dos instrumentos jurídicos capazes de lhe assegurar a necessária imparcialidade no exercício da função. Além das prerrogativas profissionais mencionadas no item anterior, o regime jurídico constitucional aplicável aos cargos públicos efetivos assegura-lhes a *estabilidade funcional no serviço público* (art. 41, *caput* e §1º da CRFB), preservando-os de exoneração *ad nutum* após manifestação jurídica que, inobstante bem fundamentada, desagrade a vontade do agente político.

4.4. Todos os municípios brasileiros, independentemente do seu porte populacional, dimensão territorial e orçamento, têm o dever de dispor, no seu quadro de pessoal permanente, de pelo menos um *advogado público efetivo*, pois os argumentos metajurídicos de inexpressividade de demandas ou de insuficiência de recursos mostram-se insuficientes para desincumbi-los dessa obrigação constitucional, consoante demonstrado pelo *1º Diagnóstico de Advocacia Pública Municipal no Brasil* e pelos argumentos tecidos neste trabalho.

5. Como resultado das conclusões obtidas neste trabalho, conclui-se que a Proposta de Súmula Vinculante nº 18, de autoria da União dos Advogados Públicos Federais do Brasil – Unafe, apesar de representar medida de inegável importância, deve ter seu texto aprimorado para suprimir a ressalva imposta aos municípios quanto à exclusividade do exercício das funções de Advocacia Pública, pois:

5.1. A Unafe, sucedida pela Anafe, não dispõe de legitimidade específica para propor enunciado normativo que discipline a estrutura e organização da Advocacia Pública dos demais entes da Federação.

5.2. A redação originária da PSV nº 18 revela parcial inconstitucionalidade, consoante restou demonstrado. Assim, sugere-se sua alteração, de ofício, pelo Supremo Tribunal Federal, para suprimir a expressão "nestes onde houver", e, ainda, incluir o ente "Distrito Federal", além, finalmente, do "art. 37, II, da CRFB", como preceito fundador do enunciado. Dessarte, sugere-se que o verbete passe a dispor da seguinte redação:

> O exercício das funções da Advocacia Pública, na União, nos Estados, *no Distrito Federal e nos Municípios* constitui atividade exclusiva dos advogados públicos efetivos a teor dos artigos *37, II,* 131 e 132 da Constituição Federal de 1988.

Inegavelmente, o tema reclama mais aprimorada reflexão, seja para reforço da tese ora defendida, seja para construção de contra-argumentos mais sólidos. Desde já, convida-se os pares para dedicação a essa tarefa, a partir de salutar exercício da dialética jurídica.

Referências

AGUIAR, Leonardo Sales de. *Procurador municipal*: meio milênio de fortalecimento da Advocacia Pública nacional. Disponível em: http://aapbh.com.br/attachments/article/56/procuradormunicipal_artigo_origem_leonardoaguiar.pdf. Acesso em: 19 jan. 2018.

ARAÚJO, Luiz Alberto David de; NUNES JÚNIOR, Vidal Serrano. *Curso de direito constitucional positivo*. 8. ed. São Paulo: Saraiva, 2004.

BANDEIRA DE MELLO, Celso Antônio. *Curso de direito administrativo*. 29. ed. São Paulo: Malheiros, 2012.

BINENBOJM, Gustavo. Do parecer no tocante à constitucionalidade de dispositivos do Projeto de Lei Complementar nº 205, de 2012, que tem por objetivo modificar a Lei Orgânica da Advocacia-Geral da União (Lei Complementar nº 73, de 10 de fevereiro de 1993), de 26 de março de 2013. *Anajur*. Disponível em: http://www.anajur.org.br/downloads/artigos/parecer-dr-gustavo-plp-205-2012.pdf. Acesso em: 19 jan. 2018.

BRANCO, Paulo Gustavo Gonet; MENDES, Gilmar Ferreira. *Curso de direito constitucional*. 5. ed. São Paulo: Saraiva, 2010.

BRANCO, Paulo Gustavo Gonet; MENDES, Gilmar Ferreira. *Curso de direito constitucional*. 11. ed. São Paulo: Saraiva, 2016.

BRANDÃO, Rodrigo. *Supremacia judicial versus diálogos constitucionais*. 2. ed. Rio de Janeiro: Lumen Iuris, 2018.

BRASIL. Constituição (1824). *Constituição Política do Império do Brasil, de 25 de março de 1824*. Disponível em: http://www.planalto.gov.br/ccivil_03/constituicao/constituicao24. htm. Acesso em: 9 jan. 2018.

BRASIL. Constituição (1988). *Constituição da República Federativa do Brasil, de 5 de outubro de 1988*. Disponível em: http://www.planalto.gov.br/ccivil_03/constituicao/constituicao. htm. Acesso em: 19 jan. 2018.

BRASIL. Lei nº 11.417, de 19 de dezembro de 2006. Regulamenta o art. 103-A da Constituição Federal e altera a Lei nº 9.784, de 29 de janeiro de 1999, disciplinando a edição, a revisão e o cancelamento de enunciado de súmula vinculante pelo Supremo Tribunal Federal, e dá outras providências. *Diário Oficial da União*, Brasília, 20 dez. 2006. Disponível em: http://www.planalto.gov.br/ccivil_03/_ato2004-2006/2006/lei/l11417.htm. Acesso em: 19 jan. 2018.

BRASIL. Lei nº 8.906, de 4 de julho de 1994. Dispõe sobre o Estatuto da Advocacia e a Ordem dos Advogados do Brasil (OAB). *Diário Oficial da União*, Brasília, 5 jul. 1994. Disponível em: http://www.planalto.gov.br/ccivil_03/Leis/L8906.htm. Acesso em: 19 jan. 2018.

BRASIL. Supremo Tribunal Federal. *Projeto de Súmula Vinculante nº 18*. União dos Advogados Públicos Federais do Brasil (Unafe). Disponível em: http://redir.stf.jus.br/estfvisualizadorpub/jsp/consultarprocessoeletronico/ConsultarProcessoEletronico.jsf?seqobjetoincidente=2667247. Acesso em: 19 jan. 2018.

BRASIL. Supremo Tribunal Federal. *Recurso Extraordinário (RE) nº 864.458/MG (Minas Gerais)*. Relatora: Ministra Cármen Lúcia. Pesquisa de Jurisprudência, Decisão

Monocrática, 14 de abril de 2016. Disponível em: http://www.stf.jus.br/portal/juris prudencia/pesquisarJurisprudencia.asp. Acesso em: 19 jan. 2018.

BRASIL. Supremo Tribunal Federal. *Recurso Extraordinário com Agravo (ARE) nº 759.931/ES (Espírito Santo)*. Relator: Ministro Roberto Barroso. Pesquisa de Jurisprudência, Decisão Monocrática, 9 de dezembro de 2014. Disponível em: http://www.stf.jus.br/portal/ jurisprudencia/pesquisarJurisprudencia.asp. Acesso em: 19 jan. 2018.

BRASIL. Supremo Tribunal Federal. *Recurso Extraordinário com Agravo (ARE) nº 873.745/ MG (Minas Gerais)*. Relator: Ministro Roberto Barroso. Pesquisa de Jurisprudência, Decisão Monocrática, 20 de março de 2015. Disponível em: http://www.stf.jus.br/portal/ jurisprudencia/pesquisarJurisprudencia.asp. Acesso em: 19 jan. 2018.

BRASIL. Tribunal de Contas do Estado de Alagoas. *Instrução Normativa nº 003, de 05 de julho de 2016*. Dispõe sobre a realização dos serviços contábeis e jurídicos no âmbito da Administração Municipal alagoana. Disponível em: https://apromal.org.br/wp-content/ uploads/2016/07/DiarioEletronico08072016-TCE-AL.ass_.pdf. Acesso em: 9 jan. 2018.

BRASIL. Tribunal de Contas do Estado do Rio de Janeiro. Solicitação. *Processo nº 225.221-8/17*. Interessado: Associação Nacional dos Procuradores Municipais. Relator: Conselheiro Substituto Marcelo Verdini Maia. Rio de Janeiro, 28 de agosto de 2018. Disponível em: https://www.tce.rj.gov.br/consulta-processo/Processo/List#. Acesso em: 29 ago. 2018.

BULOS, Uadi Lammêgo. *Curso de direito constitucional*. 9. ed. rev. e atual. São Paulo: Saraiva, 2015.

CARVALHO FILHO, José dos Santos. *Manual de direito administrativo*. 28. ed. atual. e ampl. Rio de Janeiro: Atlas, 2015.

CONSELHO Federal traça diretriz em defesa da advocacia pública. *Conselho Federal da Ordem dos Advogados do Brasil – CFOAB*, 6 nov. 2012. Disponível em: http://www.oab. org.br/noticia/24762/conselho-federal-traca-diretriz-em-defesa-da-advocacia-publica. Acesso em: 9 jan. 2018.

DUARTE, Thiago Sanches; SANTOS, Gustavo Seabra. A Advocacia Pública municipal no quadro constitucional das funções essenciais ao Estado e à Justiça: indispensabilidade de instituição, privatividade de exercício por membros da carreira e concretização da determinação constitucional pelos municípios. *In*: REIS, Vanessa Velasco H. B. (Coord.) *Administração Pública*: uma reflexão sobre desafios contemporâneos. 1. ed. Rio de Janeiro: Multifoco, 2017.

ESPÍRITO SANTO. Tribunal de Justiça do Estado. *Ação Direta de Inconstitucionalidade nº 0000159-27.2012.8.08.0000 (100.12.000159-7)*. Relator: Desembargador Sérgio Bizzoto Pessoa de Mendonça. Pesquisa de Jurisprudência, Acórdão, 21 de junho de 2012. Disponível em: http://aplicativos.tjes.jus.br/sistemaspublicos/consulta_jurisprudencia/ cons_jurisp.cfm. Acesso em: 19 jan. 2018.

FERREIRA, Marcelo Dias. Carreiras típicas do Estado: profissionalização do serviço público e formação do núcleo estratégico. *Âmbito Jurídico*. Disponível em: http://ambito-juridico.com.br/site/?n_link=revista_artigos_leitura&artigo_id=1965&revista_caderno=4. Acesso em: 8 jan. 2018.

FIGUEIREDO, Leonardo Vizeu. Súmula vinculante e a Lei nº 11.417/2006: apontamentos para compreensão do tema. *Jus.com.br*, 2007. Disponível em: http://jus.com.br/revista/ texto/9400. Acesso em: 27 dez. 2017.

FREITAS, Juarez. O princípio da estabilidade do servidor público: exegese sistemática dos arts. 41 e 169 da Constituição Federal. *Revista da Procuradoria-Geral do Município de Porto Alegre*, Porto Alegre, v. 11, n. 12, set. 1998. Disponível em: http://www2.portoalegre.rs.gov.br/pgm/default.php?p_secao=72. Acesso em: 19 jan. 2018.

INSTITUTO BRASILEIRO DE GEOGRAFIA E ESTATÍSTICA – IBGE. *Censo Demográfico 2010*: características gerais da população. Rio de Janeiro: IBGE, 2012. Disponível em: http://www.ibge.gov.br. Acesso em: 3 jan. 2018.

INSTITUTO BRASILEIRO DE GEOGRAFIA E ESTATÍSTICA – IBGE. *Cidades*: panorama. Disponível em: https://cidades.ibge.gov.br/brasil/mg/serra-da-saudade/panorama. Acesso em: 6 jan. 2018.

INSTITUTO BRASILEIRO DE GEOGRAFIA E ESTATÍSTICA – IBGE. *Cidades*: panorama. Disponível em: https://cidades.ibge.gov.br/brasil/sp/sao-paulo/panorama. Acesso em: 6 jan. 2018.

MADUREIRA, Cláudio. *Advocacia Pública*. 2. ed. Belo Horizonte: Fórum, 2016.

MARQUES, Mauro Luiz Campbell. (As)simetrias no federalismo brasileiro. *In*: LEITE, George Salomão; LEITE, Glauco Salomão; SARLET, Ingo Wolfgang; STRECK, Lenio Luiz (Coord.). *Ontem, os Códigos! Hoje, as Constituições*: homenagem a Paulo Bonavides. São Paulo: Malheiros, 2016.

MARRAFON, Marco Aurélio. Federalismo brasileiro: reflexões em torno da dinâmica entre autonomia e centralização. *In*: CLÈVE, Clèmerson Merlin (Coord.). *Direito constitucional brasileiro* – Organização do Estado e dos poderes. São Paulo: Revista dos Tribunais, 2014.

MENDONÇA, Clarice Corrêa de; PORTO, Nathália França Figueiredo; VIEIRA, Raphael Diógenes Serafim. *1º Diagnóstico da Advocacia Pública Municipal no Brasil*. Belo Horizonte: Fórum; Herkenhoff & Prates, 2018.

MINAS GERAIS. Tribunal de Justiça do Estado. *Pesquisa processual*. Disponível em: http://www.tjmg.jus.br/portal-tjmg/processos/andamento-processual/#.WmNxKTdG3IW. Acesso em: 1º jan. 2018.

MOREIRA NETO, Diogo de Figueiredo. As funções essenciais à Justiça e as procuraturas constitucionais. *Revista de Direito da Procuradoria Geral do Estado do Rio de Janeiro*, Rio de Janeiro, v. 45, 1992.

MOURÃO, Carlos Figueiredo. A advocacia pública como instituição de controle interno da Administração. *In*: GUEDES, Jefferson Carús, MOESSA, Luciane (Coord.). *Advocacia de Estado*: questões institucionais para a construção de um Estado de Justiça: estudos em homenagem a Diogo de Figueiredo Moreira Neto e José Dias Toffoli. Belo Horizonte: Fórum, 2009.

NERY, Cristiane da Costa. A constitucionalização da carreira do procurador municipal: função essencial e típica de Estado. *Revista Interesse Público*, Belo Horizonte, v. 12, n. 60, mar./abr. 2010.

OLIVEIRA, Rafael Carvalho Rezende. *Curso de direito administrativo*. 2. ed. rev., atual. e ampl. Rio de Janeiro: Forense, 2014.

PALESTRA Magna: Bandeira de Mello defende Advocacia Pública de Estado. *Associação Nacional dos Advogados Públicos Federais – Anafe*, 18 out. 2012. Disponível em: http://anafenacional.org.br/palestra-magna-bandeira-de-mello-defende-advocacia-publica-de-estado/. Acesso em: 10 jan. 2018.

PINHO, Américo Andrade; ROSSATO, Luciano Alves; SILVA, Nelson Finotti. *Manual do procurador do estado*. Salvador: JusPodivm, 2014.

RIO DE JANEIRO. Tribunal de Justiça do Estado. *Representação de Inconstitucionalidade nº 0032449-21.2014.8.19.0000/RJ (Rio de Janeiro)*. Relator: Desembargador Marcus Quaresma Ferraz. Pesquisa de Jurisprudência, Acórdão, 25 de maio de 2015. Disponível em: http://www4.tjrj.jus.br/ejuris/ConsultarJurisprudencia.aspx. Acesso em: 19 jan. 2018.

RIO DE JANEIRO. Tribunal de Justiça do Estado. *Representação de Inconstitucionalidade nº 0032449-21.2014.8.19.0000/RJ (Rio de Janeiro)*. Relator: Desembargador Marcus Quaresma Ferraz. Pesquisa de Jurisprudência, Petição nº 3204/2015.00106419, 9 de março de 2015. Disponível em: http://www4.tjrj.jus.br/ejuris/ConsultarJurisprudencia.aspx. Acesso em: 19 jan. 2018.

SILVA, Anderson Santos da. O conteúdo constitucional do princípio federativo. *Revista Jurídica da Presidência da República*, Brasília, v. 15, n. 106, 2013. Disponível em: https://revistajuridica.presidencia.gov.br/index.php/saj/issue/viewIssue/15/11. Acesso em: 5 jan. 2018.

SOUTO, Marcos Juruena Villela. O papel da Advocacia Pública no controle da legalidade da administração. *Revista Interesse Público*, Belo Horizonte, v. 6, n. 28, nov. 2004. Disponível em: www.buscalegis.ufsc.br/revistas/files/anexos/19859-19860-1-PB.pdf. Acesso em: 1º jan. 2018.

UNIÃO DOS ADVOGADOS PÚBLICOS FEDERAIS DO BRASIL – UNAFE. *Estatuto Social da Unafe*. Brasília: Unafe, 2006. Disponível em: http://redir.stf.jus.br/paginadorpub/paginador.jsp?docTP=TP&docID=655794. Acesso em: 3 jan. 2018.

VIEIRA, Raphael Diógenes Serafim. O exercício das funções da Advocacia Pública como atividade exclusiva dos advogados públicos efetivos: uma releitura da Proposta de Súmula Vinculante nº 18 do STF à luz dos dados publicados no 1º Diagnóstico de Advocacia Pública Municipal no Brasil (2018). *Interesse Público – IP*, Belo Horizonte, ano 21, n. 114, p. 167-204, mar./abr. 2019.

VIEIRA, Raphael Diógenes Serafim. Procurador municipal deve ser regra, escritório a exceção. *Jota*, 28 jun. 2017. Disponível em: https://www.jota.info/artigos/procurador-municipal-deve-ser-regra-escritorio-a-excecao-28062017. Acesso em: 19 jan. 2018.

Informação bibliográfica deste texto, conforme a NBR 6023:2018 da Associação Brasileira de Normas Técnicas (ABNT):

VIEIRA, Raphael Diógenes Serafim. O exercício das funções da Advocacia Pública com atividade exclusiva dos advogados públicos efetivos – Uma releitura da Proposta de Súmula Vinculante nº 18 do STF à luz dos dados publicados no 1º Diagnóstico de Advocacia Pública Municipal no Brasil (2019). *In*: TAVARES, Gustavo Machado; MOURÃO, Carlos Figueiredo; VIEIRA, Raphael Diógenes Serafim (Coords.). *A obrigatoriedade constitucional das Procuradorias Municipais*. Belo Horizonte: Fórum, 2022. p. 257-298. ISBN 978-65-5518-300-9.

A CONSTITUCIONALIZAÇÃO DA CARREIRA DO PROCURADOR MUNICIPAL – FUNÇÃO ESSENCIAL E TÍPICA DE ESTADO[1]

CRISTIANE DA COSTA NERY

1   O município no Estado brasileiro

A estrutura público-administrativa do Estado é que garante a efetivação das políticas no Estado democrático de direito. Para responder às diversas competências e deveres, a Constituição projetou o sistema político-federativo para alicerçar as três esferas de atuação estatal: União, estados e municípios, reproduzindo estrutura de poder administrativo que garanta a sua atuação, pautada nos princípios da administração, na legalidade e na legitimidade do Poder Público.

Até o advento da Constituição Federal de 1988, o município não era considerado ente da Federação, com autonomia e competências próprias. Por consequência, as atividades hoje inerentes à Advocacia Pública, o que também ocorria em relação aos estados e a União, eram

---

[1] Artigo publicado orginalmente: *Revista da Procuradoria-Geral do Município de Porto Alegre*, Porto Alegre, n. 23, 2009; e *Revista Interesse Público*, n. 17, Belo Horizonte, 2015. Citado como fonte doutrinária no voto do Min. Edson Fachin, STF, no julgamento do RE nº 663.696/MG, acórdão publicado no *DJe* em 22.8.2019, no qual foi fixada a seguinte tese para o tema nº 510 da repercussão geral: "A expressão 'Procuradores', contida na parte final do inciso XI do art. 37 da Constituição da República, compreende os Procuradores Municipais, uma vez que estes se inserem nas funções essenciais à Justiça, estando, portanto, submetidos ao teto de noventa inteiros e vinte e cinco centésimos por cento do subsídio mensal, em espécie, dos Ministros do Supremo Tribunal Federal".

exercidas pelo Ministério Público. A Advocacia Pública não existia enquanto carreira formalmente constituída.

A Constituição de 1988 provocou uma ruptura institucional significativa na organização dos serviços jurídicos do Estado, rearranjando-os de modo diverso. Assim, a identificação do Ministério Público com sua função essencial, além de suas novas atribuições coletivas, difusas ou transindividuais, desenhou um novo perfil de sua atuação. Ademais dos novos valores e instrumentos gerados pela nova lei fundamental, a intervenção do Ministério Público no âmbito econômico-político-social abriu espaços novos de discussão nos Tribunais levando magistrados e estruturas judiciais ao tratamento de assuntos carregados dessa mesma dimensão. Nessa linha, a advocacia pública (de estado ou de governo), assim como a defensoria pública, na defesa dos interesses públicos foram chamadas a responder aos mesmos estímulos institucionais e passaram a intervir igualmente como agentes de poder.[2]

Com a Carta Magna, o município foi alçado a ente federado, com atribuições, competências e autonomia (diferentemente de outros países em que o município não é considerado ente autônomo, como Portugal, por exemplo). Competências, aliás, as mais abrangentes em relação aos demais entes. O que se justifica, pois é nas cidades que as pessoas vivem, se locomovem, trabalham, demandam. Nada mais natural que seja nas cidades que se dê corpo às mais diversas políticas públicas necessárias para o viver em sociedade.

Para cumprir esse papel, a Constituição Federal delegou ao município atribuições e competências, constantes no art. 30 e seguintes, baseadas no interesse local, o que fundamenta a sua competência. Para dar conta de referidas atribuições, os entes municipais tiveram que profissionalizar seus serviços, especializar seu corpo técnico e criar estruturas burocráticas permanentes para atender à população. É evidente a necessidade de que o exame e controle da legalidade dos atos da Administração, a fazer com que seja observada a ordem jurídica instituída, sejam feitos por profissionais de carreira com autonomia e independência funcionais, a fim de garantir atuação isenta e qualificada do ente federado.

---

[2] Texto de Ela Wiecko, professora palestrante na oficina temática Protagonismo das Carreiras Jurídicas de Estado, no Congresso Brasileiro de Carreiras Jurídicas de Estado, realizado pela Escola da AGU de 10 a 13.6.2008, no Centro de Convenções Ulisses Guimarães, em Brasília/DF.

A municipalização dos serviços hoje é uma realidade e o município cada vez mais ocupa seu espaço no cenário federal, com o mesmo grau de importância e hierarquia que os estados, o Distrito Federal e a União, todos igualmente subordinados tão somente à Constituição Federal.

Há municípios cujo PIB é maior que muitos estados brasileiros, como exemplo, a capital São Paulo, que apresenta PIB menor somente que o do próprio estado e da União, tema que mais adiante se enfrentará.

Nos termos do art. 1º da Constituição Federal, a República brasileira é formada pela união indissolúvel dos estados-membros, dos municípios e do Distrito Federal, autônomos e organizados de forma simétrica.

Não se pode comungar ou permitir que os municípios continuem a ser tratados como entes dependentes dos estados e da União, pois a autonomia dos entes prevista pelo pacto federativo deve ser observada, a fim de que efetivamente ele se concretize. Enfatiza-se a necessidade da implantação de uma estrutura técnico-burocrática formada por agentes públicos efetivos nas administrações públicas municipais, como constitucionalmente previsto, a fim de darem conta de suas competências.

E aqui se inserem os procuradores municipais e a necessidade de constitucionalização da carreira, como uma questão de estado, o que vem ao encontro do fortalecimento dos próprios municípios.

O corpo funcional que compõe a estrutura efetiva do serviço público é que garante o conteúdo técnico-jurídico da Administração Pública. Principalmente porque esse corpo funcional obedece à forma de ingresso diferenciada, à capacidade, à habilitação e à especialização, que são instrumentos da moralidade e eficiência e garantem a impessoalidade e legalidade, princípios expressamente arrolados no art. 37 da Constituição Federal.

Para que a população receba serviços modernos e adequados, é necessário um serviço público forte e eficiente. Isto somente se consegue através de servidores com carreiras valorizadas e respeitadas. São as carreiras de Estado que viabilizam a implementação de políticas públicas, que exercem o controle interno e prévio da legalidade e possibilitam, em última análise, uma sociedade mais justa, melhor e dentro da legalidade.

No Estado democrático de direito, referidas políticas são de estado e não de governo. Daí a necessidade de servidores públicos de carreira para garantir sua continuidade e a defesa institucional.

Assim, consequentemente, dentro de suas esferas de competência, as carreiras jurídicas se formaram em cada uma das estruturas, concebendo-se a Advocacia Pública municipal, estadual e federal, a Defensoria Pública, o Ministério Público, a Magistratura, além de outras carreiras de Estado como as carreiras do fisco. Tais carreiras assumem fundamental importância no controle da legalidade, na defesa da instituição administrativa, do interesse público e dos dispositivos constitucionais, como referido, e não seria diferente nos municípios, pois necessitam atender a suas atribuições com responsabilidade e justiça social. Entretanto, estes ficaram fora do art. 132 da Constituição Federal, em uma equivocada omissão do texto constitucional.

As carreiras de Estado são desatreladas de qualquer compromisso político partidário, sendo norteadas pelos princípios e mandamentos constitucionais em suas funções para garantir o interesse público, sendo o seu ingresso por concurso público. Tais atributos diferenciam e caracterizam uma carreira de Estado, seja qual for o ente da Federação.

Após ter percorrido grande parte da sua história sem um adequado comprometimento institucional com a prevenção e o combate à corrupção no setor público, o Estado brasileiro vem, nos últimos anos, adotando diversas medidas em relação ao assunto. Independentemente do tratamento penal da matéria, foi promulgada, para a implementação do disposto no art. 37, § 4º, da Constituição Federal de 1988, a Lei nº 8.429, de 2 de junho de 1992 (Lei de Improbidade Administrativa). Essa lei, que está em linha com importantes atos internacionais, dispõe sobre as repercussões de atos ímprobos na esfera civil e atribui legitimidade para a propositura de ações judiciais ao Ministério Público e à pessoa jurídica interessada. Além dessa importante medida legislativa, a última década tem sido marcada por uma crescente preocupação dos dirigentes públicos, incluídos os dirigentes das carreiras jurídicas de Estado, com a coordenação de esforços entre os diversos órgãos e entidades dos três Poderes, para se buscar melhores e mais rápidos resultados nas ações comuns de prevenção e combate à corrupção. Como exemplos de iniciativas nessa direção, podem ser citados a edição do Decreto nº 4923, de 18 de dezembro de 2003, que dispõe sobre o Conselho de Transparência Pública e Combate à Corrupção, a Estratégia Nacional de Combate à Corrupção e à Lavagem de Dinheiro (Enccla) e o Acordo de Cooperação recentemente assinado pela Advocacia-Geral da União e pelo Tribunal de Contas da União para imprimir maior celeridade e efetividade no cumprimento das decisões deste.[3]

---

[3] Texto de Alexandre Pinheiro dos Santos, procurador-geral da CVM, palestrante na oficina temática Combate à Corrupção e a Atuação das Carreiras Jurídicas de Estado, no

2 O papel do advogado público

Uma das atribuições do cargo de advogado público é a defesa institucional da Administração Pública. A Constituição Federal e o Estatuto da OAB, Lei nº 8.906, de 4.7.1994, asseguram, por sua vez, a independência técnico-profissional, a fim de efetivar a implementação do Estado democrático de direito, conforme a ordem jurídica instituída. Tal identidade é reconhecida pelo Código de Processo Civil, em seu art. 12, em que consta expressamente a representação judicial dos entes públicos feita pelos procuradores.

Para o exercício de suas atribuições, autonomia e independência são prerrogativas indisponíveis, pois garantem a satisfação do interesse público e a inafastabilidade da aplicação dos princípios e normas constitucionais. É o advogado público responsável pelo controle interno na Administração Pública e precisa ser ele eficaz.

O procurador é o órgão responsável por orientação, representação jurídica e controle de legalidade, ou juridicidade, como nos ensina o Prof. Diogo de Figueiredo Moreira Neto, onde está inserida a adequação à lei e ao direito. No exercício de suas funções, possui atribuições indelegáveis e especializadas, o que o faz imprescindível para o ente público e para a própria sociedade.

É a advocacia de Estado que garante continuidade na aplicação dos recursos e concretização dos projetos estabelecidos em cada gestão pública. Para implementarmos tudo que foi pensado na Constituição de 1988 para os municípios, é necessário consolidar a advocacia de Estado, pois os governantes, a população e o próprio ente público dela necessitam, como garantidora da ordem jurídica, de políticas de Estado legais, justas e constitucionalmente adequadas.

Os princípios da supremacia do interesse público, os direitos fundamentais e sociais, a democracia e transformações propostas pela Constituição Federal seriam letra morta se não existir quadro de servidores dotados de garantias especiais para exercer suas funções com independência, o que não é privilégio, mas garantia de persecução do bem comum, que interessa a toda a coletividade.[4] A própria Constituição, em seu art. 37, XXII, com a redação da EC nº 42/03, refere

---

Congresso Brasileiro de Carreiras Jurídicas de Estado, realizado pela Escola da AGU de 10 a 13.6.2008, no Centro de Convenções Ulisses Guimarães, em Brasília/DF.

[4] PEREIRA, Rafael Caselli. Responsabilidade civil do Estado face à inoperância no controle da dengue. *O Mundo da Cidade e a Cidade no Mundo – Reflexões sobre o Direito Local*, Porto Alegre, jul. 2009. p. 357.

a necessidade de carreira de provimento efetivo para as atividades de administração tributária.

As atribuições da função de Procurador decorrem de uma competência constitucional, e tem mais uma garantia agregada às prerrogativas funcionais que a lei assegura aos seus servidores: a atuação é a expressão do Estado Democrático de Direito como reprodução de uma estrutura institucionalizada da ordem jurídica. E é com eficiência, lealdade, profissionalismo e especialização que os Procuradores inseridos na organização administrativa devem responder com sua atuação, porque existe uma cidade, o Estado ou a própria União, muito além de um governo político.

As peculiaridades da função, sua natureza, responsabilidade, complexidade situa o cargo de Procurador dentre as carreiras típicas de Estado, pertencente ao chamado núcleo estratégico por possuir atribuições indelegáveis e especializadas, que se traduzem no controle interno da legalidade dos atos e defesa administrativo-judicial e que o torna imprescindível aos entes públicos na Federação e à própria sociedade.

O Procurador Público é a manifestação do Estado presente no controle interno e sua autonomia e independência funcional são garantias da sociedade e da indisponibilidade do interesse público.[5]

A Constituição Federal enfatiza um modelo de gestão que prioriza investimentos sociais e de infraestrutura. A atuação dos entes públicos decorre da competência constitucional. Não está na esfera da deliberação política do que o Executivo pode ou não fazer, mas do que ele tem de fazer; e a garantia da implementação e continuidade das políticas públicas, em todos os seus desdobramentos, é dada pela atuação técnico-profissional do corpo de funcionários que compõe a estrutura efetiva do serviço público, o que não é rompido pela sucessão eleitoral.

No Estado democrático de direito, as instituições têm tarefas públicas na implementação dos direitos, em especial os direitos sociais. E, nesta perspectiva, as procuradorias municipais, como estruturas de Estado, permanentes e que garantem a continuidade da Administração Pública, vêm desempenhado um enorme papel no cumprimento desse mister.

---

[5] CARVALHO, Ana Luísa Soares; NERY, Cristiane da Costa. A carreira do procurador do município no contexto da Federação brasileira. *Jornal da Associação Nacional dos Procuradores Municipais*, jun. 2008.

Procuradores participam de conselhos municipais das políticas públicas, representando o órgão; incorporam os grupos de trabalho da Administração, que têm por tarefa dar cumprimento às competências municipais nessas novas tarefas pós-Constituição de 88. São criados mecanismos administrativos de solver questões, as chamadas concertações administrativas: juntas administrativas de indenizações; papel ativo no ajustamento de condutas pelos termos de ajustamento de condutas (TAC); o gerenciamento de precatórios, participação na municipalização da saúde, a legitimação ativa do município para propor ação civil pública, entre outros. Todos com a participação de procuradores a exigir qualificação e compreensão técnica.

Tarefa ampla que não se limita à histórica função do contencioso judicial. A participação na administração se sobressai e é cada vez mais reforçada. Por outro lado, no judicial, há constante necessidade de profissionalização, pois as demandas estão mais complexas. A especialização é essencial.

A regularização fundiária talvez seja o exemplo mais claro da atuação do procurador em política pública permanente. Para a implementação do Programa Minha Casa Minha Vida, por exemplo, a Caixa Econômica Federal recomenda expressamente a presença do Ministério Público da União e da procuradoria municipal, para que o projeto resultante tenha fé pública e garantia de eficiência, de forma a não ser fragilizado pela rotatividade dos titulares do governo municipal.

Nessa área, nós, procuradores municipais, promovemos com os demais órgãos municipais a efetiva inclusão social. Isso porque não bastam obras de infraestrutura, mas também a segurança com o reconhecimento jurídico da posse das pessoas que são titulares de direitos, por intermédio dos instrumentos jurídicos existentes. Estas questões são atividades permanentes da Administração Pública. São tarefas de Estado e não de governo, cabendo aos órgãos mais estáveis da Administração Pública, que representam as carreiras de Estado, a sua execuçao, garantindo a continuidade do projeto, independentemente de quem estará no governo, sendo a segurança da própria população beneficiada.

Não há contrato ou convênio nos municípios que prescinda da análise jurídica, que deve ser isenta, independente. A receita municipal advém em grande volume da execução fiscal e da defesa tributária, seja de forma direta ou indireta na economia feita aos cofres públicos no contencioso judicial. A gestão tributária é feita com a participação das procuradorias municipais, o que se aplica em outras áreas.

É do aumento judicial de determinadas demandas que se verifica a necessidade de readequação de um serviço público de ponta. Em todos esses exemplos, a atuação do procurador é essencial e efetiva, ou seja, ocorre permanentemente.

A contemporaneidade exige das pessoas conhecimento do que está ocorrendo e das tendências da humanidade e a esfera local é reflexo deste movimento. Questões complexas são amplamente discutidas e cobradas da Administração local.

Lançado um programa federal, imediatamente o gestor público é cobrado para implantá-lo no âmbito local. Isto exige dos gestores municipais e dos operadores do direito conexão com os acontecimentos e especialização, qualificação. Não é pequeno o número de reclamações de gestores municipais em função de executarem programas federais sem o devido repasse para dar conta da integralidade do serviço. O orçamento da municipalidade é utilizado além do previamente estabelecido, pois não pode deixar de prestar o serviço público na localidade. O papel do procurador é essencial para fazer com que as competências, responsabilidades e atribuições sejam respeitadas também em relação ao município, enquanto ente autônomo que é. Os advogados públicos são peças essenciais na participação das discussões e efetivação das ações necessárias.

Atuar de forma permanente em determinados assuntos indica temas de políticas públicas municipais assumidas como tarefas das procuradorias, representando quebra de paradigma tanto na atuação institucional de uma procuradoria municipal, quanto das tarefas assumidas pelo próprio município, sendo tarefa do Estado o reconhecimento e a implementação das conquistas sociais presentes na Constituição Federal.

Verifica-se, portanto, que a atuação do procurador municipal não se resume mais hoje ao contencioso judicial, mas traduz o reflexo desse contencioso nas políticas públicas, de forma permanente em políticas públicas de Estado e que devem ter continuidade na Administração Pública. É uma garantia do gestor público que sai, na troca de governos, bem como da sociedade, diretamente beneficiada pelos programas e políticas de Estado, plenamente distinguíveis das políticas de governo.

A independência e autonomia no trabalho desenvolvido pelos advogados públicos, assim como nas demais carreiras de Estado, como se vê, são fundamentais para que as políticas a serem implementadas o sejam com isenção e correção, pois legitimadas por profissionais com comprometimento técnico e orgânico, sem qualquer vinculação com compromissos político-partidários, mas sim com o serviço público, com políticas de Estado.

A defesa das prerrogativas da função pública, portanto, nada mais é do que a defesa da própria instituição administrativa para satisfação do interesse público e da efetivação dos princípios constitucionais da impessoalidade e da eficiência.

As garantias de independência são a garantia da institucionalização do ente de Estado que ele representa, quer seja União, estado, município, pois torna efetiva a ação controladora sobre a juridicidade dos atos do Poder Público. E toda e qualquer usurpação das prerrogativas do cargo deve ser combatida, seja mediante ações judiciais, seja mediante a busca da independência e autonomia funcionais, o que deve ser a base da atuação da Advocacia Pública, haja vista a sua importância para a justiça e o sistema federativo brasileiro.

Deve, portanto, o advogado público possuir autonomia, a fim de expressar seu entendimento à luz do direito, salvaguardando os interesses coletivos de forma compromissada com os dispositivos e princípios constitucionais e legais que norteiam sua atuação. O servidor de carreira não está inserido na luta pelo poder político-partidário, mas sim vinculado à causa institucional do ente que representa como expressão do seu trabalho.

A efetivação dos princípios da Administração Pública previstos no art. 37 da Constituição Federal[6] é a expressão da atuação do profissional comprometido pura e simplesmente com a defesa do Estado democrático de direito.

O advogado público é um dos instrumentos de realização do que está posto no preâmbulo da Constituição Federal, que diz que o

---

[6] "Art. 37. A administração pública direta e indireta de qualquer dos Poderes da União, dos Estados, do Distrito Federal e dos Municípios obedecerá aos princípios de legalidade, impessoalidade, moralidade, publicidade e eficiência e, também, ao seguinte: I - os cargos, empregos e funções públicas são acessíveis aos brasileiros que preencham os requisitos estabelecidos em lei, assim como aos estrangeiros, na forma da lei; II - a investidura em cargo ou emprego público depende de aprovação prévia em concurso público de provas ou de provas e títulos, de acordo com a natureza e a complexidade do cargo ou emprego, na forma prevista em lei, ressalvadas as nomeações para cargo em comissão declarado em lei de livre nomeação e exoneração; (Redação dada pela Emenda Constitucional nº 19, de 1998) [...] V - as funções de confiança, exercidas exclusivamente por servidores ocupantes de cargo efetivo, e os cargos em comissão, a serem preenchidos por servidores de carreira nos casos, condições e percentuais mínimos previstos em lei, *destinam-se apenas às atribuições de direção, chefia e assessoramento*; (Redação dada pela Emenda Constitucional nº 19, de 1998)" (grifos nossos).

Estado brasileiro está *destinado a assegurar o exercício dos direitos sociais e individuais, a liberdade, a segurança, o bem-estar, o desenvolvimento, a igualdade e a justiça como valores supremos de uma sociedade fraterna, pluralista e sem preconceitos.*

É a eficiência do controle interno exercido pelo advogado público que garante a democracia, pois este controle é exercido inclusive na atuação dos agentes políticos, pois integrantes da própria Administração Pública.

3 A carreira do procurador municipal: a necessária inserção no art. 132 da Constituição Federal

E os procuradores municipais, a exemplo do que já acontece na União e nos Estados, formam a base desta estrutura burocrática, seja pela sua capacidade para adequar as ações de governo aos preceitos legais que regem a Administração Pública, seja pela competência para executar as funções constitucionais dos Municípios, dentre as quais destacamos a arrecadação tributária. Portanto, a constitucionalização da carreira do procurador municipal se impõe como uma questão de Estado, voltada a possibilitar aos Municípios condições materiais para a afirmação da sua autonomia, e por conseqüência reafirmar o Sistema Federativo idealizado na Constituição Federal de 1988.[7]

Ou seja, é o próprio sistema federativo previsto pela Constituição Federal que impõe a necessidade de as carreiras públicas serem de provimento efetivo, com ingresso mediante concurso público, para que se dê o controle idealizado pelo constituinte, de forma isenta e de acordo com os preceitos legais e constitucionais, sem qualquer conotação de governo, mas sim de Estado, para garantir justamente a governabilidade. O ente público que representam é muito maior que um governo político. A sociedade assim espera a sua atuação e dela necessita.

No I Congresso de Direito Municipal – A Federação e as Políticas Públicas em Debate, realizado de 26 a 29 de junho em Porto Alegre, o

---

[7] Texto de Carlos Augusto M. Vieira da Costa, procurador do município de Curitiba/PR e presidente da ANPM gestões 2004-2008 (COSTA, Carlos Augusto M. Vieira da. Procuradores municipais: uma carreira de Estado! *ANPM*. Disponível em: www.anpm.com.br).

Professor Cezar Saldanha Souza Junior[8] abordou o tema "Relevância da Advocacia Pública para o Estado democrático de direito", no painel sobre Advocacia Pública. Afirmou que no Estado democrático de direito há um equilíbrio entre direito e política:

> A política é o instrumento pelo qual a sociedade, por meio dos cidadãos, influi decisivamente sobre a condução da vida da sociedade. E democracia é isso. O Direito nada mais é do que uma ponte que une a ética à política e, ao fazer esta ponte, não pode pretender substituir a ética e substituir a política, porque, ao fundamentar-se sobre a ética e a política, o Direito depende de uma boa consciência ética na sociedade e o Direito depende de uma boa política na sociedade. Se o Direito decidisse juridicizar toda a ética e juridicizar toda a política, se decidisse invadir o campo da ética e o campo da política e submeter toda a política e toda ética ao seu comando, estaria comendo as pernas sobre as quais caminha, viraria um câncer. A eficácia do Direito depende desses dois pressupostos: consciência ética da sociedade e a própria política. O papel do Direito é harmonizar a política com a ética. Respeitar a autonomia da ética no campo da ética e respeitar a autonomia da política no campo da política.[9]

E continua: "Não há advocacia mais nobre que a advocacia de Estado. Na organização do poder político, o município vem antes do Estado e o Estado vem antes da União. Portanto, não há advocacia mais nobre que a advocacia municipal, antes de tudo".

Os procuradores são os profissionais que mais possuem habilitação para esse exercício pretendido. Os direitos fundamentais, as políticas sociais, os chamados direitos prestacionais previstos na Constituição da República podem ser facilitados em sua aplicação pelo ente público através da atuação dos advogados públicos. São eles que mostrarão aos administradores a melhor forma de implementar as diretrizes constitucionais, conseguindo evitar danos e oneração indevida ao erário, pois cabe ao corpo técnico informar os meios e as possibilidades legais.

---

[8] Professor de Direito Constitucional da UFRGS, doutor em Direito do Estado pela USP e professor da pós-graduação da Faculdade de Direito da UFRGS (Disponível em: www.apmpa.com.br).

[9] Disponível em: www.esdm.com.br; www.apmpa.com.br.

E o advogado público exerce um papel preventivo junto aos governantes, garantindo o cumprimento dos princípios constitucionais da moralidade, da legalidade, da impessoalidade. Temos que constitucionalizar o Brasil, e só alcançaremos esse objetivo com o fortalecimento da advocacia pública.[10]

Daí a imprescindibilidade da correção da omissão constitucional, ao deixar à margem do abrigo constitucional a carreira do procurador municipal, como se os entes municipais não possuíssem as mesmas responsabilidades que os demais, como se fossem dependentes e menos importantes.

Hoje nosso país possui 5.570 (cinco mil quinhentos e setenta) municípios brasileiros, todos com atribuições e competências constitucionalmente definidas. Todos com demandas próprias e necessitando dar conta de suas responsabilidades. Entretanto, são os municípios que não possuem o abrigo constitucional às carreiras jurídicas, hoje consolidadas, necessárias e indispensáveis às funções exercidas.

A Associação Nacional dos Procuradores Municipais, entidade criada em 1998, foi a proponente da primeira redação de proposta de emenda constitucional, encampada de forma muito séria pelo Deputado Maurício Rands em 2003 (PEC nº 153/03). Foi a partir da organização da recente carreira que se procurou corrigir o equívoco na Constituição Federal. Aprovada na Câmara dos Deputados, a proposta tramita no Senado Federal desde 2012, sob o nº 17.

Há municípios maiores que muitos estados e com PIBs também maiores, conforme pesquisa constante em artigo publicado pelo Dr. Cesar Cordaro.[11] O município de São Paulo, por exemplo, possui o 3º maior PIB do Brasil, somente perdendo para o próprio estado de São Paulo e para a União.

Em número de habitantes, as 5 maiores cidades brasileiras (São Paulo, Rio de Janeiro, Salvador, Fortaleza e Belo Horizonte), com

---

[10] Texto de Raimundo Cezar Britto Aragão, presidente do Conselho Federal da OAB, durante o fórum A Advocacia Pública Municipal e o Controle Interno da Legalidade, realizado como evento paralelo da XX Conferência Nacional dos Advogados, nos dias 11 a 15.11.2008, no Centro de Convenções de Natal/RN (Disponível em: www.anpm.com.br).

[11] CORDARO, Cesar Antonio Alves. A Advocacia Pública dos municípios: necessidade de tratamento constitucional. In: GUEDES, Jefferson Carús; SOUZA, Luciane Moessa de (Org.). Advocacia de Estado – Questões institucionais para a construção de um Estado de justiça. Belo Horizonte: Fórum, [s.d.]. p. 238.

população superior a 2 milhões de habitantes, são maiores que os 6 menores estados da Federação (Sergipe, Rondônia, Tocantins, Acre, Amapá e Roraima). As cidades citadas, todas, possuem procuradorias constituídas, sendo São Paulo com quase 800 procuradores, Rio de Janeiro, Salvador, Fortaleza e Belo Horizonte, com mais de 100 (dados entre ativos e inativos).[12]

Em todos os estados, ainda que menores que cidades, há previsão constitucional de criação de defensorias públicas e procuradorias de estado, então, por que não há previsão constitucional para os municípios? Até quando serão tratados como entes dependentes e sem respeito à sua autonomia em todas as funções?

Se considerarmos a atividade econômica, como continua a pesquisa, além do exemplo do PIB de São Paulo antes citado, o PIB das 10 maiores cidades brasileiras (São Paulo, Rio de Janeiro, Curitiba, Porto Alegre, Manaus, Barueri, Salvador, Guarulhos e Campinas) é superior ao dos 16 menores estados-membros (Ceará, Goiás, Pará, Maranhão, Rio Grande do Norte, Mato Grosso do Sul, Mato Grosso, Alagoas, Piauí, Paraíba, Sergipe, Rondônia, Acre, Amapá, Roraima, Tocantins).

Frisa-se que as cidades citadas não se resumem a capitais, comprovando que os municípios todos possuem condições e necessidade de constituir suas procuradorias, mesmo aqueles com menor potencial econômico, e farão proporcionalmente às suas possibilidades, mas dela necessitam. Assim, não há justificativa para excluir qualquer município do tratamento constitucional, seja ele pequeno, seja ele de médio ou de grande porte.

Não se pode mais admitir hoje uma cidade que não se sustente, com independência e autonomia, exatamente nos termos em que a Constituição Federal prevê.

É nítido o absurdo da diferença no tratamento constitucional hoje conferido aos municípios, e não há justificativa aceitável.

Os municípios são diariamente demandados por órgãos e instituições organizados, estruturados e com prerrogativas constitucionais para questionar as políticas implementadas e a cobrar posturas e responsabilidades. Como as municipalidades e seus gestores podem dar conta de responder sem um corpo jurídico estruturado, permanente e especializado, com as mesmas prerrogativas constitucionais, a fim de tratar as questões em igualdade de condições?

---

[12] Dados de 2015.

A inclusão dos procuradores municipais no art. 132 atende ao princípio da legalidade e contribui para a credibilidade da Administração Pública ante os órgãos externos de controle, tribunais de contas, câmaras municipais e Ministério Público. É o apoio técnico de carreira aos gestores públicos, como antes exposto, explicitando o que hoje está implícito em nossa Constituição. Sabemos que é grande o número de processos aos quais os prefeitos respondem por falta de assessoria jurídica especializada e não há gestor bem-intencionado que defenda a permanência dessa situação.

Porto Alegre é um exemplo a ser seguido, pois desde 2012 a Procuradoria-Geral, que este ano completa 94 anos do primeiro ato que a instituiu, sendo alçada à condição de secretaria em 1976, possui lei orgânica própria, a qual a organizou e regrou atuação, prerrogativas, deveres, competências e atribuições. Outras capitais também estão instituindo legislações semelhantes.

A Constituição Federal distinguiu o advogado com a sua inserção no art. 133, reconhecendo a sua imprescindibilidade na administração da justiça, assegurando a inviolabilidade dos seus atos e declarações no exercício profissional. O advogado público agrega o compromisso com os direitos constitucionais, com as garantias individuais, com os direitos fundamentais, com todos os valores, princípios e regras que constituem o Estado democrático de direito.

> O interesse público como fim da administração pública e objetivo maior da atividade do advogado público está, indelevelmente, vinculado ao Estado Democrático de Direito como expressão da sua juridicização, conforme definido pelo artigo 1º da Constituição Federal que estabelece, também, os fundamentos da República Federativa do Brasil: (I) soberania, (II) cidadania, (III) dignidade da pessoa humana, (IV) os valores do trabalho e da livre iniciativa e (V) pluralismo político. Neste contexto, a atividade do advogado público é um meio de efetivação do interesse público, assim definido pelos princípios, fundamentos, direitos e garantias do estado constituído, porque deve ser esse o objetivo e o resultado da sua atuação.[13]

---

[13] CARVALHO, Ana Luísa Soares; NERY, Cristiane da Costa. O advogado público municipal – Prerrogativas e atribuições na perspectiva da responsabilidade civil. *O Mundo da Cidade e a Cidade no Mundo – Reflexões sobre o Direito Local*, Porto Alegre, jul. 2009. p. 401.

Diogo de Figueiredo[14] classifica o advogado público como "órgão individual" (unipessoal), pela natureza institucional da função. Assim, possui a atribuição de expressar uma vontade imputável ao ente público, o que é garantido pelas suas prerrogativas funcionais de independência e inviolabilidade. Tal atribuição o difere sobremaneira dos demais agentes públicos.

É interessante e aplicável a expressão "poder-dever" do advogado público, imbuído que está da função de amplo exame da legalidade. Daí a sua imprescindibilidade na estrutura administrativa da instituição pública que representa. É o advogado público, inclusive, que deve denunciar atos ímprobos constatados.

Assim preceitua o art. 18, *caput*, do Estatuto da Ordem dos Advogados do Brasil, Lei nº 8.906/94, *verbis*: "Art. 18. A relação de emprego, na qualidade de advogado, não retira a isenção técnica nem reduz a independência profissional inerentes à advocacia".

O mesmo diploma legal estabelece a inviolabilidade por seus atos e manifestações,[15] garantindo a liberdade no exercício profissional. Os advogados públicos possuem acolhida também no Estatuto da OAB, a ele se submetendo.

Assim consta no §1º do art. 3º do estatuto referido:

> Exercem atividade de advocacia, sujeitando-se ao regime desta lei além do regime próprio a que se subordinam, os integrantes da Advocacia Geral da União, da Procuradoria da Fazenda Nacional da Defensoria Pública e das Procuradorias e consultorias jurídicas dos Estados e do Distrito Federal, dos Municípios e das respectivas entidades de administração indireta e fundacional.

O art. 133 da Constituição Federal assim dispõe:

> O advogado é indispensável à administração da justiça sendo inviolável por seus atos e manifestações no exercício da profissão, nos limites da lei.

Em ação movida contra o município de Queimados, o Tribunal de Justiça do Rio de Janeiro assim decidiu:

---

[14] MOREIRA NETO, Diogo de Figueiredo. O procurador do Estado na Constituição de 1988 (notas sistemáticas ao artigo 132). *Ética – Série Cadernos da Escola de Advocacia Pública da Procuradoria Geral do Estado de São Paulo*, São Paulo, nov. 1993.

[15] "Art. 20. O advogado é indispensável à administração da justiça. [...] §3º No exercício da profissão, o advogado é inviolável por seus atos e manifestações, nos limites desta Lei".

[...] O que se constata é que tanto a Carta Federal como a Estadual deram caráter de permanência, profissionalização e relevância às atribuições dos advogados públicos. Como afirmou o Procurador Geral em sua impugnação, "o que por certo, não seria resguardado se todas as funções de chefia, inclusive das Procuradorias Especializadas, fossem integradas por cargos em comissão". Os cargos em comissão possuem caráter discricionário, temporário e precário. Permitir que todos os cargos de chefia da carreira possam ser exercidos por pessoas estranhas é retirar a característica de permanência, profissionalização e relevância que é inerente à carreira. O Supremo Tribunal Federal já se pronunciou que os dispositivos referentes à Advocacia Pública, constantes da Constituição Federal devem ser obrigatoriamente observados pelos demais entes federados. Veja-se na concessão da liminar na ADI 291-0 MT: "No caso a plausibilidade dessa alegação resulta inequivocamente dos textos da Constituição Federal que, no tocante ao Ministério Público e à Advocacia Estatal, estabelecem expressamente determinações aos Estados membros para a observância de princípios federais, iguais ou adaptados, referentes a ambas essas instituições (assim os parágrafos 3º, 4º e 5º do artigo 128, bem como o artigo 132), o que não afasta, evidentemente, outros que são ínsitos à natureza das funções que a Constituição Federal estabelece como essenciais à Justiça e que independem de serem elas exercidas no âmbito federal ou na esfera estadual".[16]

Assim, a amplitude de sua atuação está dada, com as garantias e prerrogativas que lhe são inerentes, não deixando que a função estatal que exerce se confunda com a função política e de governo exercida pelo administrador público.

4   Conclusões

A Advocacia Pública foi incluída entre as funções essenciais à justiça, independentemente da esfera da Federação, merecendo o tratamento constitucional dado à carreira, assim como ocorre com as demais carreiras jurídicas de Estado.

O corpo jurídico permanente, que ingressa mediante concurso público, confere essa sustentabilidade, pois possui a memória da instituição e a lealdade para com aquele ente público, garantindo ao administrador bem-intencionado tranquilidade em sua gestão comprometida com o interesse público e com os ditames constitucionais.

---

[16] Representação por Inconstitucionalidade nº 2005.007.00138.

No que tange aos municípios, todos possuem necessariamente um advogado para exercer sua representação, seja na forma efetiva, seja por contratação de cargo em comissão. Assim, não há repercussão financeira imediata com a realização de concurso público, pois isso significa consolidar o que já existe. Nada mais é do que garantir a permanência de um profissional especializado e qualificado nos quadros públicos, efetivando, principalmente, a impessoalidade na execução das tarefas.

Assim como o médico, o engenheiro, o professor, há a necessidade do advogado nos quadros públicos, atendendo à especialidade da função. Não se concebe o Poder Público sem os profissionais da área médica, de educação, saúde, trânsito, por que ainda se concebe sem o advogado concursado nos municípios? Aquele que é efetivo se torna, se já não é, especialista na área em que atua. É preciso desmistificar a figura do advogado na esfera pública.

A atividade privada é diferente da atividade pública e, ainda que conciliáveis, importante que se afirme, possuem necessidades e especificidades próprias. O profissional devidamente habilitado e especializado na área pública é algo imprescindível nas atuais gestões públicas responsáveis.

Como nos ensina o Prof. Diogo de Figueiredo Moreira Neto, ao tratar das carreiras jurídicas de Estado:

> Revela-se, assim, que, se, por um lado, no plano do ideal, já se disponha de princípios orientadores do aperfeiçoamento da atuação da Advocacia de Estado, o que inclui a incumbência, mormente dirigida ao legislador, de explicitar as condições institucionais necessárias para torná-la cada vez mais eficiente em sua missão constitucional, com vistas a que a ação administrativa dos entes estatais, nos três níveis federativos, seja cada vez mais obediente à ordem jurídica, por outro lado, no plano do real, a árdua luta, ainda por vencer, continua se ater ao escopo, bem mais modesto, que ainda é o de alcançar um mínimo satisfatório de eficácia no desempenho dessas funções, o que é obstado, desde logo, pela ausência de um correto entendimento sobre sua missão por parte dos próprios legisladores, notadamente sobre a sua importância para a realização do Estado Democrático de Direito.[17]

---

[17] MOREIRA NETO, Diogo de Figueiredo. A Advocacia de Estado revisitada: essencialidade ao Estado democrático de direito. *In*: GUEDES, Jefferson Carús; SOUZA, Luciane Moessa de (Org.). *Advocacia de Estado* – Questões institucionais para a construção de um Estado de justiça. Belo Horizonte: Fórum, [s.d.]. p. 29.

Tal assertiva é de suma importância para a compreensão do contexto em que se insere a Advocacia Pública, em especial a municipal, que ainda demanda organização em várias localidades do país. Para que se garanta isenção e correção na função constitucional exercida pelo advogado público, imprescindível o respeito profissional, a independência e autonomias funcionais reais, nos termos da Constituição Federal e das legislações respectivas. A governabilidade e a boa administração podem ser garantidas pela atuação desse profissional, o que leva ao fortalecimento dos próprios entes públicos que representam.

O Procurador Público é quem torna certo que o Poder Público não é imune ao Direito. Compete-lhe defender os interesses sociais, particularizados numa entidade pública, sem excessos ou transigências, sempre segundo o Direito. Consciente de que o poder político e a atividade administrativa são expressões da disciplina jurídica das atividades de direção e administração da sociedade, o Procurador, orientando ou promovendo a defesa de interesses, jamais deverá omitir o fundamento jurídico de seu desempenho. E sua consciência jurídica não há de permitir que, pela vontade de agradar ou pelo temor de desagradar, invoque o Direito segundo critérios de conveniência, para acobertar ações ou omissões injustas.[18]

Estamos na Constituição Federal como função essencial à justiça, pois somos todos advogados em primeiro lugar e invioláveis nas funções como tal, ao abrigo constitucional e do Estatuto da OAB; somos servidores públicos, com obrigações de fazer valer os princípios constitucionais, as leis e sustentar o direito; e somos carreira de estado, simetricamente e por isonomia, ao abrigo constitucional, tendo certeza de que brevemente estaremos explicitamente citados no art. 132, comprovando que o municipalismo em toda a sua essência merece respeito e o fortalecimento do município como ente autônomo é uma necessidade para a realização do Estado democrático de direito.

Diante desses fatos, a lição de Evaristo de Moraes Filho, em tese apresentada na V Conferência da Ordem dos Advogados do Brasil de 1974 e aprovada por aclamação, sobre o ânimo de defesa do advogado:

---

[18] DALLARI, Dalmo de Abreu. *O renascer do direito*: direito e vida social, aplicação do direito, direito e política. 2. ed. corr. São Paulo: Saraiva, 1980. p. 47 *apud* GRANDE JUNIOR, Carlos. O Estado democrático de direito e a incipiente advocacia pública. *Jus Navigandi*, abr. 2004.

Dir-se-á, ainda, que, em nosso país, mesmo nos mais obscurantistas momentos de nossa história, tem-se registrado o heroísmo do advogado que não recua, que não vacila em pagar com sua liberdade, se este for o preço exigido, para que não deserte da defesa de seu semelhante, para que cumpra o solene juramento dos tempos da formatura. E é verdade que o impulso que sempre tem animado a classe dos advogados no Brasil é o destemor no amparo aos direitos humanos, ainda que preciso seja tornar-se um herói no martírio desse ideal.

Triste, porém, o Estado em que os advogados devam ser heróis para executar o seu labor![19]
(Grifos nossos)

Referências

BANDEIRA DE MELLO, Celso Antônio. *Curso de direito administrativo.* 6. ed. São Paulo: Malheiros, 1995.

BASTOS, Celso Ribeiro. *Hermenêutica e interpretação constitucional.* São Paulo: Celso Bastos Editor, 1997.

BRASIL. *Constituição da República Federativa do Brasil, promulgada em 05 de outubro de 1988.* Brasília, 1988.

BRASIL. *Lei 5.869, de 11 de janeiro de 1973.* Código de Processo Civil Brasileiro. Brasília, 1973.

BRASIL. Lei 8.906, de 04 de julho de 1994. Dispõe sobre o Estatuto da Advocacia e a Ordem dos Advogados do Brasil (OAB). *Diário Oficial da União,* 5 jul. 1994.

CARVALHO FILHO, José dos Santos. *Manual de direito administrativo.* 12. ed. Rio de Janeiro: Lumen Juris, 2005.

DALLARI, Adilson. Controle compartilhado da administração da justiça. *Revista Eletrônica de Direto do Estado,* n. 2, abr./jun. 2005.

FERREIRA, Sérgio A. *Comentários à Constituição.* Rio de Janeiro: Freitas Bastos, 1991. v. 3.

GRANDE JUNIOR, Carlos. O Estado democrático de direito e a incipiente advocacia pública *Jus Navigandi,* abr. 2004.

MEDAUAR, Odete. *Direito administrativo moderno.* 7. ed. São Paulo: Revista dos Tribunais, 2003.

---

[19]   MORAES FILHO, Antonio Evaristo de. *Um atentado à liberdade:* Lei de Segurança Nacional. Rio de Janeiro: Zahar Editores, 1982. p. 111-112.

MOREIRA NETO, Diogo de Figueiredo. O procurador do Estado na Constituição de 1988 (notas sistemáticas ao artigo 132). *Ética – Série Cadernos da Escola de Advocacia Pública da Procuradoria Geral do Estado de São Paulo*, São Paulo, nov. 1993.

SILVA, José Afonso. *Curso de direito constitucional positivo.* 11. ed. São Paulo: Malheiros, 1996.

Informação bibliográfica deste texto, conforme a NBR 6023:2018 da Associação Brasileira de Normas Técnicas (ABNT):

NERY, Cristiane da Costa. A constitucionalização da carreira do procurador municipal – Função essencial e típica de Estado. *In*: TAVARES, Gustavo Machado; MOURÃO, Carlos Figueiredo; VIEIRA, Raphael Diógenes Serafim (Coords.). *A obrigatoriedade constitucional das Procuradorias Municipais.* Belo Horizonte: Fórum, 2022. p. 299-318. ISBN 978-65-5518-300-9.

SOBRE OS AUTORES

Claudio Penedo Madureira
Doutor em Direito pela PUC-SP. Mestre em Direito Processual pela Ufes. Professor dos cursos de Graduação e Mestrado em Direito da Ufes. Procurador do Estado do Espírito Santo. Advogado.

Cristiane da Costa Nery
Procuradora Municipal de Porto Alegre, no exercício da Procuradoria-Geral Adjunta de Assuntos Fiscais. Graduada em Direito pela PUCRS. Pós-Graduada em Direito Municipal pela UFRGS/ESDM. Mestranda em Direito pela Fundação Escola Superior do Ministério Público do RS. Conselheira Estadual da OAB/RS. Diretora de Atividades Culturais da ESA/OAB-RS. Integrante do grupo de pesquisas da Faculdade de Direito da UFRGS sobre Reforma Tributária, coordenado pelo Prof. Igor Danilevicz e vinculado ao CNPq. Integrante do grupo de pesquisa Transparência, Direito Fundamental de Acesso e Participação na Gestão da Coisa Pública, coordenado pela Prof. Maren Taborda e vinculado ao CNPq. Coordenadora científica da *Revista Brasileira de Direito Municipal* (RBDM), periódico da Ed. Fórum. Membro da FESDT. Membro Conselho Superior do IARGS. Procuradora-Geral de Porto Alegre 2015-2017. Diretora Geral da ESDM 2006-2008, 2008-2010. Presidente da ANPM 2008-2010. Autora e coautora de livros e artigos jurídicos.

José Rodrigues Carvalheiro Neto
Presidente da Comissão do Consumidor da 90ª Subseção de Casa Branca (2017/2018). Presidente da Comissão das Prerrogativas da 90ª Subseção de Casa Branca (2019/2021). Graduado em Direito (Fundação de Ensino Octavio Bastos) – São João da Boa Vista (1989/1992). Pós-Graduado em Gestão Pública (Universidade Tecnológica; Federal do Paraná). Pós-Graduado em Gestão Pública Municipal (Universidade Federal de Alfenas). Pós-Graduado em Administração Pública (Centro Universitário Paraná). Pós-Graduado em Direito do Consumidor (Universidade Cândido Mendes). Mediador da Fundação Ulysses Guimarães. Autor de 3 (três) livros de poesias. Assessor Jurídico da Prefeitura Municipal de Casa Branca, lotado no Creas (Centro Especializado de Assistência Social).

Raphael Diógenes Serafim Vieira
Procurador do Município de Niterói. Mestrando em Direito Administrativo pela Pontifícia Universidade Católica de São Paulo (PUC-SP). Pós-Graduado *lato sensu* em Direito: Estado e Regulação pela FGV-Rio (LL.M). Bacharel em

Direito pela Universidade Federal de Viçosa. Membro do Instituto de Direito Administrativo Sancionador – Idasan. Autor do livro *Servidor público temporário* (Editora UFV) e coautor do livro *1º Diagnóstico da Advocacia Pública Municipal do Brasil* (Editora Fórum). *E-mail:* raphaelserafim@yahoo.com.br. *Lattes:* http://lattes.cnpq.br/4128260075865444.

Raphael Vasconcelos Dutra
Graduado em Direito pela Universidade Federal de Minas Gerais (UFMG) (2006). Mestre em Direito pela Universidade Fumec (2016). Especialista em Direito Tributário pela Faculdade Milton Campos (2012). Especialista em Advocacia Pública pelo Instituto para o Desenvolvimento Democrático em parceria com a Universidade de Coimbra (2013). Diretor-Presidente da Associação dos Procuradores Municipais de Belo Horizonte – APROMBH (biênio 2017/2018). Membro titular do Conselho Superior da Procuradoria-Geral do Município de Belo Horizonte (biênio 2020/2021). Membro do Conselho Administrativo de Recursos Tributários do Município de Belo Horizonte (CART) (2014/2015). Coordenador do Setor de Conciliação do Juizado Especial Cível do TJMG (2006/2008). Procurador do Município de Sete Lagoas (2008/2010). Procurador do Município de Belo Horizonte e advogado (2010 até a presente data).

Ricardo Marcondes Martins
Doutor em Direito Administrativo pela PUC-SP. Professor de Direito Administrativo da Faculdade de Direito da PUC-SP.

Robson Soares de Souza
Graduado em Direito pela Universidade de Alfenas/MG (Unifenas) (2004). Mestre em Direito pela Faculdade de Direito do Sul de Minas (FDSM), área de concentração Constitucionalismo e Democracia (2013-2015). Advogado público efetivo de São Lourenço/MG.

Rocinio Oliveira Fragoso Neto
Mestre em Justiça Administrativa pela Universidade Federal Fluminense (2020), na linha de pesquisa Justiça Administrativa e fortalecimento do Estado de Direito. Graduado em Direito pela Universidade Federal Fluminense (2016), ingressando na instituição por aprovação em 7ª colocação em vestibular. Professor de Direito na Universidade Estácio de Sá (Unesa) e na Escola de Prerrogativas da Seccional da OAB/RJ. Mentor em Direito Administrativo da 15ª Subseção da OAB/RJ. Advogado no escritório Rocinio Fragoso Neto – Advogados, com atuação contenciosa e consultiva em Direito Público. Desde 2018, é advogado do município de Araruama/RJ, após aprovação em 3ª colocação em concurso público para a carreira.

Stela Tannure Leal
Doutoranda e Mestre (2016) em Ciências Jurídicas e Sociais pela Universidade Federal Fluminense (PPGSD-UFF), na linha de pesquisa Acesso à Justiça,

relações de trabalho, direitos sociais e instituições. Professora adjunta de Direito Processual Civil no Centro de Ensino Superior de Valença (Cesva/FAA). Advogada (OAB/RJ 208.085).

Wellington Borges Throniecke
Graduado em Direito pela Universidade Federal de Juiz de Fora (2016). Pós-Graduado *lato sensu* em Direito Tributário pelo Damásio Educacional (2018). Advogado da Prefeitura Municipal de Miraí.

Esta obra foi composta em fonte Palatino Linotype, corpo 10
e impressa em papel Offset 75g (miolo) e Supremo 250g (capa)
pela Gráfica Formato, em Belo Horizonte/MG.